전문적 정신상담기술

김소야자 · 서미아 · 남경아 공저

창지사

Preface

| 머리말 |

전문적이고 효율적인 상담은 내담자에게는 새로운 생명수를 공급하는 것과 같다. 상담을 통하여 그들은 자신의 문제가 해결되어 건강한 삶을 살 수 있다는 희망을 가지게 된다. 전문 상담가의 내담자에 대한 수용과 이해는 그들이 자존감을 회복하게 하고 건강한 대인관계를 발전시켜 나가게 하는 원동력이 되며 가슴을 열고 따듯한 세상을 만나게 하는 초석이 된다.

오랜 기간 동안 정신질환자와 가족들을 실무에서 상담하고 학부와 대학원에서 교육을 해오면서 정신질환자에 대한 의사소통과 상담을 더 깊이 공부하고자 하는 이들에게 권해줄 상담 서적이 절실히 필요함을 알게 되었다. 이에 미약하나마 정신질환자에 대한 상담을 필요로 하는 전문가를 위한 책을 출간하게 됨을 기쁘게 생각한다.

정신 질환자에 대한 상담은 일반 상담과는 구분되는 전문적인 상담분야이다. 정신질환자와 상담하기 위해서는 정신질환에 대한 기본적인 이해를 필요로 한다. 즉 각 질환의 원인, 증상, 치료, 예후 등에 대한 이해를 한 후 전문상담가 역할을 할 수 있다. 본 서는 정신질환에 대한 증상 및 치료 등에 대한 기본적인 이해와 더불어 효율적인 상담을 어떻게 진행하는가에 초점을 두고 기술되었다.

책의 구성은 전체 1장에서 10장까지 이루어져 있다. 1장에서 4장까지는 상담의 원리들에 대한 설명으로서 상담자가 갖추어야 할 기본적인 태도와 기술, 상담에 대한 기본적인 인식을 돕는 상담의 구조, 비언어적 의사소통의 중요성 및 정신과 진단영역에 대한 이해를 다루고 있다. 5장에서는 우울증과 기분장애 환자와의 상담에 대하여 환자 사례별로 상담을 어떻게 진행하는가에 대하여 살펴보았으며 6장은 정신 분열병 내담자와의 상담 부분으로서 정신 분열병에 대한 진단 기준 및 사례를 제시하고 각 사례에 대한 상담 내용을 기술하였다. 7장은 인격장애에 대한 부분으로서 각 인격 장애의 종류와 인격장애 내담자들의 특징, 상담자가 유의할 사항 및 치료 방법들에 대하여 서술하였다. 8장은 자살과 타살에 대한 부분으로 내담자가 가진 자살 의도를 파악해낼 수 있는 상담 기법과 자살생각이 있거나 자살을 시도한 사례들에 대한 상담 기술 및 타살의도에 대한 사정들을 정리하였다. 9장은 상담자의 통찰에 대한 부분으로서 내담자가 나타내는 증상에 대한 이해, 내담자에 대한 공감과 더불어 상담자 자신에 대한 통찰력을 기르는 방법들을 다루었다. 마지막으로 10장에서는 내담의 저항에 대한 이해를 돕기 위한 내용들과 이 저항을 어떻게 전문적으로 다룰 수 있는가에 대한 내용들을 서술하고 있다.

본 서를 출간하면서 무엇보다도 정신의학 영역에 종사하는 전문가들과 정신보건 실무에서 오직 봉사와 사랑으로 정신보건의 역사를 써가고 있는 정신보건 전문 인력들인 정신과 의사, 정신보건 간호사, 정신보건 사회복지사, 정신보건 임상심리사들에게 유익한 책이 되길 소망한다. 또한 본 서는 종합사회복지관과 노인복지관 및 장애인 관련 기관들에 종사하는 전문가들에게도 유용한 책이 될 것이다.

아쉬운 점은 정신과 영역의 다양한 사례들을 모두 다루지 못했다는 점과 더 많은 상담 사례들을 담아내지 못했다는 점이다. 향후 이러한 점들을 보완하여 정신 질환자들에 대한 또 다른 상담 사례들에 대한 책을 출간하길 소망한다.

이 책이 나오기까지 인내해주신 창지사의 사장님과 김정태 부장님, 정성으로 편집해주신 선생님께 깊은 감사를 드린다.

2006년 한 해의 마지막에서

저 자

Contents

| 차 례 |

제 1 장 상담의 원리

제 2 장 상담의 구조

제 3 장 비언어적 의사소통 기법을 이용한 상담

제 4 장 진단체계

제 5 장 기분장애에 대한 이해

제 6 장 정신분열병 내담자와의 상담

제 7 장 인격 장애

제 8 장 자살과 타살

제 9 장 상담자의 통찰

제 10 장 저 항

CHAPTER · 1

제 1 장
상담의 원리

제 1 장 상담의 원리

상담의 과정은 한 사람이 다른 사람을 이해하는 중요한 기술이다. 초기 상담을 성공적으로 수행하는 일은 추후 상담을 지속적으로 유지해가기 위한 필수적 단계이다. 따라서 본 장에서는 초기 상담을 성공적으로 수행하기 위한 원리들을 고찰할 것이다.

상담 과정에서 상담자는 내담자의 실제적인 문제가 무엇인지 파악하지 못하는 경우가 있다. 다음 대화에서 상담자는 내담자의 우울증에 대해 알아보고자 노력하고 있다. 이 내담자는 주의력결핍장애로 고생하고 있는 자신의 아들에 대해서 말해 왔었다.

내담자 : 제 아들은 똑같은 행동을 자꾸 반복하는 경향이 있어요. (상담자는 기록을 한다.) 워낙은 낙천적인 아이였는데 아무 이유 없이 한 차례씩 울고는 해요. 아이가 불안해하고 자주 우니까 학교 담임 선생님은 그 아이의 문제가 무엇인지 알아내려고 했어요.

상담자 : 아이가 아직도 과잉행동을 보입니까?

내담자 : 예… 약을 줄이고 나서는 조금 나아졌어요… 그런데 저는 의사한테 아주 화가 났어요. 의사들은 미리 저한테 약물 부작용에 대해 말해줬어야지요.

상담자 : 정말 기분이 상하셨겠군요.

내담자 : 네. 그래요.

상담자 : 이 일이 OO님 기분엔 어떤 영향을 미쳤나요?

내담자 : 음…. 남편이 교대근무를 해요. (상담자는 기록을 한다.) 남편은 모든 일을 자기가

책임지려고 해요. 그 후 저는 직장 생활을 했고 일을 두 군데서나 했어요. 그래서 일주일 내내 일했지요. 그래도 남편은 전혀 도와주질 않았고 접시 하나 씻어주지 않았어요. 이해가 되세요?

상담자 : 아, 예. 그럼요.

내담자 : 특히 선생님이 토요일이나 일요일에도 아침 여섯시 반에서 여덟시까지 일할 때 하나도 도와주지 않는 게 말이나 되나요?

상담자 : 무슨 일을 하셨지요?

내담자 : 전자제품 조립하는 일을 했어요. 저는 엑스레이 촬영 기술자로 10년간 일했어요. 그 후 가정을 꾸려 안정되게 살려고 했어요. 그리고… 음… 남편은 제가 말하는 의미를 알 수 있다고 했어요.

이 대화에서 상담자는 내담자의 우울증에 대해 알고자 하나 내담자는 우울증과 관련된 정보를 잘 제시하지 않고 대화의 주제를 바꾸어 가면서 방황하고 있는 듯이 보인다. 그러나 좀더 자세히 보면 누가 더 방황을 하고 있는지, 즉 상담자가 더 방황을 하고 있는지 아니면 내담자가 더 방황을 하고 있는지 분명하지 않다. 의사가 약물 부작용을 미리 설명하지 않았을 때 내담자의 기분에 어떤 영향을 미쳤는지 질문했을 때 이 내담자는 주제에서 벗어난 다른 대답을 하고 있다. 이 중요한 시점에서 내담자가 주제를 벗어나자 상담자도 같이 주제에서 벗어나고 있다. 상담자는 기록을 하면서 자신도 모르는 사이에 내담자가 주제에서 벗어나고 있는 것을 깨닫지 못하고 이것을 허용했을 수도 있다. 상담자가 기록을 하는 것은 내담자의 말이 기록할 만큼 중요하다는 의미를 가지는 것으로서 내담자를 계속 부추기고 있는 것이다. 더 나아가 상담자는 "아, 예. 그럼요."라는 감정이입 진술을 함으로써 내담자의 이야기가 주제에서 벗어나도록 하고 있다.

이 대화는 어떤 상담 과정은 의사소통을 촉진시키고 어떤 상담은 의사소통을 방해하는 상호교류 과정임을 정의하기 위해 제시되었다. 상담은 상호간의 의사소통 형태, 즉 두 참여자간의 언어적 비언어적 대화를 사용하는 특별한 상호교류 형태를 만들어낸다. 초기 상담은 내담자에 대한 사정단계이다. 사정단계의 목표는 다음과 같다.

- 내담자와 치료적 관계를 형성
- 타당한 자료 수집
- 내담자에 대한 적극적 이해
- 잠정적 진단에 대한 사정
- 내담자에 대한 적절한 처리와 계획
- 내담자 불안 감소

나아가 초기 상담의 목적은 추후 소요될 시간을 예측하고 내담자 상담을 위해 필요한 자료를 확인하는 것이다. 예를 들어 응급실에서 강간을 당한 사람을 상담하는 과정은 외래에서 만성 우울증 내담자를 상담하는 과정과는 사뭇 다른 상담을 해야 하는 것이다. 즉, 임상 상황의 위급성이 상담의 형태를 결정짓게 된다. 그러나 어떤 상황에 처하든지 상담의 원리들이 잘 사용됨으로써 성공적인 상담을 수행할 수 있게 된다.

I. 동맹의 기술

내담자와 이야기를 계속 나누게 되면서 자료수집 과정이 시작되고 내담자에 대한 자료가 수집됨으로써 상담자는 내담자를 보다 잘 이해할 수 있게 된다. 내담자를 이해한다는 것은 내담자의 세계관을 비롯하여 그의 두려움, 고통, 희망을 알게 되는 것을 의미한다. 상담이 진행되어감에 따라 상담자는 내담자에 대한 임상적 사정을 하고 진단을 내리게 된다. 진단이 내려지면 내담자의 욕구에 맞는 적절한 상담의 계획들을 세우게 된다. 이처럼 상담 과정은 자료 수집, 인간으로서의 내담자 이해, 내담자 사정과 진단으로 이어지는 수평적 과정이다. 내담자가 자신의 문제를 상담자에게 자유롭게 말할 수 있고 상담자에 대한 편안감이 증가하는 것을 결합이라고 한다.

1. 마음 나누기

보고, 듣고, 냄새 맡고, 접촉이 일어나는 첫 순간에서부터 상담자와 내담자의 결합 과정은 시작된다. 이러한 상호작용을 통하여 서로의 기억 속에 상대방에 대한 정보가 남게 된다. 악수와 같은 단순한 행동조차도 강한 인상으로 남을 수 있다.

경험이 많은 상담자는 긴장된 내담자의 손과 악수를 나누고 있는지 아니면 자신을 거부하는 내담자의 손과 악수를 나누고 있는지 알아차린다. 한편 내담자 또한 악수를 나누는 순간에 상담자가 자신을 거부하는지 어떤지 민감하게 알아차린다. 과도한 업무에 지친 상담자가 "오늘은 악수할 기분이 아니군요"라고 말하거나 마지못해 손을 내미는 경우 내담자는 상담자가 자신을 싫어한다고 생각하게 되고 다음 상담은 이루어지기 어렵게 될 것이다.

내담자와 진실 되게 마음을 나누게 되는 경험에 대해 상담자들은 다음과 같이 말한다.

- "나에게 있어서 마음 나누기는 상담을 하거나 질문을 한다기보다는 대화를 한다는 느낌을 준다."
- "하나의 사례로서가 아닌 고통을 가진 한 사람과 이야기를 나누고 있음을 깨달았을 때 나는 실제로 마음을 나누고 있음을 안다."
- "마음을 나눌 때 나는 좀더 여유를 가질 수 있고 점점 흥미를 느끼며 이야기를 들으면서 어떤 때는 한숨을 내쉬기까지 한다."

'마음 나누기'가 잘 이루어지고 있는지의 정도는 세 가지 요소를 통해 볼 수 있는데, 첫째, 상담자의 질문에 대해 내담자가 말을 계속 이어가고 있는 시간, 둘째, 상담자의 질문에 내담자가 반응을 하기까지 걸리는 시간, 셋째, 상담자의 질문이 끝나기 전 내담자가 상담자의 말을 방해하는 정도이다. 예를 들어 의심이 많은 편집증이 있는 내담자의 경우는 상담자의 질문에 흔히 대답을 짧게 하고 대답하기 전에 긴 시간을 끌며 상담자가 정확하지 않은 경우에 상담자의 말을 정정하기 위해 상담자의 말을 끊는다. 상담자가 내담자로부터 이러한 특징을 발견한다면 이는 마음 나누기가 비효율적으로 이루어지고 있다는 증거임을 알아야 한다.

상담자와 내담자의 결합이 잘 이루어지지 않은 경우에는 자료의 타당성이 떨어진다. 즉 내담자들은 자신들이 좋아하지 않는 사람들과는 자신들의 문제를 쉽게 나누지 않을 것이며 상담자는 내담자의 개인적인 정보들을 알 수가 없게 된다. 결과적으로 상담자는 내담자의 고통을 피상적으로만 이해할 수 있게 되며 타당하지도 않은 자료를 토대로 평가하게 되는 오류를 범하게 된다.

강한 결합이 일어나도록 하기 위한 원리들은 다음과 같다.

- '마음나누기'의 정도를 사정하기
- 효율적인 감정이입
- 내담자가 자신의 문제를 말할 수 있는 안전한 환경
- 내담자에게 진실되고 자연스럽게 보일 수 있는 능력
- 내담자를 안심시킬 수 있는 유능함

이들을 실무에 적용하기 위해서는 다음 개념들에 대한 이해가 이루어져야 한다.

2. 감정이입

흔히 감정이입은 단순한 개념이라고 생각한다. 그러나 그렇지 않다. 사람들은 감정이입을 내담자의 대화에 따라 자연적으로 할 수 있다고 생각할 수 있지만 이는 그렇게 쉬운 일은 아니다. 로저스는 "감정이입은 정확성과 정서적 의미를 가지고 상대방이 말한 내용의 내적인 측면을 인식하는 것으로서 자신이 마치 상대방인 듯한 자세를 가지는 것"이라고 하였다. 즉, 감정이입은 자신의 관점을 유지하면서도 상대방의 정서적 관점을 정확하게 인식하는 능력이라고 할 수 있다.

바렛-레나드는 감정이입을 다음의 다섯 단계로 구분하였다.

첫째단계 : 내담자가 느낌을 표현하는 단계
둘째단계 : 내담자의 느낌에 대한 상담자의 인식

셋째단계 : 상담자가 내담자에게 느낌을 전달함.
넷째단계 : 내담자는 상담자의 느낌을 전달받음.
다섯째단계 : 전달받은 느낌을 내담자가 상담자에게 말함.

이 다섯가지 단계를 좀더 자세히 살펴보자.

1) 내담자가 느낌을 표현하는 단계

내담자가 자신이 경험하는 특정한 느낌을 표현하는 단계로 다양한 문제들이 감정이입을 방해할 수 있다. 내담자의 의식적이거나 무의식적 방어는 내담자가 경험하는 정서적 표현을 막을 수 있다. 7세 된 정신지체아를 둔 어머니와 상담자와의 다음 대화를 살펴보자.

상담자 : 아이의 행동에 대해서 말씀해 주세요.
어머니 : 뭐, 별로 큰 문제는 없어요. 우리 아이는 다른 아이들처럼 거의 정상이에요. 단지 우리 아이가 게임이나 운동을 별로 좋아하지 않을 뿐이에요. 하지만 그 아인 그 아이만의 꿈을 가지고 있어요. 그래서 나중에 크면 골프선수나 스키선수가 될 거예요.
상담자 : 어머니께서는 아까 아이의 말에 대해서 문제를 말씀하셨죠?
어머니 : 음… 선생님은 그 아이가 혀짧은소리를 내는 것을 말씀하시는 거군요. 대부분의 아이들이 그 나이때는 그런 경험을 하지 않나요? 우리들도 그랬고요. 우리 아이도 몇 년 지나면 그런 소리를 안할 거라고 생각해요. 혀짧은소리는 어린 아이들에게 흔한 일이니까요.

자신의 고통을 감추며 부정과 합리화를 사용하는 위의 어머니에게 우리는 연민을 느낀다. 위에서 만일 상담자가 "어머니께서는 아이하고 많은 일을 겪으신 것 같군요"라고 기본적 감정이입을 했다 할지라도 어머니의 반응이 과연 긍정적이었을지에 대해서는 의문을 가지게 된다. 이처럼 상대방의 무의식적 방어기전은 자연스러운 감정이입을 차단하게 한다. 상담자가 자신을 내담자의 세계에 몰입함으로써 내담자의 내적인 경험을 이해하는 것이다. 이것은 내담자의 세계로 적극적으로 이동해 나가는 것이며 이 과정이 잘 이루어졌을 때 상담자는 내담자의 세계에 대한 그림을 잘 그릴 수 있으며 그 세계로 들어갈 수 있게 된다. 이 단계에서 상담자는 자신의 분석과 해석을 중지하고 내담자의 말을 잘 들을 수 있어야 한다. 자신의 분석을 중지하면서 내담자의 말을 잘 들을 수 있는 능력과 상대방의 경험을 예민하게 투사할 수 있는 능력은 직관력으로도 볼 수 있는데 이는 내담자와의 결합을 촉진하는 방법이 되기도 한다.

다음은 원하지 않는 이혼을 한 후 심한 고통을 받고 있는 한 남자 내담자의 사례이다. 이 내담자는 13세 때 백혈병으로 어머니를 여의었다. 다음 대화에서 내담자의 진술에 따른 기본적 감정이입과 복합적 감정이입이 제시된다.

내담자 : 아내와 헤어진 후 제 마음이 마치 무너지는 것 같았어요. 모든 것이 공허하고… 아내도 단지 기억 속의 한 부분처럼 느껴질 뿐이고… 제 인생 자체가 무너져 내리는 것 같았어요… 아내가 가고 난 후 너무 우울하고 울기도 자주 울었어요.

상담자 : 〔**기본적 감정이입**〕 (부드럽게) 주위에 있는 모든 것들이 붕괴되는 것 같았다는 말씀처럼 들리는군요.

〔**복합적 감정이입**〕 (부드럽게) 주위에 있는 모든 것들이 붕괴되는 것처럼 느끼셨군요.

위의 예에서 보듯이 기본적 감정이입은 주위를 경계하는 내담자나 신뢰할 만한 내담자에게 결합을 강화하기 위해서 "~처럼 들리다"로 표현되는 경향이 있다. 내담자가 상담자를 신뢰하고 있는 경우에 상담자는 복합적 감정이입을 사용할 수 있는데 복합적 감정이입은 곧 내담자의 시각으로 사물을 바라보는 것이기 때문이다. 그러나 주위를 경계하는 내담자들에게는 복합적 감정이입을 하는 경우에 결합이 일어나지 않을 수도 있다. 다음의 예를 살펴보자.

내담자 : 인간이 어느 정도까지 잔인할 수 있는지 몰라요. 제가 다니는 회사의 보스는 저하

고 말하는 것조차도 싫어해요. 그 보스 때문에 저는 많은 상처를 받았어요.

상담자 : 상처를 많이 받으셨군요.

내담자 : 선생님은 제 기분을 알지 못할 거예요. 선생님은 해고를 당해본 적이 없으시니까요.

상담자 : 직접 해고를 당해본 적은 없지만 그렇게 되면 아마 굉장히 힘들 거예요.

내담자 : 어떤 사람들에게는 그렇겠죠.

위의 예에서 "상처를 많이 받으셨군요"라는 상담자의 표현은 불안한 편집증 내담자의 경우에는 긁어 부스럼을 만드는 예가 될 수 있다. 편집증 내담자들은 자신의 기분이 어떤지 또는 자신이 해야 할 일이 무엇인지를 다른 사람이 말하는 것을 좋아하지 않는다. 이들은 자신의 세계에 대한 타인의 침입을 허용하지 않기 때문이다. 따라서 위의 예에서 "상처를 많이 받으셨군요"라는 말 대신에 "상처를 받으신 것처럼 들리는군요"라는 기본적 감정이입을 사용하였다면 내담자의 저항은 감소하였을 것이다.

2) 내담자의 느낌에 대한 상담자의 인식

상담자 자신이 그 자신의 방어기제나 자신의 문제에 대한 인식력, 직관력이 부족하다면 효율적인 감정이입이 일어날 수 없다. 예를 들어 최근에 이혼을 하고 자신의 배우자에게 배신감을 가지고 있는 상담자는 이혼을 했으면서도 배우자에게 배신감을 전혀 느끼지 않는 내담자에게 자신의 감정을 투사할 수 있다. 이러한 상태는 상담자의 정서적 상태가 내담자의 감정상태를 정확하게 인식하는 것을 방해하고 있는 것이다.

정서적 친밀감은 상담자가 내담자에게 "바로 이 순간에 저는 당신과 같은 정서를 경험하고 있어요"라는 의미를 전달하는 것이다. 이는 '나의 세계'나 '당신의 세계'가 아닌 '우리의 세계'로서의 의미를 함축하고 있는 것이다.

내담자 : 아내와 헤어진 후 제 마음이 마치 무너지는 것 같았어요. 모든 것이 공허하고… 아내도 단지 기억처럼 느껴질 뿐이고… 제 인생 자체가 무너져 내리는 것 같았어요…

아내가 가고 난 후 너무 우울하고 울기도 자주 울었어요.

상담자 : [**기본적 감정이입**] 당신이 아주 고통스러워 하는 것처럼 보이는군요.

[**진전된 감정이입**] 부인을 잃는다는 것은 상처를 받는 일이지요.

기본적 감정이입은 상담자를 신뢰하거나 경계하는 내담자 둘 다에게 결합을 강화시키며 특히 주위를 경계하는 내담자에게 충분한 거리와 숨쉴 수 있는 여유를 제공한다. 그러나 진전된 감정이입의 경우에는 이익을 가져올 수도 있지만 불이익도 가져올 수 있음을 인식해야 한다. 복합적 감정이입은 "그것은 ~이다"나 "거기에 ~이 있다"와 같은 표현으로 나타난다. 다음의 예와 같이 편집증 내담자에게는 진전된 감정이입이 원치 않는 오해를 가져올 수도 있다.

내담자 : 제 남편은 이상한 사람이에요. 남편은 마치 악마같고 저와 이혼하기 위해서 온갖 수단을 다 써요.

상담자 : 무슨 의미시죠?

내담자 : 지난 세 달 동안 남편이 저를 그렇게 대했어요. 저는 그들이 매일 저녁 6시에 저를 지켜보고 있다는 것을 알아요. 저는 그들을 느낄 수 있어요. 그들은 인공위성을 타고 아주 끔찍한 모습으로 저를 지켜보고 있어요.

상담자 : 다른 사람들이 계속 보고 있다는 것은 두려운 일이지요.

내담자 : 제가 느끼는 것을 어떻게 아시죠?

상담자 : 당신이 말씀하신 그 상황에서는 두려울 거라고 생각해요.

내담자 : 너무나 두렵게 되면 정신을 잃을 수 있나요?

상담자 : 글쎄요… 그것은 말하기가 좀 어렵군요.

내담자 : 선생님, 두려움은 사람들을 미치게 만들 수도 있지만 전 미치지 않았어요.

위의 예에서 친밀감을 제공하고 있는 상담자의 진전된 감정이입을 내담자는 받아들이지 않고 있다. 즉, 의심형 내담자에게 감정이입 진술을 하지 말거나 또는 기본적 감정이입만을 사용하는 것이 현명하다고 할 수 있다.

3) 상담자가 내담자에게 느낌을 전달함

이는 상담자가 감정이입의 진술을 실제로 내담자에게 전달하는 것이다. 이 단계에서 주의할 점은 감정이입을 사용한 상담자의 의도와는 다르게 내담자의 반응이 나타날 수 있다는 점이다. 일반적으로 칭찬을 받은 후의 사람들의 다양한 반응을 생각해 보자. 어떤 사람들은 칭찬을 잘 받아들이는가 하면 또 어떤 사람들은 그렇지 못하다. 칭찬을 잘 받아들이지 못하는 사람들은 "아, 아니에요, 별거 아닌데요"라는 식으로 반응한다. 이렇게 반응하는 이유는 다음 두 가지로 나누어 볼 수 있다. 첫째, 자신에 대한 상대방의 생각이 정확하지 않다고 여기는 점, 둘째 자신이 가치 있다는 긍정적인 느낌을 원하지 않는 경우이다. 이와 마찬가지로 상담자의 감정이입이 어떤 내담자에게는 반발을 일으킬 수 있게 된다. 이러한 반발을 미리 예상하고 막을 수 있는 것은 내담자가 상담자를 어느 정도 신뢰하고 있는지에 달려있다. 상담자에 대한 공포심이나 의심, 편집증이 있는 내담자에게는 감정이입으로 인한 반발이 유발될 수 있다. 주위를 경계하거나 편집증이 있는 내담자들은 친밀한 인간관계를 원하지 않는다. 계획을 잘 세워서 성실하게 상담을 진행하는 상담자에게 이 내담자들은 두 가지 양상으로 반응한다. 하나는 그 상황을 빠져 나오든지 아니면 공격을 하는 것이다. 주위를 경계하는 내담자들은 타인과 '거리'를 필요로 한다.

감정이입시는 다음의 세 가지 사항을 주의해야 한다. 첫째, 내담자에 대한 상담자의 확실한 느낌. 둘째, 상담자와 내담자의 친밀성 정도. 셋째, 내담자의 진술에 대한 상담자의 직관적 판단력이다. 이러한 축은 서로 겹쳐지며 이 축에 따라 기본적 감정이입에서 복합적 감정이입으로 이동해 나아간다.

감정이입의 영향은 내담자의 감정상태에 달려있다. 이 축에서 상담자가 내담자의 마음을 얼마나 읽는가는 상담자 자신이 들은 바를 얼마나 정확하게 반복해서 말할 수 있는가에 달려있다.

내담자 : 아내와 헤어진 후 제 마음이 마치 무너지는 것 같았어요. 모든 것이 공허하고… 아내도 단지 기억처럼 느껴질 뿐이고… 제 인생 자체가 무너져 내리는 것 같았어요… 아내가 가고 난 후 너무 우울하고 울기도 자주 울었어요.

상담자 : 〔**기본적 감정이입**〕 (부드럽게) 당신의 인생이 무너져 내린 것처럼 들리는군요.

〔**진전된 감정이입**〕 (부드럽게) 그렇게 갑자기 부인을 잃는 일은 두려운 일이에요. 그것은 어머니가 돌아가셨을 때 느꼈던 고통과 비슷할 겁니다.

기본적 감정이입에서 상담자는 내담자가 말한 것과 기본적으로 같은 단어를 사용해야 하며 내담자의 생각을 진실되게 반영해야 한다. 여기에서는 직관은 사용되지 않기 때문에 상담자의 언급이 부정확하게 인식될 수 있는 가능성은 적다고 할 수 있다. 기본적 감정이입시 내담자를 돌보는 목소리의 톤으로 이야기하는 것은 상담자의 경청하는 태도와 내담자에 대한 관심을 전달해준다.

정확하기만 하다면 감정이입은 참으로 효과적이라 할 수 있다. 위의 예에서 상담자의 진전된 감정이입은 내담자의 우울과 내담자가 일찍이 경험했던 어머니에 대한 슬픔과의 관계를 제시하고 있다. 경험이 많은 상담자는 이러한 대화에 익숙할 수 있으나 복합적 감정이입은 때로는 상담자에게 어려움을 가져올 수도 있다. 편집증 내담자는 "나의 생각을 아무도 이해할 수 없어"라고 생각하기 때문에 이러한 내담자에게 진전된 감정이입을 하는 것은 상담자를 함정에 빠뜨릴 수 있다.

내담자 : 아내와 헤어진 후 제 마음이 마치 무너지는 것 같았어요. 모든 것이 공허하고… 아내도 단지 기억 속의 한 부분처럼 느껴질 뿐이고… 제 인생 자체가 무너져 내리는 것 같았어요. 아내가 가고 난 후 너무 우울하고 울기도 자주 울었어요.

상담자 : 그렇게 갑자기 부인을 잃는 일은 당신의 어머니가 돌아가셨을 때 느꼈던 고통처럼 아주 두려운 것처럼 들리는군요.

내담자 : 아니에요… 아니에요… 그렇지 않아요. 저희 어머니는 일부러 저를 버리고 가신 게 아니었어요. 정말 그렇지 않으셨어요.

상담자 : 제 말은 OO님의 어머니가 의도적으로 OO님을 떠나가셨다는 의미가 아니라 둘 다 예상치 못했던 일이었음을 말하고자 한 거예요.

내담자 : 어머니하고 아내는 아주 달라요. 저는 어머니를 두려워해 본 적이 없어요. 그 둘은 정말 틀려요.

위의 예에서 내담자는 감정이입에 대해 상담자의 의도와 다르게 반응하고 있다. 감정이입의 효과는 다음과 같다.

① 일반적으로 감정이입은 상담자와 내담자의 결합을 강화시키는 효과적인 방법이다. 그러므로 상담자는 상담이 진행되는 동안 감정이입을 적절하게 사용해야 할 필요가 있다.
② 감정이입에는 기본적 감정이입과 진전된 감정이입이 있다.
③ 기본적 감정이입 기법은 상담자를 신뢰하는 내담자나 상담자를 경계하는 내담자 모두에게 사용할 수 있다. 이 기법의 단점은 내담자에 대한 관심은 보이지만 민감성 있는 이해는 전달하지 못한다는 점이며 장점은 내담자와 상담자에게 불리한 결과를 가져오지 않는다는 점이다.
④ 상담자를 경계하는 내담자에게는 기본적 감정이입을 하는 것이 바람직하며 경우에 따라서는 감정이입을 사용하지 않는 것도 바람직하다.
⑤ 내담자에게 복합적 감정이입을 하였는데 내담자가 가까워지지 않는 경우에 더욱 진전된 감정이입은 피해야 한다.
⑥ 신뢰관계가 형성된 내담자에게는 기본적 감정이입에서 시작하여 더욱 깊은 신뢰감을 형성할 수 있는 진전된 감정이입으로 진행해 갈 수 있다.

때로 내담자들은 상담자가 자신을 이해하지 못할까봐 또는 자신이 어리석거나 나약하다고 생각할까봐 두려워한다. 이러한 두려움을 감소시키는 데 감정이입이 적절하다. 감정이입은 전반적인 상담의 분위기를 부드럽게 만든다. 그러나 때로는 좋은 의도로 사용된 감정이입이 비효율적일 때도 있다. 다음의 대화를 보자.

내담자 : 융자금을 갚지 않았다고 해서 학교에서 그렇게 화를 내는 것은 옳지 않다고 생각해요. 융자는 7년 전에 받았고 제게 지금은 돈이 없는 상황이에요.

상담자 : 경제적 압력을 받는 일이 정말 어려운 일처럼 들리는군요. 다른 사람들이 모두 XX님에게 좋지 않게 대한다고 느끼고 계시군요.

내담자 : 음… 음… (고통스러운 중단)

상담자 : 무엇을 생각하고 계세요?

일반적으로 감정이입은 간결하고 모호하지 않을 때 가장 효과적이다. 효율적인 감정이입은 내담자의 언어적 표현을 증가시킨다. 위의 대화에서처럼 내담자가 입을 다무는 것은 비효율적인 감정이입의 결과라고 볼 수 있다.

4) 내담자는 상담자의 느낌을 전달받음

이 단계는 상담자의 느낌을 내담자가 전달받는 단계이므로 내담자의 병리적 증상에 따라 문제가 유발될 수 있다. 병리적 증상이 있는 내담자는 상담자의 언어 자체는 이해할지 몰라도 감정이입을 받아들일 수 있는 능력은 제한될 수 있다. 심한 경우 섬망상태의 내담자나 심한 정신증이 있는 내담자에게 감정이입은 환청, 욕설, 모욕감, 위협 등으로 잘못 전달될 수 있다. 한편 자신의 말을 하기에도 바쁜 조증상태의 내담자는 상담자의 감정이입에 신경을 쓰는지 어떤지가 분명치 않다. 이러한 조증 내담자에 대한 감정이입은 역효과를 거둘 수도 있음을 알아야 한다.

5) 전달받은 느낌을 내담자가 상담자에게 말함

감정이입의 다섯째 단계는 상담자의 감정이입을 내담자가 수용했다는 피드백을 상담자에게 주는 것이며 이때에도 역시 어려움이 나타날 수 있다. 넷째 단계에서와 같이 내담자의 병리적 증상은 상담자의 감정이입을 잘못 인식할 수 있다. 강직성 혼미나 우울증 내담자의 경우에는 상담자의 말이 들리지 않을 수도 있고 들렸다 할지라도 아무런 반응을 보이지 않을 수 있다. 그러나 이들은 듣지 못하고 혹은 자신이 들은 바를 제대로 전달하지 못한다 하더라도 상담자가 보인 감정이입에 반응을 할 것이다.

“당신의 기분을 잘 모르겠지만 당신이 외롭거나 슬프다면 제게 말씀하세요. 제가 같이 있어 드릴께요” 라는 말은 상담자와 내담자간의 대화에 지평을 열 수 있는 결정적인 역할을 하게 된다.

II. 안전한 관계 형성

상담자를 만나기 전에 대기실에서 기다리는 동안 내담자들은 "나는 정말 나약한 사람이야. 결국 정신과까지 오게 되었으니…"라고 생각하며 상담자가 자신을 싫어할까봐 두려워한다. 상담자들은 내담자들이 상담자 자신을 두려워하는 것을 원하지 않는다. 대부분의 사람들에게 자신이 정신적인 문제가 있음을 시인하는 것은 쉬운 일은 아니다. 그러므로 내담자를 처음 대할 때 그들의 불안을 다루는 일은 중요한 일이 되며 첫 상담에서 불안을 잘 다루지 못하면 내담자는 두 번째 상담에 오지 않을 것이다.

치료적 관계에서 '무조건적 긍정적 강화'의 개념은 "상담자는 내담자를 잠재력을 가진 한 인간으로서 여기고 진실된 돌봄의 자세를 가지고 내담자와 의사소통을 해야한다"라고 말했다. 어떤 경우에서든지 상담자는 내담자를 판단하지 않아야 하며 내담자 앞에서 얼굴을 찡그리지 않아야 한다. 특히 상담자의 정서적 감정을 일으킬 수 있는 이혼, 종교, 성, 폭력, 강간, 유산 등의 문제에서는 상담자의 감정이 혼란스러워지지 않도록 주의를 기울여야 한다. 이러한 쟁점들에 대해서 상담자가 어떤 주관적 가치관을 가지고 있든지 간에 내담자에 대한 판단은 금물이다. 내담자가 젊었든 늙었든, 외모가 단정하든 더럽든, 성격이 활발하든 위축되었든지 간에 사회 경제적 지위가 높든 낮든지 간에 숙련된 상담자는 내담자가 자신과 전혀 다른 사람이라기보다는 협력자로서 인식해야 한다"라고 말하고 있다.

상담자는 때로는 마치 내담자의 부모인양 말할 수 있는데 다음 편집형 정신분열병 내담자와의 대화 사례를 통해서 보듯이 만족스럽지 못한 대화가 이어짐을 볼 수 있다.

상담자 : 지난번 퇴원한 이후 무엇을 하면서 지내셨는지 말씀해 보세요.

내담자 : 잘 지냈어요. 저는 집에서 이전보다 잘 지내서 의사선생님이 처방해주신 약을 먹을 필요가 없었어요.

상담자 : (쉬었다가) 약을 복용하지 않으셨다는 말씀이군요.

내담자 : 네. 약을 먹지 않았어요. 제 마음엔 안개가 낀 것 같애요.

상담자 : 그것에 대해서는 다음에 이야기를 나누지요.

앞의 대화와는 대조적인 다음 아래 대화를 보자.

상담자 : 지난번 퇴원한 이후 무엇을 하면서 지내셨는지 말씀해보세요.

내담자 : 잘 지냈어요. 저는 집에서 이전보다 잘 지내서 의사선생님이 처방해주신 약을 먹을 필요가 없었어요.

상담자 : 무슨 약을 복용하셨었지요?

내담자 : 할돌Haldol과 코젠틴Cogentine이라고 하는 작은 알약요.

상담자 : 그 약을 드셨을 때의 느낌을 조금만 말씀해 보시지요.

내담자 : 기분이 이상했어요. 무슨 약이 그랬는지는 잘 모르지만 마치 제 자신이 연기에 싸여 있는 바보처럼 느껴졌어요.

상담자 : 그것은 좋지 못한 부작용이 나타났던 것처럼 들리는군요.

내담자 : 네, 그래요.

위 상담자는 자신의 관심을 내담자에게 성공적으로 전달하고 있다. 따라서 이 상담자는 첫 번째 사례에서 보다 내담자가 자신의 약물을 다시 복용할 수 있도록 설득할 수 있는 유리한 위치를 확보하고 있다.

이 사례는 상담자가 내담자에게 안전감을 줌으로써 내담자가 방어적으로 변하지 않도록 하는 특징을 제안하고 있다. 내담자들은 상담자의 방어적 태도를 재빨리 인식한다. 상담자가 방어적 태도를 보일 때 내담자는 "나는 여기서 말하는 것을 조심해야만 해"라고 생각하게 된다.

다음 대화의 예는 정신분열병이 있는 아들에 대해 괴로움을 호소하는 어머니와의 상담에서 상담자가 방어적 자세를 취하는 모습을 보여주는 것이다.

어머니 : 전 그 아이를 어떻게 해야 좋을지 모르겠어요. 이 병에는 아무것도 도움이 되지 않

아요. 항상 제자리일 뿐이에요. 저는 의사들이 하는 일을 다 알지는 못해요. 하지만 제가 누군가에게 비타민 치료가 효과가 있다고 들었는데 의사들은 제 아들에게 비타민조차 투여하지 않고 있어요. 저는 아들이 그 치료를 좀 받을 수 있으면 좋겠어요.

상담자 : 예… 말씀드리자면 그런 종류의 치료는 아직 확실하게 증명이 되지 않았고 안전하지 못할 수도 있습니다. 그래서 여기에서는 그러한 치료를 하지 않고 있어요.

어머니 : 하지만 어떤 사람들은 그 치료가 효과가 있다고 말하고 있어요.

치료자 : 어머니께서 보고들은 모든 것을 믿지는 마십시오.

위의 예에서 우리는 어머니의 신뢰를 무너뜨리는 분위기를 볼 수 있다. 상담자의 방어체계가 활성화되어 내담자에 대해서 교육적인 태도를 취하고 있으며 그 결과로 내담자도 방어적으로 대응하고 있다. 위의 대화는 다음과 같이 이루어지는 것이 바람직하다.

어머니 : 전 그 아이를 어떻게 해야 좋을지 모르겠어요. 이 병에는 아무 것도 도움이 되지 않아요. 항상 제자리일 뿐예요. 저는 의사들이 하는 일을 다 알지는 못해요. 하지만 제가 누군가에게 비타민 치료가 효과가 있다고 들었는데 의사들은 제 아들에게 비타민조차 투여하지 않고 있어요. 저는 아들이 그 치료를 좀 받을 수 있으면 좋겠어요.

상담자 : 어머니께서 많은 두려움을 가지고 계시는 것처럼 들리는군요. 우리가 여기서 무엇을 다루어야 할지 정확히 알기 위해서 아드님에 대해서 더 알고 싶군요. 그 다음 우리는 비타민 치료와 다른 치료법들의 장점이나 단점들을 이야기 하지요.

어머니 : 네. 아들 이야기는 참 길고도 복잡한 이야기예요. 3년 전에 이 모든 일들이 시작되었어요….

특히 상담자와 내담자 관계의 초기에 내담자들은 자신들이 상담자의 도움을 받지 못할 수도 있다는 두려움을 가지고 있을 수 있다. 더 나아가 자신이 상담자로부터 박대를 당하고 이용을 당한다고 느낄 수도 있다. 상담자는 대인관계와 인격의 문제에 있어 뛰어난 지식과 기술을 가진 사람이다. 상담자는 대인관계를 통해 만족감을 얻기 위해 거래를 하지 않으며 특권을 얻으려 하지도 않고 내담자를 이용하려 하지도 않는다. 상담자는 안전한 관계를 형성함으로써 긍정적인 태도로 내담자와 적극적으로 결합해야 하고 차후의 대화들이 유익하고 가치 있을 것임을 전달해주는 말과 행동을 보여야 한다.

III. 상담자의 태도

1. 상담자의 진실성

상담자의 진실성은 반응성과 자연성, 일관성의 세 가지 요소에 의해 나타난다.

첫째, 반응성은 내담자가 말한 유머에 대한 상담자의 반응을 통해서 알 수 있다. 내담자의 유머를 들었을 때 어떤 상담자들은 마치 상담에서는 유머를 사용해서는 안될 것 같은 어색함을 보인다. 이러한 상담자들은 내담자가 말하는 유머의 그 순간을 미소나 웃음으로 반응하기보다는 무거운 표정을 지닌 채 재빨리 넘어간다. 이러한 상담자는 내담자의 불안을 가중시키고 내담자가 슬픔, 분노, 두려움 등을 보일 때 조차도 적절한 반응을 하지 않을 수 있다.

둘째, 자연성이란 마음속에 드는 생각을 무엇이든지 이야기하는 것을 의미하는 것이 아니라 오히려 자연스러운 태도를 의미한다. 진실성이 있는 상담자는 자신의 신체적 언어적 표현에 편안한 모습을 보인다. 이들은 편안하며 자연스러운 상태로 상담에 임한다.

신뢰성과 자연성의 정도에 주의를 기울여야 한다. 너무 과하거나 부족한 상황 둘 다 문제를 유발할 수 있다. 예를 들어 말이 많고 의기양양한 상담자는 내담자를 위협할 수 있고 무뚝뚝한 상담자는 내담자에게 두려움을 줄 수도 있다. 만약 자살을 생각하고 있는 내담자가 무뚝뚝한 상담자와 만난다면 자신의 생각을 말하는 데 불편감을 느껴서 말을 하지 못하고 결국 자살을 행하게 될 수도 있을 것이다.

셋째, 진실된 상담자는 내담자가 말한 모든 내용들의 잠정적 영향력을 일관성 있게 사정할 수 있고 내담자의 자연스러운 감정을 공유할 수 있다. 상담자의 일관성은 내담자의 현재 단점을 존중하면서 그의 세계를 같이 알아가고자 하는 의지이다. 상담자는 초기 상담에서는 따듯하게 내담자를 대하고 시간이 갈수록 내담자로부터 냉담하게 멀어지는 것과 같은 일관되지 않는 행동을 해서는 안된다.

이간Egan이 제시한 다음 예문처럼 그 누구도 상담자A처럼 반응하지는 않을 것이다.

내 담 자 : 선생님이 저에 대해서 어떻게 생각하시는지 알고 싶어요.

상담자 A : 저는 당신은 게으르고 기적이나 일어나야 좋아질 거라고 생각해요.

상담자 B : 솔직히 말씀드리면 저는 당신을 직접적으로 평가할 만큼 그렇게 가치가 있다고 생각하지 않지만 이러한 기회가 있는 것은 잘된 일이에요. 당신이 저와 상담을 하신 이후에 무슨 변화들이 일어나고 있는지 같이 살펴보지요.

상담자 B의 반응은 상담자와 내담자의 관계를 발전시키면서 내담자와 같이 문제를 살펴볼 것에 대한 의지를 보이고 있다. 이 관계속에서 진실된 반응성, 자연성, 일관성이 나타나고 있다. 진실성의 이 세 요소가 잘 결합되었을 때 상담자는 정서적 균형을 가지게 되고 내담자에게 도움을 줄 수 있다.

다음에서 상담자는 내담자가 불안을 느끼고 있음을 인식한 후 유머를 잘 사용하고 있다.

상담자 : 오늘 응급실에 오시는 일이 어떠셨습니까?

내담자 : 간단히 말하면 제가 매우 약한 사람처럼 느껴져 기분이 별로 좋지 않군요. 솔직히 옛날에 상담자하고 아주 나쁜 일이 있었거든요. 그래서 나는 상담자들을 별로 좋아하지 않아요.

상담자 : 예. 알겠어요. 저를 빼고 다른 상담자들은 모두 지옥을 두려워해요. (미소)

내담자 : (웃으며) 나는 선생님도 상담자라고 생각했어요.

상담자 : 네. 저두요. (미소) 그것이 바로 두려운 일이지요.

내담자 : (미소와 웃음)

상담자 : 당신을 화나게 하는 일을 하고 싶지 않군요. 상담자들하고 있었던 나쁜 일을 이야

기해 주시겠어요? 저는 그런 일이 다시 일어나는 것을 원하지 않거든요.

내담자 : 좋은 말씀이시군요. 지난번 상담자는 제가 말한 것은 중요하게 여기지 않고 단지 자기 말만 많이 해댔어요.

위 예에서 상담자는 유머를 사용함으로써 '부담스러운 순간'을 '문제해결'로 전환시키고 있다. 내담자는 자신들의 욕구와 불만을 말할 수 있는 장이 열려있음을 안다면 덜 불안해 할 것이다. 또한 위의 예는 상담자들이 내담자와의 상담 과정 자체를 즐길 수 있음을 보여준다. 경험이 많은 상담자는 상담 과정 동안 편안함을 느끼고 그들의 자아체계도 조용히 활성화된다. 이것은 숙련된 상담자가 가지는 균형이며 강력한 개입의 도구 중 하나이다.

2. 상담자의 숙련도

상담자의 숙련도는 내담자의 시각에서 바라본 상담 과정을 살펴보는 것이 가장 효과적이다. "이 상담자는 나를 도울 수 있는가?"와 같은 질문들은 내담자에게는 중요한 질문이며 논리적이고 자연스러운 질문이다. 내담자가 자신에게 이러한 질문을 하고 답을 한다는 사실을 부정하는 것은 상담자와 내담자간의 결합에 심각한 문제를 야기할 수 있다. 정신 건강 상담자로서 상담자들은 내담자들의 돈, 시간, 신뢰성과 교환할 수 있는 그 무엇을 가지고 있다. 내담자들은 자신들의 이야기를 잘 들어줄 수 있는 사람을 발견하기를 기대한다. 그들은 더 깊은 수준에서 자신들의 문제를 잘 다룰 수 있는 상담자를 발견하기를 기대한다.

우리는 인간의 행위와 감정, 심리, 생리를 다루는 이 넓은 분야에서 우리 자신을 상담자라고 자처하기를 두려워한다. 그러나 두 가지 사실만 명심하고 있다면 상담자라는 용어는 편안하고 즐거운 용어이다. 첫째, 상담자가 모든 문제에 대한 답을 가지고 있지 않다는 사실을 인식하는 것이다. 둘째, 상담자가 된다는 것은 우리들의 분야에서 유용한 지식체를 통합할 수 있도록 열심히 교육을 받아왔다는 것을 말한다. 이러한 지식체 안에서 "이 상담자가 나를 도울 수 있는가?"라는 내담자들의 질문에 가장 성공적으로 답할 수 있는 것이다.

상담자의 숙련도는 '초기 상담의 과정에서 전문성을 어떻게 효율적으로 전달하는가?' 와 관련된다. 이는 상담자가 내담자에게 '무엇' 을 '말할' 것인지가 아니라 무엇을 '질문' 할 것인지에 대한 것이다. 상담자가 내담자를 도울 수 있는 그 무엇을 알고 있다는 것을 느끼게 하는 것은 상담자가 사용한 단어의 양이 아닌 질적인 질문이다. 상담자가 사용하는 질문들은 다음과 같이 범주화될 수 있다. (1) 개방형 대 폐쇄형 (2) 캐묻기 대 캐묻지 않기 (3) 사실의 발견 대 견해의 발견 (4) 구조화 대 비구조화이다. 이러한 질문들은 경우에 따라 효율적일 수도 있고 비효율적일 수도 있는데 이는 상담자가 질문한 형태와 시간의 적절성에 달려있다.

사실 중심 질문은 내담자의 상황, 증상, 문제에 대한 질문을 의미한다. "주무시는데 문제가 있습니까?" 또는 "식욕이 변했습니까?" 와 같은 질문은 전형적인 사실 중심 질문의 예이다. 어떤 상담자들은 사실 중심 질문들이 내담자와의 결합을 방해한다고 믿기 때문에 이러한 질문을 회피하는 경우가 있다. 이러한 질문을 적절하지 않은 경우에 너무 자주 또는 체크리스트 같은 형식을 사용할 때 결합에 방해가 될 수 있다. 그러므로 상담자는 이러한 질문들을 적절하게 사용할 줄 아는 기술을 가져야만 한다. 적절하게 사용하는 경우 사실 중심 질문들은 강력한 결합의 도구가 될 수 있으며 내담자에 대한 많은 소중한 정보들을 알아낼 수 있게 된다.

사실 중심 질문을 잘 사용한 예를 보자

내담자 : 저는 석사 수업에 가는 일이 아주 두렵게 느껴져요… 그게 가치가 있을까요? 저는 그것을 생각할 때마다 초조해요.

상담자 : 무슨 말씀이시죠?

내담자 : 초조해지고 걱정이 되어요. 긴장해서 폭발할 것만 같아요.

상담자 : 지난달에 하루 중 어느 정도나 그렇게 걱정하면서 시간을 보냈나요?

내담자 : 예. 약 70% 정도이고 가끔씩은 하루종일 그랬어요.

상담자 : (부드럽게) 안되셨군요.

내담자 : 그래요. 더욱 나쁜 것은 제가 걱정하는 것을 멈출 수 없다는 점이에요.

상담자 : 편안하게 있기가 어렵다는 거지요?

내담자 : 예. 그래요. 집에 와도 뭔가를 해야 한다고 여겨지고 꼭 해야만 할 일이 있는 것 같고 그 일을 하지 않았을 때는 제가 나쁜 사람처럼 여겨져요. 이상해요.

상담자 : 사람들은 하룻동안 많은 긴장을 합니다. 특히 OO님과 같은 일에서는 더욱 그러하죠. 저는 OO님이 긴장과 관련된 근육통이나 떨리는 느낌 또는 눈의 경련 등을 경험했는지 알고 싶군요.

내담자 : 선생님께서 보시는 바와 같이 긴장을 하면 왼쪽 눈에 경련이 생겨요. 이것은 저를 거의 미치게 만들어요.

상담자 : 그 문제가 얼마나 계속되나요?

내담자 : 제가 그것을… 그러니까… 아마 5, 6년쯤… 그런데 대학원을 시작하면서 더욱 악화되었어요.

상담자 : 무슨 의미시죠?

내담자 : 저는 꼭 "화난 깜빡이" 같았어요. (상담자와 내담자 둘 다 웃음) 그것은 정말로 황당한 일이었어요.

상담자 : 정말 그러셨겠군요. (따뜻하게 다시 웃으며) 눈의 경련 말고 몸에 다른 긴장감과 관련된 문제가 있으셨는지 말씀해 보세요.

내담자 : 관련이 있는지 어떤지 잘 모르겠지만 최근에 설사를 심하게 했어요. 그리고 진짜로 얼굴이 달아오르는 순간이 있었는데 그때 저는 제 어머니와 폐경을 생각했어요.

상담자 : 얼굴이 달아오르는 순간에 맥박이나 혈압이 올라가는 걸 느꼈나요?

내담자 : 아뇨… 그렇지는 않았어요.

상담자 : 불안이 아주 심할 때는 OO님이 아주 분해될 것 같다고 느끼셨나요?

내담자 : 아뇨… 별로 그렇지 않았어요.

상담자 : 그렇지 않았다면 또 다른 증상은 없었나요?

내담자 : 약 1주일 전에 남편에게 정말로 화가 난 적이 있었어요. 그때는 불안하다기보다는 제 정신이 아니었어요.

상담자 : 아무런 이유도 없이 죽을 것 같은 두려움을 느끼신 적이 있나요?

내담자 : 아뇨. 그런 적은 한 번도 없어요.

상담자 : 갑자기 공황의 느낌이 들거나 숨이 가빠진다든지 손끝이 저리다든지 입 주변이 무

감각해진 적이 있으셨나요?

내담자 : 아뇨… 그런 적도 없어요.

상담자 : 집중력은 어떠세요?

내담자 : 바로 그게 문제예요. 전혀 집중이 안돼요. 특히 직장에서 책을 볼 때 그래요. 옛날에는 수학이 아주 쉬웠는데 지난 두 달 동안 수학을 하면 신경이 곤두서고 시간이 너무 많이 걸렸어요.

상담자 : 아까 대학원에 대한 두려움과 이러한 문제들이 관계가 있다고 하셨는데 또 다른 문제가 있나요?

내담자 : 글쎄… 먼저는 제가 석사과정을 할 수 있다고 생각하지 않아요. 제 생각에 저는 지능도 높고 영리하지만 석사학위가 제게 필요한지 어떤지는 잘 모르겠어요. 그것이 제일 걱정이에요.

상담자 : 또 다른 걱정이 있나요?

내담자 : 제가 언제 남편을 볼 수 있을지 모르겠어요. 남편을 다시 만날 수 없을까봐… 그것이 제일 불안해요.

위의 예는 사실 중심 질문의 유용성을 강조하기 위한 비교적 긴 예문으로서 불안장애를 진단 내리는 데 필요한 답을 분명히 제시하면서 내담자가 언어적, 비언어적 의사소통의 중요성을 인식하도록 하는 데 큰 도움을 제공하고 있다. 다음은 내담자가 인식한 내용들이다.

- 이 상담자는 내가 느껴온 증상이나 경험을 정확하게 알아내는 데 관심이 있다.
- 이 상담자는 나의 기분들을 알아맞히는 질문들을 하는 걸로 보아서 이전에도 비슷한 문제를 다루었음이 분명하다.
- 이 상담자는 많은 다양한 측면의 문제들을 처음부터 끝까지 성실하게 알아보고 있다.

즉, 포괄적인 의사소통은 상담자의 전문성을 내담자가 확신할 수 있도록 해주고 궁극적으로는 내담자를 돕는 과정에서 상담자의 전문성을 높여준다. 좋은 친구는 이야기를 잘 들어주지만 좋은 상담자는 이야기를 잘 들어줄 뿐만 아니라 지식이 있는 질문을 하는 사람이다.

IV. 정보 수집

초기 상담의 주요 목표는 정보수집에 있으며 첫눈에는 정보수집 과정이 아주 간단한 것처럼 보인다. 손에 촛불만을 가지고 빅토리아 시대의 방을 살펴보는 것은 광택이 나는 테이블을 제대로 살펴보지 못할 수 있으며 움푹 들어간 벽에 놓인 시계를 무시할 수도 있고 어둠속에 가려져 있는 정교한 조각상을 발견하지 못할 수도 있다.

따라서 자료를 수집할 때에는 다양한 방법을 통하여 정확한 자료를 수집하는 것이 중요하며 상담자의 유형에 따라 바뀔 수 있는 요소들 때문에 수집된 자료의 신뢰도와 타당도를 살펴보아야 한다.

1. 자료의 타당도

통계학과는 달리 임상적 측면에서 타당도는 "우리가 얻고자 하는 정보를 실제로 얻고 있는가?"를 의미하며 이는 "수집된 자료가 정확한가?"라는 질문으로 개념화될 수 있다. 심리적 방어와 속임수, 기억력 감퇴, 인지 결함 등으로 인하여 내담자들은 정확한 과거력을 말하지 못할 수도 있다. 예를 들면 곧 직장으로 복귀해야 하는 어떤 정신분열병을 가진 내담자는 자신이 경험하는 환청에 대해 상담자에게 쉽게 말하지 않으려 할 수 있다. 한편 정신분열병이 아님에도 장애인으로 진단 받기를 원하는 사람은 실제로 들리지도 않는 소리에 대한 고통을 말할 것이다. 그러므로 내담자가 어떤 사항을 숨기는지에 대해 상담자는 민감해야 한다. 상담자가 정확한 정보를 얻고자 할 때에는 내담자에게 과거에 있었던 특정 경험을 자세히 말해보라고 하면서 그것들에 대한 내담자의 의견을 묻는 것이 최선이다.

상담자에 대한 내담자의 저항 또한 왜곡된 정보를 제공하는 원인이 된다. 예를 들어 내담자가 데이트를 자주 하는지 여부를 알아보고자 할 때 상담자가 "데이트를 자주 하십니까?"라고 질문하면 내담자는 당황하여 실제와는 다르게 단순히 "예"라고 답을 할 수 있다. 이러한 오류를 피하기 위하여 상담자는 지난 몇 년 동안 또는 몇 달 동안의 데이트에 대하여 구체적으로 질문해야 한다. 이는 내담자를 당황시키지 않고 지난 5, 6개월 동안 데이트를 거의 하지 않았다는 사실을 내담자가 알 수 있도록 해준다. 내담자가 자신의 문제를 객관적으로 서술할 것이라는 가정은 바람직하지 못하며 단지 내담자의 구체적인 이야기 자체를 토대로 상담자가 판단을 내리는 것이 최선이다.

한 쌍의 부부가 어느 정도의 애정을 표현하는지 정확하게 알고자 하는 상담자를 가정해보자. 상담 A는 상담자가 내담자의 의견을 질문함으로써 별로 타당성이 없는 자료를 수집하고 있는 상황이고 상담 B는 사건에 대한 민감한 질문을 통하여 타당성 있는 자료를 수집하고 있는 예이다.

상담 A

내담자 : 아이들과 어머니가 아프셔서 매우 바빴어요.

상담자 : 남편의 도움을 받을 때는 행복하신가요?

내담자 : 예… 예… 남편은 괜찮은 편이에요.

상담자 : 남편은 자상한가요?

내담자 : (멈추었다가) 예… 아주 자상하죠.

상담자 : 경제적 어려움이 있으신가요?

내담자 : 아뇨… 수입이 좀 줄고 아이들이 개학해서 지난 몇 달간은 좀 어려웠지만 견딜 만했어요.

상담 B

내담자 : 아이들과 어머니가 아프셔서 매우 바빴어요.

상담자 : 남편은 OO님을 돕기 위해서 어떤 일들을 하시죠?

내담자 : 남편은 옛날보다 요구사항이 줄었어요. 옷이 구겨지거나 더러운 접시가 쌓여도 화

내지 않아요.

상담자 : 남편이 퇴근하면 보통 무엇을 하시나요?

내담자 : 집에 오면 곧장 방으로 가서 옷을 갈아입어요.

상담자 : 그 다음은요?

내담자 : 음… 제가 문을 노크하고 저녁식사가 준비된 걸 알리지요.

상담자 : OO님이 방에 들어가서 남편과 대화를 나누나요?

내담자 : 아뇨. 바로 뒤돌아와요. 저는 보통 문을 열고 인사하고 바로 부엌으로 뒤돌아와요.

상담자 : 밤에 남편은 OO님을 안아주시는 편이신가요. 아니면 혼자 있기를 더 좋아하는 편이신가요?

내담자 : 글쎄요… 제 남편은 그렇게 많이 안아주지는 않아요. 남편이 저를 많이 안아준다고는 할 수 없어요.

상담자 : 남편이 OO님을 안아준 때가 언제인지 기억하십니까?

내담자 : 솔직히 말씀드리면 기억이 안 나요. (내담자가 더 슬퍼한다.)

상담자 : 슬퍼보이시는군요. OO님이 남편과 가깝게 느끼신 적이 오래 되셨나요?

내담자 : (상담자를 쳐다보며 한숨을 쉰다.) 남편이 저를 안아준 적은 6개월 전쯤 그러니까 지난 크리스마스쯤이었어요. 남편이 절 안아줘서 제가 너무 기뻐했던 일이 생각이 나요. 이젠 남편이 저를 전처럼 안아주는 일은 드물어요. (멈추었다가) 전에는 이렇지는 않았는데…. (눈물을 흘림.)

위에서 보듯이 상담 B에서 상담자는 내담자가 좀더 타당성이 있는 이야기를 말하도록 하고 있다. 남편의 행동에 대한 질문들을 통하여 상담자는 상담 A의 상담자가 간과한 결혼생활의 문제들을 수집하고 있다. 이러한 상담자에 의해서 야기되는 타당성의 상실은 "잠드는 데 어려움이 있으십니까?"라는 질문에서 시작하여 "자살하기를 원하십니까?"라는 질문과 같은 많은 영역에서 볼 수 있다. 결과적으로 타당성 있는 자료를 수집하기 위해서는 행동적 사건들을 잘 듣는 것이 중요하다.

2. 자료의 신뢰도

상담에 있어서 신뢰도는 다음 두 가지 영역으로 나뉠 수 있다 (1) 상담자가 질문의 형식을 스스로 바꾸었을 때 나타나는 변화를 인식하지 못하는 경우 (2) 신뢰도가 있지만 타당성이 없는 정보를 도출하는 경우이다. 신뢰도의 문제는 역전이나 상담자가 긴장하는 경우 생길 수 있다. 예를 들어, 상담자가 시간에 쫓기거나 내담자를 싫어하는 경우 상담의 형태에 미묘한 변화가 나타난다. 상담자는 내담자의 말을 중단시키거나 싫은 시선을 보낼 수 있다. 이러한 문제는 자료의 타당성을 떨어뜨리고 상담의 도구로 기능하는 상담자의 신뢰도를 감소시키는 것이다. 모든 상담자들은 이러한 부정적 정서를 경험할 수 있으며 이러한 감정은 잠정적인 영향력이 고려되는 한 잘못된 것이 아니다.

상담자들은 자살이나 타살, 아동학대와 같은 민감한 문제에 대해서 내담자로부터 긍정적인 답을 듣는 것을 원하지 않을 수 있다. 내담자가 실제 자살이나 타살을 생각한다고 긍정적으로 답하면 상담자가 이러한 문제를 다루기를 주저하기 때문이다. 이러한 주저함은 상담자가 더 많은 시간을 할애하는 경우 또는 법적인 행위가 필요한 경우 또는 상담자로서의 실패감이나 공포로부터 초래되는 것이라 할 수 있다. 따라서 다음과 같은 부정적인 질문을 함으로써 내담자의 솔직한 답변을 무의식적으로 막을 수 있다.

- OO님은 사실 더 우울하다고 느끼시지 않으시죠, 그렇죠?
- 오늘은 아무런 통증도 없으셨죠, 그렇죠?
- 자살할 생각이 없으시죠, 그렇죠?
- (시어머니나 시아버지에게) 일주일 내내 여기에 계시지 않으실 거죠, 그렇죠?

이러한 질문은 내담자가 '아니오' 라는 답을 하도록 강하게 요구하는 것으로서 상담 과정 동안 흔하게 볼 수 있는 실수 중의 하나이다. 신뢰도가 없는 질문은 아래에 제시된 예와 같이 형태는 단순하지만 그 의미는 여러 가지를 묻는 질문을 하는 형태이다.

내담자 : 저는 기분이 예전 같지가 않아요. 이는 질문의 여지가 없어요. 비록 주말은 좀 나은 것 같지만요.

상담자 : OO님이 우울해질 때는 인생이 살 가치가 없는 것처럼 느껴지시나요?

내담자 : 아마 5월 정도에는요. 제 결혼기념일쯤에는 모든 것들이 무너져버리는 것 같았어요.

위 예에서 상담자는 더 혼란스러운 상황을 만들고 있다. 이 상담자는 내담자의 우울증이 5월에 시작되는 것을 모르고 있었다. 내담자가 우울한 경우 미래에 대한 희망이 없다는 것을 아는 것은 가능한 일이다. 더 질문을 함으로써 이 문제를 분명히 할 수 있다. 다른 질문들은 신체 검진을 하는 동안에 또한 할 수 있다.

상담자 : 눈, 귀, 심장 등에 무슨 문제가 있으십니까?

내담자 : 아뇨.

상담자 : 기침이나 변비, 설사, 두통, 요통 등은요?

내담자 : 없어요.

여러 가지 질문을 한번에 하는 것은 시간을 절약할 수 있지만 이는 내담자를 혼란스럽게 할 수 있다. 여러 질문들 중 내담자의 마음속에는 단 한가지만 남아 있을 수 있으며 내담자의 혼란은 자료의 타당성에 주요 문제를 야기한다.

3. 내담자의 대인관계

초기 상담에서 특히 청소년 내담자들이 마음의 문을 열도록 하기 위하여 다음의 질문들이 도움이 된다.

- OO님이 좋아하는 것은 무엇입니까?
- OO님 이웃에 사는 아이들에 대해 말씀해 보십시오.
- 학교에서 집까지 걸어가거나 버스를 타고 가는 것은 어떻게 느껴지나요?
- 형제들 중 누구를 제일 좋아하십니까?

- 가족들 중 누가 가장 행복하다고 생각하십니까?
- 가족들 중 누가 제일 부럽습니까?
- 부모님들이 OO님에 대해 관심을 가지고 계신 것은 무엇입니까?
- OO님에게 체육시간은 어떻습니까?

이러한 질문들은 과거나 현재의 대인관계에 대한 모습을 보여준다. 상담 과정 동안 상담자가 관심을 가져야 하는 것은 상담 자체에 대해 내담자가 느끼는 두려움이다. 내담자는 상담자로부터 거부당하는 느낌이나 위협감을 느낌으로써 자아체계가 활성화될 수 있다. 내담자의 태도는 상담자의 태도에 대한 느낌의 결과이다. 그러므로 상담자는 다음 두 가지 (1) 이 내담자는 내게 가까이 다가오기 위해서 어떤 노력을 하는가? (2) 이 내담자는 왜 이런 식으로 자기를 표현하고자 하는가?를 스스로에게 질문해 보아야 한다. 내담자가 불안한 경우 상담자와의 결합이 이루어지지 않으므로 상담자는 내담자에게 "저를 만나러 오는 기분이 어떠셨습니까?" 하고 질문함으로써 내담자의 불안을 낮출 수 있다.

어떤 내담자들은 자신에 대한 이야기는 잘 하지 않아도 다른 사람에 대한 이야기는 아주 잘 하는 경우가 있다. 예를 들면 심한 우울증이 있는 14세 소년은 자신의 문제에 대한 답은 하지 않아도 "학교에서 네가 할 수 있는 일이 무엇이니?" 라고 질문했을 때 입시 문제나 학교의 정책에 대한 비판 등을 장시간동안 하는 것을 볼 수 있다. 이 소년은 축구나 게임 등에는 관심을 보이지 않았는데 이는 그가 도덕적인 이슈들에 깊은 관심을 가지고 있음을 의미하는 것이며 이는 그의 초자아 발달에 중요한 영향을 미치는 요인이 된다.

내담자 자신의 문제를 깊이 있게 이야기하는 것은 내담자의 긴장을 증가시킬 수 있다. 이러한 경우에는 "오늘 OO님은 어려운 문제를 잘 말씀하셨습니다. 그렇게 자세하게 말씀해주셔서 제가 OO님을 이해하는 데 큰 도움이 되었습니다" 라고 말해주는 것이 내담자의 긴장을 완화시킬 수 있는 방법이 된다. 이러한 언급은 초기 대인관계에 심한 불안을 느끼는 내담자들에게 효과적이며 이러한 말을 들은 내담자는 자신의 성적 도착, 관음증에 대하여 말할 수 있게 된다. 내담자와의 이러한 아주 사적인 대화를 마친 후 할 수 있는 대화를 보자.

상담자 : OO님, 기분이 좀 상하신 것 같은데 오늘 우리가 나눈 이야기들에 대한 느낌이 어떤지요?

내담자 : 예… 기분이 별로 좋지 않네요. 한 번도 이런 이야기를 한 적이 없었는데… 이상하군요. 저는 새로운 사람을 만나면 수줍고 두려워요. 사람들이 저에 대해 어떤 생각을 할지… 그것이 두려워요.

상담자 : 제가 OO님에 대해서 어떤 생각을 할 거라고 생각하셨어요?

내담자 : 아마 저를 내담자나 아주 경멸스러운 사람쯤으로 생각했겠지요.

상담자 : 제가 OO님께 그런 말이나 행동을 했나요?

내담자 : (멈추었다가) 아니요… 아니에요. 선생님께서 그랬다는 것이 아니에요.

상담자 : 좋아요… 누군가가 OO님이 내담자라고 생각하거나 경멸스럽다고 생각할 수 있는데 그런 사람이 이 방에는 없다는 말씀이지요?

내담자 : (고개를 끄덕이고 미소를 지으며) 그렇지요. (눈에 띄게 안심한다.)

상담자 : 우리가 서로 마음을 열고 이야기 할 수 있다는 것은 중요한 일이고 OO님은 지금까지 아주 잘하고 있어요. OO님께서 원하지 않는 행동을 어떻게 하면 바꿀 수 있는지에 대해서 같이 생각해보지요.

내담자 : 고맙습니다.

상담자 : 최근에 OO님의 문제를 이야기했을 때 느낌이 어땠는지 말씀해 보세요.

내담자 : 그날은 아주 최악의 상황이었어요. 저는 판매직원이었는데 정말 화가 났었어요….

위의 내담자는 인지행동 치료를 받고 성공적으로 치료되었다. 위의 대화는 상담자와 내담자간의 라포가 형성되어 본격적으로 문제해결 과정에 들어가기 전에 있을 수 있는 내담자의 투사를 해결하고 있다.

4. 현상학적 질문

내담자와의 동맹관계를 형성하기 위해 상담 과정에서 상담자는 내담자의 시각에서 세상을 바라보는, 즉 내담자가 보고, 듣고, 느끼고, 냄새 맡고, 촉감을 느낀 것들에 대해 구체적으로 질문하는 현상학적 방법을 이용하는 것이 바람직하다. 이러한 질문은 내담자가 단지 하나의 사례가 아닌 하나의 인간으로서 관심의 대상이 됨을 전달하는 것이다. 다음 자살을 시도한 경험이 있는 비만한 내담자와 현상학적 질문 방법을 사용한 대화를 살펴보자.

내담자 : 저는 모든 일에 넌더리가 나요. 저에게 상처를 주는 모든 사람들로부터 떨어져서 혼자 있고 싶어요. 그래서 제 방에 가서 불을 다 껐어요. 양초만 몇 개 켜 놓고 그 방에 계속 앉아 있었지요.

상담자 : 거기 앉아서 무엇을 보고 있었나요?

내담자 : 아무것도… 그냥 가끔 촛불이 깜박거리는 것만 보고 있었어요. 촛불에 반사돼서 꽃병 그림자가 벽에서 흔들리고 있었어요.

상담자 : 또 어떤 것을 보았나요?

내담자 : 음… 고등학교 축제 때 찍은 사진이 기억 나요.

상담자 : 그리고는요?

내담자 : 그때 인간관계가 깨지는 일이 얼마나 가슴 아픈 일인지를 생각했어요. 사진에 있던 사람들이 더 이상 제게 의미가 없어요. 저 또한 그때 친구들에게 아무런 의미가 없는 사람이지요.

상담자 : 그리고 또 무엇을 느끼셨지요?

내담자 : 외로움과 공허감이요. 저는 꼭 우렁이처럼 속으로 기어들어가고 싶었어요.

상담자 : 우렁이 속 세상은 어떨 거라고 생각하세요?

내담자 : 멀고 어둡고 아무 것도 느껴지지 않을 것 같아요. 제게 공허감 같은 것도 있지만 한편 화가 나기도 해요. 제 어머니가 저에게 관심이 없는 것이 화가 나요. 어머니는 저를 안아준 적이 없어요. (흐느끼기 시작함) 제가 어렸을 때 한 번은 할아버지 집에 가 있었던 적이 있어요. 기차역에서 저는 무섭고 슬펐어요. 그때 저는 어머니가 "잘 가라"라고 말하면서 저를 껴안아 줄 것인지 아니면 뽀뽀를 해줄 것인지를 계속 생각하고 있었어요. 그런데 어머니가 어떻게 했는지 아세요? "잘 가라"라고 말한 것 외에는 아무 것도 하지 않았어요.

상담자 : 상처를 많이 받으셨겠군요.

내담자 : 네. 그래요. 정말로 그건 제게 상처가 되었어요. 어머니는 항상 그런식이었어요.

상담자 : 사람들이 OO님께 상처를 줄 거라고 생각하세요?

내담자 : 네. 저는 상처받는 데 적응하면서 살아와서 어떤 때는 상처받는 것을 즐기는 것 같아요.

상담자 : 그날 촛불 속에 앉아 있을 때 자살 생각을 해보셨는지요?

내담자 : 예. 그 순간에는 모든 일이 바보 같았어요. 그래서 제가 그 동안 모아온 발리움valium을 먹을까 했었어요.

상담자 : 또 무슨 생각들이 마음속에 들었나요?

이 대화에서 상담자는 내담자의 고통스러운 세계를 느낄 수 있으며 내담자의 욕구와 기대감을 알 수 있다. 현상학적 질문을 이용하여 내담자의 세계를 탐색하는 것은 내담자의 잠재된 문제와 욕구에 대해 더 잘 알 수 있도록 해준다. 현상학적 질문은 내담자의 세계와 내담자의 경험, 태도, 견해들을 알아보는 데 유용하다.

C H A P T E R · 2

제 2 장
상담의 구조

제 2 장
상담의 구조

상담은 마치 흐르는 물과도 같이 유동적이고 지속적으로 변화가 일어나는 과정이다. 이 과정에는 하나의 구조가 있으며 상담자는 이 구조를 앎으로써 상담의 자연스러운 흐름을 이해하게 된다. 상담의 단계는 (1) 도입단계 (2) 서론단계 (3) 본론단계 (4) 결론단계 (5) 종결단계의 다섯 단계로 구분할 수 있다.

I. 도입단계

도입은 상담자와 내담자가 처음 만나면서부터 그 내담자가 무슨 문제로 도움을 받고자 하는지 질문을 할 수 있을 만큼 편안해질 때까지 소요되는 시간이다. 내담자들은 주로 상담자에 대한 인상을 끝까지 가지고 가기 때문에 도입단계는 중요한 의미를 가진다. 이 단계에서 상담자의 목표는 내담자의 불안을 낮춤으로써 내담자와 가까워지는 것이다. 비슷한 차원에서 내담자도 다음과 같은 생각을 할 수 있다.

① 이 상담자는 누구인가?
② 이 상담자는 유능한가?
③ 이 상담자는 나를 이해할 수 있는가?
④ 이 상담자가 나에 대해 알고 있는 것은 무엇인가?
⑤ 이 상담자는 누구 편인가?
⑥ 이 상담자가 나를 파악하는 데 시간이 얼마나 걸릴 것인가?

⑦ 이 상담자로부터 내가 상처 받으면 어떻게 하나?
⑧ 이 문제들을 내가 조절할 수 있는가?

대부분의 내담자들이 의식적 무의식적으로 이와 같은 문제를 가질 것이다. 따라서 이 단계에서 상담자는 내담자가 좀더 편안함을 느끼도록 돕기 위해서 직접적으로 간접적으로 이러한 질문에 답할 수 있으며 이에 따라 상담이 부드럽게 진행되어 나간다. 이 단계에서 내담자가 느끼는 불안을 다루는 정확한 방법이 있는 것은 아니므로 각 상담자들은 자신의 방식대로 이 문제들을 언급할 수 있는 편안한 스타일을 만들어 나가야 한다. 아래에 제시되는 사례 중 첫 번째는 경험이 없는 상담자의 사례이고 두 번째는 내담자를 좀더 능숙하게 다루는 상담자의 사례이다.

(상담자가 무뚝뚝하게 들어오더니 무표정한 얼굴로 내담자에게 인사를 한다.)

상담자 : 음— 저는 OO님을 상담할 상담자 김XX입니다. 저는 OO님이 문제가 있음을 알고 있습니다. 그 문제에 관해 좀 말씀해 주시지요.

내담자 : 음— 제가 무엇부터 말씀 드려야 좋을지 잘 모르겠군요.

상담자 : 처음부터 말씀하시는 것이 어떤가요? OO님의 행동이 좀 이상했었다는 것을 압니다.

내담자 : 선생님께 저에 대한 이야기를 누가 했지요?

상담자 : 부인께서요… 얘기를 누가 했는지는 중요하지 않아요. 저는 그냥 문제가 생기기 시작했던 때를 알고 싶군요.

위의 사례에서 상담자는 오히려 내담자의 불안을 가중시키고 있다. 다음 사례는 이 상황에 대해 좀더 만족스러운 대화를 보여주고 있다.

(내담자가 노크한다. 상담자가 "들어오세요"라고 말한다. 내담자가 방에 들어오자 상담자가 따듯한 미소로 맞으면서 내담자에게 걸어가 악수를 한다.)

상담자 : 안녕하세요? 저는 상담자 김XX입니다. 여기 상담센터의 오래된 상담자 중 하나이지요. 좀 앉으세요. (벽을 향해 몸짓하며) 원하신다면 코트를 걸어드리지요.

내담자 : 고맙습니다(코트를 건네주고 자리에 앉는다.)

상담자 : 차를 주차하는 데 어렵지 않으셨나요?

내담자 : 아뇨. 낮시간이라 별로 어렵지 않았어요.

상담자 : 다행이군요. 때때로 주차할 데가 없어서 어려움이 있지요. 먼저 제가 내담자님을 어떻게 부르시길 원하시는지 말씀해주시면 제게 도움이 되겠군요.

내담자 : 그냥 제 이름을 부르세요.

상담자 : 좋아요. OO님 부인께서 오늘 일찍 전화를 하셨던데… 부인께서 전화하셨던 것을 아셨나요?

내담자 : 예. 아내가 전화한다고 해서 제가 그러라고 했어요. 하지만 실제 전화를 했는지 안 했는지는 묻지 않았어요.

상담자 : 부인의 전화를 받고 난 후의 제 느낌을 말씀드리지요. 부인께서는 요즘 OO님이 생각하고 느끼는 것들에 대해 걱정하셨어요. 부인께서는 OO님이 요즈음 좀 우울하다고 느끼시는 것 같았어요. 그래서 저는 OO님에게 무슨 문제가 있으신지를 알고 싶군요. OO님의 생각을 조금만 말씀해 주시면 좋을 것 같습니다.

내담자 : 글쎄요… 좀 봅시다… 사실은 우울하다기보다는 기분이 좀 가라앉았다고 말할 수 있을 듯합니다.

상담자 : 그래요.

내담자 : 직장에서 일이 잘 풀리질 않았어요. 회사 사장이 그만두고 훨씬 더 힘든 새로운 사장이 왔어요. 그래서 제 일이 예전처럼 그렇게 재미있게 느껴지지가 않아요.

상담자 : 어디서 일하시나요?

내담자 : 목재회사에서요….

상담자 : (부드럽게) 계속 하세요.

내담자 : 3주 전에 저는 20년간의 직장생활 동안 한 번도 해보지 않은 일을 했어요. (내담자는 멈추고 상담자는 기다림) 실제로 아프지도 않은데 아프다고 직장에 전화를 한 겁니다.

상담자 : 그러셨군요.

내담자 : 그런 일은 제게 보통 있는 그런 일이 아니에요.

상담자 : 그렇군요.

위의 사례에서 상담자는 코트를 걸어주는 단순한 동작과 부인이 전화한 사실을 이미 내담자가 알았는지 질문하는 것을 통하여 내담자 존중을 표현하고 있으며 상담자는 누구의 편도 아니고 단지 내담자의 생각을 듣고 싶음을 강조하고 있다. 이러한 대화는 내담자가 상담자를 일차적으로 찾아온 경우이고 만일 동료 상담자가 내담자를 의뢰해 온 경우라면 다음과 같이 말할 수 있다.

> 저는 OO님의 기록을 읽어서 OO님의 문제들을 조금 알고 있습니다. 하지만 그 문제들을 다시 한번 말씀해주시면 감사하겠어요. 저는 OO님이 많은 사람들에게 같은 이야기를 반복해야만 하고 그것이 아주 싫은 것을 알고 있습니다. 하지만 다른 사람이 써 놓은 기록만을 읽고 그것을 다 이해하기는 어려운 일이군요. 저는 현재 OO님의 문제가 우울증이라는 것을 알아요… 거기서부터 시작할까요? OO님이 우울증으로 인해 무슨 문제가 있으신지요?

위의 사례에서는 내담자가 이야기를 반복하는 일이 어렵다는 것을 상담자가 말해줌으로써 내담자에 대한 관심과 존중을 나타내고 있다. 또한 "OO님이 우울증으로 인해 무슨 문제가 있으신지요?"라는 질문은 내담자를 단순한 하나의 사례가 아닌 독특한 한 개인으로 이해하고 있음을 나타내고 있다. 어떤 내담자들은 "지금까지 질문이 있으신지요?"라는 말을 함으로써 도입단계를 끝내는데 이러한 질문 또한 내담자 저항의 가능성을 사정하면서 내담자 존중을 표현하는 바람직한 표현이다.

앞의 두 번째 사례에서 내담자에게 어떻게 부르길 원하는지를 질문하는 것은 아주 바람직한 표현이다. 이러한 질문은 다음과 같은 효과를 가진다.

> ① 내담자 존중을 표현한다.
> ② 내담자가 자신이 원하는 바를 선택하도록 한다(어떤 내담자는 자신의 성만 부르길 원하는 반면 다른 내담자는 이름만 부르기를 원하는 경우도 있다).
> ③ 내담자가 선호하는 것을 아는 것은 내담자 이해에 도움이 될 수 있다.

내담자가 자신이 원하는 바를 말한 것은 때로는 내담자의 병리상태와 내담자의 반응에 함축되어 있는 자기 정체성을 알도록 할 수 있는데 예를 들어 조증mania 내담자들은 자신을 "박XX 박사"로 부르길 원할 수 있는 반면 퇴행이 심한 내담자는 "그냥 김이라 부르세요"라고 말할 수 있다. 또한 "아무렇게나 불러도 상관없어요. 그냥 김군이라고 부르세요"라고 답하는 내담자의 경우에는 내면에 양가감정이 있음을 알 수 있다. 편집증이 있는 내담자의 경우에는 그의 성(性)만을 부름으로써 거리를 유지하는 것이 내담자에게 편안감을 준다. 또한 상담자보다 나이가 훨씬 든 내담자의 경우에도 "박선생님"과 같이 "성"으로 불리우는 것을 선호한다. 이와는 반대로 아동이나 청소년들은 만남에서부터 이름을 부를 수 있다.

어떤 상담자는 상담의 초기에 앞에서 제시된 사례보다도 한 단계 더 나아가서 상담에서 내담자가 무엇을 기대하는지 말해보도록 한다. 상담자와 내담자가 서로 자신을 소개한 후에 다음과 같이 대화가 진행될 수 있다.

상담자 : 오늘 우리가 무엇을 할지 말씀드리는 것이 좋을 듯합니다.

내담자 : 예… 감사합니다.

상담자 : 우선 저는 OO님의 관심이 무엇인지, 어떤 종류의 스트레스를 받고 계신지 알고 싶군요. 즉, 제가 OO님을 어떻게 도와드려야 할지 확실히 알고 싶군요. OO님이 과거에 가졌던 건강 문제나 일 문제, 가족 문제들에 대해 더 잘 이해하고 싶습니다. OO님의 과거 문제들을 이해함으로써 현재 문제들을 더 잘 이해할 수 있다고 생각합니다. 여기까지 질문 있으십니까?

내담자 : 아니오. 없습니다.

상담자 : 그러면 오늘 무슨 문제로 오셨는지 먼저 이야기를 시작해보지요.

내담자 : (한숨을 쉬고) 예. 말씀 드리지요. 긴 이야기입니다.

상담자 : 저는 귀가 커서 괜찮습니다. (미소)

내담자 : (웃으며) 예… 그 문제는 저와 제 집사람에게도 문제가 되는 일입니다. 첫째 아이 방울이가 태어난 지 두 달쯤 되었을 때 일어난 일이에요.

위의 대화는 "제가 앞서 말씀 드린 바와 같이 OO님 가족에 대해서 좀더 알고 싶군요. 방울이 외에 자녀가 몇 명인가요?"와 같이 부드럽게 대화를 진행해 갈 수 있다. 대화가 끝날 무렵 상담자는 내담자의 불안을 없애기 위해서 적절한 유머를 사용할 수 있다.

위의 예는 도입부의 기본이 된다. 도입부가 잘 이루어지는 경우에 자신을 수용해 주는 사실에 내담자가 진실로 감사하면서 강한 결합이 시작될 수 있다. 따라서 이후의 상담에서는 내담자는 자신의 문제를 이야기하고 상담자는 주로 경청을 하게 될 것이다.

II. 서론단계

서론단계는 내담자의 일상적인 문제에 대한 질문에서 시작하여 중요한 문제에 대해 구체적 질문을 하게됨에 따라 끝나게 된다. 상담에 주어진 시간이 30분 정도인 경우에 서론단계는 약 5분 정도가 되며 1시간 정도라면 5분에서 8분 정도가 적절하다. 도입단계와 서론단계는 내담자와 라포를 형성하는 가장 중요한 시간이다. 도입단계가 내담자에 대한 인상을 형성하는 시간이라고 한다면 서론단계는 그 인상을 더 굳히거나 아니면 없애는 단계이다. 대부분의 경우 내담자들은 서론단계의 끝 부분에서 자신이 상담자를 좋아하는지 싫어하는지를 확실히 한다. 두세 번의 상담 후에 더 이상 상담에 오지 않는다면 이는 대부분 서론단계의 처음 10분에 만들어진 내담자의 불안 때문이라고 할 수 있다.

서론단계에서 내담자는 세 가지의 목표를 가진다. 첫 번째는 자신의 개인적 문제를 이 상담자와 나누는 일이 안전한 일인지 파악하는 것이고, 두 번째는 이 상담자와 개인적인 어떤 문제를 이야기해야 하는지 결정하는 것이며, 세 번째 목표는 자신의 이야기를 했을 때 이 상담자가 자신을 이해할 수 있는지 파악하는 것이다. 도입단계와 서론단계가 잘 진행되면 내담자의 자아체계는 활성화될 것이고 자기노출을 하게될 것이다.

서론단계는 흔히 상담자가 자신을 소개한 다음 내담자에게 다음과 같은 개방형 질문을 함으로써 시작된다.

- 오늘 무슨 문제로 여기에 오셨는지 조금만 말씀해 주십시오.
- 최근의 관심사에 대해 조금만 말씀해 주십시오.
- 지난 2~3주 동안 있었던 일을 조금만 말씀해 주십시오.
- 최근에는 어떤 종류의 스트레스를 받고 계십니까?

위와 같은 개방형 질문은 내담자에게 편안하게 이야기를 시작할 수 있는 기회를 제공한다. 그러므로 상담자는 내담자의 생각을 확인해가면서 불안을 낮추도록 해야 한다.

도입단계와 서론단계의 차이점은 서론단계에서는 상담자가 이야기를 아주 적게 한다는 점인데 이는 내담자가 이야기를 하도록 개방형 질문을 하기 때문이다. 일반적으로 이 단계에서 상담자가 하는 질문이나 진술은 30~70%가 개방형이다. 도입단계와 서론단계를 연결하는 다리와도 같은 역할을 하는 질문은 간단한 인구학적 질문들이다. "제가 좀더 이해를 하기 위해서 몇 가지에 대해서 질문하겠습니다. OO님은 나이가 어떻게 되시죠?"와 같은 질문을 한 후에 내담자의 직업, 주거지, 가족 등에 대한 질문으로 나아갈 수 있다. 이러한 대화를 통해서 상담자와 내담자간의 효율적인 융합이 일어나게 된다. 서론단계는 상담자에게는 생산적인 사정 시간이며 "정찰기"와도 같은 시간이다. 상담자는 내담자와 효율적으로 융합할 수 있는 방법들을 탐색하고 상담을 구조화하는 방법을 결정하며 전략과 계획을 세우는 단계이다.

상담 과정의 초기 5~10분 동안의 정찰기에 상담자는 1) 내담자의 시각에서 본 내담자의 문제 2) 상담에 영향을 미칠 수 있는 내담자의 정신 상태 3) 내담자의 문제에 대한 상담자의 견해 4) 상담에 대한 평가의 네 가지 영역을 사정해야 한다. 이 네 가지 문제를 이해함으로써 상담자는 자신의 생각과 내담자의 생각을 잘 조화시켜 구체적인 문제 해결을 시작해 나아갈 수 있다. 만약 상담자와 내담자의 생각이 조화를 이루지 못한다면 나머지 상담은 생산적이지 못하게 된다. 사정을 정확하고 빠르게 할 수 있는 것은 상담자가 기술과 능력이 있기 때문이다. 이러한 능력을 습득하기 위해서는 먼저 정확한 사정의 유용성을 이해해야 한다. 다음은 정확한 분석을 하기 위해 제시되는 틀이다.

1. 내담자의 시각에서 본 내담자의 문제

내담자들은 초기 상담에서 독특한 생각을 나타낸다. 다음 대화를 통해서 내담자가 초기 상담에서 가질 수 있는 독특한 생각을 살펴보자. 본 내담자는 부인의 강력한 권유로 인해서 예약을 하고 상담을 받으러 온 30대 중반의 남자이다. 그는 구레나룻 수염을 기르고 있었고 불안한 듯이 상담실 안을 두리번거렸다.

상담자 : 오늘 여기에 오신 이유를 조금만 말씀해 주시지요.

내담자 : 말씀드리기가 매우 어렵군요. 제 아내가 무슨 생각을 하고 있는지 모르겠어요. 저는 바보가 아니에요. 장담하건대 이 모든 일들은 화학작용과 관계가 있는 일들이에요. 제가 다소 속도를 냈을 뿐이에요.

상담자 : 속도를 내다니… 무슨 뜻이지요?

내담자 : 제가 흥분이 되어서 마구 뛸 것만 같았어요. 아마 너무 활기가 넘쳤나봐요. 그게 바로 정신적인 문제가 아니라 생리적인 문제라고 생각하는 이유예요. 얼마전에 인체의 건강이 정신에 미치는 영향에 관한 책을 읽었어요. 제가 생각하건대 지금 제가 왜 그러는지 이해할 수 있어요.

내담자가 말한 것을 듣는 것뿐만 아니라 내담자가 함축한 의미까지 듣는 것은 내담자를 탐색하는 동안에 필요한 기술이다. 위의 대화에서 "말씀드리기가 매우 어렵군요"라는 내담자의 말은 상담자가 자신의 말을 잘못 이해할지도 모른다는 두려움을 나타내는 말이다. 이어 내담자의 말은 "제 아내가 무슨 생각을 하고 있는지 모르겠어요. 저는 바보가 아니에요"로 이어지고 있는데 이 말은 역으로 아내가 자신을 "바보"로 불렀을 거라는 것을 의미하고 있다. 즉, 자신이 오해를 받는 것에 대해 두려워하고 있는 것이다. "장담하건대 이 모든 일들은 화학작용과 관계가 있는 일들이에요"라고 말함으로써 오해받는 것에 대한 두려움과 오해하지 말 것을 부탁하고 있는 것이다. 이 대화에서 내담자는 자신의 수준에서 자신의 문제를 설명하고 있는데 중요한 점은 (1) 그가 문제를 인식하고 있다는 점과 (2) 자신의 문제가 정신적 문제로 보이는 것을 원하지 않는다는 점이다. 이 대화를 통해서 내담자의 시각에서 본 내담자 자신의 문제를 다음과 같이 규명할 수 있다.

- 문제는 생리적이지 정신적인 문제가 아니다.
- 주어진 시간동안 자신의 문제를 논의하고자 의식적으로 바란다.
- 자신의 생각을 상담자에게 확신시키고자 한다.

다음 상담자가 해야 할 질문은 "이 정보를 가지고 무엇을 할 수 있는가?" 이다. 우선 무엇을 하지 말아야 하는가는 쉽게 생각해볼 수 있다. "OO님 아내가 스트레스 때문에 그러한 문제가 시작되었다고 말씀하셨는데 아들로부터 받는 스트레스에 대해 좀 말씀해보시지요" 라는 말을 하거나 "생리학도 중요합니다만 진짜 문제가 무엇인지를 좀 봅시다" 와 같은 말은 하지 말아야 한다. 이러한 질문은 내담자의 시각에서 내담자의 세계를 보는 것을 거부하는 것이다.

내담자와 함께 상담자의 견해를 풀어나가는 다음 대화를 보자.

내담자 : 제가 흥분이 되어서 마구 뛸 것만 같았어요. 아마 너무 활기가 넘쳤나봐요. 그게 바로 정신적인 문제가 아니라 생리적인 문제라고 생각하는 이유예요. 얼마전에 인체의 건강이 정신에 미치는 영향에 관한 책을 읽었어요. 제가 생각하건대 지금 제가 왜 그러는지 이해할 수 있어요.

상담자 : 왜 그런다고 생각하시는데요?

내담자 : 조깅을 하면 엔돌핀이라는 물질이 뇌속에서 배출된다는 것을 연구자들이 밝혀냈어요. 아마 제가 마구 뛸 것만 같은 것도 그 때문일 듯싶어요.

상담자 : 그것 참 흥미롭군요. 달리기를 자주 하시나요?

내담자 : 매일 5킬로미터 정도 달리고 가끔은 한 8킬로미터도 달려요.

상담자 : 그래서 몸이 좋으시군요. 인체의 건강에 대해서는 어떻게 해서 관심을 가지시게 되셨지요?

내담자 : 선생님은 아마 그것도 가족력이 있다고 말씀하시겠죠? (내담자와 상담자 모두 미

소를 짓는다.) 아버지가 달리기를 잘 하셨고 제 형들도 축구선수였어요.

상담자 : 가족들에 대해서 계속 말씀하시지요.

내담자 : 예. 가족들 모두 아주 활동적이었어요. 형들은 둘 다 모두 성공했고 (멈춤)… 저보다 더 성공했어요. 하지만 저도 뭐 그리 나쁘지는 않아요. 큰형은 변호사이고 둘째 형은 의사예요.

앞에서 상담자는 내담자의 말을 부정하지 않으면서 그가 무엇을 원하는지 인식하고 있다. 즉, 이 상담자는 내담자가 한 말의 의미를 인식함으로써 그것을 터놓고 이야기 나누도록 이끌고 있다. 내담자의 생각에 대해 질문을 하는 것은 상담자와 내담자가 융합할 수 있는 유용한 기법이 된다. 대부분의 사람들은 자신의 말을 상대방이 들어주기를 원하기 때문에 내담자의 생각을 질문하는 것은 내담자의 마음을 열게 한다. 다음은 내담자들이 흔히 원하는 것들이다.

- 자신의 이야기를 들어줄 사람
- 자신에게 올바른 약을 처방해 줄 수 있는 사람
- 자살생각처럼 "비밀을 발견" 할 수 있는 사람
- 자신이 정신적인 문제가 없음을 확인해 줄 수 있는 사람
- 자신의 문제를 확실히 말해 줄 수 있는 사람

다음과 같이 내담자들의 바람은 순수한 동기에서 나온 것이 아닌 숨겨진 의도를 가지고 있는 것일 수도 있다. 다음은 이러한 숨겨진 의도를 가진 목록이다.

- 피신해 있기 위해 입원을 원함.
- 법적 문제 때문에 자신이 정신 질환자로 진단 받기를 원함.
- 상담자를 만나는 자체에 의해 자신의 문제에서 벗어나고자 하는 단순한 바람.
- 상담자가 자신의 가족들에게 "아무 문제도 없다"라고 말해주기를 원함.

이러한 문제들은 상담의 초기에 내담자의 저항을 유발하는 요인이 된다. 위의 사

항이 의심될 때 상담자가 "오늘 우리가 무엇을 해야 하는지 확실히 하는 것이 도움이 될 것 같군요"라고 말한다면 도움이 된다.

2. 내담자의 문제에 대한 상담자의 인식과 내담자의 무의식적 요구

상담자의 시각에서 내담자의 문제를 규명하는 것은 큰 실수이다. 상담자와 내담자의 시각이 다른 두 가지 경우가 있다. 첫째는 내담자가 자신의 중요한 문제는 안기부가 자신을 뒤따라다닌다는 것이라고 생각하는 반면 상담자는 이 문제를 편집형 망상으로 생각하는 경우이고, 둘째는 문제 자체에 대해서는 서로 비슷하게 생각하지만 문제의 원인에 대해서는 생각이 다른 경우이다.

내담자의 무의식적 생각은 주로 자신의 심리적 고통에서 나온 것이며 대부분의 내담자들이 도움을 받으러 온 이유이고 또한 초기 상담 과정에서 내담자가 심한 저항을 하는 원인이 되기도 한다. 다음 대화의 예문이 이 개념을 명료화하는 데 도움이 될 것이다.

내담자는 30세 남성으로서 가족들과 말다툼 끝에 주먹으로 유리창을 부셔서 그의 아버지가 상담실에 데리고 왔다.

상담자 : 오늘 여기에 무슨 문제로 오셨는지요?

내담자 : (경멸하듯이 바라보며) 오늘 제가 무슨 문제로 여기에 왔는지 말씀 드리지요. 아니에요… 제가 먼저 말하기 전에 저는 미치지 않았으니까 안심하세요. 아버지가 미친 거예요. 예… 미친 바보… 저는 중요한 일이 있는 중요한 사람이에요. 이렇게 시간 낭비를 할 수가 없어요. 사실은 여기에 올 필요도 없었어요. 오히려 아버지가 여길 와야 해요. 선생님이 저희 아버지를 봐야만 해요. 그 결정부터 하죠.

상담자 : 제가 아버지를 만날 수도 있죠. (내담자가 끼어든다.)

내담자 : 재떨이 좀 주세요. 불 좀 있으세요?

상담자 : 예. (상담자는 라이터를 주고 재떨이를 내담자 앞으로 밀어놓는다.)

내담자 : 보세요. 전 4시에 가야 돼요. 제게는 문제가 없어요. 너무 많은 사람들이 쓸데없는 문제들을 이야기 해요. 저는 중요한 사업을 하기 때문에 시간이 돈인 사람이에요.

이거 보세요. (자신의 사업자 카드를 보여준다.)

상담자 : 자세히 봅시다. (카드를 살펴본다.) 아— OO님은 부회장이시군요. 시간이 정말 중요하시겠어요. 지금은 요점만을 다루어야겠군요.

내담자 : 좋은 생각이세요. 저는 선생님과 이 문제를 잘 해결할 수 있을 거라고 생각해요. 우리는 둘 다 상담자니까 상담자 대 상담자로서 이 문제를 해결합시다. 아버지가 모든 잘못을 저지르신 거예요. 아버지 얼굴에 그렇게 퍼부을 생각은 아니었어요. 하지만 아버지가 먼저 저를 공격했어요. 아버지는 교육이 필요해요. 항상 잔소리만 하고 심지어는 때리고 이거 해라 저거 해라 시키기만 하죠. 항상 아버지는 그런 식이고 저는 그것에 이젠 진저리가 나요.

상담자 : 여유를 가지시고 좀더 말씀해보세요.

내담자 : 제 생각을 아무도 인정하려 들지 않아요. 저는 얼마 전부터 약혼녀와 우편 판매를 시작했어요. 그녀는 저를 잘 이해해요… 노인네는 구석기시대에 살고 있어요.

상담자 : 지금 또 어떤 스트레스를 받고 있나요?

내담자 : 경제적 문제요. 집세를 내는 일… 결혼 준비 하는 일… 이일 저일…

상담자 : 많은 돈이 필요하시겠군요

내담자 : 그래요. 문제는 또 집주인이 바보 같은 사람이라는 점이에요. 그 사람은 돈밖에 몰라요. 저는 아무 문제도 없는데… 저를 쫓아낼 아무 권리도 없어요.

상담자 : 집주인이 나가라고 위협한 때가 언제지요?

내담자 : 2주 전에요. 집주인은 아주 신경질 적이었지만 저는 그 사람을 좋게 말해왔어요.

상담자 : 이러한 문제들 때문에 잠은 잘 주무시는지요?

내담자 : 저는 잠이 별로 없어요. 워낙 활동적이기 때문에 잠을 조금 자도 괜찮아요.

상담자 : 보통 몇 시 정도에 잠자리에 드시나요?

내담자 : 보통 12시나 1시 정도이지만 요즘은 일 때문에 늦게까지 깨어 있어요.

상담자 : 늦게까지 깨어있을 때에는 보통 무엇을 하시나요?

앞의 대화에서 나타나는 상담의 기술은 내담자가 겉으로는 말하지 않는 것을 상담자가 인식하면서 내담자의 요구에 주의를 기울이는 모습에 있다. 의식적 수준에서 내담자는 자신은 잘못된 것이 아무 것도 없으며 아버지에게 문제가 있다고 상담자를 설득하고 상담에서 빠져나갈 출구를 찾고 있다. 그러나 내담자와 융합을 잘 할 수 있도록 이끄는 것은 언어로 표현되지 않은 그의 요구이며 이는 첫째, 자신을 중요한 존재로 보임으로써 열등감을 감추고자 하며, 둘째 강제 입원을 피하기 위해 자신을 조절하고자 하는 요구이다. 자신의 열등감을 감추기 위해서 내담자는 아버지를 "바보"라고 낮추고 상담자를 경멸스럽게 쳐다보며 "저는 중요한 사업을 하기 때문에 시간이 돈인 사람이에요"라고 말하며 사업자 카드를 보여주는 행동을 한다. 상담자가 내담자와 일종의 거래를 하기 시작하는 지점이 바로 이 지점이다. 실제로 상담자는 내담자의 사업자 카드를 흘낏 보고 만 것이 아니라 이것을 자세히 보고 감탄을 한다. 이 짧은 감탄은 상담의 실제 거래를 나타낸다. "아— OO님은 부회장이시군요. 시간이 정말 중요하시겠어요"라고 말함으로써 내담자의 중요성을 단순하고 효율적으로 인식하고 있다. 마침내 내담자의 자아 체계가 이완할 기회를 얻은 것이다. 또한 자신을 조절하기 위해서 내담자는 "재털이 좀 주세요"라고 자신의 요구를 말하는 동시에 상담자의 질문을 막음으로써 자신이 상담을 조정하고 있다. 상담자는 이것을 알고 내담자가 자신을 인식하도록 돕는 데 주의를 기울이고 있다.

앞의 대화는 많은 대화 중의 하나에 지나지 않으며 여기에서 중요한 것은 특정 단어가 아니라 내담자에게 숨겨진 의도를 파악해내는 기본적 원리에 있다. 이것은 상담자와 내담자가 결합하는 문을 여는 것이며 내담자의 고통을 알아보는 것이 된다.

1) 폐쇄형 상담

폐쇄형 상담에서 내담자는 말을 짧게 하고 질문에 답하는 데 시간이 많이 걸리고 시선 접촉을 잘 하지 못하며 상담 자체를 불편해한다. 상담은 내담자 혼자서 만들어 내는 것이 아니다. 모든 상담은 상호작용이다. 그러므로 상담자 또한 폐쇄형 상담을 하도록 만든 사람이다. 폐쇄형 질문에 비해서 개방형 질문의 비율이 낮을 때 문제가 되며 폐쇄형 질문은 내담자의 자발성을 감소시키는 경향이 있고 상담자와 내담자의 융합을 방해한다.

폐쇄형 상담이 이어질 때 상담자는 좌절감을 느끼는데 이는 목소리가 날카로워지고 감정이입이 결여되는 모습으로 나타난다. 결과적으로 이러한 행동은 폐쇄형 상담을 더욱 지속시키게 된다. 폐쇄형 상담이 지속되고 있는 것은 상담자는 인식하고 이를 바꾸기 위한 행동들을 취해야 한다.

2) 개방형 표현

상담자의 질문과 진술은 개방형과 폐쇄형으로 구분된다. 예를 들어 “학창시절 당신의 여자 친구에 대해 말씀해 보십시오”라는 표현은 “당신은 학창시절에 여자 친구가 있었습니까?”라는 표현보다 더 개방적이다. 모든 질문과 진술은 개방형의 연속선상에서 분류될 수 있는데 상담자의 말은 ①내담자가 자발적으로 말하게 하는 정도 ②내담자의 말을 제한하지 않는 정도 ③폐쇄적인 내담자를 개방적으로 하는 정도에 따라 개방형의 정도를 구분할 수 있다.

일반적으로 언어적 표현은 ①개방형 ②폐쇄형 ③가변형의 하나에 해당된다. 개방형 표현은 “예” 나 “아니오”처럼 한 가지 답이나 짧은 문장으로는 답하기가 어려운 것이며 구체적인 숫자, 장소, 날짜, 이름 등은 폐쇄형 질문에 해당하는 것들이다. 개방형 표현은 두 가지로 구분되는데 ①개방형 질문 ②부드러운 명령이다. 개방형 질문의 전형적 표현은 내담자에게 지시를 하면서도 내담자의 말을 제한하지 않으며 간단하거나 특정한 대답을 요구하지 않으면서 내담자가 자신의 개인적 경험과 생각을 이야기하도록 한다. 부드러운 명령은 “… 에 관해 말씀해 보세요” “… 에 관해 설명해 보세요”와 같은 형태이다. 이는 부드러운 목소리로 상담자의 진실한 관심을 표현하는 것이다. 개방형 질문과 부드러운 명령을 적절히 혼합하는 것은 상담자와 내담자의 융합을 강화하고 자연스러움을 증가시킨다.

연속선상에서 개방형의 다른 끝은 폐쇄형이다. 폐쇄형 질문은 내담자의 말을 제한하지만 갈피를 잡지 못하는 내담자에게는 초점을 맞추는 데 유용하다. 폐쇄형 표현에는 폐쇄형 질문과 폐쇄형 진술의 두 가지가 있는데 폐쇄형 질문은 종종 “사고가 났을 때 치료를 받으셨습니까?”와 같이 “예” 나 “아니오”로 답할 수 있는 것이다. 폐쇄형 진술은 “우리는 당신에 대해 이야기 나누겠습니다”와 같이 교육적 경향이나 탐구적인 경향을 가진다.

“첫번째 데이트에 대해서 좀 말씀해 주시겠습니까?”와 같은 질문은 특정한 답을 요구하지 않는 면에서는 개방형 질문이지만 "별로 얘기할 것이 없군요"와 같은 짧은 말로 답할 수 있는 측면에서는 폐쇄형 질문이라 할 수 있다. 가변형 질문에 대한 내담자의 반응은 상담자와 내담자의 융합이 어느 정도 이루어졌는가에 따라 다르다. 융합이 높을 때에는 내담자가 자연스럽게 말을 할 수 있도록 하는 반면 융합이 낮을 때에는 상담자에게 저항하고 간단한 답만을 하게 된다.

상담자의 질문에 내담자가 짧고 불만스럽게 대답하면 상담자는 질문을 더 빨리 하는 경향을 보이고 나아가 개방형 질문보다 폐쇄형 질문을 더 많이 사용하게 된다. 그 결과 다음 대화와 같이 반갑지 않은 결과가 나타날 수 있다. 다음은 감옥에 있는 내담자를 상담한 사례이다.

상담자 : 감옥에 얼마나 계셨나요? (**폐쇄형 질문**)

내담자 : (다소 혐오스럽게 쳐다보며) 2년요.

상담자 : 계시기가 많이 힘드셨나요? (**폐쇄형 질문**)

내담자 : 어떨 거라고 생각하시오?

상담자 : 간수들이 많이 힘들게 하던가요? (**폐쇄형 질문**)

내담자 : 예.

상담자 : 많이 괴롭히던가요? (**폐쇄형 질문**)

내담자 : 예.

상담자 : 운동은 할 수 있었나요? (**폐쇄형 질문**)

내담자 : 가끔요.

상담자 : 음식도 아주 안 좋죠?

내담자 : 예.

상담자 : 많이 외롭던가요? (**폐쇄형 질문**)

내담자 : 예.

상담자 : 그때 기분이 어떠셨는지 좀 말씀해 주시겠습니까? (**가변형 질문**)

내담자 : 할 말이 별로 없어요.

상담자 : 음— 부인과 떨어져 있어서 힘드시던가요? (**폐쇄형 질문**)

내담자 : 조금요.

상담자 : 부인은 그때 어떻게 지내셨는지 좀 말씀해 주시겠어요? (**가변형 질문**)

내담자 : 잘 모르겠는데요.

상담자 : 부인은 지금도 XX님을 사랑하시나요?

내담자 : 그것도 잘 모르겠어요.

상담자 : XX님은 어떠세요? (**개방형 질문**)

내담자 : 사랑하는 거 같아요.

상담자 : 부부간에는 이야기를 잘 하세요? (**폐쇄형 질문**)

내담자 : 아주요.

상담자 : 무슨 의미시죠? (**개방형 질문**)

내담자 : 아내가 지금도 편지도 쓰고 방문도 자주 한다는 말입니다.

상담자 : 예. 부인이 얼마나 자주 방문하십니까?

내담자 : 1년에 두 번 정도요.

상담자 : 언제 방문하시죠? (**폐쇄형 질문**)

내담자 : 언젠 것 같으세요?… 명절 때하고 제 생일날에요.

이러한 상황에서는 내담자보다도 상담자가 더 불편할 것이다. 위 대화는 침묵 속으로 들어가는 전형적인 폐쇄형 상담이며 상담자들이 흔히 할 수 있는 실수를 보여주고 있다. 전반적인 대화에서 단 두 번의 개방형 질문은 너무 적은 횟수이며 너무 많은 폐쇄형 질문을 함으로써 내담자의 자발성을 낮추고 있다. 개방형 질문을 계속하는 경우에 처음 한두 번 정도는 내담자가 불편해 할 수가 있다. 그러나 5~6회 정도의 개방형 질문을 하면 내담자는 자신이 적절하게 반응을 하고 있지 않음을 깨달을 것이다.

다음 대화의 예는 앞의 대화를 좀 다르게 하고 있는 경우이다.

상담자 : 감옥에는 얼마나 계셨나요? (**폐쇄형 질문**)

내담자 : (다소 혐오스럽게 쳐다보며) 2년요.

상담자 : 후— 어떤 사람들은 감옥에 있는 것을 아주 못 견뎌 하고 또 어떤 사람들은 잘 견디는 편이지요. XX님은 감옥에서 지내시기가 좀 어떠셨나요? (**개방형 질문**)

내담자 : 운동, 카드게임, 운동, 카드게임… 그게 일상생활이고 시간이 갈수록 하루하루가 점점 빨리 지나가요.

상담자 : 감옥이 어떤지 사실 저는 잘 모릅니다. 그곳에 대해서 좀 말씀해 주십시오. 〔**부드러운 명령**〕

내담자 : 선생님은 단 하루도 견디지 못하실 거예요. (웃으며)

상담자 : 감옥은 정말로 어떤지 좀 말씀해 주세요. 〔**부드러운 명령**〕

내담자 : 아— 지루해요. 하루하루가 똑같아요. 시간이 아주 천천히 가고… 모든 것들이 똑같아요. 그 속에서는 저녁을 먹는 것조차도 해야 할 일 중 하나예요. 그리고 그곳에서는 모든 사람이 영리한 사람이 되죠.

상담자 : 영리한 사람이라니 무슨 말씀이시죠? 〔**개방형 질문**〕

내담자 : 누구도 어리석지 않다는 뜻이에요. 그 안에서는 간수든 죄수든 누구에게도 접근하지 않아요. 스스로 조심하지 않는 이상 생존할 수가 없어요.

앞의 상담자는 개방형 질문과 부드러운 명령을 이용하여 재치있게 내담자와 대화를 이끌어가고 있다. 특히 전의 사례에서 보였던 가변형 질문을 피함으로써 자연스러운 대화를 이어나가고 내담자가 편안하게 느끼면서 상담자를 "교육"하도록 하고 있다. 다음에 제시되는 목록은 폐쇄형 상담을 좀더 개방적으로 자연스럽게 이끄는데 도움이 되는 사항들이다.

① 개방형 질문과 부드러운 명령을 조합해라. 한두 개의 개방형 질문 후에 너무 자주 폐쇄형 질문이나 가변형 질문을 하면 개방형 질문에서 얻은 것조차도 잃게 될 수 있다.

② 내담자가 원하는 감추어진 요구에 대해 논의해라(잠깐이라도 내담자가 길게 말한 어떤 내용).

③ 약물사용, 알코올 사용, 성적인 주제와 같은 민감한 주제는 피하라.

④ "직장 사람들은 어떤가요?" "친구들은 어떤가요?"와 같은 일반적 정보를 얻을 수 있는 주제를 선택하라.

⑤ "…에 관해 말씀해 주시겠어요?" 나 "…에 관해 말씀해 주실 수 있으십니까?"

와 같은 가변형 질문은 흔히 침묵으로 답해지므로 이보다는 부드러운 명령을 사용하는 것이 바람직하다.

⑥ 고개를 끄덕거림, 감정이입하는 목소리, "계속하세요"와 같은 말을 하면서 시선 접촉을 해라.

⑦ 오랫동안 멈추었다가 다음 질문을 하는 것을 피해야 한다. 오랫동안 멈추는 것은 어떤 중요한 이야기를 하기 위해서 대화를 잠깐 멈추고자 하는 상담자와 융합이 잘 된 내담자에게는 효과적이지만 자신의 마음을 열지 않는 초기 내담자에게는 저항과 분노를 야기할 수 있다.

모든 상담에서 상담자는 개개인의 내담자를 융통적이고 창의적으로 대해야만 한다. 사고가 매우 왜곡되어 있는 정신분열병 내담자에게 개방형 질문과 부드러운 명령을 사용하는 것은 상담에 방해가 될 수 있다. 이는 그 내담자의 능력 이상을 요구하기 때문이며 그럼으로써 불안을 더 가중시키기 때문이다. 따라서 이러한 경우에는 잘 구조화된 구체적인 폐쇄형 질문을 사용하는 것이 바람직하다.

3) 주제에서 일탈하는 빗나가는 상담 wandering interview

빗나가는 상담이란 내담자의 이야기가 주제에서 벗어나고 우회하는 경우를 의미하며 이는 개방형 진술을 많이 사용하는 경우에 나타날 수 있다. 즉, 내담자가 자신의 이야기를 더 많이 할수록 상담자는 이를 수용하게 되고 그 결과 산만한 행보가 이어지게 된다. 즉 빗나가는 상담은 내담자 혼자서 만드는 문제가 아니라 상담자와 내담자 둘이서 만드는 문제이다. 내담자가 자신의 이야기를 계속할 때 상담자는 기록을 하면서 "그 이야기는 매우 중요하군요. 계속 하세요"와 같이 행동하고 말함으로써 내담자의 탈선 tangentiality 을 촉진할 수 있다. 상담자는 자신의 이러한 행동과 말의 의미를 인식함으로써 빗나가는 상담을 촉진시키는 역할을 멈출 수 있다. 빗나가는 상담을 하는 경우에는 다음과 같은 기법들이 도움이 될 수 있다.

① 개방형 질문에 비해 폐쇄형 질문의 비율을 높여라.

② 고개를 너무 많이 끄덕이거나 "계속하세요"라는 말을 너무 자주 함으로써 내담자가 주제에서 일탈하는 것을 강화하지 않는다.
③ 다시금 빨리 대화의 본 주제로 돌아가라.
④ 주제에서 계속 벗어나면 "그때 XX님의 기분이 어땠는지에 집중해봅시다"와 같이 말함으로써 상담을 구조화해 갈 수 있다.
⑤ 상담자가 말을 해도 계속 주제에서 벗어나는 내담자에게는 "이것은 아주 중요하니까 몇 분 동안만 이것에 대해서 이야기하고 싶군요"와 같이 말함으로써 대화의 본 주제에 집중할 수 있다.
⑥ 위의 기법들이 효과가 없다면 "우리는 시간이 없어요. XX님이 말씀하신 것 중에서 아주 중요한 부분을 중점적으로 이야기하겠습니다"와 같이 말할 수 있다.
⑦ 또 다른 기법은 저항 그 자체를 언급하는 것으로서 "제가 그 질문을 했을 때 우리가 본래 주제에서 벗어난다는 것을 알았어요. 본 주제에 대해서 계속 이야기를 나누지요"와 같이 말할 수 있다.
⑧ 마지막으로 "제한된 시간 때문에 계속 이야기를 할 수가 없군요. 지난 2주 동안의 XX님의 기분이 어떠했는지 이야기해 봅시다. XX님의 기분이 어땠는지를 아는 것은 아주 중요합니다. 그래서 다른 주제로 빗나가지 않는 것이 좋습니다. 이야기가 빗나간다면 제가 다시 지난 2주에 대해서 이야기를 시작할 겁니다. 괜찮겠지요?… 수면에서부터 시작합시다. 지난 2주 동안 잠자리에 든 후 잠들기까지 시간이 얼마나 걸렸나요?"

만일 내담자가 조증mania과 같은 정신 병리가 있다면 위의 기법들을 상담 초기에서 사용함으로써 이야기가 주제에서 빗나가는 것을 막을 수 있다. 이야기가 빗나가는 것을 막기 위해서는 때로 내담자가 말하는 중간에 말을 자르는 것이 필요할 수도 있다. 그러나 일반적으로는 이 기법들은 강압적이므로 부드러운 기법들이 효과가 없을 때 사용해야만 한다. 일반적으로 내담자의 말을 자르는 일이 다음과 같이 감정이입 진술로 넘어가면 주제에서의 일탈도 감소하게 된다.

상담자 : 정확히 어느 정도로 우울하셨나요?

내담자 : 글쎄요… 지난 몇 달 동안 많은 일들이 제게 있었어요. 어머니의 끊임없는 잔소리에 너무 화가 났고 내야 할 돈도 많았어요. 마치 이모하고 살 때처럼요. 저는 이모하고는 그렇게 나쁜 사이는 아니었어요. 왜냐하면….

상담자 : (내담자의 말을 자르며) 진짜로 많은 일들이 있었던 것처럼 들리는군요. 이런 일들이 지난 2주 동안 XX님의 기분에 어떤 영향을 미쳤나요?

내담자 : 예… 지난 2주 동안 정말 우울했어요.

상담자 : 우신 적이 있으세요?

위의 예는 감정이입을 사용함으로써 내담자의 이야기를 중단시키는 데서 오는 부정적인 영향을 감소시키고 있다. 이야기를 효율적으로 중단할 수 있는 또 다른 예는 "XX님이 말씀하신 것은 매우 중요하고 우리는 가장 중요한 것에 좀 주의를 기울일 필요가 있어요. 정확히 지난 2주 동안 기분이 어떠셨습니까?" 이다. 이 경우 내담자의 말이 중간에서 잘렸지만 첫 부분은 내담자가 말한 것의 중요성을 인정하고 있으며 동시에 상담의 본 주제에 초점을 두고 있다.

다음 대화 사례는 내담자에 대한 정보를 수집하는 동안 대화가 주제에서 벗어나고 있음을 인식하면서 다시 대화의 본 주제로 되돌아가고 있는 모습을 나타낸다.

상담자 : 잠은 좀 주무시는지 말씀해 보세요. 〔**부드러운 명령**〕

내담자 : 잠요… 그것 좋은 질문이군요. 저희 가족 누구도 편안히 자본 적이 없어요. 저는 아버지가 밤에 불안하다고 말씀하시곤 하던 일이 기억 나요. 술 주정뱅이 삼촌도 그랬고요. 저는 아버지를 주정뱅이라고 부르지는 않았지만 사람들은 아버지를 그렇게 불렀어요. 어쨌든 삼촌도 잠을 잘 못 잤어요.

상담자 : 지난 2주 동안 주무시는 것이 어떠셨나요? 〔**가변형 질문**〕

내담자 : 아주 나빴어요. 너무 걱정이 많아서… 월급이 깎인 것이 너무 화가 났어요. 사장이 제 월급을 깎을 수는 없다고 생각해요.

상담자 : 걱정이 아주 많으셨군요. XX님은 잠드는 데 시간이 어느 정도 걸렸나요? 〔**폐쇄형 질문**〕

내담자 : 음… 아마 두세 시간 정도요.

상담자 : 일단 잠이 들고 나면 밤새 주무시나요? 아니면 가끔씩 깨시나요?

내담자 : 일단 잠들고 나면 밤새 자요. 너무 피곤해서 말 그대로 곯아떨어지지요. 하지만 출근하기 위해 일어나야 하는 시간에는 일어나요. 제가 왜 출근을 해야 하는지 잘 모르겠지만….

상담자 : 출근에 대해 이야기 하기 전에 XX님의 수면이 어떤지에 대해서 좀더 분명히 합시다. 예를 들어 지난 2주 동안 평소보다 더 일찍 일어나셨나요? [폐쇄형 질문]

내담자 : 아니오. 그렇지는 않아요.

상담자 : 낮에 낮잠을 주무시나요? [폐쇄형 질문]

내담자 : 아니오. 낮에는 안 자요.

상담자 : 최근에 기력은 좀 어떠신가요? [가변형 질문]

내담자 : 있었다 없었다 하지만 대체로 기운이 없어요. 제 생각에는 제가 평소에 좋아하던 일에 관심이 없어진 것 같아요.

상담자 : 무슨 의미시죠? [개방형 질문]

내담자 : 저는 재즈댄스나 에어로빅을 하고는 했었거든요. 제 언니는 제가 에어로빅을 배우도록 했어요. 언니는 운동을 아주 좋아하거든요.

상담자 : 지금 재즈댄스나 에어로빅에 대한 관심은 어떠신가요? 관심이 좀 줄었나요? 아니면 좀 늘었나요? [폐쇄형 질문]

내담자 : 분명히 감소했어요. 취미생활을 하기가 갈수록 힘들어져요. 심지어는 책 읽기조차도 힘들어져요.

앞의 대화 사례에서 상담자는 내담자와 대화를 끊지 않으면서 상담을 구조화하고 있다. 초점두기focusing, 폐쇄형 질문, 이야기 중단시키기 등과 같은 다양한 기법을 사용하여 상담을 이끌고 있다. 대화의 본 주제에 초점두기를 할 때는 개방형 질문보다 폐쇄형 질문이나 가변형 질문이 효과가 있다. 내담자와의 융합을 민감하게 관찰하면서 대화에 초점을 두는 것은 곧 기술이다. 대화의 주제에서 벗어나는 내담자와 상담을 하는 동안 상담자가 가질 수 있는 문제들은 다음과 같다.

① 상담의 본론에 들어가서 상담을 구조화는 대신 주제에서 빗나가는 내담자를 더욱 부추기는 것
② 내담자의 말을 중단하고 본 주제에 초점두기를 두려워 하는 것
③ 상담을 너무 빠르게 구조화하는 것. 상담의 초기에는 내담자가 말하고자 하는 바를 말하도록 허용하고 따라서 초기단계의 상담은 비구조화된 상담이 된다.
④ 초점 두기를 하되 민감하지 못하게 하는 것

III. 본론단계

이 부분에서는 내담자 인테이크에 초점을 둘 것이다. 상담자는 내담자 인테이크를 하는 동안 짧은 시간 안에 많은 자료를 수집해야 한다. 이것은 마술처럼 보일 수도 있지만 이것은 마술이 아닌 기술이다. 적절한 상담 계획을 세우기 위해서 상담자는 적절한 많은 정보가 필요하다. 따라서 상담자는 지침과 구조를 가지고 능숙하게 내담자 사정을 해야 하는 것이다.

상담자와 내담자의 융합이 잘 이루어진 경우 이 둘의 대화에는 자연스러운 흐름이 나타나면서 제스처와 유머 등을 사용하게 된다. 케이크와 커피를 마시면서 이야기를 나누고 있는 두 친구의 경우 이들의 대화는 그들과 아무 관련 없는 말들을 뒤섞어가며 하는 것이 아니라 그 둘의 대화는 종종 구조를 가지고 있다. 한 친구가 하나의 주제에 대해 이야기하면 다른 친구는 이 주제를 점점 확대해 간다. 더 정확히 이해하기 위해서 첫 번째 이야기를 시작했던 친구가 질문을 하고 두 번째 친구는 이 주제에 관심이 증가하게 된다. 일단 이 주제가 논의되고 나면 둘 중의 하나가 새로운 주제로 움직여 나간다. 이 새로운 주제는 주로 이전에 이야기를 나누었던 주제들에 의해 촉진된 것들이다. 이에 두 친구간의 대화가 부풀었다 가라앉았다 하면서 좀 더 흥미롭게 진행된다.

천천히 움직여 나가는 상담은 많은 구조적 요인을 가지고 있다. 대화가 자연스럽

게 흘러가도록 하는 중요한 요인 중의 하나는 내담자의 말에서 단서를 얻으면서 주제에서 주제로 이동해 나가는 것이다. 상담자는 적절한 주제에 대해 자세히 알기 위해서 자연스럽게 대화를 이어 나가고 이 과정에서 상담 전략을 세우기 위해 효율적으로 자료를 수집하고 내담자와 강한 융합을 해나간다. 내담자의 말을 자연스럽게 구조화하는 기술은 대부분의 상담자들에게 어려운 기술이다. 다음은 상담을 구조화하기 위해 기억해야 할 사항들에 대한 설명이다.

1. 대화의 영역

초보 상담자가 가지는 문제 중의 하나는 정보의 문제이다. 유용한 정보를 얻기 위하여 대화의 영역에 대해 알고 있어야 하며 이를 활용하여 상담을 이끌어 나아갈 수 있다. 대화의 영역은 내용 영역과 과정 영역으로 구분된다.

1) 내용 영역

내담자 사정에 자주 사용되는 10가지 일반적인 영역은 (1) 현재병력 (2) 진단 찾기 (3) 내담자의 시각 (4) 정신상태 검진 (5) 사회적 관계 (6) 가족력 (7) 자살이나 타살 가능성 (8) 과거력 (9) 발달력 (10) 신체병력이다. 이 영역을 효율적으로 사정하기 위해서 상담자는 각 영역의 구체적인 사항을 잘 알고 있어야만 한다. 다음은 각 영역에 대한 간단한 설명이다.

(1) 현재병력 : 현재 병력은 현재 내담자가 보이는 증상의 유형, 특징, 정도, 기간을 파악한다.
(2) 진단 찾기 : 진단은 DSM-IV-TR을 기준으로 내리며 통념적으로 어떤 문제가 진단 범주에 속하거나 아니다라고 말할 수 있다면 이는 사정을 잘한 것이다.
(3) 내담자의 시각 : 내담자가 자신의 문제를 바라보는 시각으로 위기 중재의 기본이 된다.
(4) 정신상태 검진 : 내담자의 외모, 행동, 말하기, 사고의 내용과 사고의 과정, 기

분, 인지기능(현실 지남력, 집중력, 기억력, 지적능력)을 포함한다.

(5) 사회적 관계 : 과거와 현재의 가족, 친구, 이웃, 고용주 등과의 대인관계와 생활환경, 경제상태, 의식주 문제, 과거와 현재의 스트레스 문제를 포함한다.

(6) 가족력 : 어떠한 신체적, 정신적인 문제가 가족에게 있었는지 알아보는 영역으로 정신분열병, 정서장애, 자살, 알코올 중독, 약물 남용, 정신지체, 간질과 당뇨, 암, 고혈압 여부를 묻는 질문이 포함된다.

(7) 자살이나 타살 가능성 : 상담자는 이 부분을 사정할 때 조심스럽고 민감한 접근을 하여야 한다.

(8) 과거력 : 이전의 정신 건강상의 문제, 마약 등의 향정신성 약물 사용, 정신치료를 받은 경험, 상담을 받은 경험, 입원 경험 등을 사정한다.

(9) 발달력 : 출생 시에 있을 수 있는 손상, 대소변 훈련, 또래집단과의 관계 등을 포함한다.

(10) 신체병력 : 과거나 현재의 질병을 포함한다. 알러지, 복용 약물뿐만 아니라 현재 받고 있는 치료 등이 포함된다.

다음 대화에서 내담자의 약물과 알코올 남용 문제가 쉽게 드러남을 볼 수 있다.

상담자 : 지금도 술을 드십니까?

내담자 : 아뇨. 이젠 마시지 않아요.

상담자 : 비싼 마약을 한 적이 있다고 하셨는데 주로 어떤 마약을 하십니까?

내담자 : 지금은 마리화나만 펴요.

상담자 : 매일 사용하십니까?

내담자 : 거의 매일요.

상담자 : 하루에 몇 번 정도 피우시죠?

내담자 : 한두 번 정도요. 친구하고 같이 피웁니다.

상담자 : 그래요?

내담자 : 마리화나는 정말 마음을 안정시켜줘요. 술 먹고 난 것처럼 머리가 아프지도 않고. 선생님도 그걸 피워보시면 정말 안정되는 걸 느끼실 거예요.

상담자 : 알약으로도 드시나요?

내담자 : 아니오.

상담자 : 마리화나만 피우신다고요… 과거에는 어떤 마약을 하셨죠?

내담자 : 한 가지만 한 게 아닙니다.

상담자 : 그래요?

내담자 : 엘에스디, 스피드, 수면제 등을 복용했어요. 주사제는 써본 적이 없어요.

2) 과정 영역

가치있는 자료를 수집하기 위해서는 상담의 내용뿐만 아니라 상담의 과정에도 주의를 기울여야만 한다. 과정 영역은 (1) 자유롭고 편안함 (2) 저항 (3) 정신 역동의 세 가지를 포함한다.

(1) 자유롭고 편안함

자유롭고 편안함은 모든 상담의 기초이다. 상담자는 내담자가 자신의 문제를 말해도 된다고 느낄 수 있도록 안전한 분위기를 만들어야 한다. 안전한 분위기에서 내담자는 자유스러운 분위기를 느낄 것이고 주제가 무엇이든 편안하게 말할 수 있다.

다음 대화 사례를 통해 자유롭고 편안하게 자신의 이야기를 하는 내담자를 볼 수 있다.

내담자 : 무슨 일이 일어나고 있는지 모르겠어요. 미칠 것만 같아요.

상담자 : 무슨 말씀이시죠?

내담자 : 저의 모든 생각들이 뒤엉켜 있어요. 사람들은 찡그리고 희미하고… 마치 엄마하고 같이 있을 때의 느낌이에요. 엄마는….

상담자 : 말씀하세요.

내담자 : 엄마는 강압적이에요. 마치 큰 기계 같고 항상 저를 밀어 붙였다 당기고… 사실 엄마랑 어디로 가고 있는지도 모르겠어요.

상담자 : 무슨 뜻이지요?

내담자 : 엄마는 제가 성공하기를 바래요… 무슨 말인지 아시죠? 엄마는 제가 교수나 의사가 되기를 바래요. 제가 무엇을 좋아하는지에는 전혀 관심이 없어요. 젖을 먹지 않는다뿐이지 저는 아이와 같아요… 저는 아이에요.

(2) 저항

저항은 내담자의 기대감, 두려움, 자아방어로부터 유발될 수 있다. 상담자는 내담자의 저항을 낮추기 위해 노력해야 하며 저항을 낮추지 않고는 다른 자료들을 수집할 수가 없다.

다음 대화사례는 내담자 저항의 중심에 서있는 상담자를 묘사하고 있다.

내담자 : 제 직장 상사는 제가 할 수 없는 일을 요구해요. 제가 이 일을 계속해야 할지 정말 모르겠어요. 선생님도 상사가 있나요?

상담자 : 걱정이 있으신 것 같군요.

내담자 : 좀 나이가 드신 분하고 이야기를 나누면 기분이 좀 좋아질 것 같아요.

상담자 : 나이 드신 상담자라면 XX님을 도와 드릴 수 있을 것 같으세요?

내담자 : 나이 드신 분은 제 기분을 더 잘 이해하실 거라고 생각해요.

상담자 : 그래요…. 제가 XX님보다 어리기는 하죠. 사실 저는 이러한 문제에 경험이 없어요. 하지만 XX님의 경험을 이해하려고 노력은 할 수 있죠. 사람들이 XX님에게 어떻게 스트레스를 주는지 조금 더 말해주신다면 제게 도움이 될 겁니다.

내담자 : 모든 일이 제 집사람 때문에 시작되었어요. 집사람이 3년 전 집을 나갔어요.

(3) 정신 역동

정신역동과 관련하여 상담자는 내담자가 왜 그렇게 반응하는지를, 통찰력이 있는지, 질문에 어떻게 대답하는지에 관심을 가진다. 다음 대화 사례는 정신 역동에 대해서 잘 나타내고 있다.

내담자 : 제 아버지는 항상 저를 짓누르고 저의 모든 행동을 알려고 했어요.

상담자 : 아버지의 행동이 XX님에게 어떤 영향을 주었습니까?

내담자 : 저는 아버지가 겁이 나고 두려워요. 아버지와 거리를 두고 있는 저를 아무도 이해하지 못할 거예요. 겉으로는 저는 항상 아버지 주변에 있었어요. 아버지가 일하러 가면 아버지를 기다리고 있었으니까요.

상담자 : 계속하세요.

내담자 : 정말 바보 같았어요. 하지만 아버지가 장난감을 사오지 않을까 하고 기다렸죠. 한 번은 아버지가 작은 인형을 사오셨던 일이 생각이 나요. 검은 눈이 큰 인형이었는데 제게 정말 소중했지요.

상담자 : 계속하세요.

내담자 : 할 말이 별로 없어요. 슬픈 기억을 빼고는….

상담자 : 아버지에 대해 이야기하니까 지금 기분이 어떠세요?

여기에서 상담자는 능숙하게 상담을 진행하면서 내담자를 탐구하고자 하는 의지를 보여주고 있다.

내용 영역과 과정 영역을 자유롭게 넘나들기 위해서 상담자는 융통성이 있어야 한다. 상담의 시작 부분에 주로 내용 영역이 언급되지만 응급실에서는 다른 전략이 필요하다. 응급실에서 내담자를 볼 때는 내담자 사정에 단지 20~30분 정도만 주어진다. 이에 내용 영역을 사정해야 할지 말지에 대해 결정을 해야 한다. 흔히 듣게 되는 상담자의 불만 중 하나는 "내가 원하는 정보를 얻을 만큼 시간이 충분하지 않았어"라는 말과 "도대체 저 사람은 시간을 얼마나 가져야 하는 거야"라고 한다. 이러한 불평은 상담이 잘 구조화되지 않았을 때 나타난다. 이러한 문제를 없애기 위해서 상담자는 상담이 현재 어느 지점에 있는지를 인식해야 한다. 이러한 인식에서부터 상담자는 상담의 내용과 과정을 조절하는 능력을 가지게 된다. 어떤 상담자는 많은 상담이 왜 그렇게 잘 조절이 안 되는지 의아해할 것이다. 이에 대한 답은 "추적tracking"이라는 용어로 설명된다. 추적은 내담자가 언급한 말을 예민하게 따라가면서 내담자에게 세심하게 초점을 맞추는 상담자의 능력이다.

내용 영역을 완전하게 하지 못하면 대부분의 경우 나중에 다시 이 영역으로 되돌아와야 한다. 상담자가 불완전한 방법으로 내용 영역을 마친다면 적절하게 정보를 수집하는 것은 어려운 일이다. 결과적으로 정보를 누락하는 일이 더 자주 일어나게 되고 그 결과 대화의 흐름이 방해를 받게 된다. 상담자가 자료수집에서 인식을 잃게 될 때 문제가 발생하는데 가장 빈번한 문제는 상담 2단계의 15분 동안에 나타난다. 이러한 '죽음의 15분' 은 내용 영역에 초점을 맞추기보다는 자유로움을 너무 사용하게 된다. 그 결과 상담자는 필요한 중요한 정보는 충분히 수집하지 못하고 그 결과 또 다른 실수를 하게 되며 "여기서 다른 질문을 하겠습니다"라고 말하거나 "이것을 묻지 않았군요"라는 말을 거듭하게 되고 그 결과 내담자로 하여금 '이 상담자는 내 말을 듣기보다는 정보를 수집하는데 더 열심이구나' 라는 생각을 하게 될 것이다.

2단계의 15분 동안 상담자는 4~5가지의 내용 영역을 완성하게 하고 점진적 접근을 통해서 상담의 속도를 적절하게 해 나가도록 한다. 2단계가 잘 수행되면 3단계로 이동하게 되고 3단계의 15분은 내용 영역을 확장하는 데 더 유용하게 사용되고 이 15분 안에 가족력, 내과력, 사회생활, 더 나아가 정신 상태까지도 파악할 수 있는 것이다. 마지막 15분 동안에 이 영역에 대해 탐색이 계속되고 새로운 질문들을 하게 되며 정신 역동 영역이 집중적으로 탐색될 수 있다. 마지막 5~10분은 일반적으로 단계를 끝내거나 마무리하는 데 사용된다.

다음 사항은 상담에서 사용되는 기본 원리들을 나타내고 있다.

① 상담이 시작되기 전에 상담의 목표를 정하고 정해진 시간에 어떤 내용을 알아볼지 정하라.
② 상담동안 자료 수집의 진행 상황을 검토하고 속도를 적절하게 조절하라.
③ 상담의 본론단계에서 지나친 자유로움은 피하라.
④ 상담을 부드럽게 시작하고 2단계 15분을 마치면서 상담을 구조화하라
⑤ 2단계 15분을 부적절하게 보냈다고 해서 이를 만회하고자 무리하거나 경직된 태도로 내담자를 밀어부쳐서는 안 된다는 것을 기억하라.
⑥ 내용 영역에서 내담자가 주제를 벗어나는 타당한 이유를 보이지 않는 한 그 시간을 적절하고 알뜰하게 채워라.

2. 영역의 확장

주어진 내용 영역을 탐색하는 과정은 영역의 확장으로 이어진다. 영역의 확장에는 경직된 확장stilted expansion과 혼합된 확장blended expansion의 두 가지가 있다. 경직된 확장은 상담자가 경직된 자세로 구체적인 질문들을 하기 때문에 대화의 흐름이 원만하지 않게 된다. 따라서 이러한 영역의 확장은 내담자에게는 불쾌함을 줄 수 있다. 어떤 이는 이러한 흐름을 "기자회견"이라고 부른다. 아래의 대화사례처럼 경직된 상담은 가끔 짧은 답을 하게 할 뿐이다.

내담자 : 집에서 압력이 정말 너무 심해요. 대체 어디서 시작되었는지를 모르겠어요. 다만 너무 화가 난다는 것만 알 뿐이에요.

상담자 : 입맛은 어떠세요?

내담자 : 그건 괜찮아요.

상담자 : 잠은 잘 주무시나요?

내담자 : 별로예요. 잠들기가 어려울 때가 있어요. 제 인생은 오점 투성이에요. 균형이 없고 잠들려고 노력하는 것도 책을 읽는 것도 집중이 되질 않아요.

상담자 : 성생활은 어떠세요?

내담자 : 무슨 말씀이시죠?

상담자 : 성생활에 변화가 있나요?

내담자 : 아마… 조금요.

상담자 : 어떤 면에서죠?

내담자 : 옛날처럼 의욕적이지 못한 것 같아요.

상담자 : 기운은 어떠세요?

내담자 : 옛날 같지 않아요… 설명 드리기가 좀 어렵군요. 가끔 의욕이 없어요.

앞의 상담은 우울의 영역을 확장하는 것이다. 이러한 방식으로 영역을 확장하는 것은 아주 딱딱하고 기계적이다. 반대로 혼합된 확장에서는 상담자는 구체적인 문제 영역에 초점을 두면서 자연스러운 대화의 흐름속에서 질문을 한다. 혼합된 확장에서는 내담자가 "상담 당하고 있다"는 기분이라기보다는 부드러운 느낌을 갖게 해 주며 많은 양의 정확한 자료를 수집할 수 있다.

다음 대화 사례를 통해 혼합된 확장을 보자.

내담자 : 집에서 압력이 정말 너무 심해요. 대체 어디서 시작되었는지를 모르겠어요. 다만 너무 화가 난다는 것만 알 뿐이에요.

상담자 : 많은 어려움을 겪고 계신 것처럼 들리는군요. 그러한 일들이 XX님의 기분에 어떤 영향을 미쳤는지요?

내담자 : 그저 피곤해요. 모든 것이 지루해요.

상담자 : 잠은 잘 주무십니까?

내담자 : 아니오. 잠을 잘 못 자기 때문에 기분이 가라앉는 것 같을 거예요. 쉴 수가 없어요.

상담자 : 그렇군요.

내담자 : 잠을 잘 수가 없어요. 잠 들려면 몇 시간이나 걸려요. 잠을 자려고 책을 읽는데도 집중이 되질 않아서 화가 나요.

상담자 : 잠들고 난 후로는 계속 주무시나요?

내담자 : 아뇨. 자다가 너댓 번은 깨요. 그러다가 새벽 5시경에 일어나요. 마치 누가 두들겨 대는 것처럼요.

상담자 : 무슨 뜻이죠?

내담자 : 애쓴 보람도 없이 일어나서는 다시 잠들기가 어려워요.

상담자 : 그 시간에 무엇을 하시죠?

내담자 : 걱정을 하지요… 농담이 아니에요. 제 마음은 온갖 잡동사니로 가득찬 것 같아요.

상담자 : 아까 집중이 잘 안된다고 했는데 그것에 관해 조금 더 말씀해 주시겠어요.

내담자 : 옛날 같지가 않아요. 편지를 쓰는 일, 독서를 하는 일, 메모를 하는 일 이 모든 일들이 옛날보다 시간이 더 걸려요. 어딘가 단단히 고장이 난 것 같아요.

상담자 : 입맛은 어떠세요?

내담자 : 말할 것도 없이 안 좋죠. 음식맛이 쓴 약 같아요. 체중이 줄었어요.

상담자 : 언제부터 얼마나 체중이 줄었지요?

내담자 : 한두 달 전부터 5kg 정도 줄었어요.

이전과 같은 영역이 확장되었으나 이번에는 흐름이 자연스럽고 얻은 정보의 양도 증가했다. 상담자의 질문은 내담자가 한 말과 직접적으로 관련이 되어있어서 내담자에게 "같이"라는 인식을 주고 있다. 이 사례는 또한 내용 영역이 확장되는 동안 상담자와 내담자의 결합이 계속 이루어지고 있음을 볼 수 있다.

영역의 확장과 관련하여 더 생각해볼 문제는 간단한 탐색의 사용이다. 예를 들어 불안장애 영역에서 내담자가 발리움 복용을 언급하면 상담자는 간단하게 약물 사용 과거력을 질문할 수 있다. 이러한 탐색은 상담자에게 융통성을 주며 상담자는 상담을 좀더 자연스럽게 진행하기 위해서 유머를 사용할 수 있다. 내담자와 자연스럽게 대화의 흐름을 유지하는 동시에 상담자는 자료에 대해 의식을 해야만 한다.

다음은 이를 위한 간단한 원리이다.

① 일반적으로 과장된 확장에 반하여 혼합된 확장을 해야 한다.
② 자료 수집을 잘 하기 위해서 기억해야 할 것은 혼합된 확장 기술과 간단한 탐색이 유용할 수 있다는 점이다.
③ 언어적 비언어적 내용 영역이 확장되는 동안 항상 상담자와 내담자의 결합을 인식해라.

3. 이행의 문transition gates

상담은 하나의 주제에서 다른 하나의 주제로 이동한다. 주제와 주제 사이에는 두 영역을 이어주는 문이 있다. 문은 일반적으로 1) 자발적인 문spontaneous gate 2) 자연스러운 문natural gate 3) 주의를 전환하는 문referred gate 4) 환각의 문phantom gate 5) 암시적인 문implied gate의 다섯 가지의 문이 주로 언급된다.

1) 자발적인 문spontaneous gate

자발적인 문은 말 그대로 상담자의 노력 없이 초기부터 열리는 문을 말한다.

자발적인 문은 어떤 문제를 암시하는 단서가 되는 내담자의 말과 이 단서를 가지고 움직여 나가는 상담자의 질문으로 이루어진다. 내담자는 스스로 단서를 말하면서 새로운 내용 영역으로 들어가는데 이 경우 상담자는 "계속하세요"와 같은 간단한 말만 하면 된다.

내담자 : 지난 두 달간 아주 끔찍했어요. 제 인생에서 최악이에요. 그런 기분을 정말 어떻게 할 수가 없었어요.

상담자 : 어떤 기분이셨죠?

내담자 : 슬픔… 뭔가 무거운 느낌이에요.

상담자 : 처음에 XX님은 입맛도 없고 몹시 피곤하다고 하셨는데 슬픔이나 무거움을 느낄 때는 어떤 것들이 떠오르는지요?

내담자 : 모든 것이 의미가 없고 기운도 너무 없었어요.

상담자 : 기운이 없다고 했는데… 취미생활은 계속 하시나요?

내담자 : 못해요. 재미있는 일이 없어요. 옛날하고는 모든 것이 달라요. 옛날에는 가만히 있질 못하고 아주 활동적이었는데….

상담자 : 무슨 뜻이지요?

내담자 : 옛날에는 힘이 넘쳐서 운동도 많이 하고 탁구도 치고 달리기도 하곤 했어요.

상담자 : 너무 빠르게 움직이시지는 않으셨나요?

내담자 : 무슨 말씀이시죠?

상담자 : 사람들은 가끔 힘이 넘쳐서 모든 일을 빨리 빨리 하는 경향이 있거든요.

내담자 : 사실 사람들이 저보고 좀 "천천히 해라"라고 말한 적이 있었어요.

상담자 : 그때를 좀더 말씀해 보세요.

내담자 : 1년 전쯤 거의 1주일 동안이나 잠을 안 잤던 적이 있었어요. 청소하고 빨래하고 글도 써가며 밤을 샜어요. 그때는 잠을 자지 않아도 문제가 없는 것 같았어요.

상담자 : 생각하는 것은 어떠셨어요? 좀 늦어진다거나 빨라진다거나 하지는 않으셨어요?

내담자 : 빨라졌어요. 마치 하늘을 나는 것 같았어요. 모든 것이 선명하고… 이상했어요.

위의 대화 사례에서는 두 가지 주제가 연이어 나타난다. 먼저는 내담자의 우울한 기분에 대해 이야기를 나누고 있다. 여기에서 내담자는 조증mania의 단서가 되는 말을 하고 있는데 이는 "옛날에는 가만히 있질 못하고 아주 활동적이었는데… "라는 말이다. 상담자는 이때 영역을 이행해 가는 의미인 "무슨 뜻이지요?"라고 간단히 질문함으로써 조증에 대한 탐구를 하고 있다.

자발적인 문은 노력이나 저항이 없이 움직여 나가는 통로로 이어진다. 상담자는 자발적인 문 안에서 지금 내담자가 말하고 있는 주제에 머물러 있을 것인지 새로운 주제로 이행해 갈 것인지 주의깊게 결정해야 한다. 상담자가 이행 시기를 적절하게 안다면 대화의 흐름을 잘 조절할 수 있게 된다.

다음은 상담자가 이행을 해야 하는 경우들이다.

① 내담자가 자신의 문제에 매우 감정적으로 반응하고 있을 때
② 내담자가 예민한 문제를 자연스럽게 말했을 때
③ 추후관리가 필요한 어떤 문제를 말했을 때

2) 자연스러운 문natural gate

자연스러운 문 또한 내담자의 단서가 되는 말과 상담자의 이행의 두 부분으로 구성된다. 내담자의 단서가 되는 말을 상담자가 새로운 영역으로 이행해 가면 내담자는 자신의 말에서 대화가 흘러가고 있음을 느낄 것이다. 이행은 상담자에 의해서 적극적으로 이루어지며 자발적인 문과는 달리 상담자에 의해서 대화의 새로운 영역으로 들어가게 된다.

상담자 : 가게 일을 즐겁게 하고 계신가요?
내담자 : 아니오. 우울해진 이후로는 아무 일도 즐겁지가 못해요. 정말 기분이 더러워요.
상담자 : 그 기분에 대해 좀더 말씀해 보세요
내담자 : 사는 게 예전 같지 않고… 정말 슬퍼요. 잠도 안 오고 피곤하기만 하고.
상담자 : 무슨 뜻이지요?

내담자 : 몇 달 전부터 잠을 잘 못 자요. 잠들기도 힘들고 밤새 깨어 있어요. 한 다섯 번 정도는 깨어나고 잠들려면 두 시간 정도는 걸려요.

상담자 : 잠들기 위해 술 같은 것을 드시나요?

내담자 : 예. 가끔요.

상담자 : 몇 잔 정도 드시나요?

내담자 : 그렇게 많이는 안 합니다만 맥주 두 잔 정도 해요. 가끔은 두 잔 이상 마시기도 하지만….

상담자 : 하루에 몇 잔 정도 드시나요?

내담자 : 아마… 두세 병 정도요.

상담자 : 담배도 피우시나요?

내담자 : 많이 피웁니다.

이 대화 사례에서 단서가 되는 말은 "한 다섯 번 정도는 깨어나고 잠들려면 두 시간 정도는 걸려요"이다. 상담자는 이 말이 새로운 주제로 확장해 나갈 수 있는 것이라고 생각하면서 내용 영역을 바꾸고 있다.

다음은 내담자의 단서가 되는 말에서 상담자가 이행해 갈 수 있는 자연스러운 문을 나타내고 있다. 여기서 내담자의 스트레스라는 단서에서 다음과 같은 질문으로 이행할 수 있다.

① 스트레스가 심해서 자살에 대한 생각을 해보셨나요?
② 스트레스가 당신의 기분에는 어떤 영향을 주나요?
③ 스트레스로 인해 술을 드십니까?
④ 어떤 사람들은 그릇을 집어던지는 것처럼 다른 사람에게 자신의 분노를 발산합니다. 당신은 화가 날 때 어떻게 하십니까?

내담자의 타살 가능성이 의심되는 경우 이 민감한 문제를 알아내기 위해 다음과 같은 자연스러운 문을 이용할 수 있다.

내담자 : 정말 기분이 좋지를 않아요. 무엇이 문제인지를 모르겠어요.

상담자 : 술을 마시면 기분이 좀 가라앉나요?

내담자 : 음… 말씀드리기가 어렵군요. 가끔 축구 경기를 보고 나면 마음이 가라앉는데 술을 마시면 또 그래요. 하지만 술을 마시면 어떤 때는 더 화가 나요.

상담자 : 사람들은 화가 나면 술을 마시기도 하고 소리를 지르기도 하지요.

내담자 : 저도 소리를 질러요.

상담자 : 또 어떤 행동을 하시는지요? 예를 들어 부인에게 화풀이를 한다거나 때리고 싶은 충동이 생긴다거나요.

내담자 : 몇 주 전에 집사람을 때리고 싶었어요.

상담자 : 정말 부인을 때리고 싶었나요?

내담자 : (잠깐 생각하고) 가끔씩요. 가끔씩은 집사람이 맞아도 된다고 느껴요.

상담자 : 맞아도 된다는 것은 무슨 의미십니까?

내담자 : 죽이는 거죠. 그것이 제 머리를 스쳐가요.

상담자 : 어떻게 죽일지 생각해 보셨나요?

내담자 : 망치로 머리를 내려치는 거죠.

이 대화 사례에서 상담자는 우울의 영역을 확장해가고 있다. 내담자에게 다른 사람을 죽이고 싶은 생각이 있느냐고 묻기란 어려운 일이다. 그럼에도 불구하고 이 상담자는 그 어려움을 잘 해결해 나가고 있다.

3) 주의를 전환하는 문referred gate

이 문은 상담자가 새로운 영역으로 들어갈 때 사용한다. 다음 대화 사례에서 내담자의 기분을 탐구하면서 정신역동적인 부분으로 전환해 가는 모습을 보자.

상담자 : 동생이 방학동안에 집에 왔을 때 어떤 느낌이 들었나요?

내담자 : 제가 어떻게 할 수 없는 벽이 있는 것을 느껴요. 동생이 없을 때는 방도 저 혼자 쓰고 전화도 저 혼자 썼었는데 동생이 집에 오자마자 방도 전화도 모두 동생 차지가

되었어요.

상담자 : 기분은 어떠셨나요?

내담자 : 약간 흥분되었어요. 저는 정말 동생을 좋아했어요. 동생은 집에 와서 대학교가 어떤지… 사람들이 어떤지 등을 말해주죠. 그런 이야기들은 저를 상당히 흥분시키죠.

상담자 : 전에 XX님은 가끔 혼자 있을 때 무서운 생각이 든다고 말씀하셨는데 그때에 대해 좀 더 말씀해 주시겠어요?

내담자 : 예. 이런 거죠. 밤에 음악을 들으며 혼자 있으면 꼭 나쁜 일이 생길 것만 같은 생각이 들어요. 누군가 제게 무엇인가 하라고 말하는 것 같아요.

상담자 : 생각이 어떤 목소리처럼 들리나요?

내담자 : 예. 정말 다른 사람이 말하는 소리같이 들려요. 가끔씩 제 귀를 막아보고는 하지요. 정말 모르겠어요….

주의를 전환하는 영역은 새로운 영역에 들어갈 때 쓰이기 때문에 정신 상태 검진이나 인지기능 검사를 할 때 사용된다. 어떤 사람들은 이러한 검사들이 기본적으로 행해지는 의례적인 검사라고 생각할 수 있지만 이 검사들은 다른 중요한 문제를 발견하여 상담 계획을 세우도록 하기 때문에 결코 그 중요성이 간과될 수 없다.

다음 대화 사례는 일류대학에서 물리학을 전공하는 학생과의 면담 내용이다. 그는 스트레스가 매우 심하고 자신은 불행하고 인생을 망칠 것이라고 말하면서 상담자와 시선 접촉을 하지 않았다. 면담의 중반까지도 이 학생의 인지기능 장애는 보이지 않았는데 인지기능 검사를 계속 해가자 문제가 일어났다. 더불어 그의 대인관계 문제도 나타났다.

상담자 : 제가 4가지 물건을 기억하도록 말씀드리면 5분 내에 그것을 반복해서 말하시면 됩니다. 이해가 되세요?

내담자 : 예. (걱정스러운 얼굴로 의자에 앉는다)

상담자 : 보라색-축구-소나무-희망. 그 이름들을 다시 말씀해 보시겠어요?

내담자 : 보라색-축구-소나무-희망. (분명하고 빠르게 답함)

상담자 : 자 다음은 집중력 검사입니다. 제가 부른 숫자를 다시 한번 반복해 보세요. 8-6-1-5.

내담자 : 8-6-1-5. (더 진지하게)

상담자 : 7-9-5-6-3.

내담자 : 7-9-5… 음— 음— 6-3.

상담자 : 2-1-4-5-3-8.

내담자 : 2-1-4-3, 음— 5-8.

상담자 : 숫자가 틀리는데 다시 한번 해보시겠어요.

내담자 : (더 진지하게) 당신을 주먹으로 갈기고 싶군요.

상담자 : (멈추며) XX님, 이것에 대해 심한 부담감을 느끼시는 듯하군요.

내담자 : 선생님이 저를 뒤흔드는 것 같아요. 마치 저를 이기기 위해서.

상담자 : 지금 경쟁심을 느끼시는 것 같군요.

내담자 : 그래요. 저는 경쟁심이 심해요. 쉴 때조차도 이런 기분이 들어요.

상담자 : 경쟁심 때문에 어떤 문제가 생기나요?

내담자 : 가끔 방을 박차고 나가고 싶어져요. 경쟁심 때문에… 바로 그게 제가 도움을 받아야 할 문제예요.

상담자 : 지금 제게 느낀 그런 감정 같은 건가요? 얼마나 자주 그런 감정을 느끼시나요?

내담자 : 자주 그래요. 사람들을 만날 때도 그 사람이 나를 치려고 하는 건지 아니면 협박을 가하는 건지 등을 생각해요. 모든 사람이 선두가 되려고 해요. 그리고 제 여자친구한테조차도 그런 감정을 느껴요.

이 젊은 대학생에게 인지기능 검사를 통해서 성격적인 문제까지 확인할 수 있으며 이를 통해 추후 심리치료에서 다루어져야 할 문제들도 제시가 되었다. 이처럼 주의를 전환하는 문은 다른 영역의 문제를 탐구할 수 있도록 하며 이러한 방식으로 민감한 성적인 문제 등도 탐구할 수가 있다.

4) 환각의 문phantom gate

환각의 문은 내담자의 단서가 되는 말이 부족하고 대화의 자연스러움이 없으며 주의를 전환하는 문도 없는 경우이다. 다음 대화 사례를 보자.

내담자 : 지난 몇 달 동안 항상 우울하고 기분이 가라앉았어요.

상담자 : 어떤 가라앉는 느낌이었나요?

내담자 : 아무것도 하고 싶지 않았어요. 친한 친구도 싫고… 친구가 죽은 후로는 정말 모든 것이 변했어요.

상담자 : 아버지가 알코올 중독자셨나요?

내담자 : 아니오. (멈추었다가) 아니예요. 가끔 술을 드시기는 했지만요.

상담자 : 형제들은 어떠세요? 알코올 중독자가 있나요?

내담자 : 없는데요.

상담자 : 우울증은 어떠세요? 친척 중에 우울증을 앓은 사람이 없습니까?

상담자는 갑자기 내담자의 말과 아무 관계도 없는 내담자의 가족력으로 뛰어들고 있는데 이러한 질문을 자주 사용한다면 내담자와의 결합은 이루어지지 않을 것이다.

5) 암시적인 문implied gate

본격적인 면담이 진행되는 동안 상담자는 암시적인 문에 대하여 관심을 기울여야 한다. 주의를 전환하는 문과 같이 암시적인 문은 단서가 부족하다. 다음 내담자의 현재 스트레스를 다루면서 과거의 사회생활까지 다루는 대화 사례를 보자.

내담자 : 우리 가족은 지금 좋은 집에서 살고 있어요. 방도 많고 앞 뜰도 넓고… 아이들에게는 정말 넓은 장소가 필요해요.

상담자 : 아이들은 잘 지냅니까?

내담자 : 위의 두 아이는 잘 지내요. 작은 아이들은 서로 싸우고 소리를 지르고….

상담자 : 아이들을 키우려면 양육비가 상당히 들겠다는 생각이 드는군요.

내담자 : 그래요. 그래도 남편이 변호사라서 살기는 괜찮아요. 최근에야 수입이 늘었지만….

상담자 : XX님의 어린시절 이야기를 조금 더 해보시죠.

내담자 : 저희 형제는 8남매로 대가족이었어요. 그래서 항상 모든 것이 부족했어요. 어머니는 사랑이 많으신 분이었지만 항상 지쳐있었어요. 그래서 때로는 고통스러워 하셨어요.

상담자 : 어머니가 특히 고통스러워하던 때가 생각나십니까?

내담자 : 예. 제가 5살쯤 되었을 때.

위의 대화 사례와 같이 자연적인 문과는 달리 암시적인 문은 다음 진행되는 대화를 곧바로 나타내지 않는다. 또한 주의를 전환하는 문과도 다르게 이미 언급되었던 대화로 다시 돌아가지도 않는다. 다른 문에 비해 암시적인 문은 완만하게 새 영역으로 진행해 나가며 때로는 비슷한 두 영역을 확장시킨다. 예를 들어 불안장애로 확장하는 것과 병행하여 정동장애로 확장한다. 다음은 면담의 본론을 구조화하는 방법이다.

① 내담자가 자발적인 문을 통해 새 영역으로 넘어갈 때 상담자는 그대로 따를 것인지 아닌지를 결정해야 한다. 이런 순간을 '결정적 순간pivot point'이라고 한다.
② 예상 밖으로 충분한 자료가 수집되면 새 영역으로 넘어가는 문을 사용하지 말고 현재 탐구되고 있는 영역의 확장을 무리없이 해나간다.
③ 자연스러운 문은 상담자가 내담자에게 직접 암시함으로써 새 영역으로 들어간다.
④ 자연스러운 문은 내담자의 기분을 상하게 하지 않고 상담을 효율적으로 진행할 수 있는 방법이 된다.
⑤ 주의를 전환하는 문은 내담자가 한 말을 상담자가 그대로 언급하는 것이다.
⑥ 주의를 전환하는 문은 정신 상태 검사와 같이 곤란하거나 민감한 질문에 유용하다.
⑦ 암시적인 문은 비슷한 영역을 동시에 다룰 수 있고 관련된 영역으로 확장해 나갈 수 있도록 한다.
⑧ 환각의 문은 주제에서 벗어난 이야기를 본 주제에 초점을 두도록 하는 특별한 목적이 없는 이상은 피하는 것이 바람직하다

이러한 원리는 효율적으로 자료를 수집할 수 있도록 하고 내담자와의 신뢰감을 증진시키며 궁극적으로는 자료 그 자체를 확증해준다. 따라서 이 원리들을 이해하면 상담의 본론은 진행이 잘될 것이다.

IV. 결론단계

면담이 결론단계로 진행되어 나가면서 내담자가 긴장할 수 있다. 이러한 긴장은 불안에서 나오는 것이다. 불안은 "여기서 무엇을 얻어낼 수 있을까?" 또는 "이것이 가치 있는 일일까?"와 같은 질문에서 생기는 것이다. 의식적이든 무의식적이든 다양한 질문이 내담자의 마음속에 일어날 수 있다. 많은 내담자들이 다음과 같은 질문을 할 수 있다.

① 내게 무엇이 잘못되었는가?
② 내가 미친 것인가?
③ 나는 상담자에게 필요한 말을 했는가?
④ 이 상담자는 내 문제를 이해했는가?
⑤ 이 상담자는 나를 좋아하는가?
⑥ 내 진단은 무엇인가?
⑦ 내가 좋아질 것인가?
⑧ 도움을 받을 수 있는가?
⑨ 치료 방법은 무엇인가?
⑩ 다시 이 상담자를 만날 것인가?

내담자에게 이러한 질문들은 자연스러운 질문이다. 실제 내담자는 이러한 문제를 상담자와 논의할 권리가 있다. 이러한 질문에 주의깊게 한 대답은 내담자의 막연한 두려움을 낮출 수 있다. 내담자가 불안하지 않고 만족감을 느낄 때 추후 상담에 오게 되는데 다음은 내담자가 상담에 다시 오게 되는 이유들에 대한 목록이다.

① 내담자는 면담에서 무엇인가를 얻었다고 느낀다.
② 내담자가 면담을 편안하게 느꼈다.
③ 내담자가 상담자를 편안하게 느꼈다.
④ 내담자가 상담자를 신뢰한다.
⑤ 내담자는 상담자가 자신에게 도움이 될 것이라고 느낀다.
⑥ 내담자는 상담자에게 쉽게 접근할 수 있다고 느낀다.
⑦ 내담자는 상담자가 신중하다고 느낀다.

다음에 제시되는 대화 사례는 앞에서 제시된 원리를 적용하면서 결론과 종결에 접근하는 예이다. 이 사례에서 상담자는 건강센터에서 중년의 여성을 면담하고 있는 과정 중에 내담자 사정을 하고 있고 내담자는 자신이 심한 우울증이 있다고 생각하고 있다.

내담자 : 가족들 중에 저 같은 사람들이 있었는지 잘 모르겠어요… 어디 보자… 저처럼 우울증이 있었던 삼촌하고 언니하고… 또 생각이 안 나요. 엄마는 저하고는 달랐어요. 그래서 엄마는 저를 이해하지 못하는 거예요.

상담자 : 가족들 중에 두 명만 빼고는 우울하지 않았던 것 같군요. 오늘 상담을 잠시후 마무리하고자 합니다. 그래서 우리가 나눈 대화 중에 XX님에게 도움이 될 만한 내용을 정리했으면 해요. 앞에서 XX님 어머니가 XX님을 이해하지 못하신다고 하셨는데 어떤 일이 있었는지 궁금하군요.

내담자 : 너무 많은 일이 있어요. 요즘은 저의 못된 성격이 나타나는 것 같아요. 남편에게도 제가 짐만 되는 것 같아요. 제 역할을 잘하지 못하기 때문이죠.

상담자 : 요즘 왜 그런 일이 일어난다고 생각하시나요?

내담자 : 제가 문제가 있기 때문이에요… 잘 모르겠어요. 아이들이 집을 떠나서 그럴 수도 있고요.

상담자 : 면담을 끝내기 전에 우리에게 더 도움이 될 만한 것이 있다고 생각하세요?

내담자 : 별로 없어요… 그런데 오래 전 일이라서 말씀드리지 않은 것이 한가지 있어요. 대

학교에 다닐때 한 한학기정도 아주 힘들었던 적이 있어요. 지금 생각해보니까 지금하고 그때하고 비슷한 거 같아요.

상담자 : 그때 기분이 어떠셨는데요? 지금과 같았나요?

내담자 : 거의 그런 것 같아요. 잠도 잘 못 잤고 항상 걱정이 있었어요. 낙제할까봐서 너무 걱정이 심했죠.

상담자 : 그때 상담을 받으셨나요?

내담자 : 전혀요. 저희 부모님은 제가 게으르다고만 생각하셨지 뭔가 잘못되었다고는 전혀 생각하지 않았어요. 상담 받을 생각은 해보지도 않으셨어요.

상담자 : 그래도 지금은 상담을 받으러 오셨잖아요.

내담자 : 잘 모르겠어요. 아마도 선생님이 제게 마술이라도 걸 거라고 생각했나봐요. (내담자는 미소 지었고 소리내어 웃었다) 사실은 여기 오기 참 힘들었어요.

상담자 : 그러셨겠지요. 말씀 계속하세요.

내담자 : 여기 오면서 너무 부끄러웠어요. 혹시라도 아는 사람을 만날까봐 주위를 살피면서 왔어요. 선생님 뵙기 전에 대기실에서 기다리는 동안 마음이 너무 복잡했어요. 제가 왜 왔는지 정말 모르겠어요. 거의 그냥 갈 뻔했어요.

상담자 : 가시지 않은 결정적인 이유는 무엇인가요?

내담자 : 정말 도움이 필요하다고 생각했지요. 사실 저는 헤매고 있어요. 제게 무엇이 잘못된거지요?

상담자 : 안심하세요, 예약을 하고 처음 온 사람들은 대부분 XX님처럼 느끼지요. 그렇게 느끼시는 것은 정상이에요. 모르는 낯선 사람하고 상담을 한다는 것은 어려운 일이지요. 그래도 XX님은 제가 XX님을 이해할 수 있도록 말씀을 잘 해주셨어요. XX님 말씀을 듣고 나니 무엇이 문제인지 잘 알겠어요. 남편과의 문제, 집을 떠난 아이들에 대한 문제 등을 포함해서 xx님의 스트레스가 심하다는 것을 이해하겠어요.

내담자 : 남편하고의 문제는 말씀드리지 않았지만 사실은 우리 부부는 문제가 좀 있어요. 벌써 4년이나 되었지요.

상담자 : 이런 문제들에 잘 대처하기 위해서는 문제를 충분히 이해해야 해요. XX님이 집을 일찍 떠난 것과 같은 과거의 문제들은 현재의 감정과 관계가 있지요. 이 문제에 관해서는 이 분야의 상담자인 우리 상담사 중의 한 분과 상담을 하시는 것이 좋을 듯

합니다. 그래서 좀 더 자세한 설명을 들었으면 합니다 예를 들어 불면증이나 무력감, 의욕상실, 성욕감퇴 등이 있었는지요. 이러한 증상들은 XX님이 우울증이 있다는 것을 의미하거든요.

내담자 : 무슨 말씀이시죠?

상담자 : XX님은 10년 넘게 우울증상이 있었어요. 우울증은 정신적 문제에서만 생기는 것이 아니라 뇌 안의 화학물질이 불균형적으로 분비되어서도 옵니다. XX님의 가족 중 두 사람이 우울증이 있었다고 했는데 XX님의 경우에 우울증의 생리적인 원인이 있는 것으로 보입니다.

내담자 : 무슨 의미신지요?

상담자 : XX님의 우울증은 생리적 원인에 의한 것 같습니다. 이러한 우울증에는 몇 가지 치료 약물이 있습니다. 마법의 약 같은 것은 아니고 완전히 치료된다고 장담할 수는 없지만 이러한 항우울제가 어떤 사람들에게는 효과가 좋습니다. 기분장애만을 전문으로 다루는 병원에 XX님을 의뢰해 드리겠습니다. 이해가 되셨는지요?

내담자 : 아— 예. 잘 알겠습니다.

상담자 : 다 이해하셨다면 이해하신 내용을 한번 말씀해 보시지요.

내담자 : 그러니까 선생님 말씀은 제 뇌 안에 있는 화학물질이 불균형 상태여서 우울증이 생긴다는 말씀이시죠. 그리고 약물이 도움이 될 거고요.

상담자 : 그렇습니다. XX님에게 도움이 될 만한 몇 가지 방법들이 있습니다. 심리치료사와 상담을 하시는 것이 좋을 듯합니다.

내담자 : 예. 한번 해보지요. 화학 물질로 인해 생기는 우울증에 대해 책을 읽었던 기억이 나요. 정말 제가 우울증에 걸렸다고는 생각하지 않았어요.

상담자 : 때로는 우울증을 스스로 인식하기는 어렵지요. 대학교 때 부모님이 XX님을 이해하지 못하신 것 같이요.

내담자 : 그렇게는 생각 못했어요. 하지만 현실적으로 문제가 있지요.

상담자 : 여기서 상담을 끝내야 할 것 같은데 오늘 상담이 도움이 되셨는지 어떤지 모르겠군요.

내담자 : 많이 도움이 되었어요. 많은 문제를 알게 되었어요.

상담자 : XX님에게 도움이 필요한 것이 또 있나요?

내담자 : 아니오… 지금 아주 편안해요.

상담자 : 좋습니다.

내담자 : 언제 선생님을 다시 뵙게 되나요?

상담자: 저는 여기 사무실에서만 일을 합니다. XX님은 아까 말씀 드린 병원으로 가셔서 상담자를 만나시는 것이 좋을 듯합니다. 그 곳 선생님들도 XX님을 잘 알고 도와드리기 위해서 저처럼 노력할 겁니다.

내담자 : 고맙습니다. 제가 전화를 해야되나요?

상담자 : 여기 카드에 보면 전화번호가 있습니다. 여기에 전화하셔서 예약을 하시면 됩니다. 오늘 여기에 오신 일은 아주 잘하신 일입니다. 다른 선생님들도 XX님을 잘 도와드릴 겁니다.

내담자 : 감사합니다. 기분이 한결 나아졌어요.

상담자 : 치료를 잘 받으시길 바랍니다. 다른 문제가 있으시면 전화 주세요.

내담자 : 정말 감사합니다.

이 사례는 결론 부분에 대한 좋은 대화 사례이다. 내담자와 종결을 하는 데는 시간이 걸리고 이러한 시간을 잘 이끌고 나가기 위해서 상담자는 종결을 위한 적절한 대화를 알아야 한다. 모든 대화의 종결은 조금씩 다를 수 있으나 일반적으로 앞의 대화에서 제시된 기본 원리들이 종결 부분에서 사용되어진다.

V. 종결단계

상담의 종결은 끝맺는 말과 동작으로 이루어진다. 상담자는 악수를 하거나 부드러운 미소를 짓는다. 이것은 흔한 일이다. 그러나 어떤 내담자는 상담자와 헤어지는 것을 힘들어하며 문 앞에서 꾸물대며 불안스럽게 뒤를 돌아볼 수 있고 또 어떤 내담자들은 헤어지는 것에 분노를 느끼듯이 냉정해지기도 한다. 이러한 행동들은 경계선 인격장애나 자기도취성 인격장애의 초기 증상을 의미할 수도 있으므로 상담이 이어지는 경우에는 이러한 문제들이 추후 상담에서 다루어져야 한다. 민감한 상담자는 내담자의 작은 행동에서도 통찰력을 얻는다.

이 장에서는 상담의 진행에 대하여 살펴보았다. 상담은 도움을 받으러 온 내담자와 즉각적인 도움을 주는 상담자의 역동적인 과정이다. 앞에서 제시된 상담의 원리들과 기술은 처음에는 어려워 보이지만 반복적인 연습과 훈련을 통해 터득함으로써 자연스러워질 수 있다. 능력 있는 상담자는 통찰력이 있을 뿐만 아니라 분석력도 지닌 사람이다. 나아가 창조성을 가져야 한다. 이러한 상담자가 되는 것은 이해와 훈련을 통해 이루어진다.

C H A P T E R · 3

제 3 장
비언어적 의사소통 기법을 이용한 상담

제 3 장 비언어적 의사소통 기법을 이용한 상담

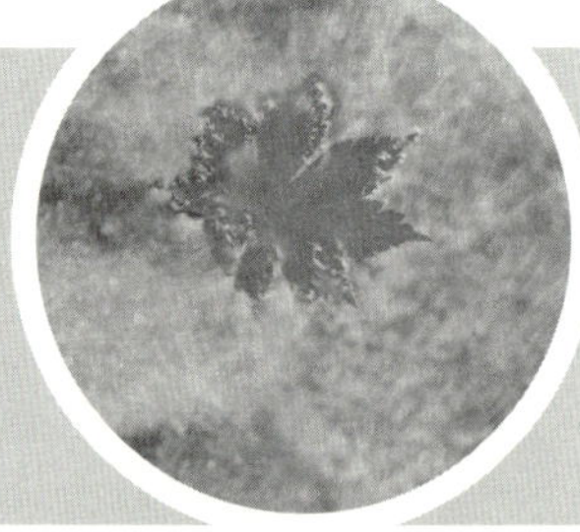

I. 비언어적 의사소통의 효과

의사소통은 10%가 언어이고 90%가 숨겨진 의미에 의해 이루어진다. 이 90%는 느낌, 지혜, 세상에 대한 무의식적 관점, 문화 등이 혼합된 것이다. 그러므로 우리가 언어만으로 의사소통을 할 때에는 아주 중요한 것을 놓치고 있다는 의미가 된다.

비언어적 의사소통이 얼마나 중요한지는 같은 내담자를 상담하는 다른 두 상담자의 예를 통해서 볼 수 있다. 20대 초반의 남자 내담자는 풀이죽은 자세로 머리를 푹 숙이고 앉아 있었다. 젊은 여성 상담자는 조용한 말투로 내담자와 대화를 나누면서 여러 번 고개를 끄덕이기는 했으나 내담자를 바라보지 않고 이야기를 나누었다. 그 후 다른 상담자와 대화를 나누는 동안 이 내담자는 똑바로 앉아 이 상담자와 눈을 자주 마주쳤다. 이 상담자는 목소리에 생기가 있었고 더 중요한 것은 "아하", "계속 하세요" 등과 같은 촉진제가 자주 사용되었다는 점이다. 또한 이 상담자는 고개를 끄덕이면서 내담자를 자주 쳐다보았기 때문에 효과적인 의사소통을 할 수가 있었다. 이 상담이 끝날 무렵에는 이 둘은 자연스러운 대화를 나누게 되었고 훌륭한 치료적 관계를 확립하였다. 이 상담자 역시 젊은 여성이었고 말투 또한 조용했다.

그렇다면 어떠한 요인이 두 번째 상담에 작용하여서 상담이 좀더 효율적으로 이루어졌는지 살펴보자. 이는 상담자의 효율적인 비언어적 의사소통의 결과이다. 상담자가 비언어적 의사소통을 효과적으로 이용하기 위해서는 내담자의 변화를 재빠르게 감지할 수 있어야 한다.

'비언어적 의사소통' 은 전달자와 수신자간에 암호를 사용하여 실제적으로 메시지를 전달하는 과정이고 '비언어적 행위' 는 개인이 표현하는 모든 행동을 의미한다. 예를 들면 화가 난 축구경기의 관중들이 선수들에게 "손가락질을 하는 것" 은 비언어적 의사소통이며 개인이 "줄담배를 피워대는 행동" 또한 비언어적 행위에 해당된다. 줄담배를 피는 행위는 불안한 것을 의미할 수도 있으나 반드시 그러하지는 않다. 즉, 비언어적 행위는 아주 많은 의미를 가지고 있다. 그러므로 상담자는 내담자가 보인 어떤 행위의 의미를 "모두 안다" 고 가정하는 것은 현명하지 못한 일이다. 통찰력이 예리한 한 상담자가 결혼 반지를 만지작거리고 있는 내담자를 보면서 그 내담자가 부부간의 심한 불화를 경험하고 있다고 결론을 내렸다고 가정해보자. 그러나 이 상담자는 다른 이유들에 대해서도 생각해 보아야 한다. 예를 들어 이 내담자는 상담에 대해 불안했기 때문에 반지를 만지작거렸을 수도 있고 혹은 평소에 불안할 때 연필을 굴리던 버릇을 지금은 할 수가 없기 때문에 반지를 만지고 있을 수도 있다. 이처럼 부부간에 문제가 있다고 가정하고 다른 가능성들을 무시하는 것은 정확한 판단을 막는 장애물이 된다. 그러므로 상담자는 판단을 내리기에 앞서 다양한 가능성들을 생각해보면서 그 행동이 정말로 부부간의 불화를 의미하는 것인지 조심스럽게 분별해야 한다.

이를 통해 다음과 같은 원칙을 생각해볼 수 있다. 비언어적 의사소통은 상대적으로 쉽게 해석이 되는 반면 비언어적 행위는 주의깊은 해석을 필요로 한다는 점이다. 비언어적 행위를 고려할 때에는 다음 세 가지 개념을 생각해 보아야 하고 각 개념에 따른 원리들이 적용되어야 한다.

1. 공간 원리

다른 동물과 마찬가지로 인간 또한 자신의 영역을 보호하고자 하는 경향이 있다. 사람이 다른 사람에게 가까이 다가가면 새로운 감정과 행위가 생겨난다. 대인관계의 거리에는 네 가지 유형이 있다. (1) 친밀한 거리 (2) 개인적 거리 (3) 사회적 거리

(4) 대중적 거리이다. 친밀한 거리(0~8인치)에서 일차적으로 사용되는 감각은 촉각과 후각이다. 우리는 사랑하는 사람, 아이들과 같이 있을 때 특별한 향기를 느낀다. 이 거리에서는 시각적인 중요성은 감소된다. 이 거리에서 어떤 특정한 부분에 집중하지 않는 이상은 대부분의 대상물들은 희미해진다. 목소리는 아주 절제되어 나타난다. 개인적 거리(15cm ~ 1m 20cm)에서는 후각과 촉각은 감소하고 시각이 중요해지기 시작하고 운동 근육을 사용하게 된다. 사회적 거리(1m 20cm ~ 3m 65cm)는 얼굴을 맞대고 교류를 할 수 있는 거리지만 후각과 접촉은 거의 일어나지 않으며 이 거리에서는 시각과 소리가 작용하게 된다. 대부분의 대화나 상담은 1m 20cm에서 2m 범위 이내에서 이루어진다. 대중적 거리(3m 65cm 이상)에서는 시각과 청각이 의사소통의 주요 통로이다. 더 멀어질수록 개별성은 감소하고 사람들이 단지 환경의 일부분으로서만 지각되는 경향이 있다.

초기상담에서는 특히 공간적 거리의 중요성이 커진다. 일반적으로 처음에 친밀한 거리에 있게 되면 사람들은 거북해 한다. 따라서 내담자로부터 1m에서 2m 정도 떨어진 거리가 상담을 시작하기에 적절한 거리이다. 이 거리는 주로 미국의 백인들에게 적용되는 것이며 문화마다 다를 수 있다. 아랍 문화권의 사람들은 같은 상황에서도 더 가까이 서고 더 크게 이야기를 하며 피부 접촉과 시선 접촉을 더 하는 경향이 있다. 흑인들이 백인들보다 거리가 먼 것을 더 선호하는 바와 같이 인종도 대인관계 거리에 영향을 미치고 성별도 영향을 미치는데 남성-여성간의 거리가 성인 여성-여성이나 남성-남성간의 거리보다 더 가까이 앉는다.

2. 동작 원리

동작 원리는 인체의 움직임에 관한 연구로서 몸짓과 사지, 손, 발, 다리의 움직임과 얼굴표정, 눈의 깜빡임, 자세의 움직임을 포함한다. 동작학은 사람들이 공간 안에서 자신의 몸을 어떻게 움직이는지에 대해 연구하는 학문이다. 이것은 공간학과 자연스럽게 병행된다. 동작 원리는 모든 상담에 적용된다. 어떤 동작은 내담자의 언어적 표현을 촉진시키기도 하고 또는 방해하기도 한다. 동작은 내담자의 사고와 감정을 민감하게 반영한다. 인간에게 입이 침묵한다면 손가락이 재잘거릴 것이고 순간마다 자신의 생각을 무심코 드러내는 말들이 스며나올 것이다.

3. 준언어 원리

준언어란 몸짓 등의 동작이 포함된 언어를 의미한다. 준언어의 힘은 막강하다. "내가 싫어하는 것은 당신이 말하는 그 내용이 아니라 당신이 말하는 방식이다"라는 문구는 우리 사회에서 쉽게 이해될 수 있는 것이다. 한편 "그것은 잘한 일이야!"라는 것은 얼핏 보기에는 찬사처럼 보인다. 그러나 우리는 이 말을 하는 사람의 목소리의 톤을 듣지 않는 이상 그 의미를 알 수 없다. 상담자가 "음…", "계속하세요", "예" 등을 자주 사용하는 것은 내담자의 말을 경청하고 있음을 의미하며 내담자의 말에 관심이 있음을 의미한다.

II. 비언어적 행위의 임상 적용

정신증의 경우 사회적 상호작용 상실의 비언어적 행위가 나타난다. 한 상담자가 우울해 보이는 20대 중반의 여자 내담자를 사정하였다. 이 상담자는 내담자에게 우울증이 있음을 알았으나 그 심각성에는 주의를 기울이지 않았다. 따라서 이 상담자는 내담자에게 우울증이 있으니 병원에 가보도록 권유했을 뿐이었다. 두 번째 상담에서 내담자는 다른 상담자에게 최근 주말에 있었던 일을 이야기하였다. 그 내담자는 오래 전에 돌아가신 아버지가 자신을 죽이려고 집에 다시 돌아왔다고 하였다. 그녀는 동생들에게 이 일을 이야기하였고 잠을 자지 말라고 하였다. 결국 그녀는 아버지가 두려워서 집 밖으로 도망쳐 나왔다. 상담에서조차 그녀는 아버지가 살아 돌아올 수 없다는 사실을 확실하게 말하지 못하였다. 이러한 내담자를 상담했던 첫 번째 상담자는 내담자의 정신증을 심각하게 고려하였다면 이에 대해 사정을 한 후 내담자를 정신과 의사에게 의뢰했을 것이다.

또 하나의 정신증의 단서를 나타내는 예를 보자. 김OO 내담자는 상담에서 정직하고 협조적이었다. 하지만 약간 이상한 면을 보이고 있었다. 준언어 측면에서 그녀는 어떤 말을 하기 전에 딴 곳을 물끄러미 응시하며 약 5분 정도씩 쉬었다가 말을 하였다. 이러한 모습은 일반적인 사람들과의 대화에서는 볼 수 없는 모습이다. 무언가를 말하려는 사람은 종종 먼 곳을 바라볼 수 있다. 말이 끝날쯤에야 상담자를 흘끗 쳐다볼 뿐이다. 이는 자신의 말이 끝났음을 상대방에게 전달하는 것이다. 이러한 빗나가는 시선도 내담자에게 볼 수 있는 준언어의 한 측면이다. 김OO 내담자는 동작은 별로 사용하지 않았다. 그녀는 말을 시작하거나 멈출 때 손짓들을 약간 사용했을 뿐이다. 거의 움직이지 않는 것은 우울증 때문이었고 나아가 정신증을 의미하기도 하였다. 한동안 김OO 내담자는 자신의 우울증을 숨기려고 하였다. 그러나 그녀가 경험하는 편집증의 두려움에 대해서 질문했을 때 그녀는 비로소 자신의 문제를 인식하기 시작하였다. 그 순간에 그녀는 두 손으로 얼굴을 감싸쥐고 앉아서 앞쪽으로 천천히 기울였다. 이 자세로 자신이 원하지 않는 생각들을 떠올리지 않기 위한 것처럼 그녀는 손으로 귀까지 막고 있었다. 그녀는 이러한 자세로 5분 정도나 있었다. 이러한 행동은 부동이라고 불리운다. 부동은 스트레스를 다루기 위한 비언어적 행위이다. 김OO 내담자처럼 사회적으로 부적절한 정도까지 부동이 심하게 나타나는 경우에는 이는 정신증의 지표가 될 수 있다. 강직성 위축은 부동이 심해진 현상이다.

우울증의 경우에는 초조성 우울증인지 혹은 지연된 우울증인지에 따라서 비언어적 행위도 다르게 나타난다. 초조성 우울증의 경우에는 이상한 표정, 얼굴 찡그림, 혐오스러운 눈빛, 긴장된 움직임, 웅크린 자세, 상담자 쪽으로 기대는 행동 등을 보인다. 반면에 지연된 우울증의 경우에는 시선 응시, 느린 동작, 자기 몸 만지기, 정서적 공허함의 표현, 상담자의 반대편으로 기대는 행동 등을 나타낸다. 우울증 내담자의 호전 정도를 평가할 때 이러한 지표들을 이용할 수 있다. 손짓을 하는 것은 내담자가 좋아졌다고 본인의 입으로 말하기도 전에 내담자가 좋아졌음을 의미한다.

다음 세 가지는 인격장애를 나타내는 부분이다. 첫째, 청소년기의 한 내담자가 부주의한 태도로 집단 상담실에 오더니 상담자 옆에 쿵하고 앉은 후 손을 뻗쳐 상담자의 등 뒤 소파 위로 팔을 뻗었다. 그리고는 상담자로부터 얼마 떨어지지 않은 자리

위에 다리를 뻗었다. 이에 상담자는 반사적으로 몸을 내담자의 반대편으로 기댔다. 공간적으로 이 내담자는 개인적 거리내에서 상담자와 친밀한 거리에 있을 정도로 가까이 있었다. 이러한 행동은 경계선 인격장애나 연극성 인격장애가 있는 사람들에게 나타날 수 있는 양상이다.

둘째, 한 중년의 상담자가 대기실에서 평소보다 더 오래 기다렸다. 상담을 하기 전에 상담자는 이에 대해 정중하게 사과했다. 하지만 이 내담자는 상담자의 사과에도 아랑곳하지 않고 퉁명스럽게 말하였다. 그녀는 의자에 기대어 앉아 짜증을 내며 이야기하면서 다리를 상담자 앞으로 쭉 뻗고는 하였다. 이에 상담자는 자신의 의자 밑으로 자기 발을 숨겨야만 했다. 이러한 내담자의 특징은 여러 가지로 파악될 수 있지만 수동-공격성 성향을 의미한다.

셋째, 청바지에 검은 코트를 입은 20대 중반의 여자 내담자는 다른 의자를 하나 잡아당겨서 자신의 발판으로 이용하고 있었다. 그 내담자는 발을 쭉 뻗더니 아주 편안한 자세를 취하였다. 그녀의 얼굴 표정은 어두워 보였으며 시선은 자신의 손만 쳐다보고 상담자의 시선은 회피하였다. 또한 벗은 검은 코트를 걸지 않고 자기 무릎 위에 놓고 있어서 마치 상담이 빨리 끝나기를 갈망하는 듯이 보였다. 이 내담자의 이러한 행동들은 여러 가지 인격장애를 의미한다. 그녀의 무관심한 태도는 반사회적 인격장애를 의심하게 하고 무관심을 분명하게 표현하는 것은 경계선 인격장애나 자기 도취성 인격장애를 의미한다. 이 내담자에게도 또한 수동-공격적 성향도 있다. 이 내담자가 어떠한 인격장애를 가지고 있는지 확실히 알 수는 없지만 그녀가 나타내는 비언어적 행위들에는 주목할 필요가 있다.

다음은 불편함이나 불안의 비언어적 단서들에 대한 설명이다. 불안이 심해지는 것의 지표는 교감신경계의 활성화를 통해서 가장 잘 알 수 있는데 교감 신경계가 활성화되면 심장이 빨리 뛰고 말초혈관이 수축되어 피부로 가는 혈액 공급이 차단되어 창백해지고 타액분비가 감소하며 장과 방광의 운동이 느려지고 호흡이 증가하며 땀이 나게 된다. 교감신경계가 빨리 반응하지 않으면 부교감 신경계가 활성화된다. 이 경우에는 대, 소변에 대한 욕구가 증가한다. 만약 집단 상담을 하기 바로 전에 내담자가 화장실을 가고 싶어하면 이것은 내담자가 매우 불안하다는 의미이다.

불안 행동의 또 다른 예는 전치에서 나타난다. 한 사업가는 중요한 회의에 참석하기 전에 로비에서 넥타이를 계속 고쳐 맨 후 서류가방에서 서류를 하나씩 하나씩 꺼내더니 다시 조심스럽게 서류를 하나씩 하나씩 가방에 되넣었다. 이렇게 함으로써 이 사업가는 자신의 불안을 완화시키게 된 것이다. 또 다른 전치는 흡연, 머리카락을 비비 꼬는 동작, 자신의 손가락으로 뭔가를 꼬집는 행동, 손톱 깨물기, 반지를 자꾸 만지작거리기, 다리꼬기, 종이컵 찢기, 펜을 물어뜯거나 비트는 행위이다. 초기상담이나 심리치료에서 이러한 전치는 주목할 가치가 있다. 전치는 갑자기 불안이 증가하는 경우에 내담자의 얼굴표정이나 언어보다도 더 믿을 수 있는 지표가 된다.

불안은 전치 없이 그 자체로도 나타날 수 있는데 내담자가 눈물을 흘리기 전이나 눈에 띄게 불안한 경우에는 얼굴에 미세한 근육 경련이 나타날 수 있다. 이 경련은 뺨과 콧구멍 옆에 흔히 나타난다.

또한 내담자의 말과 행동이 일치하지 않는 경우도 있다. 내담자 박OO 씨는 얼마 전에 어머니가 돌아가신 일과 최근의 많은 스트레스에 대하여 호소하였다. 박OO 씨는 어머니가 돌아가시기 전 몇 년 동안 어머니를 돌보아왔다. 이야기가 진전되어나가자 박OO 씨는 자신의 남자친구와의 관계에 대하여 말하였다. 박OO 씨는 "전 그를 싫어해요. 앞으로 다시는 그 사람을 만나지 않을 거예요. 그럴만한 가치도 없는 사람이에요"라고 말하였다. 상담자들은 이러한 말을 심각하게 받아들이는 것에 주의해야만 한다. 상담자는 박OO 씨가 말하는 어조를 주의깊게 살펴보아야만 한다. 그녀가 말하는 어조는 분노가 아닌 체념조였음을 알아야 한다. 목소리뿐만 아니라 그녀의 손바닥은 위로 향하고 있었는데 이러한 자세는 종종 간청이나 요구와 관계가 있다. 즉 그녀는 자신의 사고의 내용과 말이 일치하지 않는 준언어로 의사소통하였다. 즉 그녀는 물론 남자친구에 대한 분노가 있었을 수 있으나 그럼에도 불구하고 오히려 남자친구가 자신을 받아주기를 강력히 원하고 있었다. 이러한 불일치의 문제는 후에 심리치료에서 중심적 이슈가 될 수 있으며 그녀의 내면에 적대적 의존감과 관련된 깊은 문제가 있음을 암시하는 것이다. 이처럼 사고내용과 말이 일치하지 않는 의사소통incongruent은 모든 초기상담에 있을 수 있으므로 상담자는 이 면에도 주의를 기울일 필요가 있다.

'상호동작학' 이라는 용어가 있다. 이는 인간 모두가 공유하고 있는 특정행동으로서 성행위, 양육행위 등을 의미한다. 상호동작학은 상담의 과정에서도 흔히 나타난다. 한 비디오에 나타난 상담 사례에서 경력 7년차인 상담자는 스포티한 옷차림을 하고 의자 뒤로 기대고 손에는 담배를 쥐고 있었고 젊은 여자 내담자는 불손한 자세로 담배를 피우며 앉아 있었다. 이들은 마치 수줍은 듯이 아주 작은 목소리로 이야기를 나누고 있었다. 이 경우에 상담자는 내담자와 남녀의 시시덕거림으로 여겨질 수 있는 위험스러운 상호작용을 하고 있는 것이다. 이러한 상황은 성적 전이를 유발할 수 있으며 이러한 상황을 상담자가 무의식적으로 시작하여 내담자가 그러한 반응을 보였다면 상담자는 내담자가 연극적 인격장애 성향이 있다고 잘못 생각할 수 있다. 때로 유혹적인 여성 내담자들은 머리를 치켜들고 가슴을 앞으로 내밀며 다리를 섹시하게 보이고자 노력할 수 있다. 또한 머리를 뒤로 쓸어넘긴다든지 담배를 피울 때, 기침시 입을 가릴 때 유혹적 자세를 보일 수 있다. 반면 남자들은 그의 남성다움을 표현하기 위해서 턱을 내밀고 반듯한 자세로 상대방 여성 가까이에 서는 행동 등이다. 이러한 유혹적 상호작용 외에도 또 다른 상호작용이 초기 상담에 있을 수 있다.

상담 과정 중에 가끔씩 아래만 쳐다보는 여자 내담자가 있다. 상담이 시작되자 이 내담자는 접어진 종이쪽지를 상담자에게 주며 그 쪽지를 읽어 달라고 하였다. 그러면서 이 내담자는 마이크를 더듬어 찾아서 옷깃에 마이크를 부착시키고자 애쓰고 있었다. 상담자는 그녀에게 도움이 필요한지 물어보았고 내담자는 상담자를 쳐다보지도 않은 채 계속 마이크만 끼우려고 하였다. 그러더니 조금 있다가 갑자기 그녀는 "예" 라고만 말하였다. 이에 상담자는 재빨리 마이크를 부착시켜 주었다. 이 장면에서 부모 상호작용parenting reciprocal이 엄마와 자녀 사이처럼 자연스럽게 나타난다. 이 내담자는 상대방을 조종하고 의존적인 모습의 성격 문제를 제시한다. 사실 상담을 더 진행함으로써 연극성 인격장애, 수동-공격성 인격장애, 의존성 인격장애 등과 같은 혼합된 장애가 나타날 수 있다. 이 내담자는 상담자의 주의를 얻기 위해 부모와 같은 모습을 유도해내는 완벽함을 보이고 있다. 이 내담자는 또한 비언어적 행위의 다른 양상인 자가접촉행위를 보이고 있다. 자가접촉행위는 자기신체 부위와 접촉하는 동작을 의미한다. 이러한 행동은 외모 가꾸기, 몸의 어떤 부분을 방어적으로 가리는 행위, 자기친밀감 등이다. 자기 친밀감은 상담동안 자주 볼 수 있는 특징으로서 턱 괴기, 뺨 괴기, 머리 감싸기, 입에 손대기, 자기 손을 꽉 잡고 앉아 있는 것, 얼굴을 무릎까지 당겨서 앉아 있는 모습, 팔로 다리를 감싸고 있는 모습들이다. 정신과의 심하게 퇴행된 내담자들은 태아처럼 웅크린 자세로 자신을 껴안고 있는 극단적 모습을 볼 수 있다.

이러한 동작들은 감각과도 깊은 관계가 있다. 자신의 뺨에 머리카락을 자꾸 가져다 대고는 자기 머리카락 냄새를 맡던 내담자의 행동은 내면의 불안을 전이시킨 것이었다. 이러한 행동들은 내담자가 불안하거나 정서적 고통이 있는 경우이며 상담자가 자각하여야 할 행위이다.

III. 결합을 위한 비언어적 행위

1. 자리배치와 공간

상담 자리배치는 중요하다. 상담시 너무 가까이 얼굴을 맞대고 앉는 것은 불편하다. 불편하기 때문에 어떤 사람들은 의자를 뒤로 밀쳐서 앉는다. 얼굴을 맞대고 정면으로 앉는 것은 상대방에 대한 직면을 강화한다. 반면 선호되는 자세는 시선접촉을 잘 하면서도 어색하지 않게 시선을 잘 피할 수 있는 자세이다. 그러나 가장 편안한 자세는 각 상담자에 따라 혹은 상담자-내담자에 따라 다를 수 있다. 각 상담자들은 내담자의 요구에 따라 자리를 바꿀 수 있으며 동시에 편안한 자세를 가지도록 노력해야만 한다.

두 사람이 서로를 마주보고 있을 때 두 사람의 시야가 겹쳐질 수 있다. 이러한 상황은 '당신은 거기에 있고 나는 여기에 있다' 라는 느낌을 강화시킨다. 이것은 '우리가 여기에 같이 있다' 라는 느낌을 가지게 만든다. 이렇게 해서 직면은 감소하고 서로 마음 나누기가 시작되게 된다. 서로 마음을 나눌 수 있도록 하기 위하여 의자 배치가 또한 중요하다. 어떤 상담자들은 책상에서 떨어져서 큰 의자 두 개만을 가지고 상담하는 것을 좋아하고 또 어떤 상담자들은 책상을 좀 창의적으로 이용하기도 하는데 일반적으로 내담자와 상담자 사이에 책상이 놓이는 것은 권위적 거리를 야기하기 때문에 적절하지가 않다. 반면 책상은 상담자와 내담자 사이의 한쪽 모서리에 놓여질 수 있다. 편집증이 있는 내담자의 경우에는 상담자와 거리를 두고 앉는 것을 선호하므로 책상이 하나의 보호막이 될 수 있다.

상담실을 설계할 때 편안하고 전문적 분위기가 되도록 주의를 기울여야만 한다. 개인 상담실은 상담자의 인격을 나타내고 내담자가 처음 대기실에서 기다리는 동안 그 방에 있는 장식 등에 의해 많은 영향을 받을 수 있다. 책장에 책이 있고 벽에 자격증이 걸려 있는 경우나 차분한 그림 등이 걸려 있는 것은 내담자를 안심시키고 내담자에게 즐거움을 주는 환경이 될 수 있다.

효율적인 대인관계를 하기 위한 공간적 거리를 반응영역이라 부른다. 상담자가 내담자 쪽으로 움직인다면 이 상담자는 내담자에게 두려움이나 불편함을 줄 수 있다. 반면 상담자가 내담자로부터 멀리 떨어지는 경우에는 상담자의 움직임이 내담자에게 별 영향을 미치지 못한다. 예를 들어 상담자가 내담자 쪽으로 몸을 굽히는 경우에는 중요한 순간에 의사소통을 강화할 수 있지만 반응영역 밖에서 한다면 내담자에게 별 영향을 미치지 못한다. 반응영역에서 다음 두 가지를 고려하는 것이 도움이 된다. 첫째, 편집증이 있는 내담자와는 공간적 거리를 멀리 하거나 보호벽으로서 책상을 이용하는 것이 도움이 된다. 상호작용이 원활하게 이루어지면 이 거리는 점점 좁혀지게 된다. 그러므로 반응 영역은 마음 나누기가 증가하거나 감소함에 따라 변화할 수 있다. 둘째, 우울증 내담자나 노인의 경우에는 집중력을 유지하기 위해서 일반적 거리보다 가까이 앉을 수 있다. 이는 주의력 부족이나 관심 부족 또는 인지기능 감소로 상황을 잘 파악하지 못하는 경우에 도움이 된다. 인지기능 검사를 실시할 때 위축된 내담자의 주의력을 집중시키기 위한 또 다른 방법은 좀더 크게 말하는 방법과 더 가까이 움직여가는 방법이 있다. 또한 피부접촉도 주의력을 증가시킬 수 있는 한 방법인데 예를 들어 내담자의 팔을 잡으면서 "지금 집중하시는 일이 어려우시다는 것을 압니다. 하지만 이 일은 매우 중요해요"라고 말할 수 있다. 그때 내담자는 고개를 들고 상담자를 바라볼 것이고 그 후 좀더 효율적인 결합이 이루어질 수 있을 것이다.

2. 의사소통 촉진 기법

비언어적 행위로서 시선 접촉, 미소, 손짓, 20도 정도 몸을 내담자 방향으로 기울이는 행동 등은 친밀 행위이다. 친밀 행위를 보이는 상담자는 그렇지 않은 상담자보다 훨씬 설득력이 있는 것으로 보인다. 친밀 행위 중 가장 흔한 것은 고개를 끄덕이는 것이다. 머리를 끄덕이는 것의 의미는 다음과 같다.

① 인식 끄덕임 : "예, 저는 아직도 듣고 있어요."
② 격려 끄덕임 : "예, 매우 훌륭하시군요."
③ 이해 끄덕임 : "예, OO님이 무슨 말씀을 하시는지 알겠어요."
④ 동의 끄덕임 : "예, 그렇게 할게요."
⑤ 사실 끄덕임 : "예, 그것이 맞아요."

상담자는 자신이 고개를 얼마나 끄덕이는지 알아야 한다. 숙련된 상담자는 상담 동안 여러 차례 머리를 끄덕이는 경향이 있다. 약 20% 정도의 상담자는 머리를 잘 끄덕이지 않는다. 어떤 경우 내담자의 반응을 보기 위해서 고의적으로 머리를 끄덕이는 것을 멈출 수도 있는데 이 경우 내담자가 하던 대화를 하지 않고 "무슨 문제가 있나요? 제가 말하는 것을 듣기 싫어하시는 것 같군요"라고 말할 수도 있다.

3. 경계형 또는 편집형 내담자와의 결합

대부분의 내담자에게는 효과적이던 일반적인 어떤 방법이 편집증의 경우에는 비효율적일 수 있다. 친밀한 동작을 너무 자주 하는 것 또한 이들에게는 방해가 될 수 있다. 편집증이 있는 내담자에게는 너무 자주 고개를 끄덕이는 일이나 제스처도 삼

가해야 한다.

4. 준언어에 대한 상담자의 인식

각 상담자들은 목소리의 톤과 크기, 말의 속도 등 각자 다른 특징을 가지고 있다. 상담자는 자신이 어떻게 말을 하고 있는지 자신을 살펴보아야만 한다. 자신이 어떠한지 아는 것은 중요한 일이며 자신의 자연스러운 스타일을 이해하는 것은 마음 나누기를 더 잘할 수 있도록 하거나 그것을 수정할 수 있도록 한다. 이러한 것들을 생각하면서 상담자는 좀더 부드럽게 천천히 말하는 것을 연습해야 한다. 상담자가 말을 빠르고 크게 하는 경우에는 이러한 어조를 감소시키는 것이 편집형이나 경계형 내담자들에게 도움이 된다. 또한 노인 내담자들과 이야기할 때 상담자들은 마치 아이들에게 이야기하듯이 무의식적으로 목소리를 크게 하는 경우가 많은데 이것은 오히려 문제를 초래하게 된다.

5. 상담자의 비언어적 지시

자신의 자연스러운 비언어적 양상을 인식하기 위해서 상담자는 매 순간 자신 앞에 거울이 있는 것처럼 생각하고 자신을 가시화시켜 보는 것이 필요하다. 이러한 가시화 연습은 매 순간 자신의 동작을 내담자가 자세히 보고있는 대상임을 깨닫게 된다. 비디오 녹화는 가시화 연습에 자신을 객관적으로 관찰할 수 있는 방법이 된다.

한 청소년기의 소년 내담자가 스스로 검진을 받기 위해 센터에 왔으며 그는 부모에게 연락하는 것을 원하지 않았다. 그는 처음 상담할 때 불안하게 움직이면서 며칠 전에 TV에서 본 암에 관한 다큐멘터리를 이야기하였다. 이 소년은 오른쪽 귀 뒤에 작은 혹이 하나 있었는데 그 혹이 악성이라고 믿고 있었고 이 사고는 더욱 강박적으로 변화해갔으며 이 사고가 심해져서 거의 망상적인 수준에까지 이르렀다. 말을 하다가 그는 "선생님은 저를 이해하지 못하시죠?"라고 물어서 상담자는 자신이 그 소년을 이해하려고 노력하고 있으며 이야기를 더 듣고 싶다고 말함으로써 소년을 안심시켰다. 일반적으로 이러한 반응은 내담자의 불안을 감소시키지만 이 소년에게는 도움이 되지 못한다. 상담자는 이 이야기를 하면서 자신의 얼굴에 나타난 메시지를 인식하지 못하고 있었다. 그는 소년이 암에 대해 이야기할 때마다 별로 중요하지 않다는 식으로 눈썹을 치켜올리거나 미간을 찌푸렸다. 당연히 내담자는 그 얼굴 표정을 자신의 이야기를 싫어하는 것으로 받아들였다. 이 소년은 몇 번 상담자를 만난 후에 상담자에게 왜 인상을 찌푸리는지 질문하였다. 그제서야 상담자는 자신이 실제로 인상을 찌푸리고 있음을 인식하였다.

상담자의 불안은 내담자에게 전달된다. 특히 내담자가 폭력적인 경우에는 주의를 해야만 하는데 상담자가 긴장을 하는 경우에 폭력적인 내담자는 더욱 긴장을 하고 흥분을 하게될 것이다. 편집증이 있는 내담자의 경우에도 상담자에게 매우 신경을 쓰고 있다. 한 편집증이 있는 내담자는 상담자가 머리를 긁적였을 때 왜 머리를 긁적이는지 질문했고 가려워서 그랬다고 상담자가 대답했을 때도 안심하지 못했다. 또한 상담 중에 흡연은 바람직하지 못하다. 프로이드 학파는 파이프를 물고 상담을 하기도 했지만 만일 내담자가 흡연을 싫어하는 경우라면 상담자에게 담배를 꺼달라고 요청하기는 어려울 것이다. 초기상담에서 상담자가 계속 기록을 하는 일도 상담자와 내담자의 주의를 분산시키는 일이 될 수 있으며 중요한 단서가 될 수 있는 내담자의 작은 행동이나 뉘앙스에는 주의를 기울이지 못하는 결과를 가져올 수 있다. 그러므로 초기 상담에서는 기록을 최소로 해야 하고 오히려 내담자와 적극적인 의사소통을 해야 한다.

6. 폭력적인 내담자를 침착하게 만들기

폭력성이 심해져 가는 내담자를 침착하게 가라앉히는 일은 아주 어려운 일이다. 상담자의 비언어적 행위는 폭력적인 내담자의 분노를 더욱 가중시킬 수 있다. 내담자의 공격성이 임박했음을 감지할 때 상담자는 이를 곧 제지해야 함을 깨닫게 된다. 순종의 신호를 보냄으로써 편집증 내담자나 술 취한 내담자의 위협을 감소시킬 수 있다. 그러나 어떤 경우에는 예방적 행동을 취하든 말든 상관없이 폭력이 일어날 수 있다. 대부분의 정신증을 보이는 내담자들은 폭력적이지는 않지만 정신분열병, 양극성장애, 편집형 장애 등의 정신증적 증상 때문에 공격성을 보일 수 있다. 특히 편집형 망상이 있는 내담자의 경우 자신이 두려움을 느낄 때 또는 분노가 있을 때 그 자신을 보호하기 위해서 극단적인 상황에 치닫게 될 수 있다. 이러한 내담자들은 그들의 생존을 위해 문자 그대로 투쟁하고 있다는 사실을 명심해야 한다.

약 30세 정도의 매우 긴장되어 보이는 여자 내담자가 강제로 응급실에 데려와졌다. 안전 요원들에게 연락을 해서 안전 요원들이 이 여자 내담자를 잘 감시하도록 하였다. 처음에 이 내담자는 가족과 조용히 있었으며 안정되는 듯이 보였다. 모든 것이 안정되자 상담자는 직원실로 가기 위해 등을 돌렸다. 그러자 순식간에 이 내담자는 분명한 이유도 없이 상담자의 목을 졸랐다. 이처럼 강제로 입원한 내담자를 사정하는 동안은 모든 순간에 주의를 기울여야만 한다. 자신의 자유를 빼앗기는 것보다 더 두려운 일은 없으므로 강제 입원한 내담자들에게는 폭력의 잠정적 위험이 있음을 항상 인식해야만 한다.

폭력 가능성이 있는 내담자에게는 조기 경고증상과 후기 경고증상이 있다. 조기 경고증상은 강직행동이 특징이다. 내담자는 화난 어조로 말이 빨라지고 "선생님이 잘난 사람이라고 생각하시죠, 그렇죠?"와 같은 말로 빈정거린다. 이러한 조기 경고증상이 뚜렷하게 나타날 때에는 내담자를 계속 관찰해야만 한다. 또한 조기 경고 증상은 불안해서 복도를 왔다갔다 하는 동작이나 강직된 동작으로 나타난다. 내담자가 의자에 앉기를 거절하는 경우에는 자리에 앉도록 부드럽게 요청하는 것이 바람직하다. "OO님이 여기에 앉으시면 이완하시는 데 도움이 될 것 같군요"나 "같이 앉아서 우리가 할 수 있는 일을 생각해 봅시다"와 같이 말할 수 있다. 이러한 말이 효과가 없는 경우에는 "서로 이야기 할 수 있도록 OO님이 여기에 앉기를 원합니다"와 같이 좀더 강하게 말할 수 있다. 즉, 내담자가 폭력의 가능성을 보이는 경우에는 반드시 적절한 단계를 취해야만 한다. 상담자가 폭력 가능성이 있는 내담자와 단 둘이만 있다는 것을 아무도 모르는 경우에는 누군가에게 현재 상황을 알려야 한다. 현재 방을 나가는 것이 그리 어려운 일이 아닐 수 있지만 10분 후에는 아주 어려운 일이 될 수가 있다.

폭력 가능성이 있는 내담자와 대화를 나누는 데 몇 가지 원칙이 있다.

1) 상담자는 무엇보다도 침착해야 한다.
2) 큰 목소리나 권위적인 태도는 피한다.
3) 손은 절대 올리지 말고 시선 접촉을 조금만 한다. 이는 내담자가 자신에 대한 공격으로 받아들일 수 있기 때문이다.
4) 상담자가 뒷짐을 지고 있는 경우도 피해야 하는데 이는 뒤에 무기를 감추고 있는 것으로 오해할 수 있기 때문이다.
5) 공간적 거리를 평소보다 더 멀리해야 한다. 먼 거리조차도 폭력성의 위험이 있는 내담자들은 자신의 공간이 침범 당하고 있다고 느낀다. 일반적으로 흥분된 내담자는 넓은 공간이 필요하다.
6) 신체 접촉을 하지 않는다. 폭력성이 증가하는 경우에 내담자의 손을 잡아주거나 껴안아 주는 상담자는 없을 것이다. 이러한 일은 내담자의 발길질이나 주먹질로 이어지게 되기 때문이다.
7) 또한 상담자가 잘 모르는 내담자와 방에 같이 있을 때에는 내담자가 문으로 가는 길을 막지 않으면서 상담자가 문 쪽에 앉는 것이 바람직하다. 이러한 배치는 내담자가 공격적으로 변하는 경우에 빨리 그 상황에서 벗어날 수 있도록 한다.

이러한 원리들을 따르면서 안전 요원을 배치하고 약물을 잘 사용하면 많은 폭력을 피하게 될 것이다. 또한 비언어적 의사소통을 잘 사용함으로써 내담자의 분노와 두려움을 적절히 완화시킬 수 있다. 내담자가 스스로를 통제할 수 있도록 돕는 것은 상담의 기술이라 할 수 있다.

C H A P T E R · 4

제 4 장

진단체계

제 4 장 진단체계

내담자 사정시 효율적인 치료 계획을 세울 수 있도록 자료를 체계적으로 잘 정리하는 일은 성공적 치료의 기본이 된다. 때때로 상담자는 내담자의 문제를 어떻게 처리해야 하는지 전혀 아이디어가 떠오르지 않는 경우가 있는데 이는 자료를 잘 정리하지 않아서 오는 문제일 수도 있다. 또한 자료를 잘 정리하지 않음으로 인해서 무시해도 될 미미한 정보를 강조하거나 강조해야 될 정보를 무시해 버리기도 한다. 다른 사람의 문제를 이해하기 위해서는 방대한 정보가 필요한 것이 아니라 정보를 어떻게 처리해야 하는지를 알아야만 한다.

어떤 상담자가 급성 정신증이 있는 내담자에게 항정신병 약물을 처방할 때 가족을 고려하지 않고 처방했다고 가정해보자. 만약 이 내담자의 가족이 약물이 별로 좋지 않다는 깊은 편견을 가지고 있다면 내담자가 가정에 돌아갔을 때 가족들은 내담자가 약을 복용하지 말도록 부추길 수 있다. 이처럼 치료계획에서 가족을 무시하게 되면 바람직하지 않은 결과를 가져올 수 있는 것은 충분히 예견할 수 있다.

이 장에서는 수집된 자료를 1) DSM-IV-TR에서 제시하는 진단 2) 자료에 대한 체계적이고 분석적인 관점을 고찰할 것이다.

I. DSM-IV-TR에서 제시하는 진단

1. 사 례

내담자 최OO님이 대기실에 앉아있을 때 나는 그녀를 처음 보았다. 그녀는 커다란 갈색 선글라스를 끼고 있었으며 얼굴은 둥글고 신체는 전반적으로 비만형이었다. 그녀는 낡은 티셔츠에 바지는 새 청바지를 입고 있었다. 최OO님을 상담했을 때 연상의 이완loose association, 사고차단thought blocking, 말의 억압pressured speech, 사고의 비약flight of ideas 등의 증상이나 환청이나 환시 등의 환각hallucination은 없었다. 그러나 그녀는 하룻동안 기분이 자주 바뀌고 기운이 없으며 성적 욕구가 없고 수면에도 어려움이 있다고 하였다. 그러나 이러한 증상이 2주 이상 지속되지는 않는다고 하였으며 조증mania이나 경조증hypomania의 증상을 보인 적도 없다고 하였다. 그러나 그녀는 자신이 남편으로부터 버림받는 것에 대한 공포가 있었다. 이 공포 때문에 남편이 집에 늦게 들어오는 일이나 먼저 잠자리에 드는 일에 심하게 화를 내고 모든 중요한 결정은 남편이 해주길 바라고 점점 의존적으로 변하여 갔다. 또한 그녀는 부모와 갈등이 있고 두 살 위의 언니는 행복한 결혼생활을 한다고 하였다. 그녀는 두꺼운 가죽벨트를 하고 있었는데 그 위에는 '박XX' 라고 이름이 새겨 있었다. 그 이름에 대해 물었을 때 내담자는 본인의 이름이라고 대답하였는데 이는 환각 속에서 자신에 대한 가상의 정체성이 형성되어 있는 것으로서 '박XX' 라고 하는 자신에 대해 눈물을 흘리면서 말하였다.

2. DSM-IV-TR에 따른 진단

내담자에게 내려진 진단은 내담자를 보다 더 효율적으로 도울 수 있는 방법을 알도록 해주며 내담자의 예후나 치료방법에 대한 지침이 된다. 즉, 진단은 어떤 약물을 써야 하는지 결정하는 데 있어 중요한데 예를 들면 주요 우울증major depression에는 흔히 항우울제를 사용하고 조증기의 양극성장애bipolar disorder에는 리튬lithium, 항정신병약물antipsychotics, 카바마제핀carbamazepine, 항경련제antipsychotics와 같은 약물이 사용된다. 또한 경한 주요 우울장애에는 인지심리치료를 비롯하여 행동치료 그리고 다양한 상담을 하게 된다.

진단이란 곧 '이름 붙이기labeling' 이다. '이름 붙이기' 는 자칫 남용이 될 수 있다. 즉 잘못하면 비슷한 증상을 보이는 경우 이를 모두 똑같은 이름을 붙일 수 있다. 이처럼 붙여진 이름은 내담자에 대한 구체적인 지식이나 많은 정보를 제공하지는 못하며 어떤 특성만을 제공할 뿐임을 알아야 한다. 진단은 또한 내담자의 경과에 따라 재검토되어야 한다. 또한 내담자의 문화적 특성과 가족 특성을 고려하여 관련된 가능한 모든 진단을 고려해보는 것이 바람직하다.

내담자에게 자신의 진단명을 물어본 후 내담자가 "정신분열병" 이라고 답하면 내담자에게 "그 진단에 대해 무엇을 아십니까?" 또는 "그 진단이 맞다고 생각하십니까?" 와 같은 질문을 통하여 내담자가 자신에 대해 가지고 있는 생각과 지적인 수준, 과거에 받은 치료에 대해 알 수 있게 된다.

3. 진단 축

정신과 진단은 다음의 다섯가지 축으로 내려진다.

Axis Ⅰ : 주요 임상 문제
Axis Ⅱ : 인격장애 및 발달장애
Axis Ⅲ : 신체적 장애
Axis Ⅳ : 심리사회적 문제
Axis Ⅴ : 전반적 기능 수준

1) Axis Ⅰ

Axis Ⅰ에는 다음 장애들이 포함된다.

① 기분장애
② 정신분열병과 관련장애
③ 불안장애
④ 인지장애
⑤ 알코올 및 약물 남용 문제
⑥ 신체형 장애
⑦ 적응장애
⑧ 기타장애
⑨ 장애가 없음
⑩ 브이코드

진단을 내릴 때에는 일차적으로 위의 범주 내에 해당하는 진단을 생각해보고 이차적으로는 그 범주 내에서 좀더 구체적인 진단을 생각할 수 있다. 즉, 기분장애가 의심된다면 기분장애 중의 어떤 진단에 해당되는지 알기 위하여 주요 우울장애major depression나 양극성장애bipolar disorder, 기분부전장애dysthymia, 변조성순환장애cyclothymia, 비전형적 우울장애atypical depression와 같은 구체적인 진단을 충족시키는 사항들을 파악해보아야 한다. 진단을 내리기 위해 내담자에 대해 좀더 깊이 탐색하는 과정은 상담의 중간 단계에서 일어난다. 앞의 아홉 번째 '장애가 없음' 이라는 진단을 내리는 경우를 생각해보자. 보통 의료인은 내담자를 건강한 시각에서 바라보는 것이 아닌 병리적 문제가 있는 사람으로만 바라보는 편협한 시각을 가지고 있다. 열 번째의 브이코드에는 정신 질환에 해당하지 않는 학업 문제, 직장 문제, 사별의 문제, 치료 불이행, 부부문제, 자녀문제 등이 해당된다. 이러한 문제는 임상적 치료의 주요 관심은 아닐지라도 내담자의 진단에 많은 영향을 미치는 요인들이므로 진단을 내릴 때 고려되어야만 한다.

2) Axis II

Axis II에는 인격장애와 발달장애가 해당된다. 많은 정신 건강의 문제들은 인격의 문제와 관계가 있고 내담자의 인격은 치료의 과정에도 영향을 미친다. 인격장애 진단을 내리기 위해서 우선 청소년기 이후의 대인관계에 대해서 질문하고 대인관계 장애가 있는 경우에 다음의 인격장애 범주 중 구체적으로 어떤 범주에 해당하는지를 생각하면서 질문을 해 나가야 한다.

① 편집형 인격장애
② 분열성 인격장애
③ 분열형 인격장애
④ 연극성 인격장애
⑤ 자기애성 인격장애
⑥ 반사회성 인격장애
⑦ 경계선 인격장애
⑧ 회피성 인격장애
⑨ 의존성 인격장애
⑩ 강박성 인격장애
⑪ 수동-공격성 인격장애
⑫ 특별히 구분되지 않는 인격장애

많은 경우 내담자들은 인격장애 진단을 확실히 내릴 수 있도록 하는 병리적 증상을 보이지 않는다. 대부분의 내담자들은 미약한 정도로만 이러한 증상을 보일 뿐이다. 이러한 경우에는 굳이 축 II에 진단을 쓰지 않아도 "내담자가 편집증과 연극적인 경향이 있다"라고 간단히 기술할 수 있다.

인격적 특성외에 축 II에는 내담자가 뚜렷하게 사용하는 방어기전을 써줄 수 있는데 예를 들어 합리화rationalization나 주지화intellectuallization와 같이 일반적으로 나타나는 방어기제외에 부정denial, 투사projection, 분리splitting 같은 좀더 심각한 방어기전들이 나타날 수 있다.

발달장애에 해당하는 정신지체는 읽기 영역이나 언어 영역의 장애를 보이며 소아자폐증도 Axis II에 해당한다.

3) Axis III

Axis III에는 신체적 문제를 기록한다. 정신과 내담자의 진단 축에 신체적 문제를 포함하는 것은 내담자에 대한 전인적 접근이라 할 수 있다. 심리적 문제가 오랫동안 지속되어 온 내담자들은 신체적 건강 문제를 가지는 경우가 많고 그렇지 않더라도 내분비 질환이나 암과 같은 신체적 문제가 나타나는 경우 심리적 장애가 동반되는 경우가 흔하다. 내담자에 대한 초기사정에서 과거의 병력을 조사하는 것은 필수적인 부분이며 질병이 아닌 사소한 신체적 문제라 할지라도 이와 관련된 심리적 문제가 나타날 수 있음을 인식해야 한다.

4) Axis IV

이 축은 내담자의 스트레스에 대한 조사로서 내담자와 환경간의 상호작용을 살펴보는 것이다. 종종 상담자는 내담자의 진단에만 치우쳐 내담자가 가지고 있는 현실적인 문제에는 관심을 기울이지 못할 수 있다. 내담자가 실직을 하고 경제적 어려움 때문에 집세를 내지 못하는 문제는 내담자에게는 아주 중요한 삶의 문제이다. 그러므로 이 문제를 알게된 상담자는 내담자가 도움을 받을 수 있도록 내담자의 경제적 문제를 사회복지사에게 의뢰할 수 있다. 또한 이 축에서는 내담자가 어떤 종류의 위기에 직면하고 있는지 파악할 수 있다. "최근에 어떤 종류의 스트레스를 받고 계십니까?" 나 "다른 날이 아닌 오늘 꼭 여기에 오셔야만 하는 급한 문제가 있으셨습니까?" 와 같은 질문을 함으로써 내담자가 직면하고 있는 스트레스와 위기를 파악할 수 있다.

5) Axis V

이 수준에서는 내담자의 전반적 기능 수준에 대한 평가로서 가프점수GAF Score를 사용한다. 과거 내담자가 보인 가장 높은 기능 수준은 내담자의 궁극적인 결과를 예측할 수 있도록 한다. 또한 이 축은 내담자의 현실적인 적응기술과 대처기술을 알도록 한다. "지난해 두 달 정도 가장 잘 지냈던 때는 언제입니까?" "지난 해 동안 다시 살아보고 싶은 달이 있다면 언제입니까?"와 같은 질문을 함으로써 축 V를 알 수 있으며 내담자의 대처기술을 파악하기 위해서 다음의 질문을 사용할 수 있다.

① 당신이 잘 지내실 때 스트레스를 해소하기 위해서 무엇을 하셨습니까?
② 여가시간에 가장 즐겨하는 일은 무엇입니까?
③ 중요한 일을 결정할 때 어떻게 하십니까?
④ 취미는 무엇입니까?
⑤ 당신의 문제를 같이 나눌 수 있는 사람은 얼마나 됩니까?
⑥ 운동을 좋아하십니까?
⑦ 독서나 미술을 좋아하십니까?
⑧ 일기를 쓰십니까?
⑨ 당신이 가진 뛰어난 재주나 기술은 무엇입니까?

이러한 질문은 위기에 있는 내담자의 대처기술을 파악할 수 있게 한다. 예를들면 이러한 질문을 통해서 내담자가 과거에 자신의 문제를 정리하기 위한 방법으로서 일기를 썼다는 것을 알 수 있게 하며 상담자는 현재 위기에 내담자가 대처할 수 있도록 하기 위해서 일기를 쓰도록 격려할 수 있다.

이 축의 두 번째는 내담자의 전반적 기능 수준에 대한 사정으로서 내담자가 자신의 증상으로 인해 일상활동에 어느 정도의 영향을 받는지 알 수 있도록 한다. 이 면을 알아볼 때는 특정 사건을 예로 들어서 질문을 하는 것이 바람직하다. 만일 입원을 원하지 않는 급성 정신증acute psychosis 내담자에게 "당신을 괴롭히는 목소리가 들립니까?"라고 물었을 때 내담자는 "가끔씩요"라고 간단히 답해 버릴 것이다. 그러므로 구체적 사건을 활용하여 질문을 하면 다음의 예처럼 대화가 계속 진행되어 갈 수 있다.

간호사 : 지난 이틀동안 하루에 몇 번 정도 목소리가 들렸습니까? 수백 번입니까 아니면 수십 번입니까?

내담자 : (잠시 멈춘 후) 아마 하루에 한 50번 정도예요.

간호사 : 그 목소리가 뭐라고 말하나요?

내담자 : (잠시 멈춘 후) 제가 흉하게 생겼다고 해요.

간호사 : 그런 소리를 들었을 때 어떤가요?

내담자 : 상처를 받죠. 하지만 그 목소리들을 생각하지 않으려고 해요.

간호사 : 목소리들이 계속 들립니까?

내담자 : 예.

간호사 : 정확하게 뭐라고 말하죠?

이처럼 하루에 몇 번 정도 환청이 들리는지에 대한 질문을 함으로써 환청 때문에 내담자가 자주 환청을 듣고 그 환청 때문에 괴로워한다는 것을 알게되었다.

4. 진단 내리기

앞에서 제시한 내담자 최OO님에 대한 사례를 가지고 진단을 내려보자. 진단을 내릴 때는 먼저 각 축에 따라 자료를 체계화해야 한다. 또한 내려진 진단에 대한 치료 방법에는 무엇이 있는지 스스로에게 질문해본다. 내담자 최OO님의 사례는 몇 가지 진단을 생각해보게 한다.

Axis I에서 일단 그녀의 장애는 일종의 기분 장애임을 알 수 있다. 기분 장애 중에서 주요 우울장애major depression의 기준에는 적합하지 않으며 오히려 기분부전장애dysthymia에 가까움을 알 수 있다. 기분 부전 장애 치료에는 항우울제와 행동요법, 다양한 심리치료가 이용될 수 있다.

Axis II에서 내담자가 혼자 남게되는 것에 대한 공포와 자신이 버림받는 것에 대한 두려움은 경계선 인격장애나 의존성 인격장애를 의미한다. 의존성 인격 장애 진단은 내담자가 상담자에게 매우 의존할 수 있다는 점을 제시하며 동시에 경계선 인격 장애는 내담자를 경험이 없는 초보 상담자가 담당하지 않도록 할 것을 제시한다. 축 II와 관련하여 이 내담자에게 연극성 인격이나 정신 분열성 인격, 반사회성 인격이 있는지 지속적인 상담 과정에서 파악할 수 있다.

Axis III에서 내담자 최OO님의 우울증은 기질적인 원인일 가능성이 있으므로 이와 관련된 검사를 해볼 것이 제시된다. 내담자에게 경련장애seizure disorde가 있으면 EEG 검사를 해야하고 월경 전에 경련이 악화된다면 월경 전 경련을 완화시키기 위한 약물과 월경 전에 있는 높은 불안을 완화시키기 위한 항불안제 사용을 제시한다.

Axis IV에서는 앞으로 있을 수 있는 부부간의 갈등을 다룰 수 있다. 많은 사람들에게 결혼 생활은 스트레스의 원인이 될 수 있으므로 내담자가 현재 가지고 있는 우울증과 인격장애의 문제들로 인해서 더 커질 수 있는 문제들이 포함되어야 한다.

Axis V에서는 내담자가 지난해 가장 잘 지냈던 두 달에 대한 뚜렷한 서술이 없음을 볼 때 상담자는 이 내담자에 대한 기능 수준을 잘 사정하지 못하고 있음을 알 수 있다. 과거의 기능 수준을 파악하는 것은 현재 내담자가 더 좋아지는지 더 나빠지는지를 파악할 수 있는 근거가 되며 또한 치료 목표를 정하는 근거가 될 수 있기 때문에 중요하다.

II. 자료에 대한 체계적이고 분석적인 관점

체계분석은 초기 상담에서 사정한 자료를 조직화하고 활용하는 방법을 제공하며 각 체계는 중재를 위한 단서들을 제공한다. 체계분석에서는 인간을 7개 영역으로 구분하여 파악하는데 1. 생리적 체계 2. 심리적 체계 3. 대인관계 체계 4. 가족 체계 5. 집단체계 6. 사회 체계 7. 존재적 체계이다. 이 체계는 내담자의 자료를 조직화하고 내담자가 가진 문제 목록을 알 수 있는 방법이 되며 내담자를 좀더 잘 알 수 있는 길잡이가 된다.

1. 생리적 체계

이 체계는 DSM-IV-TR의 Axis III와 비슷하다. 상담자는 내담자가 신체적 질병이 있는지 사정하고 그 질병에 대해서 어떤 중재가 필요한지를 파악한다. 신체적 질병을 사정하기 위해서 소변이나 혈액검사, PET 촬영, 뇌파검사, 심전도 검사 등이 이루어진다. 정신과 영역에서 생리적 중재에는 항우울제, 항정신병 약물 등의 약물 치료와 이완요법, 명상요법, 전기 충격 요법 등이 있다.

2. 심리적 체계

심리적 체계는 DSM-IV-TR의 축 II와 비슷하며 이 체계에서는 내담자를 진단을 내리기 위한 존재라기보다는 인간적인 맥락에서 내담자를 이해하고자 하는 것이다. 내담자 최OO님의 경우 1) 자신이 버림받는 것에 대한 공포 2) 분노조절의 문제 3) 부정적 자아개념 4) 자살 5) 정체성의 문제들을 규명할 수 있으며 이 규명된 문제들을 자세히 기술함으로써 바람직한 치료 방법을 선택할 수 있다. 예를 들어 분노조절의 문제는 행동 수정 기법을 이용할 수 있으며 부정적인 자아개념과 정체성의 문제는 심리치료를 이용할 수 있다.

3. 대인관계 체계

이 영역에서는 내담자가 적절한 언어기술과 사회기술을 가지고 원만한 대인관계를 하는지를 사정한다. 자신의 망상을 다른 사람과 이야기하고 괴상한 행동을 하며 정신분열병 내담자는 사회 기술 훈련을 통해 도움을 받을 수 있다. 내담자 최OO님의 경우 분노를 참지 못하고 충동적으로 발산하는 경우에는 자기주장 훈련을 함으로써 분노를 적절하게 말로 표현할 수 있도록 도울 것이다. 이 체계에서는 또한 내담자의 외모에 주의를 기울이는데 적절한 외모는 원만한 대인관계의 기본적 요소가 되기 때문이다. 내담자 최OO님의 경우에 커다란 갈색의 선글라스를 끼고 비만인 체형에 낡은 티셔츠를 입은 외모는 첫 번째 상담에서부터 그녀가 뭔가 문제가 있다고 느끼도록 만든다. 내담자는 자신의 외모가 상대방에게 주는 의미를 인식하지 못하고 있으므로 사회기술 훈련이 어느 정도 도움이 될 것이다. 이 내담자의 경우 대인관계의 문제는 비단 타인에게만 해당되는 문제가 아닌 그녀의 남편과 가족간의 관계에 영향을 미치는 요인이 되는 것이다.

4. 가족 체계

내담자의 가족 체계를 고려하지 않고 내담자의 문제를 규명하는 것은 반쪽짜리 그림을 보는 것과도 같다. 또한 내담자 가족의 요구와 의견을 고려하지 않고 치료계획을 세우는 것도 치료의 실패를 자초하는 일이 될 수 있다. 상담자가 인정을 하든 하지 않든 내담자의 가족은 모든 상담의 과정 속에 존재하고 내담자의 행동에 영향을 미치는 결정적인 힘을 가지고 있다. 따라서 상담자는 항상 내담자의 가족을 사정하여야 하며 필요한 경우에는 가족 치료를 의뢰해야 한다.

상담실에 내담자가 가족과 같이 오는 경우에는 상담자가 직접 내담자와 가족의 상호작용을 관찰할 수 있다. 그러나 내담자가 혼자 오는 경우에는 부드럽게 질문을 해나감으로써 가족에 대한 정보들을 얻을 수 있다. 심각한 부부문제로 인해서 상담을 받으러 온 한 젊은 여성이 있었다. 상담 초반에 그녀는 그녀의 어머니가 자신에게 신경을 쓰지 않는 것에 대해 불평을 하였다. 그러나 상담의 후반부에 그녀는 최근에 어머니 집으로 이사해왔다고 하였다. 어머니에 대해 불만을 가지고 있으면서 부부간의 갈등이 심해지자 다시 어머니 집으로 이사해 온 사실은 모녀간의 부적절한 애착문제를 의미하는 것으로서 이는 추후 치료에서 다루어져야 할 문제를 의미한다. 다음 질문들을 함으로써 가족간의 관계를 사정할 수 있다.

① 당신의 가족들은 휴일을 어떻게 보냅니까?
② 당신의 형제 자매가 좋아하는 활동은 무엇입니까?
③ 형제들은 어떻게 생겼습니까?
④ 가족 중 누구하고 비밀을 이야기합니까?
⑤ 가족 중 누가 주로 문제에 대해 결정을 합니까?
⑥ 당신은 가족 중 누구와 가장 많이 닮았습니까?
⑦ 부모님은 주로 무슨 일로 다투십니까?
⑧ 당신은 동생과 같은 학교에 다녔습니까?
⑨ 동생과 같이 방을 쓰셨습니까?

DSM-IV-TR에서는 축 IV의 스트레스 부분을 제외하고는 가족의 문제가 강조되지 않는다. 지속적으로 상담을 한 결과 내담자 최OO님의 경우에 남편과의 결혼을 결심하면서 가족간의 갈등이 더 심해졌고 어린시절 아버지가 집을 나가면서 어머니로부터 학대를 받았던 점을 알 수 있었다. 이러한 가족의 문제들은 내담자에게 깊은 상처를 남겼고 상담자는 이 사례를 보면서 내담자의 가족에 대한 사정과 치료의 중요성을 다시 한번 깨닫게 된다.

5. 집단 체계

이 체계는 내담자의 가족 이외 직장이나 친구간의 관계를 나타내는 영역이다. 이 영역에 대해 사정하면서 상담자는 내담자의 가치와 문화를 반영하는 술집이나 이념 집단과 같은 하위집단을 파악할 수 있다. 치료를 받고 있는 알코올 중독 내담자가 옛날 술 친구를 만나기 위해 다시 술집에 간다면 치료목표를 달성하지 못한 일이 된다. 그러므로 상담자는 내담자의 상담계획에 반드시 내담자의 하위 문화를 포함해야만 한다. 내담자 최OO님의 경우 집단 체계에 대한 언급이 별로 없다. 자신의 이야기를 나눌 수 있는 친구가 없다는 사실은 인간관계의 문제를 의미하는 것일 수도 있으며 외부 활동에 개입하지 않는 사회적 고립을 의미하는 것일 수도 있다. 내담자의 진단 체계의 문제를 파악한 후에는 내담자에게 집단상담을 받게 하거나 행동 수정 치료를 병행하면서 자원 봉사 활동 등을 하도록 할 수 있다.

6. 사회적 체계

이 체계는 내담자가 사회, 경제, 정치 체계의 한 부분으로서 지역사회 구성원으로서 살아가는 양상을 파악하는 것이다. 지역사회 구성원으로서의 내담자는 그 지역의 정치, 문화에 영향을 받는다. 따라서 상담자는 내담자의 경제, 주거, 영양, 지역사회 시설 이용 등에 대해 살펴보아야 한다. 상담자는 내담자가 추후관리를 받을 수 있는 기관이 내담자가 거주하는 지역사회내에 있는지 알아야 한다. 예를 들어 내담자에게 사회기술 훈련을 받을 것을 권하였는데 그 지역사회에 사회기술 훈련을 하는 기관이 없다면 이는 그림의 떡과 같은 것이다. 정신과 문제와 관련하여 낮병원이 그 지역사회에 있는지, 우울증 내담자를 위한 지지 모임이 열리는지, 알코올 중독자들을 위한 자조집단이 있는지 등에 대해 알아야 한다.

7. 존재적 체계

이 체계는 내담자가 가지는 종교적 신념, 철학적 가치관, 윤리적 기준 등을 나타내는 부분이다. 때때로 내담자가 보이는 증상은 이러한 실존적 의미와 관련이 있을 수 있다. 종교적 신념에 따른 충성이나 지역사회 활동, 가족을 돌보는 일에 대한 내담자의 의미를 발견하는 것은 중요한 일이다. 이 체계에서 얻어진 정보는 내담자의 개인적이고 실존적인 문제를 발견하고 심리치료의 필요성을 알도록 하거나 필요한 경우 성직자와의 상담의 필요성을 제시하기도 한다.

이 장에서는 상담에서 얻은 자료를 효과적으로 조직화하는 방법을 살펴보았다. 자료를 효과적으로 조직화하는 것은 궁극적으로 이러한 자료를 유용하게 사용할 수 있도록 한다. 내담자를 사정하는 이유는 적절한 치료 계획을 세우는 데 있다. 적절한 치료 계획은 내담자를 얼마나 정확하게 이해하는가에 달려있으며 내담자에 대한 정확한 이해는 얼마나 민감하게 자료를 수집하고 그 자료를 조직화하는가에 달려있다. 마치 자료들이 그들 자신에 대해 이야기하고 있는 것처럼 말이다.

CHAPTER · 5

제 5 장

기분장애에 대한 이해

제 5 장
기분장애에 대한 이해

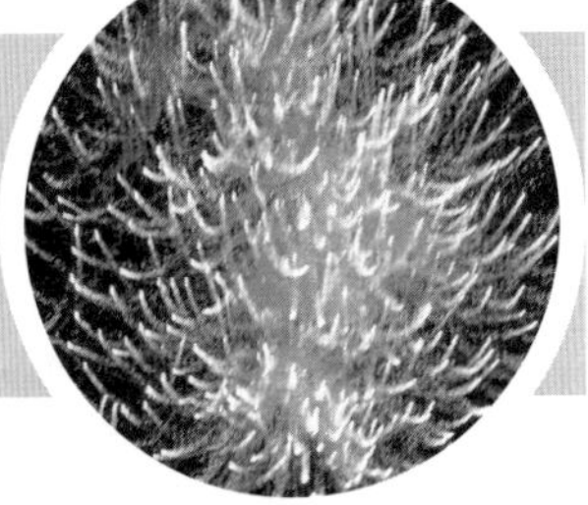

기분이란 '지속적인 감정의 상태' 를 일컫는 말이며 우울한 기분이나 기쁘거나 즐거운 기분이 상황에 맞지 않게 병리적으로 지속되는 것을 기분장애라고 한다. 기분장애에는 우울증, 조증, 우울증과 조증이 번갈아 나타나는 양극성장애가 있다. 기분장애의 유병률은 2~25%로 보고되고 있다. 주요 우울장애는 성인에게 흔한 정신과 장애이며 남성보다 여성에게 발병률이 더 높고 40대에 가장 많이 발생한다.

기분장애가 유발되는 원인으로는 생물학적 원인과 사회심리적 원인이 있다. 생물학적 원인으로는 신경전달 물질의 장애를 우선적으로 들고 있는데 우울증의 경우에 생체 아민 중 노어에프네피린과 세로토닌, 도파민 장애가 원인이 되고 있다. 사회심리적 원인으로는 다양한 이론들이 제시되고 있는데 '죽음' 이나 '상실' , 바람직하지 않은 사건의 경험, 심한 스트레스와 같은 환경 및 생활 사건이 우울증의 발병에 영향을 미친다. 정신 역동 이론에서는 어린 시절 부모와 사별이나 이별을 경험한 후에 상실로 인한 분노와 죄책감, 무력감, 고립감 등을 경험하고 적개심이 결국은 자신의 내면으로 향하게 되어 우울증이 유발된다고 설명한다. 행동이론에서는 탈출이 불가능한 상황에서 계속 고통을 당하게 되면 인간은 포기상태에 다다르게 되고 이는 곧 학습된 무력상태로서의 우울증이 유발된다고 하였다. 인지이론에서는 생활에 대한 부정적인 평가나 세계에 대한 비관적 인식과 부정적 해석이 우울증의 원인이라고 가정한다.

우울증은 경한 우울증과 심한 우울증으로 구분하여 볼 수 있다. 경한 우울증은 우울하고 슬픈 느낌이 있으며 매사에 자신감이 없으며 삶의 즐거움이나 의욕이 없고 피곤해하고 일하기를 싫어하며 혼자만 있고 싶어 한다. 미래에 대한 불안과 걱정이 많고 우유부단하여 의사결정을 쉽게 하지 못한다. 신체적인 증상 또한 나타나게 되는데 식욕이 없고 소화가 잘 되지 않으며 변비 등이 나타나기도 한다. 그 결과 체중이 감소하고 숙면을 취하지 못하며 신체적으로 쇠약해지고 자신의 신체적인 문제에 대해 과도하게 불안해할 수 있다.

심한 우울증의 경우에는 경한 우울증의 증상들이 훨씬 더 심각하게 나타난다. 이미 표정에서부터 우울증의 증상이 나타나는데 무표정하고 고개를 숙이고 몸을 구부려 아래만 내려다보고 있는 모습을 보이며 사고 진행이 원활하지 않아 질문에도 낮은 목소리의 단음절로 간단하게 답을 한다. 사고와 행동이 느려지는 지연성 우울과 불안과 걱정, 긴장, 초조감 등이 지속되는 격정성 우울이 있다. 자살은 우울증에서 나타나는 가장 심각한 문제 중 하나인데 심한 우울증에서 회복될 때 가장 자주 발생하므로 우울증의 회복기에 특히 주의를 요한다.

우울증은 1회만 나타날 수도 있고 주기적으로 재발되기도 한다. 우울증이 처음 발병한 경우는 대부분 3~6개월 동안 지속된다. 우울증은 여러 가지 양상으로 나타나는데 먼저 멜랑콜리아 양상은 즐거운 일에도 즐거운 반응을 보이지 못하고 쾌락을 느끼지 못하며 심한 체중감소와 식욕감퇴를 보인다. 또한 오전에 기분이 더욱 우울하고 새벽에 일찍 잠에서 깨는 증상이 나타난다. 정신병적 양상은 우울망상이 특징적으로 나타나고 의심과 피해의식, 편집증이 나타나며 무가치감, 죄책감, 자기비난 등이 나타난다. 환각은 나타날 수 있으나 그리 심하지는 않다. 사회적 위축이 보이고 때로는 기억 장애가 나타나고 자살이 나타난다. 비전형적 양상은 기쁜 일이 있으면 기분이 쉽게 밝아지고 과식, 과수면이 나타나며 대인관계에서 상대방이 자신을 거부하는 것에 매우 민감한 반응을 보인다. 긴장성 양상은 감정이 둔마되고 퇴행이 심하게 나타나며 거부증, 함구증, 괴상한 자세, 찡그린 표정, 납굴증, 강경증 등이 나타난다. 또한 산후 우울증이 있는데 이는 출산 후 4주 이내에 발병하는 우울증을 의미한다. 가면우울증은 우울한 기분이 활발한 행동에 의해서 감추어지는 것을 의미하는데 연령에 따라 증상이 다르게 나타난다. 예를 들어 소아기에는 이별불안, 학교공포증, 과잉행동 등으로 나타나고 청소년기에는 반사회적 행동, 가출, 무단결석, 약물 및 알코올 남용 등이 나타난다. 성인의 경우 약물 남용, 알코올 중독, 도박, 정신신체 장애도 우울증의 한 표현이라고 할 수 있다.

양극성장애 I형은 조증과 우울증이 교대로 나타나는 경우 혹은 조증이 반복적으로 나타나는 장애이다. 진단을 위해서는 기분장애가 최소 1주일 이상 지속되어야 하며 반복형인 경우에는 조증 삽화간 간격이 최소 2개월이라야 한다. 양극성장애 II형은 우울증과 경조증이 교대로 나타나는 경우이며 I형 양극성장애보다 젊은 연령에 발생하고 자살 위험도 더 크고 질병의 경과도 보통 만성적이다.

기분부전장애는 경한 우울 증상이 2년 이상 지속되고 조증은 나타나지 않는 경우이다. 증상으로는 죄책감, 과민함, 분노, 사회적 위축, 흥미의 상실, 식사와 수면장애, 활동 감소, 사회생활 장애, 의욕 상실 등의 증상과 낮은 자존감, 무쾌감증 등이 주요 우울장애보다 약하게 나타난다.

순환성 장애는 양극성장애 II형의 경한 상태로서 경조증과 경한 우울증이 교대로 나타나는 경우이다. 대부분 15~25세의 젊은 연령층에서 발생하며 여자가 남자보다 3 대 2로 많이 발병하고 일반인구의 평생 유병률은 1%이다.

우울증과 조증 모두 약물치료가 우선적인 치료 방법이 된다. 주요 우울장애의 경우에는 삼환계 약물 단독으로도 70% 이상의 경우에서 효과를 보이며 삼환계 약물이 효과가 없는 경우에는 선택적 세로토닌 재흡수 차단제나 항산화억제재들을 사용한다. 삼환계 항우울제의 가장 흔하고 먼저 나타나는 부작용은 진정, 구갈, 변비, 소변장애, 시력장애 등 항콜린성 부작용과 기립성 저혈압이다. 그러므로 녹내장이나 전립선 비대, 내담자 등에게는 사용을 금하고 노인의 경우에는 특히 혈압에 주의를 기울인다. 선택적 세로토닌 재흡수 차단제는 삼환계 약물에서 문제가 되는 항콜린성 부작용과 기립성 저혈압, 체중 증가, 심장 독성이 거의 나타나지 않는다. 그러나 세로토닌 증후군으로서 위장관계 문제인 오심, 구토, 설사, 복통 등이 일어날 수 있다. 그 외 중추신경계 부작용으로 불면, 초조, 두통, 진전, 발한이 나타날 수 있으며 성욕이 감퇴할 수 있다.

조증은 리튬과 할돌로 치료한다. 리튬은 특히 조증과 양극성장애에 선택적으로 이용한다. 리튬은 혈액 내에서 적정 농도에 도달할 때까지 5~7일 정도의 시간이 걸리므로 우선은 항정신병 약물로 조증의 증상을 완화하고 증상이 완화된 후 항정신병 약물을 감소시켜 나간다. 리튬의 부작용은 50%에서 다뇨증과 다갈증이 나타나며 손의 떨림과 오심, 구토, 복통 등의 소화기계 장애와 피부발진 및 부종, 체중증가 등이 나타난다. 리튬의 혈액 내 수준이 1.5mEq/L 이상인 경우 리튬 독성이 나타나는데 이 경우 복통, 구토, 설사, 진전, 운동실조가 나타나고 심하면 의식장애, 경련 등이 일어날 수도 있다. 이 경우에는 투약을 중단하고 수액을 공급하고 전해질을 유지하며 심한 경우 위세척과 혈액투석을 하게된다.

그외에도 카바마제핀cabamazepine, 발포릭산valporic acid, 클로나제팜clonazepam, 칼슘길항제calcium channel antagonist 등이 항우울제로서 이용되고 있다. 카바마제핀과 발포릭산은 항경련제이나 기분 안정제로서 널리 사용되기도 하는 약물이다. 카바마제핀의 항조증 효과는 리튬과 대등하며 효과가 나타나기까지는 1~7일 걸린다. 발포릭산은 양극성장애의 조증과 우울증 치료에 모두 유효하다. 현재 임상에서는 리튬이 효과가 없다고 생각되는 사람에게 주로 사용하고 있으며 뇌파에 이상이 있는 사람에게도 우선적으로 사용되고 있다. 일반적으로 안전한 약물로 평가받고 있으나 가장 흔한 부작용은 위장관계 부작용이고 오심, 구토, 설사 등이며 부작용을 줄이기 위해서는 약물의 용량을 서서히 증량하거나 음식과 같이 복용하도록 한다.

약물치료이외에도 정신 분석적 정신치료와 인지치료, 대인관계치료, 가족치료 등이 이용된다. 정신 분석적 정신치료에서 너무 자주 내담자를 상담하거나 너무 깊게 들어가면 내담자의 죄책감과 수치심을 가중시킬 수 있으므로 치료기간을 비교적 짧게 하고 안전하고 지지적인 분위기 속에서 내담자의 문제를 다루어 나간다. 내담자에게는 분노가 억압되어 있으므로 치료자는 내담자의 분노를 유발하는 사건을 언급할 때 내담자의 감정 상태를 언어화하고 분노와 관련된 사람과의 관계를 말해주어 내담자가 자신의 억압된 감정을 표현하는 데서 죄책감을 느끼지 않도록 해야 한다. 최근에는 인지 치료가 우울증에 효과적인 것으로 보고되고 있다. 우울증 내담자는 자신과 이 세계를 부정적으로 인식하므로 그러한 부정적인 사고방식을 긍정적인 사고방식으로 전환하고 새로운 인식과 태도를 가지도록 한다. 대인관계 치료는 우울증 내담자의 현재 대인관계가 우울증을 더욱 악화시키고 있다고 본다. 그러므로 대인관계를 호전시키고 우울증을 치료하는 방법으로서 내담자의 사회기술을 증진시키고 자신감을 강화시킨다. 우울증으로 인하여 가족 관계에 갈등이 초래되는 경우 그리고 가족 갈등이 내담자의 우울증을 더욱 악화시키는 경우에 가족 치료를 통하여 가족들이 우울증에 대하여 이해함으로써 내담자의 행동을 이해하고 가족 갈등을 줄여 나간다. 그 외에도 전기 경련 치료는 심한 우울증 내담자에게 적용되는 중요한 치료 방법이 되는데 항우울제 약물에 반응을 보이지 않는 경우 또는 자살 위험이 있는 응급 내담자에게 선택되는 치료 방법이다.

I. 우울증의 특성

우울증은 순간에 멈추어 있는 정적인 질병이 아닌 지속적으로 전개되는 일련의 과정이다. 우울증에 대해 자세히 알수록 상담자는 내담자의 미묘한 단서를 파악하는 기민함과 날카로운 통찰력을 가지게 된다. 다음은 우울증의 다양한 특징들이다.

1. 생리적 특성

심한 우울증이 있는 사람은 첫 눈에 보기에도 단정치 못한 머리와 해진 옷, 더러운 손톱, 몽롱한 눈 등을 보인다. 좀더 주의를 끄는 것은 느린 동작과 자극에 반응을 하지 않는 것이다. 또한 상담자를 인식하는 데 2~3초 정도가 걸릴 수 있다. 이처럼 상담은 어떠한 말을 시작하기도 전에 외모로부터 시작된다. 느린 동작은 주로 심한 불안감과 병행되며 어떤 동작을 하는 자체가 내담자에게는 아주 힘들어질 수 있다.

"정말 이상해요. 우울증은 사람을 지치게 만드는 것 같아요. 해야 할 집안일이 쌓인 것을 보고 있으면 이미 그 일에 짓눌리는 것 같아요. 우울할 때는 방 바닥에 벗어 놓은 옷을 치울 생각도 하지 못하고 그저 앉아서 그것들을 바라만 보고 있게 돼요. 몸이 무겁고 누가 뭐라고 하지 않으면 움직이지 않고 그렇게 있게 돼요. 뭔가를 결정하는 일조차도 굉장히 힘이 들어요. 그냥 아무 일도 하고 싶지 않다는 것을 아마 이해 못 할 거예요."

우울증 내담자들은 그들의 상태를 인지적, 정서적으로 분리해서 지각한다. 인지적 수준에서는 문제의 원인이 그들 자신이고 자기비난과 자기비하로 일관된다. 이들은 우울증이 자신이 결정해서 야기된 것으로 생각한다. 한편 정서적으로는 외부의 원인에 의해 우울증이 유발된 것으로 받아들인다. 어떤 의미에서는 자신이 침입을 당하고 방해를 받은 것으로 여긴다. 자신이 이해할 수도 없고 통제할 수도 없는 수동적인 존재로 자신을 경험한다.

우울증에서는 또한 기초 에너지가 감소하며 이로 인해 식욕과 성욕이 감퇴하게 된다. 이러한 특징을 생각하면서 다음 질문을 하는 것은 의미있는 일이다.

① 최근에 몸이 좀 어땠나요?
② 에너지와 욕구를 상실했을 때는 어땠나요?
③ 기력상실, 식욕상실, 수면곤란을 말씀하셨는데 이러한 변화에 대해서는 어떻게 생각하나요?

이러한 질문은 내담자의 기분을 전환시킬 수 있는 기회가 되며 상담자가 내담자의 우울증에 관심이 있고 우울증을 설명할 수 있는 존재임을 알게 한다.

우울증의 유형중 초조성 우울에서는 움직임에 대한 욕구가 있다. 초조성 우울증의 경우에는 손톱으로 몸에 상처를 내거나 옷을 잡아 당기거나 가만히 앉아 있지 못하며 안절부절하지 못한다. 대부분의 경우에 초조성 우울증은 아침시간에 더욱 악화되고 오후 시간이 될수록 비교적 안정되어 보인다.

2. 심리 구조

1) 세계에 대한 지각

우울증은 시간 감각과 자신이 속한 세상에 대한 크기를 지각하는 데 장애를 초래하며 현재나 미래에 대한 개념이 없는 것이 뚜렷하다. 이들에게는 세상은 아무 변화가 없는 듯이 보이고 시간은 아주 천천히 고통스럽게 흘러간다. 우울증 내담자에게 '활기찬 세계' 란 존재하지 않으며 이들은 이 '활기찬 세계' 에서 더욱 움츠러들게 된다. 이들은 공간에 대한 감각이 점점 사라지게 되고 마음도 점점 흐려져서 더욱 고립되게 된다. 기분부전장애 내담자는 다음과 같이 묘사하고 있다.

> 나는 나의 내면에 집중하고 있다. 내가 우울할 때 내면에 집중하는 것은 커다란 고통이며 우울한 기분을 조절하려고 애쓰면서 길을 걸어본다. 나는 사람들과 말하는 것이 싫어서 사람들로부터 숨는다. 직장 근처에 장미가 만발해 있어도 내가 우울할 때는 그 장미들을 보지 못한다. 기분이 좀 좋아진 후에는 버스들이 오가는 거리라 할지라도 장미 향기를 맡게 된다.

심한 우울증 내담자와 상담을 할 때 상담자는 철저하게 내담자의 세계로 들어가서 인내심을 가지고 그의 어려움을 수용해야 한다.

2) 인지 과정의 변화

지연성 우울에서는 사고과정이 매우 느려지며 이는 마치 기온이 하강하여 모든 것이 얼어 붙는 것과 같은 느낌이다. 반대로 초조성 우울에서는 사고가 빨라지게 된다. 두 경우 모두 집중력이 저하되며 사고과정에 혼동이 오게 된다. 사고의 속도와 흐름의 장애뿐만 아니라 우울증은 '관념의 새장' 을 만들어 내는데 이 "새장" 이라는 말은 마음이 몇몇 영역 내에 갇히기 시작한다는 의미이다. 우울증 내담자들은 과거, 현재, 미래의 걱정 속에 갇혀 산다. 상담자가 안심시킴에도 불구하고 내담자는 집중을 하지 못하고 불안해하며 같은 질문을 반복할 수 있다. 다음 대화는 내담자에게 반복적인 집중을 하면서 내담자의 '새장' 을 알아내고자 노력하고 있다.

상담자 : OO님, 이 문제들이 잠자는 데 어떤 어려움을 주는지 말씀해 주실 수 있을까요?

내담자 : 잠요… 잠을 잘 수가 없어요… (멈춤) 청구서 때문에… 나는 우리가 그 돈을 다 갚을 수 없다는걸 알아요… 하느님… 우리는 파산할 거예요… 우리 아이들은….

상담자 : OO님께서 걱정하시는 것을 이해해요. 저는 OO님의 수면에 대해서 알아야 합니다. 그래야 OO님의 우울증을 더 잘 이해할 수 있으니까요. 잠이 들기까지는 시간이 얼마나 걸리는가요?

내담자 : 모르겠어요. 저는 단지 청구서에 대한 생각밖에는 없어요. 제게 남들이 손가락질 할거예요. 제가 어떻게 하면 좋지요? 좀 도와주세요.

상담자 : OO님, 경제적 문제 때문에 힘들어 하시는군요. OO님이 힘드시다는걸 이해하지만 OO님을 돕기 위해서 무슨 일이 있었는지를 제가 좀더 이해해야만 합니다. OO님께 몇가지 중요한 질문을 할게요. 만약 다른 말씀을 하시면 질문을 다시 하겠습니다. 저는 OO님을 돕고 싶군요. 저 또한 OO님의 도움이 필요합니다. 다시한번 깊게 생각해보세요. 잠이 들기까지는 시간이 얼마나 걸리는지요? (앞부분은 조용하면서도 확고한 어조로 말함.)

적절한 시기에 하는 적절한 말은 새장을 열 수 있다. 그러나 적절하지 못한 시기라면 새장은 열리지 않을 것이다.

인지심리치료의 창시자인 아론 벡Aron Beck은 우울증에서 나타나는 인지적 장애를 기술하였다. 벡은 "모든 것이 산산 조각났어요" 나 "아무도 내게 신경 쓰지 않아요" 와 같은 말을 한다고 하였다. 또한 우울증 내담자들은 고정된 말을 할 수도 있는데 예를 들어 "사장님이 화가 난 것 같아요" 나 "그는 저에 대해 불만을 가지고 있어요", "제가 해고되는 것은 시간 문제예요" 등이다. 이들은 또한 긍정적인 측면을 무시하는 경향이 있다. 벡은 또한 우울증이 있는 사람들은 세 가지 장애가 있다고 하였는데 이것은 부정적 세계관, 부정적 자아개념, 미래에 대한 부정적 평가이다. 부정적 세계관은 우울증 내담자가 자신의 우울증을 지속적으로 타당화시키려는 경향에 의해 야기된다. 다음 우울증 내담자의 진술처럼 우울증 내담자들은 자신의 눈에

색안경을 쓰고 있는 것처럼 이야기한다.

> 우울할 때 나는 모든 부정적이고 불쾌한 일을 생각한다. 누군가 암에 걸리고 차에 치는 일은 나의 두려움과 걱정을 가중시키고 이 세상이 나쁘다는 생각을 하게한다. 사는 일이 끔찍하게 느껴지기 때문에 내 기분은 결코 좋아지지 않을 것이다.

자기비난은 부정적인 자아개념에서 출발한다. 아래에 제시된 글은 우울증 내담자를 설득시키고자 하는 노력이 헛된 것임을 보여준다.

> 그는 그날 밤에 사형이 집행될 것이라고 말했으며 두려움에 잠을 이루지 못했고 나 또한 계속 잠을 자지 못하도록 만들었다. 나는 아침이 되면 그가 그의 모든 생각들이 헛되었다는 것을 알게 될 거라고 생각하며 나 스스로를 달랬다. 그러나 같은 일들이 다음날도 그 다음날도 계속되었다. 그의 태도에는 조금도 변함이 없었다. 도대체 무슨 일이 있었단 말인가? 그는 그의 미래에 대해 아무런 좋은 점을 생각하지 못했다. 이제 나는 그의 상태가 매일 반복된다는 것을 알았고 현재와 과거에 대해 아무 생각도 없다는 것을 알았다. 우리는 우리의 경험을 토대로 미래를 계획할 수 있다. 그러나 우울증 내담자에게는 과거에서 현재, 미래로 넘어가는 것이 결여되어 있다. 그는 자신의 경험을 일반화하거나 경험을 통하여 규칙에 도달하는 경향을 조금도 보이지 않았다.

상담 초기에 이러한 과정들을 접할 수 있으며 이 과정에서 나타나는 비정상적인 것을 귀담아 듣기 위한 훈련이 상담자에게 필요하다.

3) 사고내용

사고의 내용에서는 외로움, 자기혐오, 무기력감, 희망 없음의 네 가지 측면에 초점을 두고자 한다. 우울증 내담자에게 외로움은 극복할 수 없는 현실적인 문제이다. 앞에서 나타난 바와 같이 '새장에 갇히는 것' 이나 '현실 세계에서 움츠러드는 것'

은 우울증 내담자를 친구, 가족, 치료자로부터 멀어지도록 하는 요인이 된다. 이들이 겪는 외로움은 일상생활에서 겪는 흔한 형태의 외로움과는 질적인 차이가 있으며 강도가 아주 깊은 것이다. 말하자면 그들은 단지 외롭다고 느끼는 것이 아니라 자신이 혼자라고 느끼는 것이다. 다른 사람들하고 멀어지면서 우울증 내담자들은 그들 자신을 심하게 증오하는 자기혐오를 보인다. 우울증이 심한 경우에는 그들이 경험하는 고통 외에는 그들의 존재도 없고 삶의 목적도 없는 듯이 보인다. 이러한 고통은 곧 "나는 주위 사람들에게 짐이 될 뿐이야"라는 위험한 생각으로 이어질 수 있다. 이러한 생각은 상담 과정에서는 "저 좀 괴롭히지 말고 다른 사람이나 가서 도와주세요"라고 표현되기도 한다. 따라서 초기 상담자는 "죽는 것이 다른 사람을 위해서 낫겠다"라는 생각을 알아내기 위해서 그 사고의 이면을 주의깊게 조사해야 한다.

사람들로부터 고립되는 것과 관련해서 그들은 자신에 대한 반감과 더불어 자연적으로 무력감이 나타난다. 심한 무력감은 치료받는 것조차 방해하며 "왜 나를 괴롭히나요?"라고 말하게 한다. 상담자는 "무력감을 느낀 적이 있으십니까?"라는 단순한 질문을 통하여 무력감을 사정할 수 있다. 좀더 자세하게 살펴보기 위해서 "지금 당신이 좋아지기 위해서 어떤 도움을 받고 있습니까?"라는 질문을 할 수 있으며 이 질문에 머리를 가로젓거나 "아무 도움도 받지 않는다"고 답하는 것은 우울증이 심각함을 의미하므로 상담자는 정신을 바싹 차려야만 한다.

벡은 우울한 기분 자체보다도 미래에 대한 희망이 없는 것으로 자살 가능성을 좀더 예민하게 예측할 수 있다고 하였다. 따라서 상담자는 "앞으로 당신은 어떨거라고 생각합니까?"와 같은 간접적인 질문이나 또는 "미래에 대한 희망이 없습니까?"라는 직접적이고 단순한 질문을 함으로써 희망이 없는 정도를 알아볼 수 있다.

4) 방어기전

어떤 내담자는 우울증을 인지적으로 지각하지 못하고 부정하는 경향이 있다. 실제로 이들은 자신이 우울하다는 것을 깨닫지 못하는 것이다. 이러한 현상은 부정이나 억압과 같은 방어기전을 사용한 결과이다. 비록 내담자가 이러한 방어기전을 사용한다 하여도 상담자는 생리적 증상이나 인지적 문제들을 통하여 우울증을 확인할 수 있다. 우울증에서 사용되는 다른 방어기전은 격리와 합리화이다. 이러한 방어기전을 사용하는 사람들은 “두통이 매일 있고 잠을 잘 수 없다는 문제 외에는 아무 문제가 없어요”라고 말함으로써 우울증을 부정할 수도 있다.

내담자의 분노를 통해 우울증을 파악할 수 있는데 프로이드는 ‘우울증이란 분노가 자신의 내부로 향하는 것’이라고 하였다. 이 분노는 학대, 좌절, 거부, 자신에 대한 직·간접적 공격, 배신감, 불공평감 등에서 출발한다. 분노로 인해 우울증을 간과하는 일이 흔하다. 초조성 우울증 내담자는 상담자에게 언어적 공격을 가하는 과정에서 자신의 우울증을 무심코 드러낼 수 있다. 지연성 우울증 내담자는 의사나 가족에 대한 비난의 형태로 분노를 표현한다. 두 경우 모두 분노를 표현한 후 내담자들은 죄책감이 증가되고 증가된 죄책감은 우울증이 심해지는 원인이 된다. 우울증이 심해짐에 따라 내담자는 더욱 불안정해지고 그 결과 폭언을 하게 되며 이 과정이 계속 악순환 된다.

방어기전의 결과로 생기는 또 다른 특징은 편집증으로 인한 투사이다. 내담자들은 잘못된 문제가 생기면 이것이 자기 잘못이라고 생각하며 고통스러워 한다. 이들은 이 고통을 피하기 위해 투사를 사용한다. 그들은 “다른 사람들이 나를 증오한다” 혹은 “다른 사람들을 처벌하길 원한다”라고 말한다. 이러한 언급은 자살 생각이 밖으로 투사된 형태이다. 때로 자살에 대한 생각은 없다고 말했더라도 자살 가능성은 여전히 남아있다. 내담자가 조증이나 경조증 과정에 있을 때 상담자를 속일 수 있다. 주의깊게 살펴보면 겉으로는 쾌활한 사람들이 빰이 떨린다든지 주저하는 목소리를 순간적으로 보임으로써 슬픔을 무심코 드러내 보일 수 있다. 이러한 순간에는 “슬퍼 보이시는군요”라는 말을 조용히 해주는 것은 내담자의 눈물의 배출구를 열어놓는 일이 될 수도 있다. 이러한 모습은 주로 경조증 내담자에게 분명히 나타나고 조증의 경우에는 표면적 웃음 뒤에 분노와 슬픔을 가지고 있다.

3. 이분 체계

이분 체계는 두 사람의 상호작용을 의미한다. 두 사람간의 의사소통과 정서의 흐름속에서 우울증이 나타난다. 이러한 의미에서 볼 때 우울증은 한 개인의 세계에 국한되기도 하지만 대부분은 대인관계 현상 속에서 나타난다. 다음은 우울증이 대인관계에 어떠한 영향을 미치는지를 보여준다.

우울증은 다른 사람들과의 교류를 힘들게 한다. 그것은 이야기하고 싶은 동기를 감소시키고 무엇보다도 당신이 얼마나 우울한지를 알게 하고, 다른 사람이 당신이 우울하다는 것을 아는 사실을 당신이 또한 알게 되고, 그것을 생각하는 것이 당신에게는 매우 당황스러운 일이 된다. 따라서 다른 사람과의 상호작용이 단지 겉치레에 지나지 않게 된다. 다른 사람과 대화를 나누는 일이 단지 겉치레로만 느껴지고 이는 많은 에너지를 필요로 해서 당신을 매우 피곤하게 만들 것이다. 이는 당신이 사람들과 대화를 나누는 일을 피하도록 만들 것이고 물건을 살 때도 상대방을 바라보지 않고 필요한 이야기만을 한다. 나는 우울증이 끝나기만을 원하고 또 때로는 그것이 이미 끝나 버린 척한다.

이 예문은 우울증 내담자에게 나타나는 대인관계 장애를 알게 한다. 때로 우울증 내담자는 위축되고 질적인 대인관계조차도 감소한다. 미소가 사라지고 자발성이 감소하며 대화를 나누지 않는 모습은 다른 사람으로 하여금 내담자가 냉담하고 무관심하다고 느끼도록 한다. 다른 사람이 이러한 태도를 알고 나면 그들은 더 이상 이 우울증 내담자를 대하려 하지 않는다. 이러한 사이클 속에서 내담자는 "정말 아무도 나를 좋아하지 않아" 또는 "내가 왜 이렇게 괴로운지 모르겠다"와 같은 자기 혐오적인 생각들을 형성하게 된다.

대인관계 장애나 무력감을 사정하기 위하여 상담자는 다음과 같은 질문들을 할 수 있다.

① 당신은 옛날처럼 외출을 자주 합니까?
② 직장에서 다른 사람들과 같이 일하는 것이 어떻습니까?
③ 길에서 우연히 친구를 만나서 이야기할 때 느낌이 어떻습니까?
④ 다른 사람들은 당신을 어떻게 대합니까?

⑤ 당신은 쉽게 불안해집니까?
⑥ 친구들과 같이 있는 것이 힘듭니까?

내담자의 우울증으로 인해 상담자도 영향을 받기 때문에 상담자 자신의 정서적 반응을 주기적으로 살펴보아야 한다. 상담자가 내담자에 대해 부정적인 느낌을 가지거나 과도한 감정이입을 하는 것은 내담자와 일을 해가는 과정에 방해가 될 수 있다. 즉, 상담자의 비언어적 표현이나 목소리에서 무의식적으로 내담자를 멀리하는 것이 나타날 수 있다. 즉, 상담자는 내담자의 욕구에 지속적이고 창의적으로 적응해야 할 필요가 있다. 상담자는 자신이 내담자에게 미치는 영향력을 인식해야만 한다. 우울한 내담자의 동작이나 말의 느림, 머뭇거리는 대답 등은 상담자에게 좌절감을 유발할 수 있다. 질문을 반복해서 해도 때로는 대답이 막연한 것일 수도 있다. 그 결과 상담 자체가 지루하고 길게 느껴질 수 있다. 따라서 이러한 경우 상담자는 역전이에 대해 유의하면서 우울증이라는 진단에 대한 깊은 고찰을 할 필요가 있다. 때로 내담자의 우울한 태도는 상담자에게 자신이 내담자를 잘 돌보고 있지 못하다는 죄책감마저 유발할 수 있다. 이러한 죄책감은 내담자를 돌보아온 그의 가족과 친구들에게서도 흔히 볼 수 있는 것이다.

우울증 내담자와의 상담은 침착한 태도와 침착한 말투가 요구된다. 빠르고 불안한 말투는 우울증 내담자에게는 편안하게 받아들여지지 못하며 불안을 더 가중시킬 수 있다. 자신을 이해하지 못하는 상담자를 "다른 사람들처럼 당신 또한 나를 귀찮은 존재로 여기시는군요"라고 생각할 수도 있다. 이러한 생각은 치료적 관계 형성을 방해하며 효율적인 상담이 이루어지기 어렵게 만든다. 상담자는 무의식적으로 내담자의 기분에 영향을 미칠 수 있다. 기분부전장애 내담자나 연극성 인격장애 내담자들은 타인이 자신에게 관심을 보이면 기분이 빠르게 고조됨을 나타낸다. 그러므로 이러한 내담자를 대할 때 지나치게 관대하거나 지나치게 외향적인 상담자는 자신도 모르는 사이에 내담자의 기분을 바꾸어 놓는다. 또한 이러한 상담자에게는 내담자의 우울증이 그리 심각해 보이지 않을 수 있으며 나아가 우울증 내담자들은 이러한 '행복한 사람' 들을 성가신 존재로 여기고 자신의 고통을 이해하지 못하는 사람으로 여기게 된다. 그러므로 상담자가 해야 하는 최선의 접근은 진실하고 따뜻한 마음으로 내담자의 말을 잘 경청하면서 내담자를 침착하게 대하는 것이라고 할 수 있다.

우울증 내담자를 상담할 때 눈물이 많은 내담자를 접할 수 있다. 첫 번째 상담에서 내담자가 눈물을 흘릴 때는 잠깐 동안 울도록 허용함으로써 내담자에게 편안감을 주도록 한다. 내담자가 눈물이 맺혀 있을 때는 "OO님, 지금 슬퍼보이시는군요" 또는 "OO님, 지금 울지 않으려고 아주 애쓰시는군요"라는 말을 할 수 있다. 이러한 상황에서 많은 내담자들은 나약함을 느끼고 당황할 수 있으므로 부드러운 목소리로 이야기하고 "OO님, 울어도 좋습니다. 우리 모두는 가끔 울지요. 운다는 것은 우리가 상처를 받았다는 것을 신체적으로 말하는 방법이지요. (잠깐 멈춤) 무슨 일 때문에 그렇게 가슴이 아프신지 조금 더 말씀해 주실 수 있으실까요?"라고 말하거나 "티슈를 드릴까요?"라고 말함으로써 내담자가 자신의 기분을 환기시킬 수 있는 기회를 제공하도록 한다. 상담자의 이러한 말은 많은 중요한 의미를 가지고 있다. 즉, 상담자는 울음을 슬픔의 정상적인 표현으로 받아들이고 있으며 동시에 내담자의 욕구를 존중하고 있는 것이다. 즉, 내담자에게 단지 티슈를 건네주는 것이 아니라 티슈가 필요한지를 묻고 있는 것이다. 이러한 질문을 통해서 상담자는 또한 내담자가 자기 통제력이 있는지, 의사결정을 할 수 있는지 여부를 알 수 있게 되며 1~2분 내에 내담자의 눈물을 그치도록 하는 결과를 가져온다. 물론 때로는 내담자가 자기 통제력을 상실하고 더 이상 상담을 진행할 수 없도록 하는 경우도 있을 수 있다. 이러한 경우에는 상담을 진행시키기 위해서 "OO님, 그러한 일은 정말 OO님을 화나게 하기에 충분한 일이고 누구라도 그러한 상황에서는 화가 났을 겁니다. 잠깐 마음을 가라앉히십시오. 그 다음 무엇이 그렇게 OO님 마음을 괴롭히는지 얘기해보는 것이 좋을 듯 합니다" 라고 확고하게 말할 수 있다.

어떤 상담자들은 내담자의 울음을 미성숙하게 막는 경우가 있는데 이는 내담자의 눈물이 상담자를 무기력하게 느끼도록 만들고 내담자의 고통을 느끼는 데 편안하지 않기 때문이다. 따라서 내담자가 눈물을 흘릴 때 그들의 기분을 자연스럽게 이해해 주는 것이 필요하며 이러한 편안함을 가지기 위해서는 상담자 자신의 훈련이 필요하며 다음과 같은 질문을 통해서 상담자 자신을 훈련할 수 있다.

① 누군가 울 때 내 기분은 어떤가?
② 나는 눈물을 흘리는 사람이 연약한 사람이라고 간주한 적이 있는가?
③ 나는 얼마나 자주 눈물을 흘리는가? 내가 눈물을 흘릴 때 나 자신에 대해 어떻게 느끼는가?
④ 내 부모님이나 가족, 친구들이 우는 것을 본 적이 있는가? 그때 나는 무엇을 느꼈는가?

이러한 질문을 깊이 고찰해 봄으로써 상담자는 눈물을 흘리는 내담자에게 느끼는 역전이 감정을 줄일 수 있다. 내담자의 울음에 대한 상담자의 침착하고 성숙한 반응에 의해서 치료적 동맹관계는 더욱 강화된다.

4. 가족구조

우울증을 완전히 이해하기 위해서는 가족에 대한 이해가 필요하다. 형제간의 관계가 좋지 못한 경우는 우울증의 일차적 원인이 될 수 있으며 우울증의 생화학적 원인도 가족에 의해 유발될 수 있다. 또한 내담자의 우울증은 가족들 모두에게 영향을 미칠 수 있다. 다음 사례를 보자.

이OO는 그녀의 남편, 아들과 같이 상담실에 있었다. 상담실에서 그녀는 안절부절 못하고 눈물을 흘렸다. 그녀는 "나는 너무 고통스러워서 살 수가 없어요"라고 말하다가 또 다른 이야기를 하곤 했다. 그녀는 또한 병원에 대해서도 줄곧 불평을 하면서 "차라리 수면제를 먹는 것이 낫겠어요. 아니면 퇴원해 버리든지…" 라고 말하였다. 상담이 진행됨에 따라 방안의 긴장감이 더해갔다. 내담자의 남편은 자리에 앉기를 거부하고 상담 내내 내담자 뒤에 서 있었으며 상담이 진행될 때 팔짱을 끼고 입술을 앞으로 쭈욱 내밀고는 하였다. 아들은 내담자로부터 돌아앉은 자세에서 땅이나 자기 신발만을 쳐다보고 있었다. 상담이 한참 진행된 후에 아들은 "어머니가 왜 그 약들을 복용할 수 없지요?"라고 상담자에게 도전하듯이 물었다. 이 과정에서 상담자도 점점 긴장이 더해가고 누구와도 눈이 마주치는 것을 꺼리게 되었다. 결과적으로 이 방 안에서는 아무도 편안함을 느끼지 못하게 되었다.

이 사례는 우울증의 전형적인 가족 구조를 나타낸다. 내담자 이OO의 진단은 초조성 주요 우울증이었으며 실제로 모든 가족들이 우울증의 과정속에 있음을 볼 수 있다. 가족들의 말과 행동에서 우울증의 모습들이 나타날 수 있는데 위 사례에서 남편과 아들은 좌절감과 분노를 보이고 있다. 가족들은 흔히 자신의 최선의 노력에도 불구하고 내담자가 좋아지지 않는데서 오는 무기력감과 변화가 없을 것에 대한 두려움을 느낀다. 또한 가족들은 왜 내담자가 자기 스스로 좋아지고자 하는 노력을 하지 않는지 이해하지 못하며 자신들의 일상 활동이 내담자의 불평과 우울한 행동에 의해서 끊임없이 지장을 받는 것을 깨닫게 된다. 이러한 좌절감으로 인해서 가족들조차도 우울증이 생기게 된다.

상담자가 가족들과 만날 때 가족들의 비언어적 메시지는 가족 우울증 진단의 우선적 단서가 된다. 그러므로 상담자는 내담자뿐만 아니라 가족들에게도 상담이 필요할 수 있음을 명심해야 한다. 또 역으로 가족들은 내담자의 우울증을 호전시킬 수 있는 힘을 가지고 있으므로 이러한 모든 측면에서 가족 역동을 주의깊게 살펴보아야만 한다. 다음 질문을 통해서 가족 사정을 할 수 있다.

① 가족들 중에서 누가 당신을 가장 잘 이해합니까?
② 현재 당신이 관심을 가지고 있는 가족은 누구입니까?
③ 가족들은 당신의 우울증을 어떻게 여기고 있습니까?
④ 당신의 기분이 좋아지도록 하기 위해서 가족들은 무엇을 했나요?
⑤ 당신 배우자는 요즘 어떤 스트레스를 받고 있나요?

이러한 질문은 가족들의 전반적 상태뿐만 아니라 내담자와 갈등 관계에 있는 가족 성원에 대해 파악할 수 있다. 예를 들어 배우자가 받고 있는 스트레스에 대해 이야기하는 동안 내담자는 배우자가 자신을 소홀히 여기는 것에 대한 분노를 말할 수도 있고 배우자나 가족들이 자신에게 보이는 지나친 관심에 대한 거부감을 말할 수도 있으며 무관심한 배우자에 대해 말할 수도 있다.

가족의 우울증은 사회체계의 영향을 받을 수 있다. 예를 들어 내담자의 남편이 회사의 권유로 강제 퇴직을 함으로써 가정적으로 경제적 어려움을 겪고 좀더 작은 집으로 이사를 한 사건 등도 가족 우울증에 영향을 미치게 되는데 이러한 악순환은 궁극적으로 사회보장제도에 영향을 미치게 된다. 결과적으로 우울증은 내담자와 가족뿐만 아니라 사회 전반 체계에도 영향을 미치므로 기민한 상담자는 이러한 관련성을 이해하고 상담 과정동안 각 부분에 대한 사정을 자세히 함으로써 좀더 분명한 중재 방법을 알 수 있게 된다.

CHAPTER · 6

제 6 장

정신분열병 내담자와의 상담

제 6 장 정신분열병 내담자와의 상담

사람들은 이성을 잃었을 때 세상이 어떻게 될지 궁금해한다.

시인 제랄드 나발은 재능 있는 상징주의 시인이며, 세계 여행가이며 철학에 심취한 사람이었고, 자연에 대한 경외감을 가진 사람이었다. 1841년 그는 첫 번째 정신발작을 경험했고 그로부터 14년 후 정신병의 악화로 추운 겨울 아침에 앞치마 끈으로 목을 감고 난간에 목이 매여 있는 채로 발견되었다. 그가 자살한 다음날, 그의 주머니에서는『꿈과 인생』이라는 미완성 유고작이 발견되었다. 이 책은 우리에게 정신병의 세계를 처음으로 엿볼 수 있게 해 주었다.

다음은 이 책의 일부를 발췌한 내용이다.

> 무엇보다 나는 정신병원의 정원에서 별들에게 영향을 미치는 모든 자료를 수집하는 사람과 태양의 궤도 안에서 돌고 도는 사람을 생각했다. 한 노인이 매일 같은 시간에 병원 정원에 와서 시계를 보면서 뜨개질을 했는데 그 노인이 나에게는 마치 시간을 알리는 사람처럼 보였다.
>
> 나는 경비원이나 나의 동료들과의 대화에 상징적 의미가 있다고 생각했다. 나는 그들이 지구상의 모든 인종의 대표라고 생각하고, 우리는 별들의 궤도를 다시 정렬하는 것을 떠맡고 있고, 이 체계를 발전시키는 일을 맡고 있다. 나는 어떤 숫자의 조합으로부터 인간의 모든 병이 왔다고 생각한다.
>
> 나는 내 자신을 신 아래 사는 영웅으로 생각한다. 자연의 모든 것은 새로운 양상을 나타내고, 나에게 깨달음을 주고 나를 격려하기 위해서 식물, 나무, 동물, 보잘것없는 곤충에게서 신비스러운 목소리가 나에게로 온다. 내 동료의 말은 나만

이 이해할 수 있는 신비스러운 메시지였다.

마지막 진술에서 보듯이 정신병이 더 심해질수록 내담자의 세계는 내담자에게 유일한 것이 되고, 다른 사람들의 세계로부터 더 멀어진다. 이런 의미에서, 정신증psychosis은 같은 문화권에 있는 다른 사람들과는 매우 다른 경험을 하는 것으로서 지각, 인지, 이성 등의 정신 기능을 파괴하는 것으로 정의될 수 있다.

나발의 세계는 혼란스럽고 어지러운 감각으로 가득 차 있다. 그의 언어는 망상, 관계사고, 환각을 포함한 정신증의 전형적인 증상을 다양하게 나타내고 있고 그의 진술은 정신증이 어떤 면에서는 흥미 있고 매혹적이라는 사실을 증명한다. 그러나 정신증은 대부분 공포와 심한 고통을 동반한다. 내담자는 임박한 파국을 느낀다. 예를 들면, 나발이 진술한 대로, "나는 어떤 숫자의 조합으로부터 인간의 모든 병이 왔다고 생각한다" 와 같은 편집증적 지각은 정신증의 과정을 경험하는 동안의 긴박감과 책임감의 두려운 감각을 창조할 수 있다. 아마, 나발은 신과 인간성 모두에서 실패했기 때문에 그의 인생이 끝나야 한다는 믿음과 이 극악한 과오를 그가 바로잡지 못한다는 현실을 인식한 듯하다.

이 장은 두 개의 절로 나뉘어져 있다. 정신증의 상태에 대한 진단에서는 일곱 명의 사례가 있다. 상담자가 초기에 정신증의 상태를 밝히고 진단하는 것을 돕는 임상적 요지가 강조되어야 한다. 정신증을 이해하는 데, 체계분석은 인간이 겪는 과정으로서 정신증의 이해를 확장할 것이다. 논의를 시작하기 전에 비이성적인 증상을 보이는 사례를 살펴보자.

I. 정신분열병의 진단

1. 정신분열병의 사례들

▶사례 1 : 김OO (남, 33세)

경찰 세 명이 김OO를 응급실에 데려왔다. 김의 행동은 경찰의 기분을 상하게 하였다. 한 경찰의 진술에 따르면, "이 사람 이상합니다. 무언가 쫓기는 것처럼 도망가려고 애를 씁니다." 그 경찰은 김OO가 무엇 때문에 그렇게 괴로워하는지를 이해할 수 없었다.

상담에서, 김OO는 자신을 서른세 살이라고 소개했고, 상담 중 이마에 땀방울이 맺히긴 했지만 비교적 침착해 보였다. 그는 저녁 식사를 제대로 마치고, 깨끗하게 냅킨으로 입 주위를 닦았다. 오랫동안 길거리에서 생활한 사람처럼 그의 바지는 찢어지고 더러웠다. 그는 사람, 장소, 시간에 대한 지남력이 있어 보였고, 말을 시작하면서 좀더 생기가 돌았지만, 느슨해진 시선과 함께 곁길로 새는 말들을 늘어놓고 있었다. 그는 최근 음주, 흡연 사실을 부인했고, 그를 쫓아왔던 어떤 생물의 모습에 대해서는 모호하게 이야기했다.

그런데 갑자기, 상담도중에 그는 자신의 발을 노려보는 것처럼 눈을 크게 떴으며 상담에 집중하지 못하고, 바닥에 주의를 고정시켰다. 그는 어떤 물체가 보이는 듯 발로 뭔가를 차는 것 같은 행동을 보이기 시작했고, 화가 나서 상담자를 보며, "이것을 치워."하고 소리쳤다.

▶사례 2 : 서OO (남, 20세)

서OO는 스무 살의 남자로 매우 야위어 뼈가 앙상했다. 그는 상당히 잘 생긴 얼굴로 덥수룩한 검은 머리와 수염이 정리되지 않은 상태이며, 어두운 표정이었다. 상담자가 방으로 들어갔을 때, 상담자를 알아보고 서OO는 가볍게 목례를 하였다. 서OO의 말은 온유하고 상냥하며 느렸고, 부끄러움을 타는 것처럼 보였다. 말을 할 때는 꾸밈없이 얼굴 표정을 지었고, 중요한 사건을 말할 때 목소리는 현저하게 작았다.

서OO는 집에서 있었던 혼란스러운 상황에 대해서 이야기를 시작했다. 그는 밤에 그의 집에 들어와 강제로 성폭행을 하려고 했던 세 명의 추잡한 여자들에게 쫓기고 있었다. 그 세 명의 여자를 아느냐고 묻자, 고개를 끄덕였고, 한 번은 '그 빌어먹을 정 OO' 라고 말했다. 그는 최근 참석했던 파티에 대해서 설명하기 시작했고, 그곳에서 섹스게임이 있었다고 했다. 누군가 그가 게임 진행을 하도록 일을 조작했다고 말했다. 그가 부엌으로 들어갔을 때, 세 명이 그를 의자에 묶었고 옷을 벗겼다. 상담자가 무슨 일이 일어났는지 묻자, 그는 말을 멈추었다가 다시 말하기 시작했다. "그들이 나의 항문으로 강간을 했어요." 그는 이 말을 하면서 약간의 미소를 슬며시 비쳤다.

그의 말에는 연상이완, 사고이탈, 사고 차단, 혹은 비논리적인 사고의 어떠한 증거도 없었다. 그는 민첩했고 지남력도 있었다. 그와 그의 가족 모두 그가 마약 사용은 하지 않았다고 말했다. 상담자는 상담동안 그가 불편해하고 다소 두려워하고 있음을 느꼈다.

▶ 사례 3 : 배OO (여, 50세)

배OO는 기분 상한 얼굴로 상담실에 왔다. 그녀는 쉰 살이었고 조금 더러웠다. 그녀의 첫마디는 "당신이 나와 남편을 도와 줄 수 있습니까?" 였다. 그녀의 말은 유창했고, 연상의 이완, 비논리적인 사고, 기괴한 관념의 증상은 없었다.

실제로 그녀는 다소 설득력 있었지만 분명히 동요하고 있었다. 자세히 말해보라고 요청하자, 그녀는 화가 나서 코방귀를 뀌며 "이건 이혼게임입니다. 그게 다예요." 라고 반응했다.

그녀는 남편의 배신에 대한 이야기를 상세하게 말하기 시작했다. 그녀는 남편이 자신과의 이혼 사유를 만들기 위해 여러 사람들을 고용하여 그녀를 광기의 상태가 되도록 하였다고 말했으며, 그녀의 어머니가 아마도 이 음모에 관련되어 있는 것 같다고 느끼기 시작했다. 그녀의 이야기는 남편의 활동과 그가 고용한 폭력 단체에 대해 수집한 사건과 계획표에 대한 내용으로 가득 차 있었다. 그녀는 환각과 이전의 정신병력에 대해서 부인했다. 그녀는 또한 "나는 인생의 끝에 있어요. 그렇지 않나요?"라는 말을 제외하고는 우울증 증상을 부인했다.

▶ 사례 4 : 강 OO (여, 23세)

강OO는 스물세 살의 이혼한 여자로 정신과 외래에 2주 동안 두 번 방문하였는데 곱슬곱슬하고 푸석푸석한 머리에 어두운 색 청바지, 노란 블라우스를 입고 있었다. 그녀는 혼자 외래에 와서 "전 누군가에 대해 말해야만 해요. 저는 신경이 날카로운 신경쇠약자예요." 실제로 그녀는 쉴새없이 손톱을 만지작거리면서 의자에서 불편한 듯 몸부림을 치며, 다소 신경이 날카로운 것처럼 보였고 지속적인 눈맞춤이 어려운 듯 보였다. 그녀는 남자 상담자에게 말했다. "당신은 나를 신경과민으로 만들었어. 이것들은 어려운 질문이지."

그녀는 어머니, 두 아이들과 함께 살던 집에서 있었던 끔찍했던 일들을 말했다. 하루종일 잠시도 쉴 수 없었고, 어떻게 쉬어야 할지도 모르는 자신의 문제에 대해 말했다. 그녀의 말은 약간은 강압적이었고 회피하는 말씨가 특징적이었으며, 담담하게 망상이나 환각은 부인했고 아주 어릴 때 성적 학대 경험이 있는 듯 말했으나 그것에 관해서는 이야기하고 싶어 하지 않았다.

상담자가 질문을 시작했을 때, 그녀는 때때로 불안해하거나 수줍게 킥킥 웃었는데, 이는 아마 신경쇠약 때문이었을 것이다. 그녀는 세밀한 조사를 피할 수 있는 방법을 알았다면 무슨 방법이든 했을 것이다. 첫 번째 평가에서, 그녀는 심각한 범불안장애Generalized anxiety disorder로 진단 내려졌다.

▶ 사례 5 : 노OO (남, 30세)

노OO는 서른 살 가량의 남자로 잘 생긴 외모에도 불구하고, 매우 화가 나 있는 표정과 태도 때문에 그다지 매력적이지 않았다. 창문 밖으로 컴퓨터를 던져서 박살내고, 집을 때려 부수며, 미친 듯이 집안 가구에 흰 페인트를 뿌리면서 소리치는 것을 집주인이 발견하여 병원에 데리고 왔다.

노OO는 편집형 정신분열병의 병력이 오랫동안 있었다. 그전에도 그는 간혹 폭력적이 되었으며, 그날 밤 그는 입원을 거부했으나, 전문가가 보기에 그는 명백하게 급성 발작 중에 있는 듯이 보였기 때문에 강제로 입원시키기로 결정했다. 응급실에 노OO를 데려오기 위해 스물세 명의 경찰이 동원되었고, 들어오는 중에 그는 음란한 말을 하고 있었다.

▶ 사례 6 : 양 OO (여, 14세)

양OO를 데리고 온 부모의 얼굴 표정은 무언가 잘못 되었음을 느끼게 했다. 양OO는 약간 살이 찐 열네 살의 소녀로, 머리카락은 등허리 아래에 엉킨 채 내려져 있었다. 그녀의 부모는 그녀가 매우 우울해했고, 특히 지난 두 달 사이에 더욱 더 우울해진 것을 느꼈다고 말했다. 양OO가 광란의 파티를 열었던 5일 전에 위기는 극에 달했다. 그녀의 파티에는 아무도 오지 않았고 그 이후 그녀는 이상한 행동을 하고, "현실"에 대해서 말하며 집 주위를 어슬렁거렸다고 한다.

가장 기괴한 사건은 이틀 전 양OO가 새벽 2시에 그녀의 부모 방문을 두드렸는데, 그때 양OO가 유방을 드러낸 채 서 있었던 것이다. 양OO는 한번도 망각상태이거나 환청을 듣지는 않았었다. 양OO의 부모는 지난 주에 그녀를 두 병원의 응급실에 데리고 갔다. 두 군데 모두에서 전문가는 그녀가 이성을 잃었다고 말했고, 진찰 후 전문의에게 의뢰되어 외래치료를 받기로 했다.

▶ 사례 7 : 길OO (여)

길OO은 최신 유행의 옷을 입고, 담배를 뽐내듯 흔들면서 상담실 안으로 걸어왔다. 상담동안 그녀가 "평생동안 어느 곳도 가지 않을 것"에 대해 이야기를 하면서 감정이 변했는데, 곧잘 울다가도 재빨리 회복되었다. 그녀는 자신의 미모에도 불구하고 남자들과의 관계가 부족했던 것에 대해 매우 불만스럽게 느꼈다. 때때로 말이 곁길로 새었지만, 연상의 이완이나 사고의 차단을 보이지 않았고, 말의 속도와 크기도 적절하였다. 지남력은 유지되었고 망상의 과거력에 대해서는 부인했다. 환각에 대해서는 2년 전에 한번 경험했던 것을 제외하고는 부인하였고 다음 에피소드는 그녀가 단 한번 환청을 들었을 때의 일이다.

그녀는 "나는 어느 누구에게도 이 이야기를 한 적이 없었어요. 그렇지만 이것은 나에게 깊은 영향을 주었죠. 나는 그 당시에는 극도로 혼란스러웠어요. 나의 인생에서 모든 것이 끔찍했어요. 나는 어떤 마약이나 약물도 복용하지 않았고 신을 찾지 않아도 되었어요. 갑자기 불빛이 방을 가득 채웠을 때, 나는 부엌에서 설거지를 하고 있었어요. 나는 그것이 하나님으로부터의 메시지임을 알았지요. 그는 나를 신자들에게로 데려가기 위해서 왔어요. 그 빛 안에서 나는 천사 가브리엘의 목소리를 들었어요. 그는 'OO야, 너는 아이와 함께 있다.' 라고 말했어요. 나는 그것이 하나님의 시험이라는 것을 알았고, 사명을 수락함으로써 힘을 보여주었지요. 그는 나에게 말했고 나는 그에게 신의 위대한 사랑을 확신시켰어요. 그때 천사가 나에게 모든 일은 잘 되었고 나는 나의 아버지인 하나님과 함께 다시 왔다고 말했지요. 눈부신 빛이 방안에 비춰졌고, 모든 것이 약 15분 동안 계속되었지만, 나의 인생에서 여태까지 그와 같은 적은 없었어요."라고 말하였다.

2. 사례에 대한 토론

정신분열병은 정신질환의 전형적인 예들을 매우 잘 나타내기 때문에 사례에 대해 고찰하기 전에 정신분열병의 DSM-IV의 진단기준을 다시 살펴볼 필요가 있다. 정신분열병 내담자에게 접근할 때 가장 중요한 것은 정신분열병의 증상이 나타나는지 아닌지를 결정하는 것이다. 사례의 토론에 앞서 DSM-IV(APA, 1994)에 제시된 정신분열병 진단기준은 〈표 6-1〉과 같고, 양성증상, 음성증상은 〈표 6-2〉와 같다.

〈표 6-1〉 정신분열병 진단기준(APA, 1994)

A. 특징적 증상

다음 증상 가운데 두 개(또는 그 이상)가 있어야 하며, 1개월 중 상당기간 동안 존재해야 한다(단, 성공적으로 치료된 경우는 짧을 수도 있다).

(1) 망상
(2) 환각
(3) 와해된 언어
(4) 심하게 와해된 행동이나 긴장증적 행동
(5) 음성증상

주의: 만약 망상이 기괴하거나, 환각이 계속적으로 행동이나 생각에 대해 간섭하는 목소리이거나, 둘 또는 그 이상이 서로 대화하는 목소리일 경우에는 한 개의 증상만 있어도 된다.

B. 사회적, 직업적 기능부전

발병이후 상당기간 동안 직업이나 대인관계, 또는 자기관리와 같은 하나 또는 그 이상의 주요 생활영역의 기능수준이 발병이전과 비교하여 현저히 감소되어 있는 경우(또는 소아기나 청소년기에 발병될 경우에는 대인관계, 학업 또는 직업분야에서 적절한 성취를 이루지 못하는 경우)

C. 기간

장애의 징후가 적어도 6개월 이상 지속되어야 한다. 6개월의 기간은 진단 기준 A를 충족시키는 증상(활성기 증상)이 존재하는, 적어도 1개월의 기간을 포함하고 있어야 하며(또는 성공적으로 치료되면 더 짧을 수 있음), 이 기간은 전구기와 잔류기를 포함할 수 있다. 전구기나 잔류기에는 음성증상만 있거나 진단 기준 A에 있는 증상 가운데 두 개 이상의 증상이 악화된 형태로 나타난다(예: 괴상한 믿음, 이상한 지각경험).

D. 분열정동장애와 기분장애의 배제

분열정동장애와 정신증적 양상이 있는 기분장애는 다음과 같은 이유로 배제될 수 있다. (1) 주요 우울증, 조증, 또는 혼재성 삽화가 활성기 증상과 동시에 나타나지 않는다. (2) 만약 활성기 증상이 있는 기간 중에 기분삽화가 발생한다면, 활성기와 잔류기에 비해 전체 삽화의 기간이 상대적으로 짧다.

E. 물질 및 일반적인 의학적 상태의 배제

장애가 물질(예: 남용약물이나 투약 약물)이나 일반적인 의학상태의 직접적인 생리적 효과로 인한 것이 아니다.

F. 광범위성 발달장애와의 관계

만약 자폐성 장애나 다른 광범위성 발달장애의 과거력이 있을 때는 현저한 망상이나 환각이 적어도 한달이상 지속될 경우에만(성공적으로 치료되면 더 짧을 수 있음) 추가로 정신분열병의 진단을 붙인다.

〈표 6-2〉 정신분열병의 양성증상과 음성증상

양성증상	음성증상
망상	정서의 둔마 및 위축
환각	관계형성을 잘 못함
왜곡되거나 과장된 언어 및 의사소통	수동적임, 무감동, 사회적 위축
비논리적인 말	추상적 사고의 어려움
산만한 행동	자발성 부족
강직행동	판에 박힌 사고
격정	무욕감, 무쾌감증
	주의집중력 부족

정신분열형 장애는 정신분열병의 기준 A와 C가 동시에 있을 때 적용되지만 증상(전구기, 활동기, 잔류기 포함)은 6개월 이상 지속되지 않으며 기능의 현저한 쇠퇴도 초래되지 않는다. 증상이 6개월 이상 지속된다면, 정신분열병이라는 진단을 받을 것이다.

1) 김OO에 대한 토론

경찰이 데려온 김OO는 과격한 남자였다. 경찰과 있는 동안 그는 환시에 반응하는 것처럼 보였고, 상담 동안에도 다시 환시를 보는 것으로 나타났다. 여기에 정신분열병 진단의 본질에 대한 실마리가 있다. 정신분열병에서는 환청이 더 흔한데 극도로 생생한 환시는 정신병에 기질적 요인이 작용할 가능성에 대해 경고해 준다.

환시는 정신분열병이나 기질적 질병의 진행이 나타나는지 아닌지에 따라 변화하는 경향이 있다는 견해도 있지만 뚜렷하게 구별되는 특징은 없다. 기질적 변화로 인한 정신질환에는 대개 망상이 있고, 환시는 밤에 주로 발생하고, 발병기간이 더 짧으며, 움직일 때 좀더 증가되는 경향이 있다. 또한 환시는 내담자들의 개인적인 의미와 관련없는 경향이 있다. 예를 들면, 섬망이 있는 내담자는 뱀을 보는 환시가 있는 반면 정신분열병 내담자는 최근 죽은 친척에 대한 환시를 경험하게 되는 것이다. 또한 기질적 정신병이 있는 경우 어두운 방에 있거나 눈을 감고 있을 때 좀더 생생하고 자주 환시를 볼 수 있고 이미지들은 종종 내담자에게는 진짜처럼 보여진다. 예를 들면 섬망이 있는 내담자가 공포심에 차서 물체를 가리키거나 주의 깊게 살펴보거나 그것이 다가오려는 것처럼 그것으로부터 멀리 움직이려는 것을 볼 수 있다.

정신분열병 내담자에게 있어서 환시는 결코 단독으로 발생하지 않으며, 보통은 환청 등 다른 환각과 함께 나타난다. 정신분열병의 환각은 일상적인 환경이나 주위 환경의 부재로 보여질 수도 있다. 환각을 일으키는 약물로 인한 정신병에서는 환경 전체가 망상과 환각이 동반되어 왜곡되어 보인다. 정신분열병에서 환시는 선행하는 시각적 망상들이 없거나 덜 형상화된 환시들이 갑자기 보이는 경향이 있고 기하학적 모양이나 추상적인 이미지와는 반대로 얼굴, 몸의 일부, 완전한 형상 같은 구체적 사물을 보는 경향이 있다.

김OO에게 상담자는 사물들을 좀더 가까이 가리킬 수 있냐고 물었다. 김OO는 머뭇거리며 강제로 그의 손을 그의 발 앞에 트인 공간 쪽으로 움직였다. 갑자기 그가 중지하며 "나는 더 이상 가까이 못해요!" 라고 말했다. 환각이 생생하고 현실처럼 더 명확해 졌다. 때때로, 이런 종류의 환시는 상담자에게 기괴한 감각을 만들 수 있고, 무언극의 움직임처럼, 무언가가 보여져야 한다는 느낌을 만들어낼 수 있다.

때때로 "환각"과 "착각"은 혼동되어 왔다. 김OO는 순수한 환각을 본 것인데, 그가 지각한 이미지는 환경적 자극에 의해 유발된 것이 아니라 열린 공간으로부터 발생했기 때문이다. 착각의 이미지는 방안의 어떤 실제 물체나 자극에 의해서 유발된다.

김OO는 한가지 이상의 전형적인 기질적 원인의 정신병을 나타냈고 상담자는 마약이나 향정신성약물의 남용과 금단을 고려해야 한다. 김OO는 진전섬망으로 알려진 알코올 금단 섬망을 겪고 있었다. 알코올과 진정제, 수면제는 금단시 정신병적 특징을 가장 잘 동반하는 약물들이다. 이러한 약물의 금단은 헤로인이나 암페타민 등의 금단보다 훨씬 위험하며 치료하지 않으면 흔히 죽음에 이르게 된다.

알코올이나 진정 수면제로 인한 금단은 가벼운 증상에서부터 진행적이고 진전섬망처럼 좀더 심각한 상태까지 될 수 있다. 금단 증상으로 수면장애, 오심, 불안, 과민, 진전, 그리고 기괴한 감각의 강화 등이 있다. 김OO와 같은 내담자들은 비록 최근 약물사용을 부인하지만, 그들이 '문제가 있는 사람' 이라는 느낌을 받지 않도록 하면서 상담을 한다면 기꺼이 이러한 증상에 대해 말할 것이며 다음과 같은 질문이 매우 유용할 것이다.

- 수면에 대한 문제가 있었습니까?
- 지난 이틀 동안에 걸쳐 안절부절못하는 것을 느낀 적이 있습니까?
- 지난 이틀 동안에 위가 쓰린 적이 있습니까?
- 사람들이 움직이거나 말을 할 때 당신이 놀라고 당황하는 것 같다고 주의 사람들이 말한 적이 있습니까?

진전섬망은 보편적으로 30살 이하에서는 나타나지 않으며, 보통 수년간 다량의 알코올을 지속적으로 사용하는 경우 나타난다. 만성적 알코올의 사용은 자율신경의 조절기능에 보상적인 생리적 변화를 만든다. 알코올을 갑자기 끊었을 때 이런 보상적 변화가 진행되어 맥박 증가, 체온 상승, 혈압상승, 빠른 호흡, 근육 위축, 발한 등과 같은 증상들이 초래된다. 점점 심각해질수록 진전이 심해져서 걷는 것도 어렵다.

정신질환자와의 상담에서 상담자는 금단의 생리적 증상들에 대해 조사해야 한다. 일반적으로 급성 정신병을 가진 내담자는 상담 전에 활력징후를 측정하여 기질적 질환의 진행 여부를 파악할 수 있어야 한다. 사례에서와 같이 어떤 벌레가 자신에게 기어오고 있으며 철사들이 마루에서 돌면서 자신을 놀라게 하고 있다며 동요하고 있을 때, 상담자는 상담을 중단하고, 신체사정과 적절한 의학적 치료를 즉각적으로 제공해야 한다.

알코올성 경련은 때때로 진전섬망에 앞서서 일어나는데, 보통은 술을 끊은 지 이틀 후에 발생하며, 경련이 나타난 세 명 중 한 명 이상은 진전섬망으로 진행된다. 진전섬망은 금주 후 보통 24~72시간에 시작되지만 7일이나 그 이후로도 나타날 수 있다. 정신질환자의 초기 사정을 수행하는 동안 몇 가지 점들이 고려될 가치가 있다.

어떤 경우에는 약물을 복용한 후 아주 오랫동안 진전섬망이 나타나지 않을 수가 있으므로 입원해 있는 어느 때라도 정신병 증상이 나타난 내담자들에서 특히, 활력징후가 비정상적으로 올라갔을 때 약물로 인한 금단의 가능성이 있음을 고려해야 한다.

내담자가 경찰에 의해 응급실에 오게 되었을 경우에는 경찰과의 상담이 또한 중요하다. 경찰과의 상담에서 특히, 다음을 사정해야 한다. : (1) 내담자가 발견된 상황은 어떠했습니까? (2) 내담자는 알코올 중독자나 마약중독자였습니까? (3) 경찰관이 내담자의 가족을 알고 있거나 만난 적이 있습니까? (4) 내담자가 지남력이 없어 보이거나 정신증의 증상을 나타내지 않았습니까? (5) 내담자가 졸립거나 의식이 없는 상태로 보였습니까? (6) 내담자가 머리를 맞을 만한 싸움이 있었습니까? 마지막 질문에서 상담자는 경찰이 정당하게든 부당하게든 내담자의 머리를 강타하는 공격을 가했는지를 알고 있어야 한다. 경막하 출혈이나 뇌출혈은 정신증의 원인이 될 수 있기 때문이다.

경찰관의 감정을 상하지 않게 하면서 확실한 정보를 얻는 것이 필요하다. 사실에 근거한 사무적인 질문은 경찰관에게 머리를 강타하는 것의 위험을 조심스럽게 상기시키면서 정확한 대답을 얻을 수 있다. 이를 위해 다음의 접근방법을 살펴보자.

상담자 : 이 일 때문에 정말 바빴겠군요.

경찰관 : 선생님이 말했다시피, 이 사람은 정말 다루기 힘듭니다. 그를 넘어뜨리는데 세 명이 필요했어요.

상담자 : 아, 그는 몸에 상처를 입었더군요. 어떤 일이 있었습니까? 경찰들 중에 누군가가 그를 다치게 했습니까? 그 분들께 몇 가지 좀 알아보았으면 좋겠습니다.

경찰관 : 그 일에 대해 걱정 마십시오. 어쨌든 감사합니다.

상담자 : 혹시 이 사내를 넘어뜨렸을 때, 우연히 머리에 타격이 갔습니까?

경찰관 : 그렇지는 않을 겁니다.

상담자 : 그가 머리에 충격을 받았는지 아닌지를 제가 묻는 이유는 그에게 작은 골절 같은 것들이 있을지 확실하게 알아야 할 필요가 있어서입니다.

경찰관 : 음… 글쎄요. 이 사람은 아주 거칠게 행동했고, 누군가 그에게 경찰봉을 사용해야 했습니다. 그는 제어할 수 없는 상태였으니까요.

상담자 : 좋습니다. 협조 감사합니다. 우리가 그를 보겠습니다. 그럼 좋은 저녁 되십시오.

종종 경찰에 의해 오게 된 폭력적인 정신증 내담자는 정신증적 증상을 유발하는 약품에 급성으로 중독되었을 가능성이 높다. 약물의 범위는 광범위하며, 히로뽕, LSD, 환각제, 마리화나, 코카인, PCP 등의 일반적 약물을 포함한다. 예를 들면 진통 마취제로 개발된 PCP에 중독된 내담자의 전형적 양상은 현저한 정신증적 증상이 나타나기도 하고, 매우 소량에서도 무통성, 건망증, 운동실조(보행문제 등) 등의 증상이 나타날 수 있다. 또한 그들은 극도로 난폭해지기도 하여 눈을 도려내는 것 같은 자해 행위를 초래할 수도 있다. 만약 PCP 사용이 조금이라도 의심된다면, 상담자는 교육된 안전 요원을 상담에 동반하여야 한다.

일반적으로 약물 중독으로 인한 정신증적 증상의 행동 양상은 공공 장소에서 알몸으로 뛰어다니든지 동물처럼 기는 것같이 매우 기괴할 수 있고 편집증, 지남력장애, 환청, 환시가 발전될 수 있다. 신체 사정에서는 안구진탕증과 고혈압, 근긴장도 증가, 동공축소 등이 나타나고, 특히 항콜린성 약제를 섭취했을 때에는 동공산대가 나타날 수 있으며, 다량의 약물 복용시에는 기면이나 혼수상태에 빠질 수 있다.

약물에 의한 정신증적 증상은 매우 느리게 진행되는 정신분열병의 양상과는 달리 급속하게 진행되는 경향이 있다. 약물 중독인 정신병 내담자를 대면했을 때 1) 내담자가 한 개 이상의 마약에 영향을 받고 있는가? 2) 내담자가 마약이 아닌 정신증을 촉진하는 약물을 복용하였는가?의 두 가지 가능성에 대해 항상 경계해야 한다.

비마약성 약물에 의해 정신증적 증상이 촉발될 수 있는데 예를 들면 항정신병 약물의 부작용을 감소시키기 위해 처방되는 코젠틴Cogentin(Benztropine mesylate)은 항콜린성 제재로서 과도하게 복용하면 섬망을 빠르게 촉진시킬 수 있다. 특히 나이 많은 내담자들은 이런 항콜린성 섬망에 특별히 민감하다. 따라서 약물복용이 의심되는 내담자에게는 처방약과 처방이 필요 없는 약물 복용 모두를 물어 보는 것이 중요하다. 약한 항콜린성 효과를 가진 약물이라도 여러 약물이 함께 처방되었을 때, 섬망을 촉진할 만큼 강한 효과가 있을 수도 있기 때문이다.

투약으로 인한 섬망의 전형적 시나리오는 정신증적 증상이 동반된 주요 우울장애를 가진 나이 많은 내담자가 항우울제인 엘라빌Elavil, 항정신병약물인 멜라릴Mellaril, 파킨슨 증상의 부작용을 경감시키기 위한 코젠틴 등 항콜린성 효과를 가진 세 개의 다른 약물을 복용하게 되는 것이다. 따라서 상담자는 항상 내담자와 내담자 가족들에게서 약물 복용 과거력을 정밀하게 사정해야 한다. 상담자는 허브와 같은 자연 약제들도 정신증적 증상을 유발할 수 있으므로 원인을 알 수 없는 정신증 증상이 나타날 때에는 허브나 자연 식품의 섭취를 고려해야 한다.

김OO씨의 사례를 통해 알아둘 요지들은 다음과 같다.

① 환시는 약물이나 신체 질병, 뇌의 생리적 장애로 발생되는 정신증에서 흔히 나타난다.
② 기질적 정신증은 정신분열병과 같은 기능적 정신증과 비슷한 양상을 나타낼 수 있다. 따라서 정신증적 양상을 나타내는 어떤 내담자의 경우에도 즉각적으로 전반적인 신체 사정이 이루어져야 한다.
③ 마약이나 알코올 사용이 약물에 의한 정신증적 증상의 주요한 원인이다.
④ 알코올 의존의 금단증상 중 가장 심각한 진전섬망은 신속히 치료되지 않는 경우 치명적이다.
⑤ 정신병의 과거력이 없는 사람에게서 몇 시간 안에 현저한 정신증적 증상이 나타난다면 약물과 관련된 것일 가능성이 매우 높다.
⑥ 노인들에게 처방약과 비처방약은 정신증의 원인이 될 수 있다. 특히 항콜린성 약물은 섬망을 촉진한다.
⑦ 난폭한 내담자의 경우 PCP 사용의 가능성에 대해 철저하게 조사해야 한다.

2) 서OO에 대한 토론

서OO는 '악마 같은 김여사' 에게 학대를 당하고 있는 젊은 남자였다. 그는 이상하게도 성적 학대에 대한 감정을 덤덤하게 진술했다. 이런 정서둔마는 정신분열병의 가능성에 대한 중요한 실마리가 된다. 정신분열병의 진단기준에 정서둔마 또는 부적절한 감정이 포함되는데, 이런 기괴한 정서의 형태는 다른 정신증적 상태에서도 나타날 수 있지만 정신분열병에서 매우 일반적이다.

상담자는 내담자가 충격적인 사건을 진술할 때 그에 적절한 불안을 보이는지를 스스로에게 묻는 습관을 가지는 것이 도움이 된다. 서OO는 강간에 대해 말할 때 약간의 공포, 걱정, 분노를 보였으나 매우 약했다. 이를 정서둔마라고 부른다. 또한 서OO는 자신이 강간을 당한 상황을 설명하면서 웃음을 보이는 부적절한 정서도 보였다. 이와 같이 무관심하고 부적절한 감정은 정신분열병에서 일반적으로 나타난다. 또한 항정신병 약물의 부작용으로 정서둔마를 유발할 수도 있다. 따라서 상담자는 내담자의 정서둔마가 무엇으로 인한 것인지 확인할 필요가 있다.

서OO의 또 다른 현저한 증상은 망상적 사고이다. 일반적으로 정신분열병에서 보이는 망상은 터무니없고 실제로 가능한 근거가 없다는 점에서 기괴하다. 예를 들면 어떤 내담자는 자신의 몸을 누군가 조절하고 있거나 생각을 주입하거나 생각을 빼가는 것을 느끼고, 어떤 내담자는 꽃을 피우기 위해 자신의 손가락을 잘라 땅위에 피를 뿌리기를 하느님이 원한다고 믿을 것이다. 편집형 정신분열병에서는 박해 망상이나 질투 망상을 나타낼 수 있다.

다음은 서OO의 어머니와의 상담에서 내담자가 환청이 있었다는 것과 정신분열병 범주에 적합하다는 것이 명확해 진다. 대개 내담자는 자신에 대한 구체적인 정보를 주지 않으므로 가족이나 의미있는 사람과의 상담으로 정보를 얻는 것이 매우 중요하다.

상담자 : 아들이 하루 종일 방에서 무엇을 했습니까?

어머니 : 그것이 참 묘한 일이에요. 그 애는 그 여자와 말을 했어요.

상담자 : 무슨 뜻이지요?

어머니 : 여자 악마와 말을 했어요. 지하실에서 흘러나오는 여자의 소리가 들렸어요. 그것은 정말 무시무시했어요. 늦은 밤, 아들과 그 여자가 말다툼을 하고, 아들이 그 여자에게 욕을 하는 것이 들렸어요. 저는 두려워서 지하실에 내려갈 수가 없었어요.

상담자 : 아들이 어머니와 함께 있을 때도 어떤 목소리를 듣는 것처럼 보였습니까?

어머니 : 네, 걔는 항상 누군가에게 대답하듯이 중얼거렸어요. 그렇지만 이상한 점은 걔가 항상 그렇지는 않다는 거예요. 어떤 때는 매우 침착해 보였고 거의 정상이고, 어떤 때는 매우 격앙되어 있었지요. 어젯밤엔 걔가 고기 자르는 칼을 손에 들고 지하실

에서 소리치며 나왔어요. 걔는 나를 보고 계속 소리쳤고 멈추게 했어야 했는데. 나는 더 이상 어쩔 수가 없어서 걔를 이 병원에 데리고 왔어요.

일반적으로 정신분열병은 증상이 격렬하고 매우 다양하여 내담자의 증상이 감소된 기간에 상담을 하게 되는 경우 정확한 파악을 할 수 없다. 게다가 내담자들은 정신병원으로 가게 될까봐 정신건강 관련자들에게 그들이 환청으로 괴롭힘을 당한다고 말하고 싶지 않을 것이다. 이런 경우 내담자의 가족들로부터 이야기를 듣는 것이 현명하다.

주요 우울장애 등의 기분장애에서도 정신증적인 증상을 드러낼 수 있기 때문에 정신분열병과 기분장애의 증상에 대해 주의를 기울여야 한다. 일반적으로 우울증이나 조증의 과정이 느리고 점차 강도가 세어져 정신증적 증상의 절정에 이르게 된다. 정신분열병 내담자는 그들의 질병과정에서 무쾌감증 등의 기분 장애가 흔히 나타난다. 그러나 주요 우울장애에서 정신증적 양상은 시간이 경과함에 따라 나타나는 경향이 있지만 정신분열병에서는 과정의 초기에 나타나는 경향이 있다. 여기서 강조해야 할 두 가지는 첫째, 가족구성원과 다른 정신 건강 상담자의 기록을 통해 정신증적 증상과 기분장애 증상 중 어느 것이 처음으로 나타났는지에 대한 명확한 병력을 얻는 것이 중요하다. 둘째, 정신증적 증상의 재발이 반복되었던 내담자를 평가할 때 질병의 과정에서 우울증의 역할을 결정하기 위해서 첫 발병시기로 돌아가는 것이 중요하다. 실제로 양극성 장애나 주요 우울장애가 정신분열병으로 잘못 진단되는 경우가 있기 때문이다.

양극성 장애에서 내담자는 정신증 없이 조증 상태일 수 있다. 조증은 그 자체로 과도한 에너지, 불안정한 정서, 안절부절못함, 수면 욕구감소 등을 드러내게 된다. 환각, 망상이 나타나거나 비구조화된 기이한 사고 같은 증상을 보이지 않는 한 정신증이라고 하지는 않는다. 조증 내담자의 50~70%가 정신증을 보인다고 추정된다. 우울증이나 조증에서의 정신증은 기분증상보다 늦게 나타나는 경향이 있다. 그러나 기분장애 증상과 동시에 정신증이 나타났을 때에는 분열 정동장애라고 불린다. DSM-IV에서 제시한 분열 정동장애의 정의는 다음과 같다.

〈표 6-3〉 분열 정동장애 진단기준

A. 어떤 기간 동안 주요 우울증이나 조증과 함께 정신분열병 기준 A에 속하는 증상이 함께 있다. B. 장애 발생동안, 최소 2주간 환각과 망상이 있지만 현저한 정동장애 증상은 없다. C. 정신분열병이 의심되며, 게다가 정동장애증후군이 발생하는 전기간은 정신적 장애의 전 기간과의 간략한 상관관계가 없다. D. 기질적 요인이 장애를 최초로 발생시키고 유지시키는지 알려지지 않았다. 특이 사항 : 조울증 형(현재나 과거에 조증) 혹은 우울증 형(현재나 과거에 조증 없음)

분열 정동장애에 대한 상담자들의 견해는 다양하다.

㉮ 첫 발병시 주요 우울장애나 조증의 범주를 충족시키는 증상과 현저한 정신증이 동시에 나타난다.

㉯ 정신증은 일반적으로 주요 우울장애나 조증과의 관련성이 적다. 예를 들면, 주요 우울장애 환자가 외계인들이 지구를 침공했다는 것, 망상이라든가, 부적절한 정서, 연상이완, 비논리적 사고처럼 일반적인 정신증 사고 과정이 나타난다.

㉰ 질병의 후반에는 기분장애 증상과 심한 정신증적 증상의 혼합이 현저하게 나타나며, 각각의 새로운 증상 발현이 시작된다.

㉱ 기분 장애인 경우 정신증적 증상 기간은 전체 기분장애 기간보다 짧다.

진단은 약물 선택 등의 치료의 방향 결정과 내담자의 예후를 예측하는 데 중요하다. 서OO는 인격 장애의 과거력이 없었고, 1년 동안 증상이 완화되는 과정을 보였지만, 정신분열병의 시간 기준을 충족시켰다. 그의 가족은 그가 간간이 우울해 보인다고 보고했지만 우울증과 정신증적 과정의 상호작용에 있어 시간의 흐름을 명확하게 알지는 못했다. 그러나 서OO가 지속적으로 우울했다고 느끼지는 않았다고 했다. 결론적으로 서OO는 편집형 정신분열병일 가능성이 높고, 분열 정동장애의 가능성도 배제할 수 없다.

서OO의 사례에서 중요한 점들을 요약하면 다음과 같다

① 둔마 또는 단조로운 정서가 정신분열병에서 자주 보인다.
② 항정신병 약물은 둔마 또는 단조로운 정서를 유발할 수 있다. 결과적으로, 내담자가 항정신병 약물치료를 받는 경우, 비정상적 정서가 약물의 작용인지 혹은 정신병리적 과정인지 결론 내리기 어렵다.
③ 정신증 과정은 자주 변하므로 면담시에 내담자가 현저한 정신증 상태가 아닐 수도 있음을 명심해야 한다.
④ 가족과의 상담은 진단을 내리는 데 있어 매우 중요한 정보를 제공한다.

서OO는 편집형 정신분열병에서 자주 보이는 편집증 과정의 좋은 예이다. 정신분열병의 다섯 가지 아형은 혼란형disorganized type, 긴장형catatonic type, 편집형paranoid type, 미분화형undifferentiated type, 잔류형residual type이다. 수년 간의 질병과정에서 흔히 다른 아형으로 바뀌기도 한다. 현재 이런 분류에 따라 예후와 치료계획을 고려하는 것은 불명확하지만 상담자는 그들의 다양한 발현양상을 인식하여야 한다.

잔류형 정신분열병은 정신분열병의 병력이 있으나 최근이나 현재 기괴한 정신증이 나타나지 않을 때 사용된다. 이런 경우 환각, 구체적 사고, 망상 등의 정신증이 나타나지 않지만, 무미건조하고 부적절한 정서, 가벼운 연상이완, 기괴한 행동, 사회적 퇴행 같은 증상을 보인다. 많은 경우 만성적으로 진행되면 잔류형 정신분열병이라고 진단된다.

3) 배OO에 대한 토론

배OO는 50세의 여성으로 내원 당시 '당신이 나와 남편을 도울 수 있나요?' 라는 주호소를 가지고 있었다. 그녀는 '이혼 게임' 이라고 언급했던 정교하게 꾸며진 망상체계를 진술했었다. 서OO와는 달리, 배OO는 무미건조하거나 기괴한 정서를 나타내지 않았다. 오히려 그녀는 매우 정상적으로 보였다. 그녀는 누군가의 믿음에 의해 그녀가 부정행위의 대상이 되었다는 것에 적당히 당황하고 있었다. 그녀는 다른 환각을 호소하지도 않았고, 상담에서도 그런 증상이 없음이 밝혀졌다. 정신분열병에서 자주 보이는 구체적 사고나 다른 정신증의 증거도 없었으며, 50세 이전에 다른 정신질환의 경험도 없었다.

그녀가 보인 정신병리는 구체적인 망상체계뿐이었다. 만약 망상이 극도로 기괴하지 않다면 망상만으로 정신분열병 기준을 충족시키지 못한다. 대신에 배OO는 망상장애라고 할 수 있다. 망상은 그 형태에 따라 피해형persecutory, 질투형jealous, 색정형erotomanic, 신체형somatic, 과대형grandiose 등으로 구분된다.

〈표 6-4〉 망상장애 진단기준

A. 기괴하지 않은 망상(즉 현실 생활에서 일어나는 상황과 관련됨. 쫓아오거나, 독살되어지거나, 감염되거나, 누군가에게 사랑을 받게 되거나, 질병이 있거나, 배우자에게 배반당하는 것 같은 것 등)이 최소 1달 이상
B. 환청이나 환시가 있어도 현저하지 않다.
C. 기능수준이 심하게 손상되지 않으며 행동이 명확하게 기괴하거나 이상하지 않다.
D. 우울증이나 조증이 망상의 기간동안 나타났다면, 전체 정동장애 증후군의 발현기간은 망상이 나타난 기간에 비해 짧다.
E. 정신분열병의 기준 A를 충족시키지 못한다.

망상 장애 내담자는 놀라울 정도로 정상적으로 보이고, 망상 체계에 의해 감춰진 주제를 발견하기 전까지는 어떠한 정신병리도 의심하기 어렵다. 망상은 일반적으로 확고부동하고 스스로에게 잘못된 무언가가 있다고 믿지 않는다. 결과적으로 이러한 현저한 인식 부족은 내담자가 치료에 저항하도록 만들 수 있다.

망상은 다양하며 '오델로 증후군' 이라고 불리는 질투형 망상은 배우자가 불륜의 연애를 하고 있다고 믿는 것이다. 색정형 망상은 보통 여성에서 많고 어떤 남자가 그녀에게 미치도록 빠져 있다고 믿게 된다. 이런 여성들은 상대 남자를 부지런히 쫓아다니는 경향이 있다. 자신이 심각한 질병을 가졌다는 확고부동한 신념을 가지고 있는 경우는 건강염려증 혹은 신체형 망상 장애라고 한다. 이런 사람들은 그 믿음이 망상정도까지 달하며 본질적으로 확고하다는 점에서 간단한 건강염려증을 겪는 사람들과는 다르다. 아마 이런 사람들은 음모에 의해 진실이 감춰지게 되었다고 믿을 것이다. 신체형 망상장애에서는 신체 일부가 변형되었거나, 감염되었거나, 못생

기거나, 나쁜 냄새가 난다고 믿는다. 저작근육에 장애가 있다고 믿는 사람이라면 자신의 특수한 해부학적 결함에 대한 확고한 신념을 상담자에게 설명하기 위해 인간의 두개골을 가지고 나타날지도 모른다. 가끔 이런 사람들은 정신분열병으로 발전한다.

정신증적 장애 중 공유 정신장애Shared Psychotic Disorder는 두 사람이 같은 망상을 공유하는 것으로 한 사람이 망상이 있은 후에 다른 사람의 망상이 발전된다. 흔히 먼저 망상이 발현되는 사람은 지배적이고 권위적인 인격을 가지는 반면 나머지는 의존적이고 암시에 걸리기 쉬운 인격을 가지며, 그 자신의 망상의 원인이 된 상대가 없어지면 사라질 수 있다.

40세 이후에 처음으로 망상장애 증상이 발현된 경우는 기질적 원인에 대해 고려해야 한다. 망상장애를 발생시킬 수 있는 질병은 수없이 많으며, 이 중 가장 흔한 원인은 뇌종양이다. 또한 노인인 경우는 치매를 고려해야 한다. 알츠하이머 내담자의 약 20%는 편집형 망상을 나타낸다. 이런 내담자들은 초기에 망상이라기보다는 의심이 많아지는 양상으로 나타날 수 있다. 중년이나 노인기에 발생하는 정신질환이 유전적으로나 환경적으로 정신분열병과 같은지는 명확하지 않은데, 이들은 보통 기이한 정서나 사고장애의 문제는 흔치 않으며 항정신병 약물에 잘 반응하는 경향이 있다. 이런 사람들 중 일부는 약간의 청력소실을 가지고 있다는 독특한 연구결과도 있다. 청력소실은 다른 사람과의 대화를 잘못 해석하도록 하며, 이로 인해 편집증적 사고가 나타나게 된다.

이상 배OO 사례와 관련하여 주요 논점들을 재검토해보자.

① 망상 장애는 망상에 따라 분류된다. : 피해망상형persecutory, 질투형jealous, 색정형erotomanic, 신체형somatic, 과대형grandiose 등.

② 만성적 특성이 있음에도 불구하고 망상 장애가 있는 사람은 종종 매우 정상적으로 보이고 행동한다.

③ 망상 장애를 가졌다고 추정되는 때는 기질적 원인을 의심해 보아야 한다.

④ 편집증은 원발성 치매를 겪는 사람에게 일반적이다.

4) 강OO에 대한 토론

강OO는 2주 전에 범불안장애를 진단받은 23살의 여성이다. 이전의 상담에서 계속적으로 '나는 매우 예민한 신경쇠약자입니다.'라고 말하며 불안감을 나타냈다. 그녀는 망상, 환각 같은 정신병 증상에 대해 부인했으며, 연상의 이완 같은 사고장애의 증거는 명확하지 않았으나 불안감으로 인하여 야윈 것처럼 보였다.

불안은 정신질환 발생에서 가장 흔한 초기 증상 중 하나이기 때문에, 불안을 주의 깊게 탐구하는 것이 중요하다. 정신병 과정의 '생의 주기Life cycle'에 대해 검토하는 것은 이에 대한 이해를 도울 것이다. 현저한 정신증이 있으면서 어디서, 언제 발생했는가는 정신병의 결정적 증거이다. 현저한 정신증은 환각, 망상, 연상의 이완, 구체적 사고, 심한 지남력 장애, 와해된 행동 등이다. 그러나 이러한 증상이 있다고 해서 정신질환자라고 부르지는 않는다. 왜냐하면 쉽게 정신질환이라고 명명하는 것은 위험하기 때문이다. 반면 임상적 측면에서 이러한 심각한 증상을 보이지 않고 정신병일 수도 있다. 그 이유는 생의 주기Life cycle에서 정신질환의 증상을 찾을 수 있기 때문이다. 대부분의 경우 정신질환의 심각한 증상은 갑자기 발생하지 않고 서서히 전반적인 정신질환의 세계로 이동한다.

망상의 발현 양상을 이해함으로써 정신증의 발현과정을 이해할 수 있다. 정신병 발병 초기에 종종 「망상적 기분」이 발생된다. 이 기간동안 내담자는 무엇인가가 매우 옳지 않다고 느끼기 시작한다. 거기에는 시각이나 청각 등 지각의 강화가 있을 것이다. 지각의 강화로 주변이 더 생생하게 보이게 되어 세상은 이전보다 선명해지고, 이전에 알지 못했기 때문에 인식하지 못했던 세밀한 것들에 대해 새로운 의미를 갖게 된다. 불길한 무언가가 일어날 것 같은 불안한 감정이 흔히 나타나기도 하지만 세상이 참신하고 상쾌하게 보이기도 한다. 다음 발췌는 이러한 특이한 경험에 관한 것이다.

> 나의 경험에 의하면 '극한 현실세계'는 상당히 많은 감각과 관련된다. 바깥 세계가 좀더 생생하고 강한 인상을 주게 된다. 첫째로, 내가 쓴 것은 불빛의 독특한 모습인데, 이 불빛은 그들은 정확히 밝지만은 않으며, 깊고, 좀더 강렬하고, 아마 보통보다 세 배는 더 붉을 것이다. 확실히 나의 감각은 극대화되었고, 나의 청각

> 은 더 민감해진 것 같으며, 나는 어려움 없이 많은 다른 소리들을 동시에 들을 수 있다.

궁극적으로 이 과정은 점점 강렬해지고, 현상학자 슈나이더에 의해 명명된「망상적 지각」이라는 제2기가 나타날 것이다. 이 상태에서 감각 자체는 정상이지만, 지각에 대한 해석은 명확하게 왜곡된다. 불안은 눈덩이처럼 커지기 시작하며, 무언가 옳지 않고 위험이 다가오고 있음을 확신하게 된다. 이 기간 동안에는 더 강렬한 방식으로 주변 환경이 인식되며, 주변의 사소한 것들이 자신과 직접적으로 관련되는 것으로 느껴진다. 세상은 극도로 개인화되고 두렵게 되어 관계사고가 발생한다. 이때 사람들이 자신들에 대해 말한다고 느끼지만, 아직 왜 그런지는 모른다. 이런 사람들은 일상생활에서 사람들을 피하고, 타인의 행동을 신중하게 체크하며, 밤에 잠을 못자고 깨어 있고, 반추적 사고를 멈추지 못하는 등의 현저한 변화를 보인다. 세상에 대한 감각이 매우 생생하여 그들의 현실지각은 주위 사람들의 현실과는 현저하게 다르기 때문에 정신병이 발현된 것이라 할 수 있다.

> 내가 병에 걸렸다는 것을 몰랐기 때문에, 무엇이 일어나고 있는지 알려고 시도하지도 않았고, 이 모든 것에는 신이나 사탄이 만든 저항할 수 없는 어떤 의미가 있다고 느꼈다. 거리에서 낯선 사람의 걸음은 나에겐 어떤 '신호' 였다. 지나가는 차창의 모든 얼굴들은 나의 마음에 새겨질 수 있었고, 그들 모두는 나에게 집중되었고 마치 내게 어떤 메시지를 건네주려는 것 같았다.

제3기는「망상적 사고」단계이다. 처음 2단계까지의 불안정한 의심은 굳은 신념으로 변화된다. 갑자기 이들은 사람들이 무엇을, 왜 말하는지 알게 된다. 편집적 생각들은 확고한 망상이 되어, 정성껏 꾸며지고 정착된 다음 중증 증상이 된다. 망상이 시작되었을 때는 이미 정신증이 많이 진전된 것이라고 할 수 있다.

정신증 과정은 변동하는 경향이 있고, 다양한 단계를 왔다갔다 할 것이다. 그러므로 상담자는 내담자가 정신증 단계 중 어느 단계에 있는지에 대한 모든 증거에 예리한 주의를 기울여야 한다. 뚜렷하지는 않으나 정신증의 경한 증상이 나타난다면, 중한 증상을 좀더 신중하게 찾아 보아야 한다.

정신증의 경한 증상이 존재한다고 해서 그가 필연적으로 정신질환자라는 것을 의미하는 것은 아니다. 만약 외모가 정신증이 있는 것처럼 보이더라도 상담자는 이를 완벽하게 조사해야한다. 정신증의 경한 증상은 불안, 미숙하거나 특이한 대인관계 양상 등 다양한 비정신적인 원인들 때문에 나타날 수 있다. 예를 들면, 연상의 이완이 정신증의 활성기 증상을 의미하는 것은 아니다. 분열형 인격에서 이런 양상이 나타날 가능성이 있는 것이다. 언어적, 비언어적 실마리에서 다음과 같은 정신증의 증상들이 나타날 수 있다(그림 6-1).

〈그림 6-1〉 정신증 과정의 주기

<table>
<tr><td colspan="2">망상의 주기
망상적 기분 → 망상적 지각 → 확고한 망상</td></tr>
<tr><td colspan="2">정신병 과정</td></tr>
<tr><td>A 경한 증상
↓
정신병 암시
↓
비정신병적 과정의 변화에 의해
유발될 수 있음</td><td>B 중한 증상
↓
정신병 결정</td></tr>
<tr><td colspan="2">정신병의 증상</td></tr>
<tr><td>경증
부적당한 강렬한 감정
분노, 동요된 감정
부적절한 감정
애매모호함
가벼운 구체적 사고 장애의 증거
먼 과거의 사건에 몰두
상담자에게 친근함을 기대
부적절한 눈맞춤
사고 차단 또는 지연된 반응</td><td>중증
망상
환각
중정도 또는 심한 구체적 사고
심한 지남력 장애
기괴한 매너리즘과 신체언어</td></tr>
</table>

상담자가 정신증의 가벼운 증상들을 인식하면 이를 구체적으로 사정해야 하고, 망상과 환각 같은 중증 증상의 여부를 탐색해야 한다. 사정하는 데 있어 몇 가지 중요한 기술이 있다.

먼저, 내담자가 비정상적이고 감정적으로 특정 주제를 비난하는 것처럼 보일 때는 내담자에게 관심을 보이고 명료한 질문을 하여 그 주제에 대해 더 토론하도록 부드럽게 유도하는 것이 효과적이다. 비구조화된 방식의 질문은 감정을 풀어놓도록 돕고, 저항을 감소시키기 때문에 정신증 과정의 결정적인 증거들이 드러나도록 해준다. 궁극적으로, 상담자가 경청한다는 것을 느꼈을 때 내담자는 망상의 증거들을 말할 것이다.

두 번째로 내담자가 비논리적이거나 특이한 문구를 사용할 때에는 더 마무리하도록 요청하여야 한다. 명료화를 위한 작업은 무비판적이고 진실한 관심의 어조로 옮겨져야 효과적이다. 내담자가 이성의 이면에 있는 생각들을 설명할 때, 정신증 과정의 많은 증거가 드러날 수 있다.

강OO의 첫 상담 인용에서 정신증의 경한 증상을 볼 수 있고, 특별히 상담자는 비논리적 사고를 끝까지 추적할 것이다.

상담자 : 당신의 불안이 어떤 것인지 조금만 얘기해 주세요.

내담자 : (부적절하게 낄낄거리며) 말하기가 어렵군요. 나는 초조해졌고 무엇을 해야 할지를 몰랐어요. 모든 것이 나의 상상과 관련된다고 생각했고 쓰레기 같다고 생각했어요.

상담자 : 무슨 뜻이죠?

내담자 : 때때로 혼자 있을 때 나는 정말 두렵게 느껴져요. 저는 모르겠어요. 글쎄, 전… 전 어쩔 도리가 없는 것 같고, 모르겠어요. 저는 여자가 되기엔 너무 걱정스러워요. 또 무엇을 말해야 하는지 모르겠군요. 제가 말하기를 원하는 것이 또 무엇이지요?

상담자 : 당신은 여자가 되기엔 너무 걱정스럽다고 말했는데 그게 무슨 의미인가요?

내담자 : 전 당황했고, 당신도 모든 거위가 살찐 것을 알지요. 저는 확실히 언제 일어났는지 모르지만 늘 그래요.

상담자 : 그러면 어떻게 당신의 존재를 여자와 연결짓게 되었지요?

내담자 : 그냥 그렇게 되었어요 여자는 어떤 일을 해야 하고 저는 그 일들이 확실히 무엇인

지 알지 못해요. 어머니가 클 때에는 이런 것들은 아주 간단했어요. 그러나 요즘은 짧은치마와 비디오들, 이런 것들은 더 혼동되게 하고 거기에는 그 밖에 책임이 더 많이 있어요. 그래서 나는 여자가 되기엔 너무 걱정이 되고, 또한 남자가 되기에도 걱정스럽고, 선생님도 이해하셨지요!

'나는 여자가 되기엔 너무 걱정스럽다.' 라는 문구는 매우 이상하다. 내담자는 그 사실을 인지하지 못하는 것 같고 그것을 설명하려고 자발적으로 시도하지도 않았다. 이 점에서 상담자는 현명하게 명료화를 요구했다. 비록 그녀가 무언가를 암시하고 있었다고 추측할 수도 있었지만, 그녀의 다음 설명도 또한 애매모호했다. 그녀의 다음 대답은 다소 비논리적이었고, 그녀가 정신증 과정에 가까이 와 있다는 의혹을 더해 주었다. 상담이 진행되면서 그녀는 좀더 걱정스러워하는 듯 보였지만, 어떠한 정신증의 중증 증상도 보이거나 말하지 않았다. 그러나 상담하는 동안 그녀는 다양한 경한 증상들, 즉 애매모호함, 감시 받는 느낌, 부적절한 낄낄거림, 약간의 비논리적 사고 등을 포함하고 있다.

그녀는 지속적으로 범불안장애의 다양한 증상들에 대해 얘기했지만 규칙적으로 일어나고 있는 공황발작에 대해서는 부인했고 편집증과 마술적 사고에 대해 진술했지만, '불우한 가정환경에서 자랐기 때문일 것이다.' 라고 말했다. 그녀는 지속적인 우울증이나 조증의 증상을 부인했으나 분노가 폭발한 사건과 변덕스러움에 대해 이야기를 했다. 또한 그녀는 자살행동에 대해서 질문했을 때 대답을 회피하였다.

강OO는 정신증 과정이 명백히 나타나지는 않지만 확실하지 않은 감정을 보여주는 좋은 예이다. 경하지만 빈번한 정신증 증상이 있기 때문에 상담자는 빠르고 밀접한 추후상담을 계획해야 할 것이다. 강OO의 진단적 분류는 다음과 같았다.

Axis Ⅰ : 범불안장애(잠정적)
달리 분류되지 않는 정신장애 의심

비특이적 정신장애 진단은 기분장애, 정신분열병, 망상장애 등의 분명한 증거는 없지만 정신질환의 기초가 되는 것들이 의심될 때 내려진다. 이런 의혹은 이후 상담에서 남자형제와 관련된 심한 편집증적 망상의 발현과 동반된 조증의 여러 증상이 나타나면서 명백해졌다. 강OO는 증상이 활성화된 상태이나 중증으로 발전되지는 않았다. 첫번째 상담에서 그녀는 폭풍이 분출하기 전인 망상적 기분이나 망상적 지각 동안이었던 것이다.

강OO와 그녀 가족과의 추후 상담에서 간헐적인 감정적 불안정에 대한 병력과 조증 및 우울 양상이 있음이 밝혀졌다. 그녀의 정신병적 증상은 초기인 것으로 보여졌는데, 기분 장애 혹은 정신병적 장애 중, 어느 것이 먼저 보였는지는 명확하지 않다. 결과적으로, 그녀의 Axis Ⅰ 진단은 분열 정동장애, 양극성 장애 등을 의심해 볼 수 있다. 세심한 관찰과 병력 사정은 양극성 장애의 여부를 결정지을 것이다. 그녀의 가족들은 그녀가 일생동안 분노나 충동 조절에서의 문제가 지속적으로 있었다고 보고하였다. 이는 강OO가 경계성 인격 장애 같은 인격적 문제를 가지고 있을 가능성을 시사하는 것이다.

강OO와 같이 미묘한 정신증의 증상을 보이는 내담자에게 지속적으로 정신병의 증상을 파악하는 것은 중요하다. 이러한 노력과 신속한 치료는 정신병이 악화되는 것을 예방하는 데 도움이 될 것이다.

이 사례에 대하여 중요한 점을 요약하면 다음과 같다

① 망상이나 환각 같은 정신병의 중증 증상이 없는 경우에도 임상적 관점에서는 정신증일 수 있다.
② 정신증의 경한 증상들은 정신질환이 진행되고 있을 가능성을 시사한다.
③ 정신증 과정에서 정신증의 경한 증상은 전구증상이 있은 후 발현된다.
④ 일반적으로 강렬한 정서는 망상적 사고의 가시적인 표현이기 때문에 이러한 증상을 추후 관리하는 것이 최상의 방법이다.
⑤ 비논리적이거나 독특한 문구를 사용하는 경우 명료화를 하여야 한다. 명료화 과정에서 정신증의 증거가 밝혀질 가능성이 높다.
⑥ 축 Ⅰ에 정신분열병 같은 심각한 정신질환이 있으면서 축 Ⅱ의 인격장애가 있을 수 있다.

5) 노OO에 대한 토론

경찰에 의해 연행되어 온 사례인 노OO는 급성으로 악화된 만성 정신분열병을 겪고 있었다.

처음 응급실에 왔을 때 노OO는 아주 난폭했다. 그는 간호보조수를 때리려는 위협적인 행동을 멈추지 않아 결국 억제대가 필요하였다. 그는 망상을 부인했지만 과거력에 비추어 볼 때 노OO의 망상이 간호보조수와 관련되었기 때문에 폭력적인 행동이 유발된 것으로 추측되었다.

상담자가 응급실에 도착했을 때 노OO는 언제 그랬냐는 듯 침대에 얌전히 누워 협조적인 모습이었다. 억제대는 제거되고 그는 정신증의 중한 증상을 부인했지만, 며칠 전에 자살생각을 했다고 말했다. 노OO는 화장실에 갈 때 약간 비틀거렸다. 화장실에 도착하자, 그는 마치 낯선 곳에 떨어진 듯이 주위를 둘러보았고, "내가 여기서 무얼 하고 있지요?" 라고 물었다. 그가 화장실을 가기를 원했다고 말하자, 그는 당황한 듯 보였다.

상담이 진행됨에 따라, 노OO는 과음을 하고 밤을 새운 탓에 졸려 보였으며, 바닥만 내려다보며 보이지 않는 물체에 신경을 곤두세우기 시작했다. 노OO는 진전섬망을 보인 김OO와 비슷해 보였다. 진전섬망은 생명에 지장을 줄 수 있으므로 상담은 즉시 중단되었고, 심전도를 시행 결과 약간의 비정상이 있음이 밝혀졌다. 약 30분 후에 노OO의 호흡이 멈추었는데 다행히도, 인공호흡기 사용으로 그의 목숨을 구할 수 있었다. 노OO의 정확한 진단은 삼환계 항우울제의 과다용량으로 인한 역설적인 흥분이었으며, 주로 이런 흥분 뒤에는 섬망이 있다.

그의 경우에서 몇가지 논의점이 있다.

첫째, 노OO는 과거에 폭력성을 종종 보였기 때문에 그의 편집형 정신분열병이 악화되었다고 생각할 수 있다. 만성 정신질환자를 다룰 때 상담자들은 흔히 활발하게 새로운 원인을 찾지 않고 과거병력에 의존해 유사한 병리적 원인이 작동한다고 가정하는 오류에 빠지기 쉽다. 정신분열병 같은 질환은 증상발현 기간동안 비슷한 양식으로 흔히 나타난다. 경한 증상, 혹은 초기 경고 증상은 종종 증상발현에서 다음 증상 발현까지 비슷하고, 다음으로 중증 증상이 있다. 정신증 과정은 각 개인마다 다르면서도 유사한 경향이 있다. 따라서 상담자는 항상 개인마다 어떤 새로운 점이 병리적 과정에 나타나는지 의심해 보아야만 한다.

두 번째, 섬망은 즉각적인 의학적 평가가 필요하고 지속적으로 모니터해야 하는 임상적 상황이다. 섬망에 대한 임상적 특징을 인식하는 것은 매우 중요하다.

〈표 6-5〉 섬망의 진단기준

A. 외부자극에 대한 지속적인 주의력의 감소와 새로운 자극에 주의를 집중할 수 있는 능력 감소
B. 산만함, 부적절함, 지리멸렬한 말 등을 지시하는 비구조화된 사고
C. 다음 중 최소 2가지
  (1) 의식 수준의 감소. 예, 검진동안 깨어있는 상태의 유지가 어려움
  (2) 지각 장애 : 오해, 환상, 혹은 환각
  (3) 수면-각성 주기의 장애와 불면증, 혹은 낮 시간의 수면
  (4) 정신운동의 활동 증가나 감소
  (5) 시간, 장소, 사람의 지남력 장애
  (6) 기억력 장애. 예, 새로운 것을 학습하거나 현재 질병의 증상발현에 대한 병력 같은 과거 사건을 기억하는 능력 상실
D. (1) 혹은 (2)
  (1) 병력, 신체검진, 혹은 임상검사에는 병인적인 관계를 판단하는 특별한 기질적 인자의 증거가 있다.
  (2) 이런 증거의 부재에서, 어떠한 비기질적 정신장애에 의한 장애가 설명되지 않는다면 병인적 기질적 인자는 추측되어질 수 있다. 예를 들면, 조증 증상 발현은 동요와 수면 장애로 설명된다.

모든 섬망 환자가 지남력이 없는 것은 아니다. 일반적으로 지남력 장애가 발생하지만 질병 과정의 초기에는 대개 지남력이 완전하다. 섬망은 다양한 양식으로 발현되어 잘못 진단될 수 있는데, 다음은 임상적 사정을 위한 몇 가지 중요 지침이다.

첫째, 뇌에 병리학적 기능장애가 존재할 때 섬망이 발생한다.

기능장애는 흔히 의식수준의 변화나 환경에 대한 심각한 주의력 결핍의 문제로 나타난다. 따라서, 내담자와의 초기 상담동안 이 두 가지를 평가하는 것이 중요하다. 불행히도 노OO의 경우처럼 내담자가 동요된다면 그들의 의미를 간과하기 쉽다.

둘째, 의식 수준을 평가하는 것이 중요하다.

섬망이 있는 사람들은 다음 세 가지 중 하나를 보이는 경향이 있다: (1) 활동저하, (2) 활동과다, (3) 활동저하와 활동과다의 혼합. 이 셋 중 활동저하 상태가 가장 일반적이며, 내담자는 졸려 보이거나 깨어있기 어렵다. 이런 '조용한 섬망'의 유형은 노인 에게서 흔하며, 타인을 괴롭히지 않으므로 간과되기 쉽다. 활동과다 상태는 '열광한' 상태로 환경의 자극에 민감하게 반응하고 극에 달한 것처럼 보인다. 이들은 때때로 현저한 동요나 공격성을 동반한다. 앞서 제시한 김OO의 진전섬망의 경우이다. 마지막으로, 복합된 상태에서는 의식수준의 변화로 인해 활동저하와 활동과다 상태가 교대로 나타나며 극에 달하게 될 것이다.

셋째, 의식수준의 변화를 발견하는 것이 중요하다.

문제는 섬망 상태가 상대적으로 빠르게 변화할 수 있다는 점이다. 순간순간 좋아 보이는 모습만 관찰한 상담자는 문제를 관찰하지 못할 수도 있다. 이로써 섬망 기간 동안 내담자는 영구적인 뇌 손상이 생길 가능성이 있으므로 의학적 정밀 검사가 필요하다.

섬망의 또다른 주요한 특성은 주의집중력의 장애이다. 내담자가 집중하는 데 문제가 있는지 없는지 결정하기 위해서 더욱 정밀하게 주의력과 집중력을 검사하여야 한다. 일반적으로 주의집중력을 사정하는 데 사용되는 네 가지 검사는 숫자세기, 경계 검사, 구조검사, 글쓰기 검사가 있다. 첫째, 숫자세기 검사는 피검자에게 몇 개의 숫자를 열거하고 반복하도록 요청하는 것이다. 2개의 숫자로 시작하여 피검자가 정확히 대답한다면 7개의 숫자까지 단계를 지속한다. 검사자가 숫자를 말할 때는 특정한 리듬을 사용하지 않고 한결같은 리듬으로 말하는 것이 중요하다. 열거한 숫자를 거꾸로 되풀이하도록 하여 수행될 수도 있다. 숫자세기에서 성인들은 평균 앞으로 7개의 숫자, 거꾸로는 4~5개를 반복할 수 있다. 둘째, 경계검사는 상담자가 알파벳과 같은 일련의 문자를 암송하며, 특정한 용어, 예를 들면 A가 나올 때마다 피검자가 탁자를 가볍게 치도록 한다. 환경에 대한 주의력에 문제가 있는 경우에는 하지 않아야 할 행동을 하거나 해야 할 행동을 하지 않을 수도 있다. 일반적으로 실수가 아니라면 성인에서는 오류가 거의 없다. 열거가 계속되면 어떤 섬망환자는 무슨 글자를 찾는 건지도 잊어버릴 수 있다. 셋째, 구조 검사에서 피검자에게 십자가나 사각형 같은 도형을 베껴 그리도록 한다. 대개 섬망환자들은 이런 임무를 잘 수행하지 못한다. 네 번째, 글쓰기 검사에서 장애는 일반적인 맞춤법 오류, 서툴게 쓴 글자, 'ㅁ' 이나 'ㅂ' 처럼 글자의 획을 반복하는 것과 배열의 문제, 언어학적 문제를 포함한다. 이외에도 섬망 환자의 명령수행이 어려움, 질문 기억의 어려움, 소리나 외부자극에 대한 민감함, 혼동되어 보이는 등의 모습을 관찰함으로써 주의력결핍을 추가 사정할 수 있다.

섬망 환자는 또한 목적 없이 병원을 배회하거나 화장실의 물을 마시는 것과 같은 다양한 이상 행동들을 보일 수 있다. 특히 부적절한 장소에서 습관적 행동들을 지속한다는 보고가 있다. 예를들면, 직업적 섬망은 내담자가 병원에 있으면서 그들이 직장에서 수행했던 행동을 하는 것을 일컫는다.

섬망 환자의 일반적인 임상적 특징은 다음과 같다.

① 섬망 환자의 40~75%에서 환각이 발생된다. 환시와 환청이 빈번하고 환시는 섬망이나 기질적 병리시에 흔하다.
② 편집증적 망상이 일반적이며, 정신분열병이나 망상장애의 망상보다 경과가 빠르고 약하다.
③ 연상의 이완과 비논리적 사고 같은 사고 장애를 보인다.
④ 단기 기억과 지남력 장애가 흔하다.
⑤ 시간에 따른 변화가 심하다. 특히, 밤에 섬망과 지남력 장애가 심해지는 경향을 '일몰증후군' 이라고 부른다.
⑥ 섬망은 몇 시간이나 며칠동안 나타나는 경향이 있으며, 잠행성으로 일어날 수 있다.
⑦ 일반적으로 섬망은 기질적 병인과 관련되어 나타나지만, 스트레스나 심리적인 요인이 섬망을 유발한다는 보고도 있다.
⑧ 비정상적인 공포와 불안 같은 감정이 흔하다.
⑨ 낯선 사람을 형제나 자매같이 친근한 사람으로 잘못 인식하는 경향이 있다.

상담자는 정신증을 보이는 내담자에게 언제나 섬망의 여부를 의심하고 사정하여 섬망 환자의 영구적인 뇌손상을 방지하도록 노력해야 한다.

노OO의 진단을 요약하도록 하자.

축 I : 섬망(항우울제로 인한 2차 반응)
관해된 편집형 정신분열병

노OO의 사례에서 중요한 요점들을 재검토할 필요가 있다.

① 정신분열병이나 양극성 장애 등 기능적 정신병은 증상발현과정의 양상이 유사하다.

② 내담자의 정신상태가 이전의 전형적 증상발현과 다르게 보인다면, 상담자는 새로운 병인의 가능성을 의심해야 한다.

③ 섬망의 사정은 중대한 의학적 평가과정이 요구되며 만성 질환자에게서는 이를 놓치기 쉽다.

④ 섬망이 존재한다는 경고적 특징인 의식수준의 변화나 환경에 대한 주의력의 문제를 탐색해야 한다.

〈표 6-6〉 섬망의 일반적 원인

대사성
1. 저산소증, 과탄산증, 빈혈
2. 전해질 불균형, 고삼투압
3. 과혈당증이나 저혈당증
4. 마그네슘이나 칼슘의 비정상적 레벨
5. 간이나 신장의 말기 질환
6. 비타민 B_1 결핍(티아민 부족으로 인한 베르니케 뇌증)
7. 내분비 장애 : 갑상선 기능 항진증 또는 기증 저하증, 부갑상선 기능 항진증, 부신질환

감염
1. 전신계 : 폐렴, 패혈증, 말라리아, 장티푸스 등
2. 두개내 : 뇌막염, 뇌염

신경계 장애
1. 고혈압 위기, 뇌졸중, 지주막하 출혈, 맥관염
2. 간질
3. 외상

약물 금단증
1. 알코올성 환각증, 알코올성 경련, 진전 섬망
2. 다른 금단상태(바비튜레이트나 마약의 급성 중독)

중독 : 디곡신digoxin, 레보도파levodopa, 항콜린제anticholinergics, 마약 등의 약물

수술후 속발증 : 특히 심장 수술 후

6) 양OO에 대한 토론

양OO는 14살 여자로 이상한 행동과 우울을 경험하고 있다. 그녀의 행동 중 가장 이상했던 행동은 부모의 침실에 상의를 벗고 들어간 것이다. 그녀는 여러 병원의 응급실에서 히스테리로 진단받았고 정신과 치료가 필요하다고 들었다.

상담에서 양OO에게 왜 히스테릭한 특성이 보고 되었는지는 금방 알 수 있다. 그녀는 마치 누에고치 속으로 움츠리듯이 자폐적으로 보였다. 그녀는 정신과 상담을 시행하는 동안 돌변하여, 의사를 향해 "의사선생님, 무엇이 진실인지 말해주세요."라고 소리쳤다. 그녀는 환각, 망상, 다른 정신증을 부인했고 말은 유창하지 못했으며, 부적절하게 낄낄거리고 있었다. 때때로 그녀는 사고차단을 보였고 산만해 보였다. 지남력은 유지되고, 주의력에 심각한 문제는 없었으나, 부적절한 대화의 가능성을 시사했다. 그녀가 보이는 여러 증상들은 정신증이 진행되고 있음을 보여주었다. 입원 후 실시한 신체사정은 정상이었고, 약물 중독이 의심되었다. 입원 약 1주 후에, 그녀는 중환자실에서 바이러스성 뇌염으로 죽어가고 있었다. 입원시 실시된 혈액검사에서 감염의 증거가 나타났고, 척수검사에서 중추신경계까지 감염된 것으로 나타났다.

진단적으로 말하면, 양OO는 섬망이 아니었다. 기질적 요인의 정신증이 모두 섬망을 나타내는 것은 아니다. 〈표 6-6〉에서 나타난 기질적 병인이 있음에도 불구하

고 정신분열병이나 양극성장애와 같은 기능적 정신증을 제시하는 양상이 나타날 수 있다. 응급실에서는 내담자의 정신증 증상에 생명을 위협하는 원인이 있는지 의심해 보는 것이 필요하다. 일반적으로 급성 정신증 증상을 나타내는 생명을 위협하는 요인은 저혈당증, 고혈당증, 산소부족, 감염, 약물, 두개내 손상, 베르니케 뇌증 등이다. 이외에 간부전, 요독증, 아급성 박테리아성 심내막염, 만성 경막하 혈종 등이 있을 경우 심각하지만 급성 정신증 진행의 직접적인 원인이 되지는 않으므로 상담자들이 간과하기 쉽다.

생명을 위협하는 장애를 밝혀내는 데 효율적이고 적합한 검사는 (1) 활력징후 (2) 자율 신경계 기능장애 (3) 심폐기능 장애 (4) 신경계 기능장애와 뇌 손상 (5) 눈의 이상 등이다.

첫째, 비정상적 활력징후가 나타나면, 기능 장애의 원인을 찾아야 한다. 일반적으로 내담자가 동요되는 경우 맥박은 상승되지만 이 이유만으로 120~130회/분을 넘는 경우는 거의 없다.

둘째, 자율신경계 기능장애는 생명을 위협하는 질병이 있는 경우 많이 나타난다. 항콜린성 제재는 흔히 고열, 복시, 마른 피부, 얼굴홍조, 섬망을 초래한다. 항콜린성 증후군이 뚜렷하지 않고, 아편제 같은 다른 약제의 효과에 의해 가려질 수 있기 때문에 항상 주의해야 한다. 노OO의 경우에 그는 엘라빌Elavil과 항콜린성 성분이 함유된 항우울제를 과다 복용했고, 맥박증가와 입술마름, 정상적 동공반응을 보였다. 전형적인 항콜린성 증후군에서 예측할 수 있었던 것처럼 그의 피부색은 창백했지만 홍조를 띠지 않았다.

셋째, 심혈관계나 호흡계의 이상이 의심된다면, 상담자는 심장과 폐를 청진해야 한다.

넷째, 신경계 검사로 국소 허약과 반사의 변화가 있는지 사정해야 한다. 반사는 빨기 반사, 바빈스키 반사 등을 검사할 수 있다. 상담자는 귀의 고실 혈종이나 두개골 골절의 증상뿐 아니라 목의 경직 증상도 조사해야 한다.

마지막으로, 내담자의 눈을 관찰하는 것은 유용하다. 상담자는 동공의 비정상적 크기와 반응성을 살펴보아야 하며, 수직과 수평의 안구진탕증도 살펴보아야 하는데,

눈은 두개내압 증가를 나타내기 때문이다.

초기단계에서 신체검사는 심각한 건강문제를 신속히 밝혀낼 수 있다. 극도로 동요된 경우라도 다소 안정되면 신체검사를 수행해야 한다. 때때로 신속한 검사를 수행하기 위해서라면 신체적 억제가 필요할 수도 있다.

양OO 의 사례에서 요점은 다음과 같다.

① 섬망 외에 뇌염 같은 질병 또한 정신분열병처럼 기능적 과정과 유사하다.
② 정신증 환자를 평가할 때 상담자는 생명을 위협하는 많은 질병을 고려해야 한다.
③ 정신증 양상을 보이는 모든 내담자에게 신체검사가 수행되어야 한다.
④ 항콜린성 증후군 중 일부 증상만이 나타나더라도 항콜린성 증후군일 가능성이 있다.

7) 길OO에 대한 토론

길OO은 30대 중반의 여성으로 손에 담배를 들고 있었다. 그녀는 몇 년 전 그녀와 아이들이 천사 가브리엘의 목소리를 들었다는 것을 이야기했다. 천사의 목소리는 크고 또렷했으며, 그녀는 실제로 신의 목소리와 대화했다. 이 증상이 발현될 즈음 그녀는 직장에서 해고되었고, 동료들은 그녀가 '가벼운 편집증이 있는' 것으로 느꼈다. 그녀는 또한 '내가 완전한 진짜가 아니라면, 완전한 나 자신이 아님' 이라고 느꼈던 시기에 대해 진술했다. 이런 증상은 약 10분 정도 지속되었고 스트레스가 심한 기간에 발생했다. 그녀는 이런 증상발현이 매우 혼란됨을 알았다. 게다가 상담에서 Axis Ⅰ의 질환이 존재하지 않음이 밝혀졌는데 그렇다면, 환청과 이인증의 증상은 어떻게 설명될 수 있을까?

답은 Axis Ⅰ의 질환에만 정신증적 증상이 나타나는 것은 아니라는 데 있다. 인격장애에서 '미미한 정신증적 증상의 삽화' 가 나타날 수 있다. 때로 증상기간은 연장될 것이며, 이때 축 Ⅰ의 진행을 의심해야 한다. 길OO는 연극성 인격장애의 기준을 충족시킨 것처럼 보였던 것같이 이런 사건들이 일시적이라는 특성이 있다.

미미한 정신증의 에피소드는 특징적으로 스트레스나 약물 남용에 의해 촉진될 수 있다. 빠른 편집증 개념, 이인화, 현실감 상실 같은 과정은 흔하다. 만약 약물남용이나 스트레스가 잦다면, 미미한 정신증 에피소드의 빈도와 기간은 모두 증가하게 된다.

다음과 같은 인격장애에서 정신증적 에피소드를 나타낼 수 있다: 편집형 인격장애, 자기애성 인격장애, 연극성 인격장애, 분열형 인격장애와 경계성 인격장애. 특히 마지막에 언급된 두 개의 인격장애에서 흔하다. 이런 경우 환청의 발현을 정신병 과정으로 볼 수 있는지는 의문시된다. 아마도 그녀는 이런 현상에 대해 종교적 신념의 관점에서 정상이라고 말할 것이며, 문화에 따라 믿음이 달라질 수 있다고 주장할 것이다.

신념이 망상적인지 아닌지를 상담자가 결정하는 방법으로 첫 번째는 증상이 그 문화에서 어느 정도로 전형적인지 확인하는 것이다. 이를 위하여 친구나 가족 등 같은 신념체계를 가진 사람들과 접촉하여야 한다. 두 번째로 정신증 진행과정의 주기에 근거하여 이해하여야 한다. 즉 만약 망상적 기운과 망상적 지각이 없다면 정신증적 과정이 문화적인 것이며, 정신질환이 아니라는 생각을 더해 주게 될 것이다. 예를 들면 '방언' 은 특별하지만 기독교 신앙의 측면에서는 정상이다. 반대로, 만약, 내담자가 정신질환이고 방언을 한다면 이에 심하게 몰두되었을 것이고, 내담자가 교회를 떠난 후에도 오랫동안 불길한 의미로 발전하게 될 것이다.

길OO가 경험한 환청과 이인증은 아마 미미한 정신증의 에피소드일 것이다. 이런 증상들은 주로 스트레스에 의해 생기며, 갑자기 발생하는 특성이 있다. 첫번째 상담 후 길OO의 진단 체계이다.

Axis I : 유예
Axis II: 연극성 인격장애 (잠재적)
비특이적 인격장애 의심
Axis III: 측두엽 간질 의심

Axis III 진단은 길OO의 예에서는 타당하지 않은 것 같다. 길OO은 다양한 철학과 종교적 논쟁에 극도로 흥미가 있었다고 보고했으며, 자신의 생각을 20여 개의 기사로 썼고, 그것 중 어떤 것도 정신증적이지 않았다. 그녀는 또한 복부에서 목 부위로 뭔가 올라오는 것 같은 불편감을 느낀다고 보고했다. 그녀의 이인화 기간과 기분 변화를 포함한 이런 모든 현상은 측두엽 간질로 여겨질 수 있다. 측두엽 간질은 정신적 장애의 증상과도 유사하다. 정신증을 보이는 내담자는 측두엽 간질을 의심해 보아야 할 정도이다. 정신증은 경련 동안이나 경련 사이에 나타난다. 경련은 때때로 전조 기간에 시작하고, 그때 내담자는 공포와 불안을 포함한 다양하고 이상한 감각을 경험할 것이다. 내담자는 두 번째 단계 동안 이미 봐왔던 것들을 경험하거나, 모든 것이 친근하지 않은 것 같은 느낌을 가질 것이다. 복부의 느낌은 자주 있는데 내담자는 '복부경련' 을 가졌다고 말한다. 경련이 발생할 때 내담자는 정신을 잃고 보통 자신을 비난하거나, 배회하거나, 기이한 매너리즘 등 다양한 자동증을 보인다.

이러한 질병 과정을 밝히기 위해 유용한 질문은 '당신이 어떻게 거기에 갔는지 모르는 곳에서는 자신을 발견한 적이 있습니까?' 이다. 두 가지 적당한 다른 질문은, '당신은 의식을 잃은 적이 있습니까?' 와 '당신 가족이나 친구들이 당신이 이상한 일을 하고 있는 것을 보았다는 말을 하는데도 당신은 그 행동을 기억하지 못하는 경우가 있습니까?' 이다.

이상의 토론의 요점을 요약하면 다음과 같다.

㉮ 몇몇 인격장애에서 미약한 정신증 삽화가 나타날 수 있다.

㉯ 미약한 정신증 삽화는 몇 분에서 몇 시간까지 지속될 수 있고 스트레스나 약물에 의해 유발될 수 있다. 편집증, 이인화, 현실감 상실 등이 일반적으로 나타난다.

㉰ 측두엽 간질은 발작동안이나 발작 사이에 정신병 증상을 보일 수 있다.

㉱ 정신증 증상의 발작 사이의 인격변화와 발작동안 일반적으로 보이는 증상에 관해서 사정해야 된다.

II. 정신증의 이해

1. 생리적 체계

인간의 일상생활에서 주요한 생리적 지수의 하나는 수면현상이다. 만약 수면양상에 장애가 생기면 '완전한 자신이 아님' 을 느끼게 된다. 정신증 과정 초기에 수면장애가 나타나는 것은 당연하다. 정신증이 진행됨에 따라 종종 수면에 심각한 문제를 겪게 된다. 낮과 밤의 역전으로 낮시간에 수면하고 밤에는 불면증에 시달리게 된다. 주요 우울장애의 일부로 정신증이 나타난다면 아침에 일찍 깨는 양상의 수면장애를 겪을 것이다. 수면의 어려움은 정신증의 민감한 증상으로 이는 망상적 기분이나 망상적 지각 기간 동안에 자주 보인다. 내담자는 수면장애를 부인하는 경향이 있을 수 있으므로 가족구성원에게 내담자의 수면양상에 대한 질문을 하는 것이 필요하다.

정신증은 정상적인 행동 조절능력을 붕괴시키는 경향이 있어 내담자는 움직임을 멈출 수 없는 흥분성 긴장부터 전혀 움직이지 않는 마비성 긴장까지 행동을 보일 수 있다. 마비성 긴장의 경우 정신분열병뿐 아니라 기분장애, 히스테리성 해리와 다양한 의학적 질병들의 복합 증상으로 나타날 수 있다. 마비성 긴장증은 종종 함구증, 운동부족, 거절증, 양가감정과 관계가 있다. 양가감정은 행동에 대한 우유부단함의 결과이며, 예를 들면 악수하기 위해 손을 내밀었다가 손을 치우는 것 같은 행동을 보이는 것이다. 이런 모든 행위는 '긴장증의 거절증상' 으로 불린다. 마비성 긴장증은 또한 이상한 자세, 타인의 말을 의미 없이 반복함, 납굴증 같은 증상과도 관련된다.

긴장증 환자들이 무엇을 경험하고 있는지 명확하지 않기 때문에 그들에게 접근할 때에는 신중해야 한다. 어떤 환자들은 자신의 주변에서 무슨 일이 일어나고 있는지 잘 알고 있는 듯 보이나, 또 다른 경우 자폐적인 세계에 빠져 있을 것이다. 망상이나 환각이 심하다면 상담자를 공격자처럼 인식할 수 있으며 때때로 침묵에서 과다행동 상태로 아주 빠르게 변화하므로 접촉은 매우 위험할 수 있다.

반대로 긴장증 내담자와의 신체 접촉이 유용할 수도 있는데, 이를 위해 몇 가지 간단한 원칙을 알아야 한다. 첫째, 누군가가 방에 함께 있어야 하며, 둘째, 환자의 행동은 예측할 수 없음을 명심해야 한다. 셋째, 환자에게 상담자 자신이 무엇을 하려는지에 대해 안심시키는 목소리로 조용하게 왜 신체 접촉이 필요한지, 만약 혼자 있기를 원한다면 그렇다고 말하라고 말해야 한다. 마지막으로 상담자는 재빨리 피할 수 있는 동작을 취하고 있어야 한다.

정신분열병을 겪고 있는 30대 중반의 여성이 상담동안 통증으로 인해 몸을 잔뜩 움츠린 채 앉아 있었다. 약 10분간 그녀는 어떤 질문에도 답하지 않았다. 그녀의 목은 계속 과잉신전해 있었고, 얼굴은 통증으로 더욱 뒤틀렸다. 이 때 한 의료인이 들어와서 다음처럼 말했다. "OO씨, 저는 이 병원 의사입니다. 당신이 통증이 있다는 것을 압니다. 제 생각엔 약의 부작용이 있는 듯해서 제가 통증을 경감시키는 데 도울 수 있는지 보고 싶습니다. 잠깐 동안 당신의 목 뒷부분을 제가 만지는 게 느껴질 겁니다. 목을 좀더 자유롭게 움직이게 할 수 있는지 알아보기 위한 것인데 만약 중단하기를 원한다면 말하세요." 그 의사는 말 그대로 했고, 자신의 움직임에 대해 환자에게 계속 알려주었다. 약 1분 이내에 환자의 목이 곧아져서, 상담을 계속하도록 허락했지만, 그녀는 여러 주제를 왔다 갔다 하며 말했다. 그녀의 목 경련은 투약 때문이 아닌 히스테리였다.

긴장증 환자는 현실 인지에 문제가 있다. 정신증을 경험하는 사람들은 종종 유아기 상태로 퇴행하며, 그 상태에서는 신체가 자아의 부분이나 물체의 부분으로 보인다. 즉, 내담자는 이인화와 현실감 상실의 강렬한 느낌을 경험할 것이다. 이런 경험이 다음과 같이 생생히 묘사되었다.

> 나는 내 팔을 바라본다. 그것은 내 것이 아니다. 내 지시 없이 팔들이 움직인다. 누군가 내 팔을 움직인다. 내 모든 사지와 생각은 줄에 매여 있고 다른 것들에 의해 줄이 당겨진다. 나는 누군지 모른다. 나는 조절할 수 없다. 나는 내 안에 살지 않는다. 바깥과 나는 모두 똑같다.

이인화의 느낌이 강렬할수록 정신이 무너지는 듯한 무시무시한 느낌이 있을 것이다. 이런 공포는 정신질환자의 난폭함의 원인이 되기 때문에 이 공포의 강력함을 인식하는 게 중요하다. 위 인용문에서는 또한 자아의 경계 개념과 관련된다. 정신증 환자는 '여러 개의 구멍이 뚫린 다공성 자아' 를 가졌다고 볼 수 있다. 세상은 기분 나쁜 양상으로 그들의 피부에 침입하는 듯 보이고, 다양한 감각이 외부세계로부터 들어오는 듯 보인다. 이는 공포와 불안의 원인이 된다.

2. 정신적 체계

환청은 정신증 과정의 대표적인 증상 중의 하나이다. 일반적으로 '목소리' 의 존재는 미친 것과 같은 의미이며, 정신증의 중증 증상이다. 그러나 내담자가 환청을 가지고 있는지를 사정하는 것은 생각만큼 쉬운 일이 아니다. 상담자는 내담자의 자가 보고에 의존해야 하고 환청의 정의를 알고 있어야 한다.

환청은 가성 환청과 진성 환청으로 분류된다. 진성 환청에서 환각은 실재 감각이며, 진짜처럼 보이고 진짜 지각처럼 많은 지각적 특성을 가진다. 또한 환청은 공간을 차지하는 듯 보인다. 순수한 가성 환청에서 목소리는 마음 안에만 있는 반면 진성 환청의 목소리는 물리적으로 위치할 수 있다. 예를 들면 "내 머리에서 라디오 방송이 되고 있고, 내 이웃이 방송을 내 머리에 주입했다." 처럼 위치가 보고 된다.

목소리가 진짜 같은데 정확히 보통의 목소리처럼 들리지는 않았다고 말하는 내담자들이 있는 것으로 보아 그들에게 '현실' 이라는 것이 어떤 의미인지를 알아보는 것은 매우 흥미 있는 일이다. 정상 목소리와 환청을 구분하는 것은 정신질환자에게 일반적인 일이다. 때때로 그들은 이름을 가지고 있기도 한다. 거짓으로 환청을 호소하는 사람은 정상의 목소리처럼 들리는 환청을 경험하는 경향이 있다. 또한 그들은 모든 것이 갑자기 일어난 것처럼 설명하겠지만 실제로 중증 정신병 증상은 보통 망상적 기분과 망상적 지각 같은 미묘한 전구증상을 가진다.

환청의 유형은 먼저 생각이 반복되는 것이다. 또는 해독할 수 없는 목소리를 듣게 되고, 그 내용은 들은 지 몇 초 후에 명확하게 된다. 다른 두 증상은 논쟁하는 목소리와 환청을 듣는 이의 행동에 대해 비평하는 목소리이다. 다음의 발췌문은 이런 현상에 의해 창조된 기괴한 세상을 생생하게 나타낸다.

산책로에 있는 벤치에 앉아 있을 때, 나는 처음으로 목소리를 들었다. 내가 전에 들은 어느 목소리처럼 이것은 확고하고 끊임없었다. 천천히 "OO야, 너는 쓸모 없어. 게다가 너는 착하지도 않아."라고 했다. 나는 믿을 수 없다는 듯 내 머리를 흔들었고, 그 소리를 쫓아버리려고 노력하면서 아무 것도 듣지 못한 것처럼 내 이웃과 말을 계속했다. 갑자기, 전보다 명확하고, 굵고, 더욱 크고 깊어진 목소리가 나로부터 나왔으며, 이번에 내 귀의 오른쪽에서, 그리고 나를 안으로 조이며 전율케 했다. "OO, 난 너에게 네가 착하지 않다고 전에 말했다. 왜 여기에 앉아서, 네가 다른 누구처럼 착하다고 믿도록 만드는 거야? 넌 착하지 않아." 목소리는 똑같이 낮은 어조로 말했다. "넌 착하지 않은 쓸모없는 녀석이야. 바다가 있군. 너는 너 자신을 익사시킬 거야. 걸어라, 계속 걸어라." 목소리가 지나가자마자, 나는 알아차렸다. 냉혹한 명령에 의해 내가 그것에 복종해야 한다고.

환청에 대해 사정하는 방법으로 물어보는 것보다 좋은 것은 없다. 이 방법으로만 상담자는 정상에서 비정상 반응까지 감지력을 발달시킬 수 있다. 다음과 같이 물어보는 것은 상담자가 진심으로 그들의 경험에 관심 있다는 것을 내담자에게 전달해 줄 뿐 아니라, 환청에 대해 파악하는 것을 도울 수 있다.

- 당신은 언제 괴롭다는 생각이 듭니까, 당신의 생각이 목소리로 들린 적이 있습니까? ("네"라고 대답하면, 다음을 고려해라.)
- 목소리가 무엇처럼 들렸는지 말해주십시오.
- 당신에게 뭐라고 했습니까?
- 때때로 그들은 당신을 힐책했습니까, 혹은 당신에게 의미 있는 것을 말했습니까?
- 그 목소리는 남자 혹은 여자입니까?
- 그 목소리는 이름이 있습니까?
- 그 목소리가 머리에 있는 것 같습니까? 머리 밖에서 나오는 것 같습니까?
- 그 소리가 큽니까, 부드럽습니까?

◦목소리를 처음 들었을 때, 그것들이 무엇이라고 생각했나요?
◦목소리를 들었을 때 어떤 느낌이었습니까?

첫 번째 질문은 어떤 현상을 내담자의 고통으로 정의하고 모욕감을 주지 않으면서 주제를 꺼낼 수 있게 도와준다. 이는 미친 것처럼 보이는 것을 두려워하는 저항적 내담자에게 효과적인 표현 방법이다. 처음 상담에서 상담자는 이 모든 질문을 다 물을 수는 없겠지만, 시간이 허락한다면 지속적으로 환청에 대해 확인할 수 있어야 한다. 지각이상이 있는 경우, 사고과정 자체는 종종 정신병 과정에 의해 붕괴되곤 하여 사고는 빨라지고, 조증처럼 보이며, 집중하는 것이 어려운 것으로 보인다. 다음 예문을 보자.

나는 어떤 것에도 집중할 수가 없다. 머리 속에 너무 많은 것들이 진행 중이어서 생각을 정리할 수 없다. 내 생각은 한 곳에 정착하지 않고 떠돈다. 나는 책 한 줄조차 읽을 수 없고 적은 분량을 읽기에도 시간이 너무 오래 걸리는데, 그 이유는 단 몇 줄을 읽어도 그 문장에서 한꺼번에 10가지 다른 생각이 나기 때문이다.

이 발췌문은 때때로 보이는 불안의 특성에 대한 힌트를 주기도 한다. 정신병적 사고는 '전적인' 특성을 가지고 있다. 비정상적 사고과정은 연상의 이완으로 나타나며, 스스로 조절할 수 있는 것이 아님을 다음의 발췌문이 보여준다.

나의 문제는 생각이 너무 많다는 것이다. 당신은 무언가를 생각하면—그게 재떨이라면—단지, 내 담배를 넣기 위한 것이라 생각한다. 그러나 내가 그것을 생각한다면 난 그것에 관한 12가지의 다른 생각을 동시에 한다.

내담자는 문장 중간에서 멈추거나 원래 주제로 돌아갈 수 없을 것이다. 이런 과정은 사고차단으로 알려졌다. 이것은 정신병의 경한 증상이다. 내담자에게 그 순간 무슨 일이 일어났는지 묻는 것은 유용하다. 때때로 사고과정은 환청에 의해 방해받을 수 있으므로 환청 때문이지 물을 수 있다.

상담 동안에 내담자가 목소리를 듣고 있는지를 아는 것은 중요하다. 왜냐하면 내담자는 상담자가 메시지를 만들고 있다고 느끼기 때문이다. 일반적으로 치료자가 내담자에게 술 취한 얼간이라고 비난하거나 손가락을 자를 거라고 위협하는 것으로 지각되는 것은 라포 형성을 위해 좋지 않다. 이런 환청은 폭력의 위험을 증가시킨다.

내담자의 사고 과정이 종종 정신병에 영향을 받는다는 것은 이미 명확해졌으나, 항상 그런 것은 아니다. 한 가지 문제는 실제로 비논리적 사고가 존재하는 것이다. 잦은 구체적 사고의 붕괴 중 하나는 술어적 사고라고 부른 것이다. 다음 예는 이런 과정을 나타냈다.

> 대전제 : 예수는 학대받았다.
> 소전제 : 나는 학대받았다.
> 결　론 : 따라서, 나는 예수다.

어린아이에게서 보이는, 마술적 사고의 출현뿐 아니라 논리성의 문제는 정신병 과정을 동반한다. 그러나 정상적인 논리적 수준을 보이는 내담자도 많다. 정신병 내담자가 논리적 사고 능력을 잃게 될 가능성이 있기 때문에 상담자는 내담자와 말하기 전에 내담자의 생각을 추측해버리거나 내담자를 낮추어서 이야기하면 안 된다. 상담자는 대신에 내담자에게 부드럽게 대화를 시도해야 한다. 이렇게 하는 동안, 상담자는 내담자의 논리력이 어느 정도인지를 결정할 수 있다. 만약 내담자가 흥분하기 시작하거나 논리에 심각한 장애가 나타난다면 내담자로부터 물러서서 적절한 안전절차를 수행하는 것이 최선이다. 이런 내담자는 정상적 방식으로 타인의 말을 처리하지 못할 가능성이 높다. 게다가 계속적인 상호작용은 내담자를 폭력적으로 만들게 될 수 있다. 조심스레 상호작용의 충격을 사정하면서 적합하게 진행해 나가는 것이 중요하다. 이런 내담자에겐 다른 사람의 말이 들리지 않기 때문에 일단 후퇴하는 것은 임상적 기술이다.

어떻게 내담자의 감정을 해치지 않고 편집증 같은 주제를 꺼낼 것인가는 중요하다. 종종 쉽게 내담자의 대화 내용에 분위기를 맞추거나 자연스럽게 이용하거나 혹은 다음과 같은 수단을 참고함으로써 편집증의 개념에 들어갈 수 있다.

내담자 : 내 자신이 무엇을 해야 하는지 모르겠어요. 단지 모든 게 엉망이라고 느껴요. 아마 애들조차도 우리의 언쟁을 알고 있을 거예요. 처음 결혼했을 때는 모든 것이 매우 좋았지요. 그러나 회사가 세 번째로 문을 닫았을 때 남편은 직장을 잃었고, 그때부터 폭력이 시작되었지요.

상담자 : 가정이 좋지 않은 상황이었겠군요. 긴장감 때문에 남편이 당신을 때리게 되는 나쁜 상황으로 되었습니까?

내담자 : 나는 그를 떠났어요. 그를 떠난 일이 오히려 다행이에요.

상담자 : 어쨌든 당신은 그가 당신을 다치게 하려고 시도했다고 생각하나요. 당신 대신에 당신 친구를 다치게 했습니까?

내담자 : 예. 그는 나에게 죄의식을 느끼게 만들어서 죽이려고 했지만, 아마 그는 나나 나의 친구에게 상처 입히는 게 낫다는 것을 알았겠지요.

비위협적인 방식으로 정신병의 주제를 꺼내는 방법이 유용하지만 정신증의 존재가 확실하지 않은 경우 환각이나 다른 정신증 현상에 대한 질문을 꺼내는 것은 내담자와의 관계를 저해할 수도 있기 때문에 권고되지 않는다. 그러나 이러한 권고에도 불구하고 초기 상담에서 내담자에게 정신병 과정에 대해 물어보는 것은 도움이 된다 : 왜냐하면 정신병 과정 중이거나 인격 장애인 경우 주어진 상담 동안에 완전하게 보이므로 관계사고나 이인증에 대해 질문하지 않으면 분열형 인격장애와 같은 진단을 드러내지 못하게 된다. 또한 내담자가 이런 질문을 피하면서 보이는 감정적 과도반응은 그들의 방어와 행동을 이해하게 해주는 계기가 된다.

정신증을 사정하는 데 효과적인 몇 가지 질문들을 아래에 제시하였다.

- 당신에게 기괴하거나 두렵게 보이는 것을 경험한 적이 있습니까?
- 전에 우리는 당신의 악몽에 대해 이야기하였습니다. 낮에 당신을 괴롭히는

무시무시한 형상 같은 것들을 경험한 적이 있습니까?

- 우리는 당신의 뛰어난 능력들에 대해 말했습니다. 초능력 같은 비범한 능력을 갖고 있다고 느낀 적이 있습니까?
- 전에 당신의 취미 중 하나는 TV보기라고 말했었죠. TV에 의해서 놀라게 된 적이 있나요? (응답에 따라서 다음과 같은 질문을 추가할 수 있다) 당신이 TV에서 본 사람처럼 보였나요, 혹은 그들이 당신 생활의 사적인 면들까지 알고 있다고 생각되었나요?
- 당신의 언니가 명확하게 목소리를 들었다고 얘기했었는데, 당신도 비슷한 경험을 한 적이 있습니까?

정신증을 사정하는 데 또 하나의 좋은 방법은 종교적 주제에 관해 토론하는 것이다.

내담자 : 나는 항상 종교적인 사람이었어요. 아버지는 독실한 기독교 신자였고 전 모태신앙이지요.

상담자 : 신이 얼마나 당신 삶의 중요한 부분을 차지합니까?

내담자 : (길게 멈췄다가) 그는 나의 삶이요 나의 호흡일지어다. 그러할지어다.

상담자 : 그가 당신의 삶에서 매우 중요한 것 같이 들리는군요. 때때로 신에게 다가가려는 사람들은 그가 수행해야 할 사명이나 역할을 가졌다고 느끼죠. 신이 당신에게 그런 역할을 주었기에, 당신이 운이 좋다고 느끼나요?

내담자 : 네, 그래요. 나는 모든 나라에 평화를 가져올 겁니다. 그리고 내가 닿는 모든 것이 평온해 질 것입니다.

이런 내담자와 좀더 철저하게 정신병 영역을 탐구하는 것은 가치 있을 것이다. 비록 주제의 첫 부분만 들어갔지만, 내담자의 감정의 격렬함은 무언가가 진행하고 있음을 제시한다.

3. 상호작용 체계

사회적 퇴행은 정신질환자에게 흔한 일이다. 이런 사회적 퇴행은 자폐적 세계로 들어가려는 경향과 관련될 수 있다. 엄청나게 많은 감각과 생각을 정리하기 위한 노력에서, 정신병 과정을 겪는 사람은 퇴행하는 것이 필요함을 알게 될 것이다. 사회적 접촉은 고통스럽게 붕괴되어 가고 공격적 욕구가 쌓이게 되며, 조절력 상실에 대한 공포 때문에 사람들을 피하게 될 것이다.

이런 사람의 행동은 종종 사회적으로 부적절한데, 비언어적 행동들에서 장애를 보일 수 있다. 이는 타인에게 부적절하게 가까이 앉아 있거나 서있거나 하는 것부터 비정상적인 정서를 나타내는 것까지 다양하다. 마음속 사고 장애에 집중하는 수많은 요구 때문에, 감정이입 능력은 빈번하게 줄어들게 된다.

상담자는 그들의 혼동된 감정을 지각해야 한다. 상담자가 경험하는 혼동은 내담자의 정신병적 과정에 의해 유발된 것이며, 미묘한 연상의 이완과도 같다. 만약, 상담자의 주관적인 혼동은 내담자의 혼동이나 비구조화를 반영하기 때문에 정신병 과정과 내용을 계속적으로 추적해야 할 것이다. 감정이입의 직관적인 감각을 타고 난 운 좋은 상담자는 함정에 빠질 수 있다. 즉 내담자는 미묘한 증상인 비구조화된 사고를 보일 것이지만 상담자는 '내담자가 무엇을 생각하는지' 를 이해하고 있기 때문에 이를 무시할 것이다. 사고 장애의 구체적 증거를 얻기 위해서는 '우리가 내담자를 이해하고 있는지' 가 아닌, '정상적 사람과 혼동되는지' 를 살펴봐야 한다.

정신병 과정에 있는 사람들은 초보 상담자에게 좌절감을 느끼게 할 수 있다. 내담자는 통찰력이 부족하여 투약이나 입원 같은 다양한 도움을 거절한다. 도움이 필요한 것이 명확하지만 '내겐 문제가 없어.' 라고 강력히 느끼는 편집증 환자를 치료하는 것은 좌절될 수 있다. 상담자는 자신의 좌절감을 내담자에게 나타내지 않는 동시에 좌절감의 당연함을 수용하는 것이 중요하다. 관점을 조용하게 토론하는 것이 최선의 방법이며 그런 다음에는 내담자와 상담자가 다른 의견을 가지고 있는지를 인지하고 자유롭게 표현할 수 있다는 사실과 상담자가 다른 치료 계획을 위해 항상 준비되어 있음을 내담자에게 알려줘야 한다.

상담에서 지속적으로 거절증을 보이는 정신분열병을 가진 사람과 일 대 일 상담하는 경우 상담자는 좌절을 경험할 것이다. 자동적으로 모든 것에 '아니오' 라고 말하는 것을 상담자가 지적하는 것은 상담자의 모든 질문에 '네' 라고 말하도록 하는 것과 같은 조절의 포기상태이다.

또한 상담자가 내담자에게 주는 영향을 모니터 하는 것이 필요하다. 예를 들면 편집증 환자의 경우 논리력과 현실 검증의 장애 때문에 상담자가 수용적인 진술을 할지라도 때로 적대적으로 받아들일 수도 있다. 따라서 복잡한 감정이입 진술의 사용을 줄이는 것이 필요한 경우도 있다. 예를 들어 '다리' 라는 단어를 매우 성적인 의미로 받아들이는 내담자에게 상담자가 그 단어를 사용하였을 때는 성적인 주제로 받아들여지며, 원하지 않은 다양한 연상이 수반될 것이다.

때때로 정신병 과정에 있는 사람이 두려워할 때, 그들이 안전한 환경에 있다는 것을 확신시키는 것은 힘들다. 특별히 이런 내담자가 심하게 비구조화 되었다면, 무엇이 일어나고 있는지 말해 주고, 그들이 원하는 질문을 하도록 하고 면접을 구조화하는 것이 유용하다. 비구조화된 상담, 개방적 질문, 부드러운 명령, 잦은 중지들로 가득 찬 상담은 오히려 그들의 마음에 충격을 줄 것이다. 부드럽고 안전한 환경은 정신병의 방어를 줄이면서 구조화된 의사소통을 도울 것이다. 때로 상담자의 감정이입은 정신병 내담자의 불안 수준을 줄일 수 있다. 상담동안 상담자와 내담자는 의도하든 아니든, 상호작용 체계의 일부가 된다.

4. 가족 체계와 다른 집단 체계들

정신병 과정은 가족과 그 구조를 파괴할 수 있다. 정신분열병이나 양극성 장애와 같이 질병과정이 만성적일 때 특히 그러하다. 이런 이유로, 가족 구성원은 치료적 중재가 필요한 집단일 뿐 아니라 중요한 정보의 출처가 된다.

대부분의 가족 구성원은 내담자의 기이한 행동을 이해하고 적응하는 것을 도울 수 있는 지식을 갖추는 데 서투르다. 가족구성원은 흔히 내담자의 망상적 체계에서 분출되는 증오의 대상이 되고 이 때 가족과 친구는 강력한 혼란, 죄책감, 공포, 동정,

무력감, 슬픔, 사랑, 배반하고 싶은 욕구를 포함한 양가감정에 적응해야 한다.

한 가족의 예를 들어 보자. 내담자는 30대 중반의 매력적 여성으로, 오만하게 턱을 앞으로 내밀고 앉아 있다. 그녀의 머리엔 기품을 더 해주는 빛바랜 스카프가 씌워져 있다. 그녀는 우울하고, 마음은 종교적 망상으로 가득 차 있다. 그녀는 직장을 그만두어야 했고 어머니와 남동생과 살아오면서 그녀의 아이는 가족들이 돌보고 있다. 가족들은 신의 도움 없이 인간이 이 고통을 견딜 수 없다고 믿어왔기 때문에 전문적인 도움을 원한 적이 없었다. 최근 얼마간 그녀는 평소 상담자의 도움을 받자고 권하던 남동생의 집에서 거주하게 되었다. 이미 정신병은 가족의 기본 구조를 붕괴시키고 있었다.

응급실에서 기다리는 동안, 내담자는 서서 성가를 부르기 시작했다. 엄마와 남동생은 당황하며 그녀를 자리에 앉히려고 노력하였다. 그녀의 엄마는 지친 듯 의료진을 보며 말했다. "나는 그녀에게 정말 문제가 있다고 생각하지 않아요. 또 내 딸이 입원할 필요가 있다고 생각하지도 않아요. 내 딸은 스스로 회복할 거예요. 그렇지만, 도와준 것은 정말 고마워요." 하며 진심어린 감사를 하였다.

다음날 내담자의 가족은 병원에 다시 왔다. 내담자는 밤새 이상한 행동을 했다고 말했다. 대기실에서 엄마는 딸의 어깨를 감싸고 있었으며, 자신의 딸이 더 이상 예전의 딸이 아님을 알고 있었다. 이 경우 가족 구성원은 '그들이 알던 사람' 을 상실하게 됨으로써 애도과정을 경험하게 된다. 애도과정에는 부정, 분노, 슬픔, 그리고 수용 같은 다양한 단계가 혼합되어 있고 각기 다른 시간에 이런 단계로 들어갈 것이다. 가족은 초기 상담에서 일반적인 문제를 부각시켰는데 이는 가족 내에 부정이라는 강력한 시스템이 존재함을 시사한다. 상담자의 도움을 거절하는 것은 가족구성원의 애도 과정으로 나타나는 것이다.

가족의 긴장은 정신병 과정을 촉진시키거나 악화시킨다. 적대적인 가족은 환자가 약물을 지속적으로 복용하더라도 환자의 회복을 방해할 수 있다. 즉 가족 상담은 정신질환의 재발률을 어느 정도 낮출 수 있다. 이것은 가족에 대한 사정과 가족의 협력이 중요함을 나타낸다.

가족뿐만 아니라, 다른 중요한 사회적 네트워크도 붕괴되기 시작한다. 직장을 잃고 우정도 깨어지며, 친구는 죄의식에 시달린다. 그런 그들에게 '나는 장애가 있어 보이는, 당신 친구와의 상담을 끝냈다. 아마도 당신은 최근에 많은 것을 경험했을 것이다. 그래도 당신은 친절하게도 오늘 그와 함께 왔다.' 라고 안심시키는 작업이 필요하다.

정신분열병 같은 만성적 정신병을 가진 사람들은 친구를 잃어가고, 병원에서 오랜 시간을 보내며, 친척들에게 눈총을 받게 됨에 따라 소중한 시간들을 잃게 된다. 이런 사람들은 종종 사회의 주류로부터 버림받고 사회적 특정 계급을 형성한다. 이러한 하위문화는 치료를 바라보는 관점에 영향을 미치는데, 예를 들면 내담자의 모든 친구들이 특정약물에 대한 편견으로 그 약물을 싫어한다면, 다른 항정신병약물을 처방받도록 돕는 것이 내담자가 그의 하위문화로부터 배척당하지 않도록 돕는 것이다.

5. 의미 구조

정신질환자에게 세상은 너무 의미가 많은 것이 문제이다. 숨 막힐 듯한 기괴함들의 혼합과 열린 감각을 경험함에 따라, 세상은 불타는 덤불로 가득 찬 사막으로 점차적으로 변화한다. 흔히 이들은 더 이상 지지체계로의 역할을 하지 않는 종교에 몰두하게 된다. 종교적 주제는 이들을 더욱 혼란시키게 한다. 상담자는 내담자의 종교적 신념에 대해 듣는 것을 두려워해서는 안 된다. 이는 내담자의 정신병 과정으로 들어가는 방법을 제공하며, 집중하면서 무비판적으로 경청함으로써 내담자의 세계관을 이해하는 것을 돕는다. 만약 이런 토론이 내담자를 혼란하게 한다면, 상담자는 기술적으로 다른 주제로 대화를 옮길 수 있다.

정신병적 종교 몰두는 이들에게 의미를 제공하던 기존의 영역을 대신하려는 강렬한 노력의 결과이다. 예를 들면, 가족의 결속력이 위태롭게 약화되는 것은 환자 자신의 의미에 대한 강력한 틀을 앗아가는 것이다. 환자는 스스로를 가족들의 부담거리로 보게 될 것이다. 이런 상황에서, 왜 과대 망상적인 종교 망상이 위안의 원천으로 제공되는지를 쉽게 알 수 있다. 이것은 어떤 종류의 부활, 즉 자존심의 부활을 나타낸다. 어떤 사람에게 정신병적 망상은 말 그대로 그들의 삶의 초점이 된다. 이런 망상이 사라졌을 때, 삶의 의미는 사라진다. 한 젊은이는 그의 사고를 방송할 수 있다고 믿으면서 이렇게 말했다, "나는 그 분야에서는 최고였지요. 아무도 자신의 생각을 나보다는 빨리 보내지 못해요." 그가 정신병에서 회복됨에 따라, 그의 망상은 희미해졌다. 하루는 그가 말했다. "내가 진짜로 나의 생각을 보낼 수 없다는 것을 깨닫게 되었어요. 그리고 또 깨달았죠. 내가 특별한 사람이 아니라는 것을." 그 순간 그는 울기 시작했다. 몇 년 후에 그는 자살했다고 한다.

상담자가 내담자의 망상에 대한 믿음과 불신의 다양한 단계에서 그의 의미를 이해하려는 시도는 필요하다. 비록 내담자의 정신병이 생리학적 장애에 의해 발생한 것이더라도 망상의 내용은 그의 심리적 성향과 직접적으로 관련되며, 내담자의 기억, 가치, 신념을 포함한다.

III. 치 료

1. 정신치료

정신분열병을 위한 정신치료의 초기 목표는 내담자의 적응력을 증진시켜 다시 즉각적인 평형상태로 돌려주고 스트레스의 주 원인을 확인하여 해결을 돕고 가능한 한 빨리 스트레스를 제거해 주는 것이다.

〈표 6-7〉 정신분열병의 정신치료기법의 원칙(이정태, 채영래 역, 1996)

① 주된 초점은 관계를 재형성하는 데 둔다. ② 치료의 방법과 내용상 치료자는 내담자와 유동적이며 유연한 거리를 유지한다. ③ 정신치료가 진행되면서 치료자와 내담자 모두 적절한 간격을 발견하려 노력하고 이 간격을 유지해야 한다. ④ 치료자는 수용적인 분위기를 만들도록 노력한다. ⑤ 치료자는 내담자를 위한 그릇(容器)으로서의 역할을 한다.

⑥ 치료자는 내담자에 대한 보조자아의 역할을 한다.
⑦ 내담자에 대하여 진실하고 개방적이어야 한다.
⑧ 치료적 동맹관계가 견고해질 때까지는 해석을 미루어야 한다.
⑨ 내담자의 질환에 대한 필요성을 지속적으로 존중해야 한다.

2. 통합적 심리치료

정신분열병 환자를 위한 통합적 심리치료의 목적은 내담자의 사회적 문제들을 인식하고 풀어나가는 능력을 증진시키고 단순한 기억능력에서부터 추리력이나 논리적 분석과 같은 비교적 복합적인 기능을 교육하고 증진시키는 것이다. 그 과정은 다음의 단계를 거친다.

- 1단계: 인지분화의 단계, 주의기술과 자극의 종류를 분별하는 훈련
  단어의 의미, 동의어와 반의어 또는 각각의 정의들의 개념을 연관, 개념구성에 대한 훈련
- 2단계: 사회적 지각단계
  사회적 자극을 정확하게 등록할 수 있는 방법의 훈련, 즉 타당한 정보와 타당하지 않은 정보의 변별능력 증진
- 3단계: 언어적 의사소통 단계
  말한 내용을 정확하게 이해하는 능력의 훈련, 답변에 필요한 연상적 언어적 과정의 증진
- 4단계: 사회기술
- 5단계: 대인관계 문제해결
  주어진 문제의 확인 및 분석과정에서 사실과 추측을 구별하고 하나의 해결책에 대한 다른 상황에서의 성패 가능성 분석

3. 인지행동치료

정신병적 증상 중 인지치료의 적응증이 되는 증상은 주로 망상과 환각이다. 인지치료의 관점에서 망상은 정상인들이 보이는 수준에서부터 심한 망상에 이르기까지 연속선상에서 개념화하는 것이다. 촉발사건activating event, 신념beliefs, 정서적/행동적 결과emotional or behavioral consequence의 관계를 파악하여 정신장애를 치료하는 인지적 ABC 모형에서 볼 때 망상은 신념, 즉 Bbeliefs에 해당한다. 즉 어떤 자극이나 사건에 대한 여러 가능한 해석 중 하나이다. 망상은 개인의 추론이 개입되는 과정인데 그 기저에는 평가적 신념이 존재하므로 망상을 완전히 이해하기 위해서는 추론과정과 그 기저의 평가적 신념 모두를 확인해야 한다.

망상의 경우 서두르면 그 복잡성과 범위를 놓치기 쉬우며, 피해망상의 경우 신뢰와 관계형성 기간이 더 많이 요구되므로 망상의 강도가 약화되고, 내담자가 준비되면 망상에 대해 논의해야 한다. 망상에 대한 논박의 절차는 다음과 같다. 1) 중요성이나 강도 면에서 가장 낮은 신념부터 시작한다. 2) 망상의 내적 일관성과 그럴 듯함에 대해 의문을 제기한다. 3) 망상을 특정 경험에 대한 의미부여 및 이해과정으로 보고, 대안적 해석을 찾아본다. 이때 대안의 탐색은 주로 내담자가 하도록 격려한다. 4) 망상과 대안을 근거 면에서 서로 비교한다.

〈표 6-8〉은 망상에 대한 인지적 ABC 모형의 예이다(원호택 외, 2000).

〈표 6-8〉 망상의 인지적 ABC 모형

망상	A	B	C
피해망상	집밖에서 낯선 사람들이 웅성거린다.	그들이 나를 죽이러왔다.	공포, 도피
사고전파	TV에서 한 남자가 인터뷰를 한다.	그 사람이 내 생각을 알고 그대로 얘기한다.	공포, 분노
사고투입	갑자기 어떤 끔직한 생각이 든다.	이것은 내 생각이 아니다. 누군가 내 머리에 집어넣은 것이다.	공포, 엄습감, 무력감
관계망상	몇사람이 모여 웃으며 이야기한다.	내 얘기를 하고 험담하고 있는 것이 틀림없다.	분노, 회피
신체망상	늘 피곤하고 감기 증세가 오래간다.	내가 AIDS에 걸린 게 분명하다.	절망, 은둔

정신증을 가진 내담자들에게 적용되는 행동요법으로는 토큰강화기법token economy이 있다. 이 기법은 만성 정신질환자의 문제행동 수정 및 사회기술 증진에 주로 사용되어 온 것으로 퇴행이나 인지장애가 심한 사람일수록 효과가 크다. 또한 모델링, 역할 연습 및 사회적 강화로 구성하여 사회기술훈련을 적용할 수 있고, 개인 위생관리, 집안 일, 기초적인 직업훈련 등을 위한 생활기술훈련 등이 시행될 수 있다.

4. 가족치료

정신분열병 치료와 관련된 연구들에서 가족치료와 약물치료를 병행하는 경우 약물단독치료보다 효과가 높다고 보고 되고 있다. Bowen 등(1972)에 의해 처음으로 정의된 표현된 감정expressed emotion: EE이라는 용어는 강력한 개입과 과도한 비판을 특징으로 하는 가족구성원들과 내담자 사이의 상호관계의 형태를 의미한다. 이를 교정하기 위하여 가족들은 명료화, 긍정적, 부정적 환류를 제공하는 방법 등의 의사소통훈련을 받을 수 있다. 또한 가족들은 재발의 전조가 되는 질병의 전구증상과 증후들을 알아내도록 훈련을 받고, 약물의 부작용과 그에 대한 처치, 정신분열병의 장기 경과와 예후 및 이 질환의 유전적이고 생물학적인 기초에 대한 교육을 제공받음으로써 내담자를 치료하는 데 있어 협조자로서 기능할 수 있게 된다.

5. 약물치료

항정신병약물은 도파민 신경계에 도파민 수용체 차단제Dopamine Receptor Antagonists로 작용하는 정형 항정신병약물typical antipsychotics과 도파민 신경계와 세로토닌 신경계에 모두 작용하는 세로토닌-도파민 수용체 길항제Serotonin-Dopamine Receptor Antagonists인 비정형 항정신병약물로 구분된다. 최근 개발된 비정형약물인 아리피프라졸aripiprazole은 도파민-세로토닌 안정제dopamine-serotonin stabilizer로서 상승제와 길항제의 기능을 동시에 가진다.

비교적 약물치료가 시작되던 초창기에 사용되던 정형 항정신병약물은 양성증상에는 효과가 있으나 급 · 만성 추체외로계 부작용이 심하고 음성증상에 효과가 없으며, 인지증상을 개선하지 못하는 단점이 있었다. 반면 비정형 항정신병약물은 양성증상에는 물론이고 음성증상에도 효과가 있으며, 급 · 만성 추체외로계 부작용이 드물고 기분증상, 적대감, 폭력성, 자해행동, 인지장애, 사회화의 어려움 등에도 효과가 있는 것으로 연구되고 있다.

1) 정형 항정신병약물

(1) 종류 : 일반명(화학명)

- Phenothiazines : Chlorpromazine(Thorazine), Mesoridazine(Serentil), Fluphenazine(Prolixin) Perphenazine(Trilafon), Trifluperazine(Stelazine)
- Thioxanthene : Thiothixene(Navane)
- Butyrophenone : Haloperidol(Haldol), Haloperidol decanoate(Haldol D)
- Dibenzoxazepine : Loxapine(Loxitane)
- Dihydroindole : Molindone(Moban)
- Diphenybutylpiperidine : Pimozide(Orap)

(2) 부작용

- 항콜린성 효과 : 구강, 안구 및 인후부 건조증, 불분명한 시야, 변비, 배뇨곤란, 발기불능 등
- 진정작용
- 추체외로 증후군extrapyramidal syndrome : 급성 근긴장이상acute dystonia, 급성 이상운동증acute dyskinesia, 급성 정좌불능증acute akathisia, 파킨슨 증후군Parkinsonian syndrome, 지발성 운동장애tardive dyskinesia, 토끼 증후군rabbit syndrome 등
- 심혈관계: 기립성 저혈압, 심전도 이상소견
- 위장관계: 식욕부진, 소화불량, 변비, 구역반사 소실
- 내분비계: prolactine 분비증가, 체중증가, 역행성 사정

- 안과계: 수정체 색소침착, 색소성 망막염
- 과민반응: 피부반점, 광과민 반응, 무과립구증agranulocytosis
- 경련 등

2) 비정형 항정신병 약물

비정형 약물의 흔한 부작용은 대사장애, prolactin 증가, EKG 이상, 무과립구증 등이다. 비정형 약물의 종류와 약물에 따른 부작용은 다음과 같다.

- Risperidone(Risperdal, Consta) : 고용량의 경우 EPS, prolactin 증가, 체중증가
- Olanzapine(Zyprexa, Zydis) : 체중증가, 진정
- Quetiapine(Seroquel) : 체중증가, 어지럼증, 진정
- Ziprasidone(Geodon) : EKG 이상(Q-T interval prolongation)
- Clozapine(Clozaril) : 무과립구증, 타액분비과잉증sialorrhea, 경련, 체중증가, 항콜린성 효과, 진정
- Aripiprazole(Abilify) : 부작용 거의 없음

3) 약물 교육

항정신병 약물을 복용하는 사람과 그 가족들에게 일반적으로 다음과 같은 내용을 포함한 약물 교육이 매우 중요하다.

- 증상이 호전되어도 약물을 중단해서는 안된다.
- 항정신병약물은 습관성이 없다.
- 정신흥분제는 정신병을 악화시키므로 절대 피해야 한다.
- 술 또는 신경억제제 사용을 주의해야 한다.
- 치료초기 운전이나 기계조작을 피해야 한다.
- 임산부(특히 임신 첫 3개월)는 가능한한 복용을 피해야 한다.

C H A P T E R · 7

제 7 장 인격 장애

제 7 장 인격 장애

인격 이론은 오늘날까지 여전히 호기심을 자아내는 것으로 인격 발달의 정상적인 측면과 비정상적인 측면을 이해하는 데 대단한 진보가 이루어진 반면 더 알아야 할 것도 여전히 많다. 인격의 사정에 성공하려면 현재 개념의 한계를 이해하고 다양한 인격 장애를 둘러싸고 있는 논쟁들을 어느 정도 이해해야 한다. 본 장에서는 인격 장애 유형들의 진단을 결정짓는 것보다 다양한 예들을 이용하여 인격 장애의 일반적인 진단 원칙들을 그려내고 치료적인 대화를 사용하여 실제 치료적인 점들에 중점을 둘 것이다.

I. 심리치료

1. 정 의

김철모라는 정신과 외래 환자가 있었다. 그는 외래에 오기 전 집단모임에 두 번 참석한 적이 있었으며, 이후 그만두었다고 하였다. 집단모임을 떠난 이유에 대해서 그는 "상담자가 쓸데없는 사람들 모두의 이야기를 들어주는데 시간을 너무 많이 낭비했고, 더구나 그는 경험이 없는 사람임에 틀림없다. 그리고 나는 단지 그를 좋아하지 않았다."고 말했다.

김철모는 무늬 없는 지저분한 셔츠에 군 재킷을 단정하지 못하게 입고 있었다. 작은 키에 대머리는 깔끔히 빗질되어 있었으나 금방 흐트러졌다. 그는 그 방에 있고 싶지 않다는 감정을 정말 급작스럽게 나타내었다. 그는 마치 의도적으로 긴 접촉을 피하듯이 강하게 악수했다가 갑자기 힘을 풀었다.

아주 위험한 동네에 집이 있긴 하였으나 그는 그곳을 집으로 여기지 않았다. "나는 그곳에 속하지 않았죠. 나는 민감해요. 그래서 다른 아이들이 결코 느낄 수 없는 것들을 느꼈죠. 그러나 난 그것을 이겨냈죠." 그는 매우 높은 지능을 가졌다고 말했고 실제로 꽤 지적으로 보였으며 글도 잘 읽었다. 학교에 다닐 때 그는 늘 혼자였고 종종 문제를 일으켰으며 선생님들과 논쟁을 벌이기도 했다. 법적인 문제에 관련된 적은 없었고, 폭력이나 범죄 행위에 대해서도 강력히 부인하였다. 약물사용을 나쁘게 여겼으나, 과거 음주 문제에 대해서 질문받았을 때는 머뭇거리면서 인정했다.

그는 결코 아버지를 좋아해 본 적이 없었다. 아버지는 그를 완전한 패배자로 보았으며 과거에는 그를 때리기도 했다. 여러 해 동안 그는 가족들과 접촉을 하지 않았으며, 가족들도 그와의 접촉을 원하지 않았다.

그는 스스로를 특히 글쓰기에 재능이 있는 사람으로 여기고 있었다. 사실 그는 여러 해 동안 소설을 써오고 있었다. 그는 또한 폭력으로부터 만인들을 보호하려는 자신의 성격을 자랑스러워했고 조그마한 최루가스통을 가지고 다녔다. 그는 자신이 남들보다 영리하다고 생각하기 때문에 대화를 주도하려고 했다. 그는 첫 만남에서 사람들을 소외시키는 경향이 있었다.

내담자 : 지난번 그 치료자는 정말로 실패자였죠. 하여간 난 집단치료에서 분별력을 볼 수가 없어요. 사실 솔직히 말하자면 나는 정말 이번에는 어떤 도움도 필요치 않아요.

상담자 : 마음속에 그러한 생각들을 가지고 당신이 오늘 여기에 오신 이유는 뭐죠? 분명히 당신은 외래 정신치료로 등록되었는데요.

내담자 : 우선 말하고 싶은 것은 나는 정말로 치료자들을 좋아하지 않는다는 것이에요. 당신 들이 하고 있는 것에 대해서 스스로가 정말로 알고 있다고 생각하진 않아요. 6~7년동안 치료자들을 가끔 봐왔죠. 괜찮은 치료자도 있었어요. 근데 그는 자신의 능력보 다 더 많은 책임을 져야 했죠. 오늘 당신이 나에게 해줘야 할 것은 내가 새

로운 그룹 홈에 살 필요가 있다는 이유들을 이야기 해주고 기록하는 것이죠. 내가 있는 곳은 너무 위험한 곳에 있어요. 이게 내가 당신에게 필요로 하는 전부예요.

김 철모에게는 결국 자기애성 인격 장애의 일차적인 진단이 내려졌다. 그는 또한 반사회성, 경계성 그리고 편집증적 특징들도 보였다. 실제로 의심되는 것은 이 세 가지 인격 장애의 혼합이었다.

뒤이은 상담에서 김철모는 지금까지 상처 받기 쉬운 감정 때문에 고통받아왔음이 드러났다. 그는 "내가 정말 사랑받을 가치가 있을까요?"라는 질문을 끊임없이 하였다. 그가 아무리 자존감을 높이려 애를 썼다고 하더라도 그것은 쉽지 않았다. 그는 고통으로부터 스스로를 보호하기 위해 일련의 방어기전을 발전시켰다. 그 방어기전으로 자신의 특권을 내세우려는 마음이나 남들을 깔보는 경향, 과장 섞인 공상이나 몰두 그리고 대인 접촉 시 냉소를 보인 것이다. 이런 냉소는 거부의 위험으로부터 그를 방어하는 데 도움을 줄 수 있었고, 거부감은 아버지로부터의 학대가 표면에 드러나게 되는 것이었다.

개인은 힘든 고통으로부터 그들을 보호할 수 있는 일련의 방어기전을 개발시킨다. 불행히도 방어기전들은 경직되고 제한적이어서 고통을 경감시키는 데 비효율적인 방어기전을 사용하게 된다. 김철모의 차가운 무관심과 남을 깔보는 성향은 사랑하는 사람을 잃어버릴지도 모른다는 잠재적 고통으로부터 그를 보호할지도 모른다. 그러나 동시에 이것은 그가 타인과의 관계를 발전시키는 것을 막아버릴 것이다. 그런데 김철모는 그렇게 하지 않고는 어떻게 대처해야 할지를 모른다. 이로써 외로움과 자기혐오는 극대화되고 비극은 시작되는 것이다.

그들의 고통과 불만에 대한 반응은 밉살스럽고 타인을 화나게 하는 행동들이 되고 이러한 행동에 대한 이해는 분노가 역전이 되는 것을 감소시키는 데 도움을 주지만 동정심을 고조시킬 수 있다.

성인의 인격병리를 이해하는 데 있어 아동기와 청소년기의 발달상태를 이해하는 것은 중요한 열쇠가 된다. 인격 장애는 청소년기나 그 이전에 시작되어 성인기 동안에 지속된다. 인격 장애에 대한 진단적 기준이 되는 것은 성인기 초반 이후 그 사람의 과거 몇 년 동안과 오랜 기간 동안의 행동양상들이다. 행동양상들은 사회적 관계나 직업 역할에 심각한 손상을 야기하거나 주관적인 고통을 불러일으킨다.

인격 장애에서 몇 가지 중요한 점들은 다음과 같다.

첫째, 인격 장애는 과거로부터 기인되는 진단이다. 상담에서 보이는 내담자의 즉각적인 행동은 종종 정신병리를 이해하는 데 중요한 단서들을 제공하지만 진단을 내리는 중요한 기준은 내담자의 과거력이지 상담 자체에서 보여지는 내담자의 행동이 아니다. 과거의 흔적들은 매우 다양하다. 내담자의 경직된 방어기전으로 다른 사람들을 괴롭히거나 스스로의 감정의 동요를 초래한다. 예를 들면 반사회성 인격을 가진 사람은 자신을 신뢰하는 고용주의 돈을 훔칠 수도 있다. 이들은 그런 행동에 대해서 아무 후회도 하지 않을 것이다. 자신의 이러한 행위로 인한 고통을 느끼지 않는데 이를 자아동조적ego-syntonic라고 부른다. 반대로, 회피성 인격을 가진 사람의 대부분은 사교적인 접촉을 멀리하게 되는데, 이는 스스로 만들어 놓은 무덤에서 살고 있는 것과 같다. 이런 행위는 어느 누구에게도 해를 끼치지 않으나 내담자에게는 심각한 주관적 고통을 초래하게 되므로 자아이질적ego-dystonic이라고 한다.

많은 내담자들은 자아이질과 자아동조가 결합된 증후들을 보여준다. 그러나 일반적으로 자아동조적인 내담자들은 그들의 행위가 스스로에게 고통을 주지 않기 때문에 상담자의 도움을 받으려 하지 않는다. 오히려 가족이나 법률가들, 행정가들이 이런 사람들을 치료받게 하려고 노력하지만 이들은 쉽게 치료에 참여하지 않는다.

자아 동조적이든 자아 이질적이든 간에 인격 장애의 행동표현들은 부모와의 관계, 형제관계, 연인관계, 고용관계, 친구관계 등의 인간관계에서 독특한 양상을 보인다. 따라서 인격 장애의 흔적들은 보통 사회적 관계에서 발견된다. 인격병리의 특징들은 인간 관계를 파괴시킬 것이다. 상담자는 지속되는, 특히 청소년기 이후 지속되는 행동양식을 적극적으로 활발히 조사해야 한다. 예를 들면 김철모의 방어 기전은 그의 삶 전반에 걸쳐 나타났다. 그는 결핍된 대인 관계, 열악한 직업 경력, 끊임없는 논쟁 그리고 부적합한 과시 등을 나타냈다. 이런 행위는 분명히 청소년기 후반에 형성되어 오랫동안 지속되어 왔다.

그렇다면 이런 지속적인 행동양식의 원인은 무엇인가?

인격 구조의 모양은 세 가지 상호 의존적인 요인들로 이루어진다 : 1) 신체적 요인들 2) 정신적 요인들 3) 환경/개인간의 요인들.

인간은 인생의 후반기까지 지속될 수 있는 성격기질을 타고난다는 주장이 있다. 이는 반응의 강도, 활달한 정도, 집중하는 정도, 자극에 대한 반응의 역치, 분위기 그리고 산만함 등으로 나타난다. 유기적인 것과 기질적 요인들은 그런 특징들이 발달되는 데 상호간에 영향을 미칠 수 있다. 예를 들면, 만약 쉽게 산만해지는 기질을 타고난 아이는 배우고 규칙을 지키는 데 심각한 문제점들을 가지게 되어 부모의 지시를 따르는 데 문제가 있을 것이다. 아이의 의도적인 불복종이나 학교생활에 적응하지 못하는 것은 부모를 불안하게 할 것이다. 부모 역할을 잘 하는 부모라 할지라도 욕구불만과 분노가 초래되어 부모들은 불쾌감이나 아이에 대한 미묘한 거부감을 보여주게 될 수 있다. 만약 이미 정신병리적인 소견을 보이는 부모라면 꽤 많은 문제가 발생하게 된다. 알콜 중독 부모는 아이를 학대할 가능성이 높으며, 이는 아이에게 두려움과 동요, 집중장애, 학습장애를 초래할 수 있다. 또한 아이의 문제는 아이 행동에 대한 책임에 대한 논쟁을 증가시켜 결혼상태에 부조화를 더하는 악순환을 초래할 것이다.

반면, 정상적인 집중력을 가진 아이가 취약 가정에서 태어날 수도 있다. 이 경우에도 아이는 만성 불안을 경험하게 되며, 환경적인 문제들은 신체적인 변화를 유발시킬 수도 있다. 아이는 불안에 적응하기 위해서 심리적인 방어기제들을 발달시키기 시작하여 은둔하거나 소심하게 될 수 있고, 혹은 열등한 자아개념을 발달시킬 수도 있다. 그 결과 거부감으로부터 자신을 보호하기 위해 타인을 멀리하거나 과장된 사고를 발달시킬 수 있다. 이러한 방법들은 아이가 스스로의 무가치함을 느끼는 데 있어 완충 역할을 한다.

DSM-IV에서는 괴상하고 엉뚱한 경향이 강한 편집성, 분열성, 분열형 인격 장애를 cluster A, 극적이고 감정적이며 변덕스러운 경향이 강한 반사회성, 경계성, 연극성, 자기애성 인격 장애를 cluster B, 불안하고 두려워하는 경향이 강한 회피성, 의존성, 강박성 인격 장애를 cluster C로 분류, 설명하고 있다. 본 장에서는 불안한 경향이 강한 인격 장애, 공감이 결핍된 인격 장애, 정신증 경향의 인격 장애로 분류하여 인격의 특성을 설명해 보고자 한다.

1) 불안 경향 인격 장애

강박성 인격, 의존성 인격, 회피성 인격, 수동 공격성 인격은 모두 긴장과 불안이 존재한다는 공통된 맥락이 있다. 불안이 드러나는 방식과 불안을 조절하는 기전에는 차이가 있다. 이런 사람들은 그들의 욕구가 충족되지 않거나 방어기전이 적절하지 못했을 때 간헐적으로 우울증에 빠지는 경향이 있다.

(1) 강박성 인격

강박성 인격은 인생을 마치 압력솥 안에 있는 상태로 여긴다고 할 수 있다. 압력솥 안은 완벽한 목표들과 요구들로 구성되어 있다. 이들은 스스로를 힘들게 한다. 사소한 실패라도 인생의 완전한 실패라는 극단적인 인식에 달해 일벌레로 살아가며 일에 대한 애정과 분노를 동시에 가지게 된다. 이들은 그들 스스로가 사랑 받을 만한 가치가 있는 존재임을 증명해야 한다는 암묵적인 믿음 체계를 가지고 있다. 따라서 자신만의 재미를 위한 시간은 없고 자신의 장점에 대해서는 심각한 반면 외부에 대해서는 냉정하고 무관심한 듯 표현한다. 그들 내부의 깊숙한 곳에서는 자제력을 상실할까 봐 두려워하는 듯하다. 생활은 훈련과 끊임없는 일의 목록과 계획으로 소진된다. 그들은 놀이를 위해서도 계획을 세운다.

이들은 잘못된 결정을 내릴까 겁내기 때문에 서둘러 내린 중대한 결정은 장애가 된다. 삶은 일방통행만 가능한 기나긴 복도로 여겨지며 성공에 이르는 가능성은 지극히 희박해 보인다. 생활양상은 시간적 손실이 많고 스트레스로 가득 차 있고, 눈물을 잘 흘리지 않지만 슬픔을 느끼기도 한다.

(2) 의존성 인격

의존성 인격 장애자들은 세상에 재난이 가득하다고 본다. 그러나 이들은 불안을 다른 방법으로 다룬다. 강박증은 모든 가능한 상황들을 조절하려고 맹렬히 시도함으로써 불안을 다루고 수동 공격증은 '나는 어쨌든 이 불쾌한 쇼로부터 많은 것을 기대하지 않았어요' 라고 말하며 불안에 대해 적극적인 언급을 피함으로써 불안을 다룬다. 이와는 대조적으로 의존적 인격은 불안할 때 자신이 신뢰할 수 있는 대리 부모의 품으로 곧장 도망간다. 이들은 거부에 대해 매우 예민하나 보상이 보장된다면 창피함의 위험도 기꺼이 감수한다. 따라서 그들은 온화하고 아첨을 잘하며, 타인의 요구에 기꺼이 복종하는 것 이상이다. 그들은 스스로를 약하고 무능하게 보며 의사 결정을 내리길 원하지 않는다. 더욱이 아주 저하된 자존감으로 스스로의 것을 만들 수 없다고 생각한다. 이들의 불안에 대한 해답은 안정된 노예 생활인 것이다.

(3) 회피성 인격

회피성 인격을 가진 사람들은 필사적으로 애정과 사랑을 추구한다. 불행히도 이 목표들은 저하된 자존감 때문에 성취되지 못하고 단순한 꿈으로 남아있을 뿐이다. 이들은 교우 관계에서 위험한 시도를 감히 하지 못한다. 의존성 인격들과 마찬가지로 그들은 부적절감을 느끼고 낮은 자존감으로 인해 더욱 더 잔인한 자기 조소를 보인다.

이들은 자신을 신뢰하지 못하며 사회적인 공포감을 갖게 된다. 의존성 인격과는 달리 이들은 무관심하고 냉담해 보이는데 이것은 그들이 느끼는 거부감으로부터 스스로를 보호하기 위한 것이다. 이들의 불분명한 태도는 약자를 못살게 구는 경향이 있는 사람들의 조소를 불러일으킬 수 있다. 이들은 의존의 대상을 찾지도 않으며 만약 찾았다 하더라도 그러한 인물에게 감히 말을 걸려고 하지 않는다. 외로운 존재이며 거절당하지 않을 것이란 절대적인 확신이 느껴지지 않는다면 관계를 구하려고 노력하지 않는다.

(4) 수동 공격성 인격

강박성 인격과 같이 이들은 적의에 찬 세계와 숨바꼭질 놀이를 하지만 강박성 인격과는 달리 그 목적이 자제력 상실을 막기 위한 것은 아니다. 이들은 이미 자제력이 상실되었다. 이들은 때때로 다른 사람과의 관계에서 자신을 헌신적으로 바치기도 하고 때로는 자제하기도 한다. 이들의 불안감은 이러한 당혹스러운 양가감정 때문이다. 실패와 힐난으로부터 스스로를 보호하기 위해 그들은 부정적이고 열의가 없는 듯이 되어 버린다.

새로운 계획이 제안된다면 그 계획이 실패할 것에 대한 이유를 조목조목 만들어 낸다. 이러한 부정적 태도는 타인과 함께 일하기 어렵게 하며, 타인으로부터 거부당하게 한다. 그들은 거부를 두려워하면서 강렬한 신랄함을 숨기기 때문에 타인을 수동적인 방법으로 공격한다. 예를 들면 일을 하는 데 있어 빈둥거리거나 지체하거나, 의도적으로 비능률적으로 일을 처리하거나, 너무 완고한 규칙을 적용하여 일을 실패하도록 만든다. 그들은 타인의 사랑을 얻기 위해 무엇을 해야 할지 정확히 모른다.

2) 공감결핍 인격 장애

이런 인격 장애자들은 과거 다른 사람에게 배신당하고 속임 당한 흔적들로 가득하다. 공감의 부족은 대인관계에 대한 진정한 관심이 부족하기 때문이다. 대개 첫 상담에서 다른 사람의 감정이 내담자에게 거의 의미가 없다는 것이 발견된다. 이러한 자기중심적인 태도는 분열성 인격, 반사회성 인격, 연극성 인격, 자기애성 인격에서 확연하다.

(1) 분열성 인격

분열성 인격은 조용히 혼자 있기를 좋아한다. 이들은 천천히 움직이고, 내향적이며 타인들로부터 고립되어 살아가는 삶에 만족하는 경향이 있다. 이들은 타인과 관계형성을 거의 하려고 하지 않으며, 감정은 강렬하지도 깊지도 않고, 상냥함과는 거리가 멀다. 다른 사람들이 그들에 대해 무슨 생각을 하는지에 대해 비교적 무관심을 나타낸다.

이들은 다른 사람들과 활발히 관계를 맺는 사교술이나 대인관계 욕구가 부족한 경향이 있다. 겉으로는 회피성 인격과 유사해 보이나 회피성 인격은 창피스러움을 예견하고 끊임없이 투쟁을 벌임으로써 촉발되는 불안한 정서가 특징적이다. 회피성 인격은 사람들로부터 도망가는 반면 분열성 인격은 타인으로부터 받아들여지기를 갈망하지 않기 때문에 최소한의 접촉을 통해 힘들이지 않고 조용히 나아가며, 거부감에 대한 두려움이 없다.

종종 분열형 인격과 혼동되는 데 실제로 분열형 인격은 분열성 인격과 같이 친구들이 거의 없고 다소 무관심하고 멍한 듯이 보인다. 그러나 이들은 말이 자연스럽지 못하고 정신분열병과 비슷한 점이 있으며 Axis I 진단으로 발전될 가능성이 있다. 반면 분열성 인격은 정신병과는 무관하다. 분열성 인격은 일반적으로 다른 인격 장애에서 보여지는 미세한 정신병적 일화들이 있는 경향이 있다.

(2) 반사회성 인격

반사회성 인격은 카멜레온이다. 때때로 그들은 정신분열병처럼 위축되어 보이나 대부분 적극적으로 다른 사람들과 상호작용하는 것으로 보인다. 이들은 어떤 사람들에게는 호전적이고 성질이 나쁘게 보일 수 있지만, 다른 사람들에게는 매력적으로 보이기도 한다. 이런 능숙함을 이용하여 다른 사람들을 이용하고 속이기 일쑤다. 그 결과 이들은 종종 법을 무시하며 거짓말하고 속이고 마약 거래를 하기도 하며 여러 직업을 전전하게 된다. 성 관계는 하룻밤의 일이고 '책임감' 이란 말은 이들 사전에는 없다.

더욱 나쁜 것은 잔인하고 폭력적으로 보일 수 있다. 이들이 불안해하는 경우는 거의 없고 실제로 이들의 삶에는 초자아가 거의 관여하지 않는 것처럼 보인다. 이들은 자신의 문제가 다른 사람들의 단점에 의해 야기된 것으로 본다. 이들의 비도덕적 행동들과 가치관은 심한 고통을 이겨내기 위한 방어기전의 부분일 것이다. 예를 들어 이들이 타인과의 관계에서 무정함을 보이는 것은 강력한 의존욕구들에 휘말리는 것을 두려워하여 스스로를 보호하기 위함이다.

(3) 연극성 인격

행복한 연극성 인격 장애를 가진 사람만큼 즐거운 것은 없고 그것만큼 불행한 것도 없을 것이다. 이들은 부모 슬하에서 안전감을 구하며 어린애와 같은 삶을 살고자 한다. 마치 인상파 화가들의 눈을 통해 보여지는 것과 같이 세상은 수시로 환각제를 내뿜는 듯, 이들은 세부적인 것을 보지 않을 뿐 아니라 기억조차 하지 않는다. 과거는 인상주의적 이미지의 얼룩들이다. 강박적 인격은 일정한 규칙 속에 세상을 모으는 반면, 연극성 인격들에게 있어 세상의 모든 문들은 기쁘게 열려 있다. 이들은 책임감을 거의 느끼지 못하고 어쩔 줄 모르는 감정들을 보인다. 이들은 마치 이들 삶이 영화의 일부분인 것인 양 생각하기 때문에 생은 흥미롭다. 이들은 무대 중심에 서기를 갈망하는 경향이 있고, 운 좋게도 재능이 있어서 무대의 중심에 선다면 그것을 당연한 일로 받아들인다.

이들의 생활은 과장된 반응과 발작과 애정상실의 연속이다. 그러한 연극 뒤에는 쉽게 부서져 버리는 약한 자존감이 고통스럽게 있고 열등감과 욕구들이 숨어 있다. 그들은 자신의 가치를 위해 다른 사람들의 칭찬에 강하게 의존한다. 거부에 대해 민감하기 때문에 끊임없이 재확인과 칭찬을 구하게 된다.

이러한 욕구들을 충족하기 위해 사람들을 이용한다. 자살 제스처는 흔하지 않으나 일어날 수 있다. 주위의 분위기에 따라서 재빨리 기분을 바꿀 수 있는 능력이 특징이다. 떼를 쓰는 아이처럼 상황을 좋게 하기 위해 자신의 연극적 특성을 끌어낸다. 어른이 어린아이처럼 살 수 없다는 것이 이들의 비극이다.

(4) 자기애성 인격

자기애가 내적으로 뿌리 박혀 있는 안정된 자기애성 인격을 가진 사람들은 실제로 자신 스스로를 남들보다 더 우월하다고 생각하면서 종종 자신들의 동료들과 어울리는 것을 즐긴다. 대조적으로 불안정한 자기애에 속한 자들은 좀더 방어적인 태도와 가성의 자기애를 보인다. 이 사람들은 좌절된 자아를 의도적으로 숨긴 채, 과장된 행동을 한다.

우선 안정된 자기애성 인격을 살펴보자. 이들은 자신의 편안함을 위하여 타인을 대상화시킨다. 타인은 단지 이들의 '자아'에 봉사하기 위한 대상물일 뿐이다. 세상은 하나의 신(神)의 주위를 공전하는 데 그 유일한 신이 바로 '나'이다. 어린아이처럼 타인을 모욕하거나 이상화함으로써 급속하게 변할 수 있다. 예를 들면 엄마가 만약 장난감 비행기를 사준다면 그녀는 대단한 존재이지만 엄마가 거절한다면 그녀는 미운 대상일 뿐이다. 안정된 자기애성 인격의 사람은 응석받이로 자라서 공유라는 것을 받아들일 수 없다. 결과적으로, 그들은 결코 다른 사람을 배려할 수 있는 능력을 발달시킬 수 없게 된다. 거의 대부분의 자기 도취적인 사람들은 실제로 자신이 소유했다고 느끼는 만큼의 재능과 기술을 가지지 못하였다. 자신이 세상 속의 평범한 아이 중 하나일 뿐이라는 고통스러운 현실에서 회피하기 위해서 이들은 과대 망상적 환상으로 자신의 마음을 채워버린다. 이들은 신경증적 성곽을 허공에 건설해 놓고 그 속에서 정신적인 삶을 산다. 자기애성 인격은 그러한 성곽을 가지려고 노력한다. 안정된 유형의 자기애성 인격은 만약 재능이 있다면 비록 타인들과 잘 지내지는 못하더라도 존경을 받아서 더 행복할 수 있다. 그러나 찬사와 추종이 그가 원하는 방식대로 이루어지지 않는다면 화를 내거나 우울 등의 문제가 발생한다.

반면 불안정한 유형의 자기애성 인격은 훨씬 더 적대적인 세계에서 살려는 경향이 있다. 그들의 정체성은 발달되지 못한 상태이고 삶은 위협의 연속이기 때문에 거절과 하찮은 것들에 대한 공포감을 숨긴다. 이러한 것들은 과대망상을 형성함으로써 방어되지만 그들은 쉽게 상처받는다. 이러한 방어는 정당하지 못한 분노로 이루어져 있다. 대부분 신뢰관계를 구축하지 못하며 혹독한 삶을 살게 된다. 그들은 지속적으로 모욕감, 수치심을 느끼지만 타인이 당황하는 모습에 비웃으며 흡족해 한다. 분노와 격분은 이차적 특징이 된다. 만약 저녁 식사가 제 시간에 이루어지지 않는다면 이들은 화가 나서 뭔가를 집어던질 것이다. 이들이 유쾌하게 되는 것은 거의 불가능하며 그들의 욕구가 충족되지 않을 때마다 심각하게 우울해 질 것이다. 이들의 인격구조는 매우 원초적이어서 정신증적 사건을 일으키곤 한다. 이들의 행동은 스스로의 발전을 방해하고 이들의 정서상태로는 지속적인 직업을 가지는 것이 어렵기 때문에 대체로 성공적인 삶을 살지 못한다. 또한 이들은 안정된 유형의 자기애성 인격과 달리 종종 화를 내고 슬퍼한다. 겉으로는 나폴레옹인 척해도 내면에서는 자신이 겁쟁이임을 스스로 알고 있고, 다른 사람들이 자신이 겁쟁이임을 알아챌까봐 두려워한다.

3) 정신증 경향 인격 장애

여기에는 경계성 인격 장애, 분열형 인격 장애와 편집성 인격 장애가 포함된다. 이들은 자아구조와 방어기전 등의 자아개념에 심각한 발달지연이 있다. 이들의 방어기전은 마술적 사고, 내적 환상 세계에 대한 몰두와 충동적 행동, 분노 등 원시적이다. 스트레스 상황 하에서 미미한 정신증적 사건을 경험하기도 한다. 이 때문에 이들은 '정신증 경향의 인격 장애' 로 분류된다. 이들은 미성숙한 자아구조와 관련된 연극성 인격과 불안정한 유형의 자기애성 인격 등과 함께 분류될 수도 있다.

(1) 경계성 인격

경계성 인격은 마치 자신의 내부에 자아가 없는 것 같은 느낌을 경험한다. 마치 옷걸이에 걸려있는 옷처럼 활기가 없는 공허감이 이들을 따라다닌다. 만약 다른 사람에 의해 채워지지 않는다면 공허감은 지속된다. 이러한 이유로 이들은 옷걸이에 걸린 옷에 자신을 채우 듯 타인에 의해 자신의 인생에 의미를 부여하며 의존하게 된다. 결과적으로 혼자 있는 것을 싫어하게 되는데 그 이유는 혼자 있으면 절박한 수치심과 방해감을 느끼게 되고, 마치 그들 자신의 일부가 없는 것처럼 느끼기 때문이다.

타인에 대한 그들의 욕구가 너무 강해서 자신을 돌봐주는 사람이 어떻게 자신을 남겨 두고 떠날 수 있는지를 이해하지 못할 정도이다. 다른 사람이 자신을 떠나는 경우 그들의 의존성은 재빨리 적대감으로 바뀌어 다른 사람이 자신에게 준 고통에 대해 분개하여 유리잔을 던지거나 가구를 부수고 소리를 마구 지르기도 한다. 이러한 반응은 이들이 상처에 민감하기 때문에 나타나는데, 다른 사람들은 이 반응을 예상 못했기 때문에 즉각적으로 사과하려고 노력한다. 그러나 사실 이들은 자신에게 더욱 화가 나 있는 것이다. 이들과의 관계에는 배우 높은 스트레스가 있다. 다른 사람이 존재하지 않는다면 이들은 삶을 무미건조하고 지루한 것이라고 생각한다. 결과적으로 이들은 약물남용, 무분별한 성관계, 폭식 등의 자극으로 공허감을 없애려는 나약함을 보인다. 이들의 강박적 행동들은 불행하게도 표면적인 인간관계를 형성하게 하고 그래서 이들은 더욱 더 강박 행위들에 집착하게 되고 결국에는 점점 더 공포감을 느끼게 되는 악순환을 초래한다.

자살에 대한 생각이 대개 존재한다. 자신의 팔목을 긋고 담배나 성냥으로 자신의 살을 지지는 등의 행동으로 악명이 높은데 자해행동은 의도적인 분노의 표출이나 항의의 방법으로 사용되곤 한다. 종종 자기 스스로에게 칼을 대고도 통증을 호소하지 않는다. 현실감 결여와 편집증을 나타낼 수도 있다. 이들은 세심하게 다뤄져야 하고 아주 깨지기 쉽고 한번 깨지면 위험한 '유리잔 같은 사람들' 이다.

(2) 분열형 인격

경계성 인격과 마찬가지로 분열형 인격은 자아의 결핍처럼 보인다. 이들도 역시 텅 비어 있고 다소 안정되지 못한 지각 상태를 보인다. 이런 텅 빈 느낌은 환상이나 정신병적 과정에 몰두해 있기 때문에 나타난다. 세상은 각종 메시지들과 귀신 같은 존재들, 마술적인 육감들과 비밀스러운 섬광들로 차 있는 것처럼 보인다. 분열성 인격과는 달리 분열형 인격은 거부에 민감하다. 그들은 접촉하기를 원하나 어떻게 하는지 모른다.

어떤 소년은 집 근처 숲에서 길을 잃고 떠도는 개와 끝없이 시간을 보내기도 하는데, 그는 학교 친구들보다 개와 더 친한 것 같다. 그는 자신이 그 개의 '왕' 이라고 생각하였는데, 이러한 환상은 이들에게 좀더 확고한 자존감을 제공해 줄 수도 있다. 이들은 자신만의 세계에 빠져 생각하고 단어를 사용함에 있어 색다른 방법을 발전시키며, 은유적이고 모호하게 되는 경향이 있다. 불행히도 이런 특징들은 사회화에 문제를 초래한다.

스트레스에 노출될 때 분열형 인격은 망상과 환각을 포함한 미세한 정신증적 경험을 할 수 있다. 이들은 '병 속' 에서 살면서 마치 다른 종을 쳐다보듯 타인을 응시하며 누군가 그들만의 사적인 세계를 쿡쿡 쑤셔댈지도 모른다는 걱정을 하기도 한다.

(3) 편집형 인격

이들은 안절부절 못하며 온갖 걱정으로 가득 차 있다. 다른 어떤 인격 장애들보다 이들은 세상을 더 적대적으로 본다. 이들은 타인을 신뢰하는 능력을 결코 개발시킨 적이 없다. 따라서 그들은 의심이 많고 경계적이며, 타인의 속임수의 증거를 얻기 위해 찾아 헤매이며 종종 잘못된 말이나 이상한 시각에 고착함으로써 전체를 보지 못한다. 대개 이들의 편집증적 사고는 망상적이지는 않으나 그것에 사로잡힌 듯 보인다. 마치 이들은 근심으로 살아가는 것 같다. 두려움이 없다면 이들은 아무런 목적 없이 어색하게 느낄지도 모르는 감정들을 지속시키게 된다.

이들의 방어적인 경계심들은 깊은 열등감으로부터 그들을 보호하기 위해서 생겨나게 된다. 이들은 상처를 입게 되는 것을 두려워하며 오만하게 되고 실수를 인정하기가 지극히 어려워진다. 새로운 사람은 잠재적인 친구가 아니라, 잠재적인 적들로 간주되고 모든 것들이 검사되어야 할 필요가 있는 것이다. 예를 들면 어떤 사람은 상담을 하는 동안에 상담자와의 대화를 지속적으로 기록하면서 '나는 그저 외부 사람들이 여기에서 무슨 일이 진행되고 있는지 알게 하기 위해서 기록하고 있을 뿐'이라고 언급하기도 한다.

이들은 외로운 존재이다. 이들이 소외되는 것은 망상적 사고 때문이 아니라 다른 사람들의 올바른 의견들을 받아들이지 못하기 때문이다. 이런 망상적 발작 동안에는 어마어마한 분노감이 동반된다. 이들은 편집형 정신분열병과 같은 좀더 심각한 질병으로 발전될 소지가 있다. 이들은 남을 의심하는 괴로운 삶을 스스로 초래하고 있는데 이는 곧 그들 스스로의 투영이다.

여러 인격 장애의 진단을 받은 사람들이 모여 있는 식당에서 각자가 어떻게 행동하는가를 보여주는 아래의 내용은 인격 장애자들의 특성을 이해하는 데 도움을 줄 것이다.

- 편집성: 벽에 등을 대고 앉아서 주방문이 휑 열릴 때마다 음식 준비를 염탐한다.
- 자기애성: 예약도 없이 아주 특별한 테이블에 앉을 거라고 생각하고 주 요리를 주방장에게 돌려보낸다.
- 의존성: 채식주의자이면서 담배를 피우지 않는데도 데이트 상대를 기쁘게 하기 위해 송아지 요리를 먹고 흡연석에 앉는다.

- 수동-공격성: 담배 연기를 금연석으로 날려 보낸다.
- 경계선: 그녀의 데이트 상대가 부인을 버리지 않겠다는 말을 듣고 그에게 술을 끼얹고 머리에 통닭을 그대로 뒤집어 씌운다.
- 반사회성: 누군가를 시켜서 웨이터를 때리고 그 혼란을 틈타서 자기애성 인격이 남기고 간 팁을 훔친다.
- 연극성: 식당 가운에 음악상자 근처에서 자신이 연출한 것 같은 배꼽춤을 준다.
- 강박성: 그릇을 정리해주고 에티켓에 관한 충고를 주고 크리스탈을 광내면서 다른 테이블을 돌아다닌다.
- 회피성: 식당 밖으로 음식을 가지고 나가는 손님들을 위한 카운터에서 서비스에 관한 충고를 한다.
- 분열성: 집으로 배달해 줄 것을 주문한다. 우편함 구멍에 빨대를 꽂고 거기로 음식을 먹는다.
- 분열형: 정원 관리 도구로 냄비채로 국물을 먹는다.

지금까지 다양한 인격 장애들에 대해 살펴보았다. 인격 장애는 현실적으로는 매우 다양한 양상으로 나타날 수 있으므로 이들에게 열심히 감정이입을 시도하면서 주의깊게 들어주는 것만이 이들을 이해할 수 방법이다.

2. 인격 장애 진단과 관련된 일반적 문제점들

인격 장애 개념들을 사용할 때 발생되는 문제점은 진단의 신뢰성이나 타당성과 관련된 문제와 상담자 자신에 의해 야기된 문제이다. 진단의 신뢰성이나 타당성과 관련된 문제 중 먼저 인격 장애의 특징들은 인격 장애 간에 함께 가지고 있는 것처럼 보인다는 것이다. 예를 들면 심각한 경계성 인격을 가진 사람들은 연극성 인격의 기준에도 맞다. 이는 Axis II에 의한 진단이 중첩될 수 있음을 의미할 수도 있고, 인격구조의 복합성 때문에 초래되는 결과이기도 하다. 두 번째 문제점은 문화적인 성향의 영향이다. 예를 들면 반사회성 인격의 목록에 제시된 몇 가지 기준들은 중산층 사무직종의 사람들에게는 비정상적인 것일 수도 있으나, 다른 문화에서는 특이하지 않을 수 있다. 예를 들면 어떤 경우는 자주 직업을 바꾸는 행동을 정상적으로 받아들이는 문화가 있을 수 있다. 더욱 흥미로운 것은 범죄행위, 잦은 싸움, 음주 운전, 가명의 사용과 같은 진단기준들은 흔히 범죄로 알려진 양상이며, 주로 저소득 계층에서 보여 질 수 있다. 그렇다면 이들과는 달리 교육을 제대로 받은 엘리트 계층에서 나타나는 사회병질적인 양상은 없을까? 고급 직종의 사회병질은 탈세, 피고용인에 대한 성추행, 뒷거래, 험담, 명예훼손, 공약파기, 장기간의 외도 등 DSM-IV의 목록에는 제시되어 있지 않은 양상들이 종종 있다.

인격 장애에 관한 진단 기준은 다소 모호하여 상담자의 주관적인 해석에 의존하게 될 가능성이 높다. 예를 들면 연극성 인격 장애 진단에서 다음과 같은 항목들이 있다.

① 부적절하게 과장된 감정의 표현
② 자세하지 않고 지나치게 인상주의적인 말
③ 신체적인 매력(외모)에 대한 과도한 집착
④ 상황에 어울리지 않게 성적으로 유혹적이거나 도발적인 행동

이러한 특징들은 아주 단순해 보이지만 특히 ④은 어떤 행동인지 궁금해진다. 또한 ①에서 과장된 감정의 표현이 병리적으로 보여지는 것은 어떤 것인가? 정말 위험한 것은 상담자 스스로가 병질적 인격 특성과 병질적이지 않은 것이 무엇인지를 모르는 것이다. 예를 들면 어떤 상담자는 아주 드라마틱하고 반동적인 태도를 가질 수 있다. 이 상담자는 내담자의 극적인 행동을 '좋아, 나라도 감정이 북받치면 똑같은 일을 했을지 몰라' 라고 생각한다. 이러한 맹점들은 진단의 신뢰성에 심각하게 영향을 끼칠 수 있다. 이러한 문제는 진단체제의 허술함 때문이라기보다는 상담자의 잘못된 판단과 관련이 있다. 가장 흔한 문제는 너무 급하게 진단을 내리려는 성향이다. 상담자가 '이 사람은 분명히 경계성이야. 그녀는 상담 중에 그렇게 교활할 수 없

었거든' 이라고 말하면서 인상에 근거해서 진단을 내릴 때이다. 내담자의 행동과 질병에 대한 상담자의 직관적인 느낌은 지극히 유용한 도구들이지만, 인격 장애는 개인의 역사와 관련된 진단이고, 내담자의 행위가 증거를 제공하다는 것을 명심해야 한다.

상담에서 내담자의 즉각적인 행동을 고려할 때 주요정신질환과 인격 장애의 진단이 혼동될 수 있다. 예를 들어 어떤 사람은 밝은 색깔의 눈에 띄는 옷차림으로 나타나 다채로운 이야기를 할 때 교활한 기교를 보일 수 있다. 또는 수줍게 행동할 수도 있고 하찮은 몇 가지 거짓말을 상담자에게 들킬 수도 있다. 경험이 부족한 상담자는 이런 사람을 즉시 연극성 인격으로 생각할 수 있다. 그러나 이것은 내담자의 최근 행동이나 즉각적인 행위로 내려지는 것으로 실제로 내담자는 다른 장애의 초기 발작 단계에 있을 수도 있다. 연극성 인격으로 보이는 주요정신질환들은 양극성 장애, 우울 장애 그리고 암페타민 남용 혹은 다른 물질관련 장애 등이 있다. 뇌종양과 같은 좀더 불길하고 기질적인 요인에 의해 이차적으로 나타날 수도 있다.

인상에 의존하여 판단하는 상담자는 역전이의 문제들로 빠지기 쉽다. 즉 내담자의 행동에 역전이를 경험하는 경우 내담자는 상담자의 인식에 적절한 사람으로 역할하게 될 것이다. 상담자는 인격 장애가 내담자에게 개인적, 정서적으로 무엇을 의미하는지를 알아내는 것이 중요하며, 그러한 판단들은 우연히 만들어지는 것이 아니고 내담자 인생에 중대한 영향을 미칠 수 있다는 점을 명심해야 한다.

각각의 인격 장애들에는 특징들과 반응들이 광범위하게 존재하므로 상담자의 진단이 내담자가 어떻게 보여지느냐에 따라 결정된다면 오류를 범할 수 있다. 예를 들면 경조증의 내담자가 몇 달 동안 연극성 인격과 완전히 일치하는 모습을 보여줄 수도 있기 때문이다. 인격 장애는 내담자의 외견에 근거하여 만들어지지 않아야 한다. 초점은 내담자가 여러 번의 치료기간 동안 어떤 인격 특성을 보여 주느냐가 아니라 청소년기 때로 거슬러 올라가 몇 년 동안에 걸쳐 지속적으로 보여진 특징적인 행동에 맞추어야 한다.

첫 상담에서 진단을 내릴 때는 다음과 같은 제한점을 고려해야 한다: 1) 상담자는 내담자의 과거력에 대해 적절히 조사할 충분한 시간을 가졌는가? 2) 내담자는 유용한 정보를 제공하고 있는가? 만약 위 두 요건이 충족된다면, 첫 상담에서 인격 진단을 내리는 것이 가능할 수 있다. 진단기준들이 상담자의 주관적인 판단에 달려있지 않는 행동적인 것들일 경우 진단은 쉬워진다. 반면 기준이 매우 주관적인 경우 내담자가 질문에 전형적인 행동들을 보여주느냐 혹은 그렇지 않는가를 상담자가 판단하기 위하여 광범위하고 다양한 과거의 자료들을 다루어야만 하기 때문에 진단을 내리기가 매우 어렵다. 연극성 인격이나 자기애성 인격과 같은 것이 그 예이다. 좀더 난해한 진단에서 상담자는 가능한 진단에 대해 모두 생각해 보아야 하며, 이런 경우 특히 가족들이나 다른 도움이 되는 사람들과의 상담이 매우 유용할 것이다.

II. 상담에 접근하기

1. 민감한 주제를 끌어내기

상담자가 상담에 접근하는 방식은 상담자 자신의 삶에 대한 방식과 관련되므로 상담자의 특성은 내담자와의 상담 과정에 매우 중대한 영향을 미친다.

병리적인 성격을 탐색하기 위해 상담자가 밝혀내야 하는 많은 특성들은 내담자에게 심각한 죄책감을 불러일으킬 수도 있기 때문에 내담자에 대한 상담자의 무조건적인 수용이 필요하다. 만약 상담자가 비판적인 태도를 보인다면 이런 죄책감은 강화될 것이며, 내담자는 불편함을 느끼게 되고 치료적인 경험이 아닌 모욕감을 경험하게 될 것이다.

안절부절 못하는 상담자의 행동은 상담을 방해한다. 불안한 환경에서 내담자가 제공하는 그 정보는 왜곡되거나 억제될 수 있기 때문이다. 따라서 병리적 특징들을 밝혀내는 상담자의 기술은 겸손하고 자연스럽게 민감한 문제들에 대하여 질문하는 능력에 있다. 민감한 자료들은 감정으로 인한 내부의 절망감으로부터 술에 만취하거나, 복잡한 성관계를 갖는 것, 그리고 범죄행위를 하는 등의 행동에 이르기까지 다양하다. 이는 상담자가 그러한 행동들을 너그럽게 봐주어야 한다거나 내담자 행동들을 질책하려고 애쓰는 것이 아니라 내담자를 이해하기 위하여 경청해야 한다는 것이다.

상담자가 '나쁜 것을 들추어내고 있다' 는 느낌 없이 민감한 부분에 접근하는 데 필요한 다양한 기술들이 있다. 특히 어떤 기술들은 속임수를 감소시킴으로써 유용한 기초 자료들의 수집을 증가시킨다. 무엇을 공유하기에 안전한 환경이라는 느낌은 유용한 정보를 수집하는 데 매우 중요하다.

이러한 기술 중 먼저 '부끄러움의 전환' 에 대해 살펴보자. 민감한 질문들에 대해 긍정한다는 것은 자신의 실패를 인정하게 되는 것이며, 이 때 부끄러움을 당연히 느끼고 되고 그런 부끄러움은 내담자가 어떤 부분에 대해 표현하는 것을 방해한다. 예를 들어 상담자가 '당신은 술 마시는 데 어떤 문제가 있습니까?' 라고 묻는다면 많은 내담자들은 부정적으로 대답할 것이다. 그러나 아래의 예에서 우리는 다른 접근법을 볼 수 있다.

내담자 : 나는 내 친구들과 함께 있을 때가 가장 좋은 것 같아요. 제 아내나 바보스러운 아내 친구들과 함께 있는 것보다는 내 친구들과 있는 편이 좋아요. 아내 친구들은 지루한 이야기를 하고 또 말을 만들어 내죠.

상담자 : 당신의 술친구들도 똑같은가요?

내담자 : 예, 그들도 그래요.

상담자 : 그렇다면 당신과 친구들은 한잔 하러 어디에 주로 가나요?

내담자 : 어디든지요. (껄껄 웃는다.) 우리는 어디서든지 아무 때고 술을 마셔요.

상담자 : 친구들과 술 마시는 것을 정말 즐기는 것처럼 들리는군요. 당신도 아시다시피 어떤 사람들은 술을 자제하느라 애를 먹는데 당신의 경우는 어때요? 술을 꽤 잘 자제할 수 있는 편인가요?

내담자 : 오, 술을 자제하는 데 아무런 문제도 없어요. 물론 당신 마음에 들 정도는 아니겠지만 난 자제할 수 있어요.

상담자 : 당신은 다섯 번째 잔을 거절할 수 있습니까?

내담자 : 물론 아무 문제없죠.

상담자 : 일주일 동안 얼마나 자주 맥주 1000cc 이상을 마시게 되나요?

내담자 : 심각한 일이 있을 때마다… 일주일에 이틀 혹은 사흘이라고 말할 수 있겠죠. 글쎄요, 이틀이 맞을 거예요. 그러고 난 후에 내가 정말 취할 때는 보통 주말 밤이거든요.

이 예에서 상담자는 긍정하는 것이 내담자가 그들의 결점을 인정하게 되는 질문을 피하고 초자아가 발현되도록 하는 방법으로 질문을 했다. 사실상 '나는 술을 자제하는 데 어려움이 있어요' 라고 인정을 하는 것은 대답을 좀더 부드럽게 만들게 되는데 이를 부끄러움 전환이라고 한다. 이는 내담자에게는 보다 편안함을 줄 수 있을 뿐만 아니라 한편으로는 '당신은 알코올 중독자입니까?' 라는 식의 틀에 박힌 질문보다 더 유용한 정보를 얻을 수 있도록 해준다.

상담자는 내담자에게 보다 안전한 환경을 제공하기 위해서 부끄러움 전환 기술을 사용한다.

상담자 : 당신 일은 어때요?

내담자 : 음, 특별할 것은 없어요. 난 항상 만족하며 생활하고 있어요.

상담자 : 직장생활에서 문제가 있었던 적은 있나요?

내담자 : 아니오. 말할 것도 없죠.

상담자 : 상사들과는 어때요? 정말 자기들이 '권력자' 인 것처럼 보이는 상사는 없었나요? 일에 간섭하기를 좋아하는 그런 종류의 사람들요.

내담자 : 그런 상사는 항상 있게 마련이죠.

상담자 : 그럴 때 당신은 어떻게 하죠? 권력 남용을 받아들이는 편입니까 아니면 당신의 지위를 상사가 알도록 하게 하는 편입니까?

내담자 : 음 나는 내 위치가 어디인지를 그들이 알게 하죠. 아무도 나를 단순히 깔보려고 하지 않죠.

상담자 : 그렇다면 만약 상사가 당신을 얕잡아 보았다면 당신은 어떻게 했을 겁니까?

내담자 : 나는 그에게 이제 그만 작작 좀 해 두라고 말할 거예요. 바로 그거죠.

상담자 : 그러면 그들은 어떻게 행동하죠?

내담자 : 그들 대부분은 물러서게 되죠.

상담자 : 그들 중 누군가 화가 나서 당신을 해고시킨 적은 있나요?

내담자 : 몇 번 그랬죠. 그러나 나는 어쨌든 그들을 위해 일하고 싶지 않았어요.

상담자 : 몇 번 정도 해고를 당했죠? 다섯 번, 열 번 정도?

내담자 : 음…. 아마 다섯 번, 대략 그 정도 될 거예요.

부끄러움 전환을 나타내는 표현은 '당신은 어떻게 하죠? 권력 남용을 받아들이는 편입니까 아니면 당신의 지위를 상사가 알도록 하게 하는 편입니까?' 이다. 즉 이 기술은 찬성하는 대답과 관련하여 비판으로 인한 부끄러움을 제거하는 것이다. '당신은 직장에서 신뢰받지 못하는 편이거나 혹은 해고되어 본 적이 있습니까?' 라고 질문했을 때 반응이 어떻게 다를지 상상해 보라.

부끄러움 전환의 기술 사용에서 주의해야 할 점은 내담자를 동정하거나 언급한 행동들을 너그럽게 보지 않아야 한다는 것이다. 지나친 동정은 내담자에게 잘못된 인상을 주고 정확하지 않은 도덕적 판단을 심어준다. 그 대신 상담자는 질문하는 동안에 특정 상황에 대한 내담자의 시각에 따라 반응이 결정될 수 있다는 태도를 가지고 판단을 보류하도록 노력한다. 즉, 비록 내담자들이 자신이 아닌 다른 사람들을 문제의 원인으로 보더라도 상담자는 동의하지도 거부하지도 않는 자세를 취해야 한다.

또 다른 기술로는 '증상의 확장' 이 있다. 예를 들면 알코올이나 물질 남용과 같은 문제가 있는 내담자들은 그들이 섭취하고 있는 양을 최소화하려는 경향이 있다. 이 때 상담자는 이런 내담자의 특성을 고려하여 내담자가 최소화하더라도 물질남용에 대한 사실이 여전히 확실히 나타날 수 있도록 하기 위해서 범위를 매우 높게 설정하여 제시하는 것이 효과적이다. 앞의 예에서 상담자는 열 번 정도 해고되었는지를 물어보았다. 지금처럼 내담자가 다섯 번으로 축소시킬 때 상담자는 내담자에게 해고라는 것은 힘들고 낯선 경험이라는 유용한 정보를 얻어낼 수 있다.

또 다른 유용한 기술은 일반적인 물음에 반대하는 구체적인 질문을 하는 것이다. 만약 정말로 내담자의 물질 사용이 의심된다면, '당신은 마약을 사용해 본 적 있나요?' 라고 묻는 대신에 특정 약물들에 관한 일련의 질문들을 하게 된다. 다음의 예에서 상담자는 특정 약물에 관한 일련의 질문들 뿐만 아니라 증상 확장을 사용하고 있다.

상담자 : 과거에 당신은 어떤 종류의 마약을 사용했나요?

내담자 : 음… 나는 마리화나 한두 대 피는 것을 좋아하죠. 그 정도 피우면 적당히 취하게 되죠.

상담자 : 대략 당신은 하루에 두 대 정도의 마리화나를 피우나요. 좀더 많이 아니면 그보다 더 적게 피우나요?

내담자 : 하루에 두세 개피 정도라고 말할 수 있을 것 같은데요.

상담자 : 코카인은 어때요?

내담자 : 코카인은 안 해요. 그건 너무 비싸요.

상담자 : 만약 누군가가 당신에게 그것을 준다면?

내담자 : (미소를 짓는다.) 헤이 나는 바보가 아니에요.

상담자 : 일주일에 두어 번 정도라고 할 수 있을까요?

내담자 : 아니 한 달에 세네 번쯤일 거요.

상담자 : 당신이 젊었을 때는 어땠나요? 코카인을 더 많이 사용한 적이 있습니까?

내담자 : 물론이죠. 내가 대학교 다닐 때 첫 한두 해는 아마 하루에 두어줄 정도를 코로 흡입했었죠.

상담자 : 히로뽕은 어때요?

내담자 : 그건 할 수도 있고 그만둘 수도 있는 약이죠. 저는 히로뽕을 별로 좋아하지 않아요

상담자 : 별로 좋아하지 않는다고 해도 지난 달에 몇 번이나 사용했죠?

내담자 : 지난 달요. 음… 아마 두세 번쯤.

상담자 : 옛날에 한 번에 며칠동안 계속해서 맞아본 적이 있습니까?

내담자 : 물론이죠. 내가 대학생이었을 때 한번에 2~3주 동안 했을 거요. 헤이 나는 밀렵꾼이었죠. 나는 북한산 어느 길 위에 있었죠. (내담자는 낄낄 웃는다.) 그곳에 있고 싶은 바람이죠.

상담자의 지구력은 성과를 올리고 있다. 내담자는 현재 약물사용에 대해서는 정확하게 대답하지 않는 경향이 있다. 그러나 과거의 사용에 대해서 물어본다면 내담

자는 심각한 사용에 대해서조차 인정하기도 한다. 그러므로 최근이나 오래 전의 약물 사용 경력에 대해 조사하는 것은 좋은 방법이 되곤 한다.

내담자들의 죄책감을 자극하는 주제는 아니지만 성 문제 등은 내담자와 상담자가 개방적으로 이야기하는 데 어려움을 주는 주제이다. 이런 질문을 할 때 상담자는 자신의 비언어적인 몸짓 등을 주의해야 한다. 상담자는 민감한 부분에 대해서 말을 꺼낼 때 표정이나 몸짓으로 전달하는 것은 피해야 하며, 이를 위해서 부드럽고 자연스러운 억양으로 질문할 수 있을 때까지 거울 앞에서나 혹은 역할극을 통해서 연습하는 것이 유용하다. 질문을 할 때는 오로지 내담자 당사자만 문제를 가지고 있다는 것에 대한 두려움을 없애 주어야 한다. 민감한 주제에 접근하는 방법의 예는 아래와 같다.

- 남자들은 한번씩은 발기를 유지하는 데 어려움을 경험하는 것이 일반적입니다. 당신은 과거 이런 경험을 한 적이 있습니까 아니면 지금 그런가요?
- 때때로 분노를 참기가 꽤 어려울 수 있죠. 당신은 격분했을 때 아내나 아이들을 때리는 것같이 정말 후회했던 일을 한 적이 있습니까?
- 종종 부모들은 한계에 부딪힐 때가 있죠. 너무 화가 날 때는 애들이 울면 때리려고 하는 경향이 있죠. 당신은 그렇게 한 경우가 있었습니까?
- 여자들이 오르가즘을 얼마나 자주 느끼느냐는 사람에 따라 아주 다양하죠. 당신은 성관계 동안 몇 퍼센트나 오르가즘을 느낀다고 생각하세요? 5%, 20%, 80%, 혹은 거의 느끼지 않나요?

마지막 질문에서와 같이 특정 행위의 빈도수를 탐색하고자 할 때 상담자는 자신의 기대를 전달하는 것으로 오해될 수 있는 질문들은 피해야 한다. 즉, '당신은 성관계 동안 80% 정도 오르가즘을 느낍니까?' 라고 말하는 것을 피해야 할 것이다. 그 대신 넓은 범위의 빈도를 제시하여, 특정 숫자가 정상이거나 비정상이라고 해석될 수 있는 가능성을 제공하지 않도록 해야 한다.

다소 구체적이지 못한 질문은 범위를 제시하는 질문과 비교해 볼 때 쓸모없는 정보를 이끌어낼지도 모른다. 예를 들어, '당신은 성관계 동안 몇 퍼센트나 오르가즘을 경험하십니까? 라는 질문은 상담자가 원하는 것이 무엇인지 내담자가 마음대로 생각하도록 내버려두는 것이다. 상담자가 다양한 범위를 미리 제시하는 것은 특정한 답이 기대된다는 생각들을 하지 않도록 한다.

어떤 내담자들은 죄책감을 가질 필요가 없는 행위들에 대해서도 죄책감을 느끼는데, 이런 경우 상담자는 내담자가 거북해 하지 않는 방법으로 주제를 끄집어내도록 노력한다. 예를 들면, 동성애에 접근하는 자연스러운 방법은 성장 발달에 관한 이야기를 통해서 가능하다: '청소년들이 성숙해지면서 종종 색다른 삶의 유형과 성적 선호들을 시도하죠. 당신이 청소년이었을 때 동성접촉이 어떤 것인지 알아보기 위해서 그것을 시도했던 적이 있습니까?' 다음과 같이 물어봄으로써 성인기에 대한 질문을 계속할 수 있다. '결국 어떤 사람들은 이성보다는 동성을 더 좋아하죠. 당신은 살아오면서 이런 것들을 선호해 본 적이 있습니까?'

내담자가 그런 행동들을 경험했을 것이라고 부드럽게 추정하는 식으로 질문하는 것도 유용하다. 예를 들어 근친상간에 대해 다음과 같이 접근할 수 있다. '문화에 따라 가족이나 가까운 친족과 성관계를 갖는 것이 적절한가에 대해서 다른 견해를 가지고 있는데, 당신은 누구든지 가까운 친족과 성관계를 해 본 적이 있습니까?' 이 질문에서 예시된 '부드러운 추정'은 만약에 정말 그런 일이 일어났다면 그것을 단호히 부정하는 것이 더욱 어렵게 느껴지게 할지도 모른다. 또한 긍정하는 대답에 따르는 죄책감을 줄일 수도 있다. 근친상간의 희생자들은 부끄러움, 그들 자신의 역할에 대한 죄책감 등을 경험한다. 위의 질문들은 근친상간을 인정하지도 비난하지도 않는 것이다.

이제 치료적인 대화를 좀더 확장한 예를 통해 치료과정에서 이런 기술들이 유용함을 볼 것이다. 내담자는 27세의 호리호리한 남자로 자발적으로 외래에 오게 되었다. 그는 외래에 온 이유에 대해 '나는 약물치료센터에 있었을 때 모든 일이 잘못되었다고 생각한다.' 라고 설명했다. 그는 청바지와 빛바랜 무늬 없는 셔츠를 입고 있었다. 눈에 띄게 수염을 기르고 있는 중이었고 간간히 수염을 잡아 당겼다. 아래 상담의 과정 중 어느 한 시점에서 상담자는 반사회성 영역으로 확장시키고 있다.

상담자 : 약물치료센터에서 당신을 가장 괴롭혔던 것에 대해 좀더 얘기해 주시겠어요?

내담자 : 먼저, 저는 2년여 동안 그곳에 살고 있다는 것을 아셔야 해요. 우리는 정말 약을 끊으려고 노력했었죠. 젠장, 그들은 마약을 소지할 수 있도록 내버려두죠. 정말 그래요. 지금 그들은 너무 많이 하도록 내버려둬요. 젠장, 나는 남자들이 정기적으로 뒷곁에서 마리화나를 피우는 걸 봤어요.

상담자 : 당신은 새로 들어온 사람들을 썩 좋아하지 않는 것 같군요. 변화하고 있는 상황에 대해 그들에게 말해 본 적 있습니까?

내담자 : 젠장, 나는 그들에게 말을 했지만 그들은 듣질 않아요. 그 남자들은 조금도 개의치 않아요.

상담자 : 그들이 당신에게 말싸움을 건 적이 있습니까?

내담자 : 예, 물론이죠. 그러나 그건 게임의 일부분이에요.

상담자 : 그들 중 누가 당신을 멸시하거나 거칠게 다룬 적이 있습니까?

내담자 : 예. 그들 중에 두 명 정도. 그러나 나는 그들을 정신 차리게 만들었어요.

상담자 : 무슨 말이죠?

내담자 : 엉덩이를 걷어찼어요.

상담자 : 과거에는 어땠죠? 어떤 식의 싸움을 했었나요?

내담자 : 음, 때때로 몇 번 했었죠. 사람들은 내게 쓸데없는 참견을 하지 않아야 한다는 것을 알고 있죠. 나는 거친 이웃 속에서 성장했거든요. 살아남기 위해서 어떻게 싸워야 하는지 알아요.

상담자 : 당신이 젊었을 때 그러니까 15살에서 25살 정도, 몇 번이나 싸웠다고 생각해요. 스무 번, 서른 번?

내담자 : 난 나빠요. 그러나 그렇게 나쁘진 않죠. 음… 어디 보자 아마 15번쯤, 또는 20번쯤.

상담자 : 누구를 다치게 한 적은 있나요?

내담자 : 아뇨. 그렇진 않아요. 그러나 몇몇에게는 그랬죠.

상담자 : 당신이 누군가를 다치게 해서 병원에 데려가야 했던 적이 있었나요?

내담자 : 예. 꽤 익살을 잘 떠는 놈이 하나 있었죠. 그런데 그는 그럴 만했어요.

상담자 : 앞서 당신이 말하기를 옛날에는 술을 꽤 마셨고 지금은 완전히 끊었다고 했는데 그것 때문에 당신은 신뢰를 받을 만하군요. 당신이 술 마실 때로 거슬러 올라가서 당

신은 종종 흥분했고 그래서 싸움 상대를 찾았죠. 술은 당신이 화를 자제하는 것을 좀 어렵게 하죠?

내담자 : 가끔은요. 그래요, 가끔…. 특히 마약이 떨어져 신경이 예민할 때 나는 성질이 나빠지곤 했죠. 그리고 나는 정말로 싸움을 시작했죠. 그러나 보통 나는 단지 방어만 하게 돼요.

상담자 : 당신은 싸움할 때 자신을 어떻게 조절하는지를 아는 것 같군요. 당신은 조직폭력집단에 있었던 적이 있습니까? 어떻게 그렇게 스스로를 잘 방어하는 것을 배웠죠?

내담자 : 내가 말했듯이 내가 자랐던 곳에서는 어떻게 싸우는지를 배워야만 했어요. 그리고 나는 2년 정도 폭력집단과 가깝게 지내기도 했죠.

상담자 : 그들을 무엇이라 불렀죠?

내담자 : 칼. 우린 거친 집단이었어요. 그러나 우리는 여느 폭력집단들처럼 미치지는 않았죠.

상담자 : 당신은 사람들 모르게 타이어에 구멍을 내거나 유리창을 깨거나 하는 그런 행동을 했었습니까?

내담자 : 예. 그러나 지금은 그런 단계는 지났죠. 지금은 그런 것이 꽤 어리석어 보여요.

상담자 : 당신이 폭력집단에 있었던 것 때문에 학교에서 정학을 당했던 적이 있습니까?

내담자 : 아, 예. 서너번 정도 정학을 당했었죠.

상담자 : 왜죠?

내담자 : 싸우고 깨뜨리고. 보통 시덥지 않은 일들로.

상담자 : 지금은 그런 일들에 대해 어떻게 생각되죠?

내담자 : 글쎄요. 꽤 어리석었다는 생각이 많이 들죠. 그러나 그때는 필요했던 거죠. 그 학교에는 어리석은 사람들이 많고, 교장은 너무 강하게 나갔죠.

상담자 : 학교에서 그런 다툼들이 학점에 어떻게 영향을 줬죠?

내담자 : 공부는 괜찮게 했어요.

상담자 : 성적은 어땠어요?

내담자 : 대부분 중간 정도였죠. 보시다시피 나는 커가면서 뭔가를 했죠. 그리고 나서 결국 폭력 집단을 탈퇴했죠. 역사만큼은 꽤 잘했지요. 만점을 두 번이나 받았었죠.

상담자 : 거기서 정말 잘했던 것 같군요. 역사 과목은 어땠나요?

내담자 : 후, 나는 과거에 대해 배우는 것을 좋아했죠. 재미도 있고, 과거로부터 배울 것이

있다는 생각이에요. 심지어 당신의 과거에서조차요. 아버지는 자신의 실수로부터 아무 것도 배운 것이 없어요. 그래서 그는 세상물정에 어두운 얼간이였고, 앞으로도 그럴 거예요. 그러나 나는 실수에서 배웁니다.

상담자 : 그 말은 당신이 어떻게 약물사용 습관을 바꾸었는지를 의미하는 건가요?

내담자 : 맞아요. 지금 나는 무모한 짓은 안 해요. 그리고 앞으로도 그럴 작정이구요.

상담자 : 당신은 정말 역사를 잘했군요. 다른 과목에서 어려웠던 점은 있었나요?

내담자 : 물론이죠. 누구나 그렇지 않나요? 낙제를 한 적은 있었나요?

상담자 : 예. 수학에서 낙제했었고 또 사회과목들도 낙제했죠. 일년 재수강 했던 적이 있습니까?

내담자 : 아니오. 그러나 두 번 여름학교를 다녀야 했죠. (껄껄 웃는다.) 얼마나 웃겨요. 정규 학교수업 때 빼먹은 것보다 더 많이 여름학교를 빼먹었으니 말이에요.

상담자 : 앞서 얘기하기로 당신 아버지는 당신을 힘들게 하고 당신이 방탕한 생활을 하고 있다고 생각하며 때리기도 했다고 했죠. 당신은 방어하기 위해서 아버지께 거짓말을 해야 했던 적이 있나요.

내담자 : 예. 아버지는 속이기 쉬웠죠. 나는 아무 곳에서나 거짓말을 할 수 있었죠. 한 번은 수학 보충수업 때문에 학교에 있다고 그에게 말했는데, 사실 보충수업은 한 시간 더 빨리 시작했었죠. 그 늙은이는 그것을 철썩같이 믿었죠.

상담자 : 지금은 어때요. 당신은 속임수에 꽤 영리한 편이라고 생각하나요. 또는 비열한 거짓말쟁이라고 생각하나요?

내담자 : (낄낄 웃는다.) 꼭 해야 한다면 난 거짓말을 할 수 있어요.

상담자 : 어떤 상황에서 당신은 거짓말을 하게 되죠?

내담자 : 글쎄요. 한 가지 말해 드릴께요. 내가 성관계를 하고 있는 것을 그 늙은 여자에게 말하지 않았죠. (내담자는 낄낄 웃는다.) 나는 그렇게 아둔하지 않거든요.

상담자 : 당신은 어린 시절의 이야기를 쭉 해왔는데 당신 부모님들은 예측할 수 없고 가까이 하기에는 어려움이 있었던 것 같군요. 당신은 그런 모든 것들을 피하기 위해 도망친 적이 있나요?

상담자 : 몇 번이나 그랬죠?

내담자 : 세 번쯤. 항상 하루 이틀 만에 다시 돌아왔죠. 왜 그랬는지 모르지만 그랬어요.

상담자 : 돌아와서 당신은 불을 지르는 것과 같은 짓을 했었나요?

내담자 : 아니오.

상담자 : 부모님에 대한 처벌의 의미로 애완동물을 다치게 한다던가 하는 식의 복수를 시도했던 적은 있나요?

내담자 : 아니오. 그러나 잠시 고양이를 못살게 하고 싶었죠. 우리 두 사람은 그렇게 했어요.

상담자 : 무엇을 했죠?

내담자 : 우리는 고양이를 깡통 속에 넣고 막대기로 치고 발로 찼죠. 아니면 때로는 고양이 꼬리에 라이터 기름을 뿌리고 나서 그것을 태웠죠.

상담자 : 돌이켜 생각해 보면 지금은 그러한 행동들이 어때 보이나요?

내담자 : 그건 섬뜩했죠. 그리고 지금은 그런 짓을 할 것이라고 생각지 않아요. 살아가면서 누군가에게 상처를 주는 것은 쓸모없다는 것을 배웠죠. 그리고 나는 정말 비폭력주의자예요. 나는 누구도 멸시하거나 학대하지 않아요.

이 발췌문에서 상담자는 사회 병질적인 증거들로 가득한 것을 아주 많이 추출해 내고 있다. 더구나 상담에 대한 내담자의 태도는 편안해 보인다. 이런 편안함은 죄책감을 느끼지 않는 사회 병리적인 경향과 관련될 수도 있으나 민감한 부분을 다루는 상담자의 기술 덕분인 것으로 보인다. 상담자가 사용했던 다양한 기술들을 살펴보자.

첫째로 상담자는 '나의 일에만 신경 쓰는 좋은 남자' 로 보이는 내담자의 겉모습에 좌우되지 않는다. 반사회성 인격을 나타내는 사람들은 환경의 희생물로 자신을 보곤 하며, 주변의 다양한 원인들을 탓하는 경향이 있다. 이 상담에서 내담자는 자신을 재활 치료를 받은 약물 중독자로서 소개하며, 재활 프로그램이 기대만큼 효과적이지 않은 것에 대해 격앙한다. 그는 사실 그런 느낌들을 가졌을지도 모르나, 그가 동료들 몇 명과 싸웠던 사실에서처럼 그가 드러내는 것 이상이 있다. 이 상담자가 거론되는 문제를 밝혀내기 위해 사용한 기술은 내담자의 특성, 즉 내담자 문제점들의 원인으로서 다른 것들을 살펴보는 것이다. 예를 들어, 상담자는 '그들 중에 누군가 당신을 괴롭힙니까?' 라고 물어봄으로써 싸움에 대한 주제로 진입한다. 이에 내담자는 싸움에 참여했던 것을 개방적으로 내놓는다. 왜냐하면 그가 이야기를 시작할 때 아무런 비난이 없었기 때문이다. 그리고 이것은 내담자가 그의 싸움들을 바라보는 정당한 방법일 것이다.

내담자가 싸움에 대한 이야기를 자유롭게 하고 있을 때 '당신이 젊었을 때 그러니까 15살에서 25살 정도라고 말한다면, 당신은 몇 번이나 싸웠죠. 스무 번, 서른 번?' 과 같이 물어봄으로써 과거의 경험에 초점을 맞출 수 있는 기회를 상담자는 포착한다. 과거에 대하여 일반적인 질문을 하는 것에 반하여 그의 생애에 있어 특정시기에 초점을 맞추는 것은 중요하다. 좀더 특정한 것으로 초점을 둔다면 상담자는 좀 더 많은 자료들을 효율적으로 얻을 것이다. 더욱이 이런 질문은 증상 확장의 사용이 효과적이었음을 보여준다.

상담자는 내담자가 폭력적인 이웃 때문에 싸움에 관여하는 사람인지 혹은 선동자인지를 밝혀낼 필요가 있다. 이것은 '당신은 싸움을 많이 합니까?' 라는 식의 질문을 함으로써 되는 것은 아니다. 그 대신 상담자는 싸움 그 자체에 대해 쉽고 세밀하게 논의될 때까지 기다렸다. 이때 상담자는 싸움에서 내담자의 역할을 밝혀내는 쪽으로 나아간다. 만약 내담자가 어떤 도전적인 역할을 부정한다면 상담자는 내담자를 믿어야 할지 말아야 할지를 모른다. 반면에 만약 내담자가 자기가 싸움의 원인이라고 인정한다면, 정보의 타당성은 아마 당연히 높을 것이다. 상담자가 진술하고 있는 이 끝부분 쪽은 싸움을 거는 성향이 술을 마시는 것과 연관이 있었다. 술은 마실 경우 자제력을 상실하게 되기 때문에 내담자에게 탓할 수 있는 무언가를 제공하는 것이다.

학점을 거론할 때도 비슷한 기술이 사용되었다. 상담자는 '학교에서 학점 때문에 어떠한 문제가 있었나요?' 라고 질문하지 않고 '학교에서 그런 다툼들이 학점에 어떻게 영향을 줬죠?' 라고 묻는다. 다시 한번 상담자는 나쁜 습관보다는 학교에서의 다툼에 대해 내담자가 비난하게 했다. 여기에서 우리는 인격 장애 영역을 효과적으로 확장시키는 데 중요한 원칙의 완성을 보게 된다. 상담자는 부드럽게 그러나 끈기 있게 사회 병질적인 부분의 내용에 초점을 맞춰나갔다. 그러나 내담자가 그의 학력에서 적응적인 부분을 끄집어내면 상담자는 그 부분에 대해서 '당신은 거기서 정말 잘했던 것 같군요. 역사과목은 당신에게 어땠나요?' 라는 식으로 이야기하며 내담자를 칭찬하는 시간을 적당히 가진다.

내담자가 역사에 대한 그의 관심을 말하도록 하고 긍정적인 반응을 보인 후에 상담자는 다시 나쁜 학점에 대한 주제에 접근한다. 이런 추이는 '당신은 정말 역사를 잘했군요. 다른 과목에서 어려웠던 점은 없었나요?' 라고 긍정적인 재강화의 끝부분에 의해 완성된다. 결국 상담자는 낙제 학점에 대해 질문하게 된다. 사실 이 내담자는 이전에 '나는 모두 괜찮게 했어요. 학점도 큰 골칫거리가 아니었죠.' 라고 말해왔었다. 상담자가 내담자가 내린 자가 평가를 더 이상 사정하지 않았다면 이 내담자가 몇몇 과목을 낙제했었고 여름학기를 두 번이나 들어야 했다는 사실들은 결코 드러나지 않을 것이다.

결국 상담자는 초기의 사회 병질적 특성들의 증거를 찾기 위하여 내담자의 어린 시절로 거슬러 올라가 토론을 하였다. '앞서 얘기하기로 당신 아버지는 당신을 힘들게 하고, 당신이 방탕한 생활을 하고 있다고 생각하며 때리기도 했다고 했죠. 당신은 방어하기 위해서 그에게 거짓말을 해야 했던 적이 있나요. 내 말은 그를 속이는 거죠.' 이러한 추이로 상담자는 또한 내담자에게 적대적이지 않는, 즉 행동에 가능한 합리화를 제공하는 방법으로 허위에 대해 조사하는 것을 다루어 왔다.

추후 계속되는 질문으로 상담자는 '부끄러움 전환' 기술을 효과적으로 사용한다. '지금은 어때요. 당신은 속임수에 꽤 영리한 편이라고 생각하나요. 또는 비열한 거짓말쟁이라고 생각하나요?' 이러한 기술들은 상담자로 하여금 어떤 의미심장함 없이 부정적인 특성들을 개방적으로 논의하게 되는 지점에 도달하게 한다.

이 예에서 보여지는 중요한 점이 있다. 다소 장황한 인용문이긴 하나, 실제로 상담시간은 약 15분을 넘지 않았을 것이다. 비교적 짧은 시간 안에 상담자는 임시적으로 사회 병질적 진단뿐만 아니라 반사회성 인격 장애의 실제 진단까지도 내릴 수 있는 충분한 정보를 얻는 데 이미 근접하고 있다.

2. 인격 장애의 실마리 찾기

상담을 통하여 상담자는 내담자의 말과 행동을 평가할 기회를 가지게 된다. 상담자는 내담자의 행동들이나 상호작용의 형태에 중점을 두거나 내담자가 언급하는 불편감이나 과거력에 중점을 둘 필요가 있다.

1) 신호행동

인격 장애의 행동양식은 장기간 유지되어 온 것이기 때문에 상담 중간에 그들의 병적인 행동들이 드러나는 것은 흔하다. 특히 초기에 이런 방어적인 행동 특성이 빈번하게 보이는 것은 상담자와의 만남으로 자극된 내담자의 불안감 때문일 수 있다. 이런 불안감은 내담자의 가장 두터운 방어기전을 유발하는 계기가 되었을 것이다.

내담자의 정신상태와 행동을 사정하는 단계에서 중요한 부분은 의미 있는 행동을 상담자가 세심하게 인식하는 것이다. 의미 있는 행동들은 특정한 인격 장애를 암시하는 신호이다. 그것들은 내담자가 특정장애를 가지고 있다는 기준이 되는 것은 아니지만 특정장애가 나타날 수도 있는 경향이 높다는 것을 의미한다.

의미 있는 행위들 중의 하나는 상담동안에 상담자나 혹은 상담 자체에 대하여 내담자가 언급한다는 것이다. 대부분은 상담이라는 새로운 상황 때문에 긴장하고 있고 잘못된 것을 하고 싶지 않기 때문에 상담 과정에 대해 언급하지 않는다. 상담동안 자신은 매우 융통성있고 민감하다고 몇 번이나 언급했던 한 내담자는 상담 중간에 다음과 같이 말하면서 상담자와 논쟁하는 쪽으로 돌아섰다. "당신은 나보다도 이 상담이 더 골칫거리인 것처럼 보이는군요." 상담과정 중에 종종 다소 신랄한 방식으로 말하는 이런 모습은 다음의 네 가지 장애를 암시하곤 한다 : 반사회성 인격, 연극성 인격, 경계성 인격 혹은 수동 공격성 인격.

상담하는 중에 상담 그 자체를 불평하는 내담자들도 있다. 예를 들어, 한 내담자가 다음번에는 오랫동안 대기실에 앉아서 기다리지 않겠다고 말하면서 진료하는 동안 문으로 걸어갈 수도 있다. 혹은 "당신은 정말 내담자들을 위해서 진료계획을 잘 짜야만 할 거예요. 비록 당신이 이미 이 문제를 심사숙고 했으리라고 확신하더라도 말이에요.(즐거운 미소를 지으며)" 그러한 행동들은 다음과 같은 장애들의 눈속임들이다 : 수동 공격성 인격, 경계성 인격, 편집성 인격 혹은 반사회성 인격.

반면, 너무 즐거워 보이는 내담자를 만날 수도 있다. 이들은 상담동안에 부드럽게 성적인 빈정거림을 비추기도 한다. 예를 들면 성적인 체험에 대해 너무 솔직하게 토론하거나 공공연하게 데이트를 신청한다거나 전화번호를 묻는 것과 같은 양상으로 나타날 수 있다. 다른 예로, 내담자는 다음과 같은 말로 매력을 과시할 수 있다. "글쎄, 나는 항상 이성에게 꽤 매력적으로 보여졌어요. 선생님께도 제가 매력적으로 보이는 것이 확실한 것 같군요." 이런 식의 말들은 다음과 같은 장애들의 의미 있는 행동들이다 : 반사회성 인격, 연극성 인격, 자기애성 인격. 만약 그런 빈정거림이 더욱 음란해지거나 지나치게 된다면 반사회성 인격의 가능성에 좀더 주의를 기울여야 할 것이다.

드라마틱한 허세를 부리는 내담자들은 대담하게 밝은 색깔의 옷을 입거나 혹은 스카프를 두르고 있을 것이다. 여자인 경우 가슴이 꽉 끼는 스웨터로 거의 터질 듯하거나 다리를 육감적으로 꼬고 있을 것이다. 이들은 현재 질병에 대한 이야기를 나누는 중에 활발한 몸짓을 하면서 종종 매혹적이다. 갑자기 눈물을 흘리기도 하고 상담자가 새로운 질문을 할 땐 갑작스레 눈물을 거두기도 한다. 이러한 식의 행위들은 연극성 인격 혹은 경계성 인격이 있을 때 나타나는 기준으로 이용될 수 있다.

의미 있는 행위의 또 다른 종류는 어린애 같고 무력해 보이는 것이다. 이러한 내담자들은 꽤 온순하게 말한다. 다음과 같은 말로 상담자를 기쁘게 하려는 진지한 시도가 수반된다. "이것이 당신이 듣고자 했던 거지요?" 이러한 행위들은 의존적 인격의 상징이 되곤 한다. 이러한 무력감은 연극성 인격이나 경계성 인격에서 일시적으로 보이기도 한다.

의미 있는 행위의 마지막 예로, 상담동안에 공공연하게 속임수를 쓰는 내담자를 볼 수 있다. 상담자가 그들의 요구를 수락하게 만들려고 애쓰거나 다른 상담자를 비난하려들지 모른다. 예를 들어 그런 내담자는 이렇게 말할 것이다. "지난 번 상담자는 굉장히 으스대는 사람이었죠. 상담자로서 으스대는 것이 이상하다고 생각하지 않나요?" 그리고 나서 내담자는 상담자가 비난하는 듯한 말을 하기를 불안하게 기다린다. 다른 종류의 속임수들은 다양한 방법으로 상담을 조정하려하거나 혹은 상담자와 협상하는 것이다. "점점 늦어지고 있는 것 좀 봐요. 이야기를 해야 한다면 좀 서두릅시다. 그리고 나는 우선 담배가 필요해요." 이는 경계성 인격, 연극성 인격 그리고 자기애성 인격의 양상과 관련된다. '한탄 섞인 순종' 은 수동 공격성 인격을 나타내기도 한다.

다음 행동들을 보이는 내담자를 살펴보자.

정연 씨는 스트레스 대처에 어려움이 있어 외래에 왔고 상담은 녹화되기로 계획되어 있었다. 정연 씨는 닳아서 해진 초라한 골덴 바지와 빛바랜 블라우스를 입고 있었다. 그녀의 긴 머리는 호리호리한 몸을 돋보이게 했다. 그녀와 상담자는 녹화를 위해 각각 마이크를 옷에 부착하려 했으나 그녀는 갑자기 그것을 떼어버렸다. 상담자가 그녀에게 혼자 부착할 수 있는지 묻자 그녀는 아무 말없이 그저 고개만 가로저었다. 그녀는 마치 세살박이 어린아이처럼 같이 온 엄마에게 도움을 구하려고 했다. 그러자 상담자는 재빨리 그녀에게 마이크를 부착하는 데 도움을 주었다.

실제로 상담을 시작했을 때 정연 씨는 상담자가 자신을 이해하는 데 도움이 될 것이라고 중얼거리면서 조용히 그녀의 노트를 건넸다. "며칠 전에 쓴 것들이에요." 그녀는 온순하게 말했다. 그녀는 읽으려는 페이지를 찾아내어 그 기록에 대해 이야기하면서 종이를 만지작거렸을 때 상담자는 어떤 점을 주시해야 한다. 정연 씨는 난감한 무능함과 교활한 연출을 잘 사용함으로써 상담을 재빨리 조절하려 애쓰고 있었다. 그녀의 무능함은 경계성 인격 혹은 의존성 인격이 나타남을 암시하는 의미 있는 행동으로 대표될 수 있다. 그녀의 교활한 몸짓은 연극성 인격, 의존성 그리고 수동 공격성 인격과 양립된다. 상담 결과 연극성, 의존성 그리고 수동 공격성 특징들이 혼합된 인격 장애로 진단되었다. 초기 상담이 진단에 있어 중대한 단서를 제공할 수 있다. 때때로 상담자의 눈은 질문보다 더 유용하다.

2) 신호 증상

상담이 진행되는 동안 내담자는 빈번히 특정한 인격 장애를 생각할만한 행위나 증후에 대해 언급한다. 그러나 어떤 증후들은 특정 장애에 전형적이지만, 그로 인해 하나의 특정 장애라고 결론지을 수 있는 것은 아니다. 먼저 잦은 자살 시도의 과거력이 있는 사람들은 경계성 인격 장애의 가능성을 높인다. 경계성 인격을 가진 사람들은 손목을 긋거나 담뱃불로 자해하거나 충동적으로 폭력을 휘두르거나 잦은 약물

남용과 같은 행동으로 유명하다. 둘째로, 강박적 인격 장애에서도 전형적인 증후가 나타나는데, 이들은 뭔가를 충분히 하지 못했다는 것에 대해 초조감을 보이고 초자아가 강하다. 세 번째, 법적인 시비의 경력이다. 계속되는 법적 구속, 강도짓 혹은 잦은 싸움 등은 반사회성 인격을 강력히 암시한다. 더 조사해야 할 것은 약물매매, 매춘 그리고 범법행위로 인한 구속 혹은 음주운전 등이다. 구속에 관해 물어볼 때는 범법 행위, 과속, 음주운전 등에 관한 것을 질문하는 것이 유용하다. 반사회성 인격과 경계성 인격은 공존할 수 있고 수동 공격성 인격은 실제 폭력을 나타내지는 않으나 종종 분노감을 표현한다. 그들은 극도로 자존감이 저하되어 있다. 자신에 대한 무가치감은 종종 의존성 인격, 회피성 인격, 분열형 인격 그리고 경계성 인격에서도 보여진다.

끊임없이 강력한 불안감을 보이는 내담자들은 강박성 인격, 의존성 인격, 회피성 인격 그리고 수동 공격성 인격의 가능성을, 효과적으로 감정이입을 할 수 있는 능력이 결핍되는 특성은 반사회성 인격, 연극성 인격, 분열성 인격 그리고 자기애성 인격의 가능성을, 마지막으로, 자주 미미한 정신병적 발작이 나타나는 것은 경계성 인격, 분열형 인격 그리고 편집성 인격의 가능성을 시사한다.

의미 있는 행위들이나 징후들을 끌어내기 위해서는 내담자에 의해 자발적으로 드러나는 단서들만을 의지할 필요는 없다. 그 대신 상담자는 적극적으로 인격 장애의 증거를 이끌어내기 위한 노력을 할 수 있다.

3) 인격 장애의 윤곽 찾기

인격 장애의 윤곽을 그리는 데는 두 가지 방법이 있다. 첫 번째 기술은 특정 장애를 염두에 두고 탐색 질문을 하는 것이다. 만약 내담자가 탐색 질문에 대해 부정적인 대답을 한다면 특정 장애에 대해서 더 이상 확장시키지 않는다. 반면, 긍정적 대답들에 대해서는 구체적인 질문을 시행하여 특정 장애를 밝혀낼 수 있다. 두 번째 기술은 단지 언급된 것을 좀더 질문하는 것이다. 재능 있는 상담자는 진단을 위한 증거를 집요하게 추적하면서도 내담자를 꼬리표 붙은 사람이 아닌 한 개체로서 이해하기 위한 방식을 사용한다.

▶ 강박성 인격Obsessive compulsive personality

a. 당신은 스스로를 꽤 힘들게 몰아가는 경향이 있거나 종종 어떤 일에 대해 조금만 더해야 할 필요를 느낍니까? (예)
b. 대부분의 사람들이 당신을 재치있고 낙천적인 사람으로 본다고 생각합니까? (아니오)
c. 당신은 완벽한 존재로 나아가려는 경향이 있습니까? (예)
d. 당신은 행동 목록들을 가지고 다니거나, 문이 닫혔는지 확인하는 행동처럼 같은 일들을 반복 체크할 필요를 종종 느낍니까? (예)

▶ 수동-공격성 인격Passive aggressive personality

a. 종종 당신 친구들이나 고용인들이 당신을 아주 하찮게 생각하는 경향이 있다고 생각합니까? (예)
b. 때때로 상사들은 당신에게 잔소리를 하고, 당신에게 무엇인가 하기를 몇 번씩 부탁하는 경향이 있습니까? (예)
c. 만약 당신의 상사가 당신에게 어리석은 일이나 당신이 동의하지 않는 일을 부탁한다면 늑장을 부리거나 최대한의 노력을 기울이지 않고 점수를 얻기 위해서 노력합니까? (예)
d. 다른 사람들이 지나치게 낙천적이라고 생각될 때 그들의 생각에 문제점이 있다는 것을 그들에게 보여주려고 하는 경향이 있습니까? (예)

▶ 의존성 인격Dependent personality

a. 당신의 배우자가 당신 때문에 미치거나 당신을 싫어하게 될지도 모른다는 걱정 때문에 배우자와 논쟁하는 것이 힘듭니까? (예)
b. 아침에 일어나서 배우자의 활동을 중심으로 당신의 하루를 계획하는 경향이 있습니까? (예)
c. 당신이 대부분의 결정을 내리는 것을 즐거워합니까 혹은 남들이 대부분의 중요한 결정을 내리는 것을 더 선호합니까? (다른 사람들이 의사결정 하는 것을

선호한다.)

d. 당신이 어렸을 때, 당신을 돌보아주고 지도해 줄 누군가를 찾기를 종종 꿈꾸었습니까? (예)

회피성 인격Avoidant personality

a. 대부분의 시간 동안 사람들이 당신을 싫어할 것을 걱정하는 자신을 발견한 적이 있습니까? (예)

b. 당신은 종종 새로운 도전이나 혹은 업무들이 부적절하고 감당할 수 없다고 느낀 적이 있습니까? (예)

c. 당신은 친구를 고르는 데 매우 신중한 편으로, 평생 동안 한두 명의 가까운 친구들을 가지는 것도 신중한 편입니까? (예)

d. 당신은 종종 다른 사람들에 의해서 상처 받게 될까봐 남들에게 자신을 개방시킬 때 꽤 세심한 주의를 기울입니까? (예)

분열성 인격Schizoid Personality

a. 사람들 주변에 있는 것을 정말 즐기는 편입니까 혹은 혼자 있는 것을 더 좋아하는 편입니까? (혼자 있기를 더 좋아한다)

b. 사람들이 당신을 어떤 사람으로 생각할까에 대해 많이 신경을 씁니까? (신경 쓰지 않는 편이다)

c. 당신은 정말 정서적인 사람입니까? (아니오)

d. 평생 동안 한두 명의 친구만을 가지고 있습니까? (예)

반사회성 인격Antisocial personality

a. 당신은 상황이 타당하면 꽤 쉽게 거짓말 할 수 있을 것이라고 생각합니까? (예)

b. 당신은 경찰에 체포되거나 경찰 조사를 받아본 적이 있습니까? (예)

c. 수년에 걸쳐 당신은 육체적인 싸움에서 스스로를 보호할 수 있다고 생각하십니까? (예)

d. 당신은 종종 당신에게 지시를 내리는 사람들에 분개하게 됩니까? (예)

▶ 연극성 인격Histrionic personality

a. 이성들이 종종 당신을 매력적이라고 생각하는 것 같습니까? (아무 거리낌없이 "예")
b. 당신은 심지어 당신이 원하지 않는데도 사람들의 관심을 받는 존재라고 생각합니까? (예)
c. 당신은 스스로를 아주 정서적인 사람이라고 봅니까? (예)
d. 당신은 당연히 좋은 배우가 될 것이라고 생각합니까? (예)

▶ 자기애성 인격Narcissistic personality

a. 대부분의 사람들은 당신의 기준에 미치지 못한다고 생각합니까? (예)
b. 사람들이 당신을 힘들게 한다면 그들을 비난하는 경향이 있습니까? (예)
c. 누군가 당신을 비난하는 경우 금방 화를 내게 되는 편입니까? (예)
d. 다른 사람과 비교해볼 때 당신은 매우 특별한 사람이라고 생각하십니까? (예)

▶ 경계성 인격Borderline personality

a. 종종 사람들 때문에 낙담한 적이 있습니까? (예)
b. 친구들이나 가족들이 당신에게 상처를 주는 경우 당신은 종종 자신의 감정을 해치고 속을 태움으로써 당신 스스로 상처를 주고 싶어집니까? (예)
c. 다른 사람들이 일주일에 여러 번 당신을 화나게 만든다고 생각합니까? (예)
d. 당신 친구들이 당신을 변덕스럽게 여긴다고 생각합니까? (예)

▶ 분열형 인격Schizotypal personality

a. 당신이 다른 사람들과 같이 있고 싶을 때도 당신은 혼자 있는 편입니까? (예)
b. 당신은 종종 사람들이 당신을 관찰하거나 당신에게 특별한 관심을 가지고 있는 것을 좋아합니까? (예)

c. 다른 사람들에게 어떤 특별한 힘이나 마술적인 영향력을 가지고 싶었던 적이 있습니까? (예)

d. 사람들이 종종 당신을 거부하려고 하고 당신을 이상하게 생각한다고 느낍니까? (예)

▶ 편집형 인격Paranoid personality

a. 사람들이 종종 불성실하거나 정직하지 못한 경향이 있다고 생각합니까? (예)

b. 특히 누군가 당신의 배우자에게 관심을 가질 때 꽤 쉽게 질투합니까? (예)

c. 잘못된 사람들은 옳은 정보를 취하지 않는다는 것을 확신하고 당신의 입장을 고수하는 편입니까? (예)

d. 다른 사람들이 당신을 이용한다고 느낍니까? (예)

몇 가지 대답들은 다른 진단들에서 중복될 수도 있다. 예를 들어 편집증적 인격자에게 질투에 대한 탐색 질문에 대해서 긍정적으로 반응하는 경우 편집성, 자기애성, 연극성, 경계성 인격 장애들도 심사숙고 해볼 만하다.

어떤 진단들을 배제하기 위해서 탐색질문을 할 수도 있다. 예를 들면 '당신은 정말 사람들과 함께 있는 것이 즐겁습니까?' 라는 질문에 '오, 나는 정말 사람들과 함께 있는 것을 좋아합니다.' 라고 내담자가 대답한다면, 정신 분열성 인격은 배제할 수 있게 된다. 탐색 질문은 상담의 자연스러운 흐름 안에서 이루어져야 하며, 상담 도중 어느 때나 가능하나 현병력이나 사회적인 관계의 영역에서 탐색하는 것이 적절할 것이다. 내담자들은 인간관계나 직업생활에서 갈등을 흔히 경험할 것이다.

다음 예는 상담자가 인격 장애의 어떤 영역들에 좀더 세밀한 탐색을 할지 결정하는 데 있어 상담자가 윤곽을 잡아나가는 과정을 보여준다.

상담자 : 대학을 졸업 한 후 어떻게 됐죠?

내담자 : 글쎄요, 음 전기회사가 저의 첫 직장이라고 생각되네요. 그러나 그 일은 내가 계약했던 일은 아니었어요.

상담자 : 어떤 면에서요?

내담자 : 음 그 일은 정말 따분하고 월급도 그리 많지 않았어요. 그래서 3개월 후 그만두었고, 결국 영업 일을 하게 되었죠. 나는 그것이 훨씬 더 좋았어요. 나는 그 일을, 어디 보자. 아마 1년 정도 했었어요. 그리고 나서 온갖 직종의 일을 다 해 봤어요.

상담자 : 그때 이후로 5년 동안 몇 개 정도의 직업을 가졌나요? 두 개, 스무 개, 서른 개? (증상 확장)

내담자 : 꽤 많이요. 아마 20개 정도일 걸요.

비교적 짧은 시간 동안에 수많은 직업을 가졌다는 것은 문제가 있음을 제시한다. 일정치 않은 직업 경력은 변덕스러운 인간관계와 충동적인 경향의 가능성을 시사하는 것으로 반사회성 인격의 경향을 제시하는 중요한 증상이다. 따라서 상담자는 사회 병리적인 것에 대해 몇 가지 질문을 한다.

상담자 : 직장 생활을 하는 동안 무슨 일이 있었습니까? 예를 들면 법률적인 문제나 체포와 같은 일로 직장을 떠나야 했던 일 말입니다. 왜냐하면 때때로 그런 일들이 사람들이 직장을 그만두게 되는 이유가 되기 때문이죠.

내담자 : 오, 아니에요. 난 그렇지 않아요. 난 경찰을 좋아하지 않아요. 그들은 나를 무섭게 해요. 나는 체포되어 본 적도 없고, 경찰에게 조사받은 적도 없어요.

상담자 : 당신은 범죄기록이 없다는 소리군요. (상담자는 미소 짓고, 내담자는 웃는다.)

내담자 : 예, 확실해요. 나는 법을 어기지 않아요. 그런 면에서 나는 꽤 곧은 사람입니다.

상담자 : 마약을 팔거나 사용하는 적은 있나요?

내담자 : 아니오. 나는 그런 것들을 만지지도 않고 한번도 시도해 본 적도 없어요. 불법으로 마약을 하는 것은 옳지 않다고 생각해요. 그것은 진부한 소린지도 모르지만 진실이에요.

이 내담자에게 사회 병리적인 것의 증거는 보이지 않고 실제로 옳고 그름에 대해 꽤 강한 인식이 있어 보인다. 그러므로 다른 무엇이 진행되고 있음에 틀림없다. 상담자는 이제 좀더 사회적 관계와 친구관계 쪽으로 초점을 옮길 것이다.

상담자 : 당신은 취미가 무엇인가요?

내담자 : 좋은 질문이군요. 취미가 별로 없어요. 나는 정말 많이 외로워요. 난 단지 사람들과 잘 어울리지 못할 뿐이라고 생각하곤 하죠. 그래서 혼자 지내죠.

여기에 많은 선택들이 열려진다. 분열성 인격은 전형적으로 그들 스스로를 외로운 존재로 묘사한다. 그러나 이들이 대개 직업을 잘 유지한다는 점과, 더욱이 상담 초반에 이 내담자의 개방성과 수다스러움은 분열성 인격이 아닐 가능성을 시사한다. 반면에 거부에 민감한 어떤 장애들은 방어 수단으로서 사람들을 회피한다. 상담자는 내담자가 사람들을 피하는 것이 그가 분열성 인격을 가진 자로서 정말 친구들을 원치 않기 때문인지 아니면 회피성 인격을 지닌 자로서 친구들을 두려워하기 때문인지를 결정해야 한다.

상담자 : 당신이 만약 사교술이 좋다면 당신은 사람들과 어울리기를 원하게 될 거라고 생각합니까?

내담자 : 물론 그렇죠. 나는 항상 인기 있기를 원했고 때때로 사람들과 정말 잘 지내죠. 저는 웃는 것을 좋아하죠. 그러나 어떻게든지 난 언제나 결국에는 상처받는 것으로 끝나고 말죠.

분열성 인격은 제외되었다. 왜냐하면 그들은 사회적 상호작용을 구하려 하지 않기 때문이다. 이 내담자가 표현한 열등감이나 부적당감 또한 자기애성 인격의 실체와는 다르다.

상담자 : 당신은 다른 사람들에 의해 자주 상처받거나 기분이 저하됩니까?

내담자 : 꽤 자주 그런 편입니다. 솔직히 말해서 전 화가 나요. 그래서 사람들과 거리를 두려고 하는 겁니다. 그리고나서 다른 한편으로 또 화가 나요. 왜 내가 고통 받는 사람이 되어야 하고 도대체 그들은 나한테 무엇을 원하는 것인가를 생각하면 그렇죠.

여기서 많은 중요한 자료들이 밝혀지고 있다. 내담자는 상당히 거부에 민감한 듯이 보인다. 분열형 인격, 의존성 인격, 회피성 인격, 연극성 인격, 수동 공격성 인격, 경계성 인격 등이 마음에 떠오른다. 그러나 먼저 상담의 첫 부분에서 정신병적인 것의 여부에 대해 내담자가 모두 부인함으로써 분열형 인격은 제외된다. 의존성 인격과 회피성 인격을 가진 사람들은 오랫동안 직업을 고수하는 경향이 있다. 수많은 직업 경력이 상사들 혹은 동료들과의 문제와 관련되어 있는지를 알아볼 필요가 있다. 이때 만약 상호 관계에서 자주 분노하는 경향이 나타난다면 의존성이나 회피성 인격처럼 소심한 특성을 보이는 인격 장애의 가능성은 배제될 것이다.

상담자 : 초반에 말씀하셨듯이 당신은 직업을 자주 바꾸셨죠? 직장 동료들 중에 함께 일하기 힘든 사람들이 있었습니까? [**부끄러움 전환 이용**]

내담자 : 예, 있었어요. 몇몇 사람들은 같이 일하기가 정말 어려웠어요.

상담자 : 어떤 논쟁을 하셨죠?

내담자 : 아시다시피 일상적인 것들이에요. 상사는 일을 하도록 내버려두지 않죠. 그리고 어떤 때는 이렇게, 다른 때는 또 다른 방식으로 일을 부탁하죠. 그것이 싫어요. 나는 그들이 무엇을 원하는지 모르겠어요. 이제 내게 문제가 있다고 하지 마세요. 나는 종종 문제가 있긴 하지만 늘 그렇지는 않아요. 적어도 난 그렇게 생각해요.

상담자 : 화를 내면서 당신이 떠나줄 것을 요구한 상사들도 있었습니까?

내담자 : 예. 당신 말대로 난 몇 번 해고를 당했었죠. 내 생각에는 반반이었죠.

상담자 : 무슨 뜻이죠?

내담자 : 50%는 내 실수이고 50%는 그들의 잘못이죠.

직접적인 분노의 표현과 폭발, 다른 사람들에게 잘못이 있다고 보는 경향 등은 의존성, 회피성 인격의 가능성을 배제시킨다. 이러한 직업력은 강박성 인격의 직업력과도 부합되지 않는다.

이제 연극성 인격, 수동 공격성 인격, 경계성 인격이 남아있다. 지금까지 내담자의 과거력은 세 가지 모두와 밀접하지만 연극성 인격은 몇 가지 이유 때문에 제외될 가능성이 높다. 많은 연극성 인격들은 자신을 사회적으로 부적합하다고 보지 않으며 고통스러운 경험을 반복함에도 불구하고 좀처럼 소외되지 않는다. 따라서 수동 공격성 인격이나 경계성 인격의 가능성이 높아진다. 이 중 내담자가 미세 정신병적 쇠약이나 폭력의 과거가 없다는 면에서 비교적 강한 자아를 가진 것처럼 보이기 때문에 경계성 인격 장애의 가능성도 감소된다. 따라서 그는 수동 공격성이나 연극성, 경계성 특성들이 혼합된 인격일 것이다.

감정이입과 직관, 분석적인 추리를 기술적으로 혼합하는 것은 상담을 더욱 정교하게 만드는 데 중요하다. 경계성 인격 장애와 같은 정체 모를 진단은 더 자세히 조사되어야 한다. 어떤 면에서 이 진단은 논쟁의 여지가 많지만 진단의 기준이 본질적으로 행동적인 측면이기 때문에 어떤 경우에는 단순한 상담으로 쉽게 내릴 수 있다.

경계성 인격 장애의 불안정한 감정과 인식은 기분장애나 주의력 결핍 과잉행동 장애의 특성과도 관련된다. 예를 들면 안정적인 관계를 이루지 못하는 것, 변덕스러움, 충동성은 과잉행동을 가진 아이들을 생각나게 한다. 순수하게 심리적이거나 환경적인 어려움으로부터 문제가 발생하는 경우도 있을 것이다. 즉 이런 내담자들의 몇몇은 피아제Piaget가 인지 부족을 묘사했던 것처럼 인지적 능력에 있어 심각한 발달지연을 가지고 있다고 여겨진다. 예를 들어 현재의 경험을 평가할 때 과거의 경험들을 고려할 수 있는 능력이나 물체의 불변성에 대한 강력한 감각을 개발시키는 것과 같은 기본적인 인지적 기술들이 충분히 개발되지 못했다.

첫째, 경계성 인격을 가진 내담자의 인지 결손은 경험을 검정과 흰색과 같은 양극단으로 응집시킨다는 것이다. 따라서 좌절, 거절은 매우 심한 충격으로 받아들여질 수 있다. 예로서 경계성 인격 장애자들은 검정과 흰색만 보고 회색을 볼 수 없는 것으로 비유되듯이 만약 상담자가 예상치 못했던 모임 때문에 약속을 취소해야 한다고 전하는 경우 상담자가 '나를 치료 한다' 또는 '그렇지 않다' 중 한 가지로 인지하게 된다. 상담자가 약속을 취소하는 것은 내담자에 대한 부정적 측면으로 인지한다. 그리고 내담자는 상담자에게 전화해서 '너는 정말 개새끼야' 하고 큰 소리로 비방하게 될 것이다. 그런 반응은 '엄마 미워, 엄마 미워' 하면서 장난감 비행기를 사주지 않는 그의 엄마를 탓하는 어린아이와 다를 게 없다. 그 아이는 성난 행동과 거부로써 부정을 보인다. 그 말을 들으면서 상담자는 무엇이 잘못되었는지 고민하면서 어이없이 앉아 있을 것이다. 사실상, 내담자의 '불합리하게' 화내는 반응은 불합리한 것이 아니다. 물론 건강한 반응을 보일 수 있는 정상적인 능력을 가진 사람에게는 그런 화내는 반응은 불합리할지 모른다. 반면, 만약 어떤 사람이 노련하게 행할 수 있는 인지능력을 가지고 있지 않다면 그때 화난 반응은 적절한 것이다. 즉, 이 내담자는 상담자가 내담자를 치료하지 않는다는 말을 글자 그대로 '들었기' 때문이다. 본질적으로 불합리한 행동은 내담자의 분노 표출 때문이 아니라 상황을 받아들이는 내담자의 능력과 더 관계가 있다. 이런 관점에서 상담자는 이런 내담자들이 매일의 생활에서 만나야만 하는 분노에 대해 좀더 배려있는 자세를 가지고 이해해야만 한다.

둘째, 경계선 인격 장애 내담자들은 '분열' 을 사용한다.

여성 상담자와 상담을 하다가 남성 상담자와 상담을 이어가게 된 한 젊은 여성은 "나와 이야기하던 그 여자 선생님은 자기가 뭘 하고 있는지 알지 못하는 것처럼 보였어요. 나는 그녀가 싫어요. 다시는 그 선생님과 이야기하고 싶지 않아요."와 같은 반응을 보일 수 있다. 상담이 진행되는 동안 내담자는 상담자들에게 신경 쓰지 않는다는 것을 말하면서도 상대적으로 남자 상담자에게 경고하는 것처럼 보인다. 또한 그녀는 상담자들의 의견에 반하여 특수병동에 입원하려다가 거절당했을 때 화를 내며 토라질 것이다. 나중에 그녀의 남자친구가 남자 상담자에게 와서 사적으로 "내 여자친구는 당신에게 매우 기분 나빠한다. 그리고 솔직히 나도 그렇다"고 말할 수 있다. 보통 경계성 인격을 보이는 이런 내담자들은 사람들을 싸움 붙이려고 시도한다. 이것은 그녀가 이전의 상담자에 대한 불만을 이야기했을 때 논증되었다. 그것은 또한 실제로 그녀의 남자친구와 상담자 사이에 싸움을 붙이는 그녀의 능력에서도 볼 수 있다.

셋째로, 경계성 인격의 또 다른 인지적 지연은 안정되게 사물을 바라볼 수 있는 능력의 부재이다. 이들은 소파 아래로 공이 굴러들어 간 것을 공이 사라진 것이라고 믿는 유아와 비슷하다. 가장 좋아하는 장난감이 사라진 것을 알았을 때 아이는 곧 울음을 터뜨릴 것이다. 경계성 인격자들은 자신을 사랑하는 사람들이 변하지 않는다고 믿는 데 문제가 있다. 결론적으로 이런 내담자들은 자주 배신감을 느낀다. 기묘한 것은 마치 자신에 대해 변덕스러운 것처럼 이들은 자신의 내면이 텅 비어 있는 것처럼 느낀다. 그들은 혼자 있게 되는 것을 붕괴의 위험에 처하는 것이라고 느끼고 이러한 상황을 피하기 위해 광적인 노력을 하는 등 안전을 위해 다른 사람의 존재에 매우 의존한다.

이런 경향들을 고려하면서 상담자가 경계성 인격에 대한 진단적 범위를 넓히는 것을 보자. 내담자는 어두운 갈색 머리에 평범한 옷을 입은 여성이다. 그녀는 기묘한 온화함을 가지고 이야기했다. 마치 그녀 자신의 삶과 반대되는, 멀리 떨어진 곳에서 바라보듯 말하고 눈을 잘 맞추지 않았다. 상담 초기에 그녀는 현재와 우울했던 시간에 대해서 설명했다. 그녀는 조증의 과거력을 부정했다. 그녀는 잘 지내다가 어느 날 아스피린 한 통을 샀고 스물 네 알을 한 번에 먹어버렸다.

상담자 : 수지양, 무엇 때문에 약을 과용했는지 좀더 이야기해 주시겠어요?

내담자 : 우선 저는 약을 많이 먹을 것이라고 김 박사에게 이야기했어요. 저는 실제로 그렇게 했지만 아무도 저를 믿지 않는다고 여겼어요. 지금 김 박사는 제 자살 생각을 모두 제가 말했다고 주장합니다. 아마 그랬을지도 몰라요. 그러나 나는 내가 그에게 그것을 말한 것을 확실히 기억하지 못합니다. 사실 나는 그에게 내가 약을 과용해야만 할 것 같은 충동을 느끼고 있다고 말했습니다. 아마 그는 다르게 생각하고 있었던 것 같아요. 나는 잘 모르겠어요. 그러나 나의 남편은 김 박사가 그것을 부풀렸다고 생각하고 그 의사가 진짜 화가 나서 나를 그 가게로 내려가게 했다고 생각해요. 그리고 그것은 너무 쉬웠어요. 나는 그냥 내 손목 밴드를 떼어내어 보여주면 그들은 나에게 아스피린 한 통을 팔았어요. (내담자는 미소를 지었다.)

상담자 : 당신은 김 박사에 대해 복잡한 감정을 갖고 있는 것처럼 보이는군요.

내담자 : 제가요? 글쎄, 그럴지도 모르죠. 저는 그를 정말 좋아해요. 그렇지만 그가 나를 여기로 보냄으로써 나를 버렸다고 생각해요. 그는 날 데리러 올 것이라고 말했지만 잘 모르겠어요. 당신도 아시다시피 나는 김 박사 이전에 상담 담당이었던 심리학자를 좋아했어요. 그리고 나는 그가 아닌 다른 누구와도 잘 할 수 있을 것이라고 믿지 않았어요. 근데 결국 나는 김 박사와 잘 지냈어요. 나는 그가 다시 나를 데리러 올 것이라고 생각해요. 비록 내가 그에게 말렸다고 하더라도 그는 내게 화가 나 있어요.

상담자 : 김 박사가 당신과 밀접한 관계를 가지고 있는 것처럼 보이는군요. 중학교 때나 고등학교 때 당신에게 특별한 것이 있었나요?

내담자 : 예. (관심 없다는 투로 말했다) 나는 항상 나의 발전을 도와주고 나를 지도해 주는 나이 많은 남자와 이런 일이 있었던 것 같아요. 그런 일들은 나에게 많이 있었어요. 아주 친했던 몇 명의 선생님들이 있었고 또 많이 도움이 됐던 우리 교회모임의 회장도 있었어요. 나는 이런 사람들과 시간을 보내기를 더 좋아했어요.

상담자 : 친구들 중 누군가 당신을 우울하게 하고 당신이 그들을 싫어할 수 있게 된다는 것을 발견한 적이 있었나요?

내담자 : 예. 사람들은 저를 학대받고도 가만히 있는 먼지털이로 이용했어요. 영찬이가 좋은 예죠. 나는 그를 매우 특별하게 보았고 마치 성인군자나 되는 것처럼 여겼어요. 그러나 그에게 나는 특별하지 않았어요. 그는 모임에서 수많은 다른 사람들을 보았고 나를 여러 사람들 중 한 사람으로 여겼어요.

상담자 : 학창시절동안 친구관계는 어땠나요?

내담자 : 교우관계가 그다지 좋지는 않았어요. 우리 엄마는 항상 나에게 재능이 있는 아이라고 말했지만 나는 대체로 인기가 없었고, 사람들은 모두 위선자들이었어요.

상담자 : 살아오면서 4~5년 동안 지속된 친구관계가 있었나요?

내담자 : 사실… 제가… 아니… 진실한 친구는 없었어요.

상담자 : 당신의 친구관계는 어땠나요?

내담자 : 우리는 싸움으로 끝내거나 비슷하게 끝났어요. 그리고 서로를 책망했어요. 몇 가지 이유로 사람들은 항상 나를 이용하는 것 같았고 그것이 나를 화 나게 했어요.

상담자 : 당신이 화가 났을 때 당신의 분노를 참는 편인가요, 아니면 밖으로 드러내나요? 예를 들면 사람들에게 고함을 치거나 뭔가를 던지거나 하면서요.

내담자 : 나는 분노를 참아요. 그렇지만 하려고만 한다면 나도 무척 비열해질 수 있어요. 나도 물건을 던졌었고, 약 두 주 전 위기상태에서 남편에게 접시를 던졌어요.

상담자 : 최근에 당신이 매우 우울했었다는 것을 알겠어요. 당신이 평상시 모습의 자신을 느낄 때는 어떤가요. 다른 사람이 당신을 화나게 했을 때 얼마나 여러 번 물건을 부쉈다고 생각해요?

내담자 : 여러 번 그랬어요. 남편의 카메라를 던졌고 그것 때문에 남편이 폭발했던 것이 기

억나요.

상담자 : 당신이 부순 것 중에 가장 큰 물건은 무엇이었나요?

내담자 : 남편의 코 (내담자는 미소 지었고 내담자와 상담자는 혀를 찼다.)

상담자 : 매우 큰 코인가 보죠?

내담자 : 예. 더 커졌어요.

상담자 : 다시 학창시절로 돌아가서, 당신이 매우 화가 났을 때는 어땠나요? 주먹으로 벽을 친 적이 있었나요?

내담자 : 예. 주먹으로 벽을 친 적이 한 번 있어요. 엄마는 거의 비명을 질렀어요. 그리고나서 그녀는 진저리를 쳤어요.

상담자 : 몇몇 내담자들은 나에게 그들이 진짜 화가 났을 때 분노를 표현하기 위해 머리를 벽에 쳐야만 했다고 말합니다. 당신도 그렇게 느꼈습니까?

내담자 : 그렇게 했다고 생각합니다. 예, 그렇게 했지요.

상담자 : 기억 나는 것이 무엇인가요?

내담자 : 오래 전에. 많지는 않지만 자해 같은 것들을 했었죠. 알다시피 나는 이런 것도 했었지요… (내담자는 소매를 올리고 손목에 있는 작은 상처를 보여주었다.)

상담자 : 당신은 자해를 한 적이 있으시군요.

내담자 : 예. 그래요.

상담자 : 자해를 할 때 아픔을 느꼈나요?

내담자 : 그렇지 않아요. 나는 단지 피 나는걸 좋아해요.

상담자 : 무엇이 당신을 멈추게 하나요?

내담자 : 한 가지라도 있을 거라고는 생각해 보지 않았어요. 어쩌면 그것이 더 낫다고 느끼는지도 모르죠. 나는 모든 것이 끝났다고 느껴요.

상담자 : 무엇이 끝났다고 느끼는 거죠?

내담자 : 분노, 고통 잘 모르겠어요. 내가 아는 것은 그것을 좋아하기 때문에 아마 다시 그것을 시도할 것이라는 거예요. 그리고 당신은 나를 막지 못할 것이구요.

상담자 : 내가 당신을 막으려고 시도할 것이라는 것이 두려운가요?

내담자 : 아니오, 그렇지 않아요. 왜냐하면 당신이 할 수 없다는 것을 알기 때문이에요.

상담자 : 내가 당신을 막을 수 없다는 사실에 관해서는 당신이 옳다고 생각합니다. 단지 당

신은 그것을 할 수 있을지도 모르나 지금 당장은 당신이 그렇게 하는 것을 원하지 않아요. 그래서 지금은 말고 좀더 지났을 때 그것에 대해 접근할 것입니다. 당신이 지나왔던 모든 정든 시간들, 몇몇 어려운 일들을 거치는 동안 당신의 감정이 빠르게 변한다고 느낀 적이 있나요?

내담자 : 예, 내가 좋아하지 않는 것이에요. 그리고 당신이 그런 일들로 나를 도와줄 수 있다면 감사히 여기겠어요.

상담자 : 당신의 감정이 하루 동안에 얼마나 빨리 변화하나요? 예를 들면 무엇 때문에 갑자기 좋지 않은 감정에 빠졌다가 3시간 후면 괜찮아지는 것 같은 것 말이에요.

내담자 : 예, 그렇게 변덕스러워요.

상담자 : 부모님이나 고등학교 친구들이 당신을 변덕스럽다고 여길 거라 생각하나요?

내담자 : 예, 나는 항상 변덕스러웠어요. 사람들은 제 기분을 맞추는 법을 배워야만 했죠. 심술궂게 굴려고 일부러 그러진 않아요. 그러나 가끔은 어쩔 수가 없어요.

상담자 : 완전히 혼자일 때는 어떤 기분인가요?

내담자 : 가끔은 혼자 있는 것을 좋아하지만 그렇지 않을 때도 있어요.

상담자 : 싫을 때는 기분이 어떤가요?

내담자 : 우울해져요.

상담자 : 친구가 저녁시간에 나간다고 말하고 문이 닫히고 나서 혼자 있는 당신을 발견할 때 당신의 감정은 변하나요?

내담자 : 그래요. 가끔은 내가 조각조각 찢어진 것처럼 기분이 나빠요. 가끔은 화가 나고 자해를 할 때가 그래요. 나는 진짜 변덕스러운 사람이에요. 나는 어떻게 해야 할 지 모르겠어요. 김 박사가 나를 미워한 것도 그 때문이라는 걸 알겠어요. (더 슬퍼보였다.)

상담자 : 그렇게 우울해질 때 내면이 텅 빈 듯이 느끼기 시작하나요?

내담자 : 약간은. 그런 식으로 표현해야 할지도 모르겠어요.

상담자 : 그것이 제가 이해하는 데 있어 가장 관심이 있는 부분입니다. 당신이 하고 싶은 것은 무엇인가요?

내담자 : 죽음 그것을 느껴요.

상담자 : 죽음을 생각하면 자주 우울해지나요?

내담자 : 그렇진 않아요. 죽음이란 것은 나의 일부분이 우리가 있는 이 방에 존재하지 않는 것 같고, 설명하긴 힘들지만 불쾌해요. 내 남편은 그걸 이해하지 못해요. 그는 평범한 사람이지만, 내 생각에는 내가 그를 실망시키는 것 같아요. 또 나는 병원의 모든 사람을 실망시키는 것 같아요.

상담자 : 그건 무슨 의미인가요?

내담자 : 병원에 온 내 친구들이 내가 자해를 한 것에 대해 실망스러워 하는 것 같아요. 그들은 내가 미칠까봐 걱정하는 것 같아요. 내가 폐쇄병동에 있어야 하나요?

상담자 : 폐쇄병동에 있는 것은 두려운 일일 것입니다. 그것에 대해 걱정이 되나요?

내담자 : 그래요. 하지만 내 생각에 그들이 나를 감금시키는 것이 나을 것 같아요.

비교적 짧은 상담에서 경계성 인격에서 보여지는 장기적인 공허감, 환상, 부적절한 화, 자해 경향, 혼자 있기를 싫어하는 경향 등의 다양한 특성들이 나타나고 있다. 상담에서 중요한 것은 상담자가 부드럽고 집요하게 진단에 필요한 기준을 밝혀내는 방법이다. 상담자는 내담자의 개인 병력이나 사회력을 "당신의 학창시절 동안 친구관계는 어땠나요?" 혹은 "부모님이나 친구들이 당신을 어떻게 생각했느냐" 등과 같은 집중된 내용을 사용해서 주의 깊게 밝혀낸다.

특정한 인격 장애의 특징을 발견했을 때 그것이 오래 지속되었다는 증거를 찾는 것이 매우 중요하다. 만약 내담자가 사춘기 때 화를 많이 냈다면 상담자는 내담자의 잠재의식에서 화난 감정이 어떻게 표출되는가를 지적하는 것으로 이끌어 가야 한다. 상담자는 또한 아래의 발췌문에서 보여지듯이 인격의 병리에 관계된 주요 우울증의 실제적인 사건에서 발생하는 행동을 추측하지 않기 위해 주의해야 한다.

상담자 : 당신이 화가 났을 때 분노를 내부에 쌓아두는 편인가요, 아니면 밖으로 드러내나요? 표현한다면 소리를 지르나요? 아니면 물건을 던지나요?

내담자 : 대부분 참지만 표현할 때는 일반적인 사람들처럼 무언가를 던져요. 2주 전에 싸울 때 남편에게 접시를 던졌어요.

상담자 : 최근에 당신이 매우 우울했었다는 것을 알겠어요. 당신이 화가 났을 때 몇 번이나 접시를 깨뜨렸나요?

여기서 상담자는 정신 병리와 관계없는 충동적인 분노의 사건들을 밝혀내려고 노력한다. 내담자는 분노와 적대적인 감정에 오랫동안 지속되어 온 자신만의 양상을 표현하고 있다. 만약 상담자가 내담자에게 평상시에도 그 사건이 일어나고 있다는 것을 명확히 구분해 주지 않는다면 내담자는 그 시간들을 합하기 시작할 것이다. 만약 이러한 실수가 일어나면 상담자는 상당히 왜곡된 개인력을 얻게 될 것이다.

경조증이나 조증의 사건을 진술하는 동안 충동적으로 화를 내고 자살하겠다고 위협을 하는 내담자가 종종 있다. 때때로 이런 내담자들이 경계성 인격 장애로 부적절하게 진단되는 경우가 있다. 분명히 이런 내담자들의 행동은 조증 삽화 동안 나타나는 경계성 인격의 일종이다. 내담자와의 주의깊은 상담이나 여러 가지 정보들에 의해서 이러한 충동적인 행동이 정신 병리와는 별개로 발생하는지 여부에 대해 알아야 한다.

효과적인 상담을 위한 또 다른 비밀은 유연하게 있는 것과 내담자가 전환할 필요가 있을 때 전환할 수 있는 능력을 가지는 것이다. 예를 들어 이 상담자는 내담자와 그녀의 남편의 코에 대해 농담할 때 시간을 잘 보냈다. 이런 잠깐의 막간도 내담자를 더욱 편안하게 만든다. 동시에 유머에 대한 상담자 자신의 감각을 그녀에게 전달한다. 이 상담자는 체크리스트를 완성하기 위해서가 아니라 진심으로 내담자의 이야기를 들었다. 심지어 내담자의 경계성 증상이 보였을 때도 상담자는 과장된 반응을 보이지 않았다. 예를 들어 "잘 모르겠어요. 내가 아는 것은 내가 아마 그것을 좋아하기 때문에 다시 그것을 할지도 모른다는 것이에요. 그리고 당신은 나를 막지 못할 거예요."라고 하면서 상담자가 손목을 자른 사건에 관심을 갖도록 만들었을 때 상담자는 반사적으로 역습하지 않았으며 그녀가 그러한 행동을 할 필요가 없다는 것을 말해주었다. 대신에 상담자는 조용히 모순을 알아차리고 내담자의 표현에 동의하고 우아하게 진단적 정보의 탐구로 진행시켰다. 상담의 마지막에는 치명적인 문제를 더 충분히 탐구하였다.

게다가 발췌에서 특정 진단영역을 확장시키는 방법을 논의할 때는 우리에게 경계성 인격이라고 언급되는 인격구조를 가진 사람들의 혼란스러움을 상기시켜 주었다. 그녀의 세계는 끊임없이 순환하는 모순들 중의 하나이다. 그녀의 남편은 한때 김 박사의 무관심으로부터 그녀를 보호해 주던 착한 사람이었다. 그러나 또다른 때에는 흑백논리로 보는 그녀의 경향 때문에 다른 사람으로 변화되어 있었다. 성직자는 단지 그가 관심의 전부를 그녀에게 바치지 않았기 때문에 성자에서 악마로 변형되었다.

그녀는 진실로 세상을 두려워한다. 왜냐하면 그녀가 알고 있는 그녀를 둘러싼 모든 것들과 그녀를 삼키려는 죽음의 위협에 대한 집요한 감정을 숨기고 싸우기 때문이다. 결과적으로 그녀는 최상의 방어는 공격이라는 격언에 의지한다. 새로운 상담자와 새로운 만남을 하는 동안에도 그녀는 재빨리 손목을 그을지도 모른다는 문제로 결투를 요구한다. 심지어 보이지 않게 그녀는 변덕스러움 때문에 적대행동을 취한다. 발췌된 끝부분에서 그녀는 폐쇄 병동에 입원할까봐 두려움을 보였다. 상담자는 동정적인 질문으로 이 두려움을 잠재우려 시도했다. 상담자가 그의 관심을 베풀자마자 그녀는 차갑게 "그래요. 하지만 내 생각에 그들이 나를 감금시키는 것이 나을 것 같아요"하면서 반응했다. 이런 종류의 상반되는 관계는 상담자가 자주 경계성 내담자에 의해서 비틀거리게 되는 것으로 기록하는 것이다. 상담자가 단지 친절하려고 했기 때문에 내담자는 차가운 무관심을 보여준다.

자비로운 상담자는 이런 종류의 분노의 저변을 보려고 노력한다. 그리고 내담자가 절박한 죽음의 명백한 느낌을 극복하고 있고, 치명적인 중압감을 막기 위해서 매달릴 어떠한 것을 찾을 수 없다는 것을 깨닫는다. 이런 점에서 수지는 성인의 몸에 들어간 아이와 같다. 그리고 누구도 그녀에게 개입을 하고 싶어 하지 않는다. 상담자가 아이와 어른 양쪽을 다 이해하는 것은 그들이 적이 될 필요가 없다는 것을 내담자가 깨닫도록 도와주는 기술이다. 인격 장애를 알아차릴 수 있는 능력은 아마도 상담자가 직면하는 가장 어려운 업무 중의 하나일 것이다. 그러나 질환을 가진 사람들을 볼 수 있는 능력은 더 큰 도전이다.

III. 치 료

1. 일반적 원칙

인격 장애 내담자를 위한 치료의 원칙은 먼저 스스로의 행동에 대한 내담자의 설명보다는 행동 자체에 초점을 두고, 행동의 결과에 대해 내담자 자신의 책임을 강조하는 것이다. 또한 치료자나 내담자의 안전이나 치료의 결과를 위협하는 어떠한 행위도 처음부터 제한을 설정하는 것이 좋다.

인격 장애 내담자를 대하는 치료자는 자신의 인격이 내담자에게 어떤 영향을 줄 수 있는지 인식해야 하고, 치료자 자신이 내담자의 구원자라는 환상을 가지지 말아야 한다. 오히려 치료자는 내담자와 함께 무엇을 해 나가고 있다는 협력의 자세를 가져야하고, 내담자의 행동에 대해 감정적으로 받아들이면서 객관성과 전문성을 유지하기 위해서 그리고 치료자 자신을 잘 지탱하기 위해서 상급자나 동료의 도움과 감독을 통해 자신의 접근방법에 대한 안정감과 자신감, 상담자적 자부심을 지니고 있어야 한다.

2. 인지행동 치료

주요정신 장애와는 달리 인격 장애자들의 역기능적 신념은 지속적이고 구조화되어 있다. 따라서 치료의 과정은 오랜시간 지속되고 극적인 진전이 거의 없다. 인격 장애자를 위한 인지행동요법에서 치료자가 사용할 수 있는 인지적 기법은 다음과 같다. 1) 내담자가 상황의 해석에 사용하는 정형화된 역기능적 패턴을 인식하도록 돕는다. 2) 개인적 의미를 탐색한다. 3) 내담자가 자동적 사고패턴이 비합리적으로 편향되어 있다는 것을 인식하도록 돕기 위해서 부정확한 추론과 왜곡을 명명한다. 4) 내담자의 신념, 해석, 기대의 타당성을 검증하기 위해 치료자와 내담자가 함께 작업한다. 5) 타인의 행동의 설명에 대해 검증한다. 6) 척도를 사용하여 극단적 해석을 이분법적 사고가 아니라 차원적 사고로 변환시킨다. 7) 행동과 결과에 대한 책임을 재분배한다. 8) 고의적인 과장을 사용하여 어떤 생각을 극단으로 과장해서 역기능적 결론을 재평가하고 안심하도록 한다. 9) 신념과 행동을 유지하는 것과 변화시키는 것의 이익과 손해를 검토한다. 10) 탈재앙화를 통해 내담자가 자신의 최악의 결과를 생각하는 경향을 인식하고 벗어나도록 돕는다.

행동적 기법으로 정서적으로 긴장된 장면이나 과거의 중요한 장면을 역할극을 통해 재연하는 것은 역기능적 인지를 드러내어 작업할 수 있고, 타인의 관점을 시각화하기 때문에 공감훈련에 도움이 된다. 또한 과거의 외상적 사건을 심상하게 함으로써 그 경험을 완화시키고 결과적으로 파생된 태도를 재구성할 수 있는 기회를 제공할 수 있다.

3. 집단 치료

분열성 인격 장애의 경우 집단치료의 초기에는 협조하기 어려운 경향이 있으나, 안정된 집단의 경험은 대인관계에 가치를 두기 시작하고 사회망을 발달시킬 수 있는 사회적 접촉을 제공하는 기회가 된다. 분열형 인격 장애인 경우에도 집단을 통해 타인들에 대한 편안함을 증가시킬 수 있다. 회피성 인격 장애에도 집단치료는 효과적인 치료양식이다. 치료자와의 건강한 관계정립, 집단의 지지 등을 통해 이들이 사회적 불안을 극복하고 대인관계에서의 신뢰를 발달시키는 데 도움이 된다.

4. 약물 치료

인격 장애의 치료에서 약물치료의 효과는 아직 제한적이다. 약물은 불안이나 불안정한 기분, 충동성, 정신증적 증상 등을 완화시킴으로써 다른 치료의 효과를 촉진시키기 위하여 사용된다. 인격 장애 내담자들에게 흔히 사용되는 약물은 증상에 따라 항우울제, 기분안정제, 항불안제를 사용할 수 있는데, 특히 선택적 세로토닌 재흡수 차단제는 충동성과 공격성의 감소에 흔히 사용되며, 분열형 인격에서와 같이 일시적으로 정신증적인 증상을 보이는 경우에는 항정신병 약물을 사용하기도 한다.

C H A P T E R · 8

제 8 장
자살과 타살

제 8 장
자살과 타살

▶ 원 인

자살은 소아에서 노인에 이르기까지의 모든 연령층과 서양과 동양을 망라한 모든 사회에서 발생하고 있다. 자살은 인간의 10대 사망원인 중 하나이며 지속적으로 증가하고 있다. 우리나라 자살률은 98년도에 인구 10만 명당 19.9명이었던 것이 2003년도에는 24.0명으로 증가하였다. 한편 자살 기도율은 자살 성공률보다 8~10배 정도 높은 상황이다. 자살은 연령이 증가할수록 높은데 남자는 45세 이후에 높고 여자는 55세 이후에 자살률이 높다.

자살의 원인으로는 생물학적 요인과 정신적 원인, 사회학적 원인, 정신장애로 인한 자살 등 다양한 원인들이 있다. 생물학적 원인으로는 가족력을 들 수 있으며 생화학적 원인으로는 세로토닌의 감소 등이 보고되고 있다. 정신적 원인으로서 자살은 우울증이 있는 경우 혹은 우울증이 없더라도 자신에 대해 부정적 사고를 가지고 미래에 대한 희망이 없는 경우 자살을 하는 것으로 생각된다. 사회학적 원인으로 개인이 자신이 속한 사회 집단에 통합되지 못한 경우 자살을 수행하는 것으로서 미혼자가 기혼자보다 많고 도시 거주자가 농촌 거주자보다 많다. 자살을 시도하는 사람의 약 95%는 정신과적 장애가 있는 사람들이다. 이중 가장 많은 장애는 우울증이며 자살한 사람들의 80%는 우울증 문제가 있다. 우울증 내담자의 경우 자살률은 15%이고 정신분열병은 10%, 만성 알코올 중독자는 24%, 치매가 있는 경우 5%정도 자살을 시도하는 것으로 보고되고 있다.

치 료

자살 가능성이 의심되는 내담자의 경우에는 그 생각에 대해서 직접적이고 구체적으로 질문해야 한다. "자살을 생각해보았거나 시도해 본 적이 있으십니까?" 또는 "죽고 싶은 생각이 있습니까?"라고 질문한다. 자살 생각을 가지고 있는 사람의 80%는 질문을 받았을 때 자신의 자살 생각을 솔직하게 표현하므로 상담자가 일부러 내담자에게 자살 이야기를 꺼냄으로써 오히려 자살 생각을 하게 하지는 않을까 불안해할 필요는 없다. 오히려 자살에 대한 이야기를 나누면서 내담자는 자살 외의 다른 생각을 비롯하여 자신과 삶에 대한 새로운 인식을 할 수 있게 된다. 자살에 대한 약물치료는 항우울제와 항불안제를 주로 쓰며 심한 우울증과 망상에서는 항정신병 약물을 주로 사용한다. 자살의 위험성이 큰 경우에는 전기 충격요법을 쓰기도 한다. 자살 생각이 심한 경우에는 즉시 입원치료가 필요하며 입원 중에도 일 대 일로 내담자를 관찰해야 하고 주변에 금속성의 뾰족한 물건과 유리로 만들어진 물건, 충동적으로 복용할 수 있는 손에 닿는 약물 등이 없는 안전한 환경이 제공되어야 한다. 내담자가 입원할 정도가 아닌 경우에는 외래 치료를 받는데 특히 복용 약물을 한꺼번에 많이 처방하지 않아야 하며 가족들이 내담자를 잘 지지하고 가정내 환경에 위험한 물건이나 약물이 없도록 안전한 환경을 만들어야 하며 자살에 대한 충동이 강하게 일어나는 경우에는 전화할 수 있도록 24시간 상담이 가능한 '생명의 전화' 나 '사랑의 전화' 등의 핫라인 전화번호를 주어야 한다.

내담자 상담

사회가 복잡해질수록 자살률은 계속 증가한다. 정신 건강 상담자로서 자살 문제를 다루는 일이 어쩌면 일상 업무처럼 여겨질 수도 있다. 상담에서 결정적으로 중요한 순간은 아마 내담자의 자살 생각을 들은 순간일 것이다. 이 순간에 되는 대로 상담을 하거나 직관만으로 상담을 하여서는 안 된다. 내담자의 자살을 다룰 때 알아야 할 두 가지 요인은, 첫째 이미 보고된 자살 위험 요인과, 둘째 내담자의 자살 생각을 유도해내는 상담기술이다. 다음 사례를 보자.

I. 자살 위험요인

사례 1 : 송OO

21세 남자인 송OO는 새벽 1시에 친구가 응급실에 데려왔다. 송OO는 머리를 어깨까지 닿을 정도로 기르고 있어서 때로는 얼굴이 머리에 가리기도 하였다. 그는 관계 망상과 연상의 이완을 보였고, 사고는 비교적 논리적이었다. 주의 산만이나 사고 중단은 보이지 않았으며 환시나 환청이 없다고 하였다. 그의 말투는 점잖은 편이었고 말하기 전에 길게 뜸을 들인 후에 말을 시작하고는 하였다. 그는 기분이 우울하지 않다고 하였고 우울증에서 나타나는 교감신경 증상은 거의 없었다. 상담자와 친밀감이 형성된 후에 그는 최근에 알코올과 아편, LSD, 마리화나 등의 남용을 시인하였다. 그에게 자살 생각이 있는지 질문했을 때 그는 "나는 자살할 생각은 없어요… 그것이 바로 제가 싸우고 있는 이유예요"라고만 대답하였다. 그는 자신에 대한 자세한 설명은 하려고 하지 않고 입원을 거절하였다.

이 상황에서 상담자는 이 내담자를 어떻게 해야 하는가의 문제에 직면한다. 이 내담자는 병원 입원이 필요한 정도로 자살 위험이 있는지 아니면 외래 치료도 가능한지 결정해야 한다. 두 번째 중요한 점은 입원이 필요하다 할지라도 내담자가 이를 수용하지 않는다는 점이다. 이 경우 상담자는 강제 입원에 타당한 충분한 증거들이 있어야만 한다. 이러한 문제점을 염두에 두고 상담자는 위험요인에 대한 사정을 시작할 수 있다.

첫째, 송OO의 성별과 연령은 자살위험과 일치한다. 성별에 있어서 남자는 여자에 비해 세 배나 더 자살률이 높다. 자살을 시도하는 측면에서 여자는 남자보다 3배나 더 많이 시도하지만 남자가 자살률이 더 높은 이유는 자살 방법과 관련이 있다. 남자는 권총과 같은 폭력적인 방법을 선호하기 때문이다. 연령을 보면 나이가 들수록 남녀 모두 자살 위험이 높아진다. 55세 이후의 여성과 65세 정도의 남성에게 자살이 가장 많이 일어난다. 자살이 두 번째로 높은 연령은 청소년기 후반이다. 최근 10대 자살이 증가하고 있는데 이는 주요 청소년 사망 원인이 되고 있다.

둘째, 송OO의 경우 정신과 장애가 있다는 점에 주의를 기울여야 한다. 내담자가 우울증이 있든지 없든지 정신증이 있는 경우에는 잠재적인 자살 위험 요소가 있다고 간주해야 한다. 자살이 의심되는 정신증의 증상은 특히 1) 명령형 환청 2) 외부 감정 통제 3) 종교적 몰입의 세 가지이다. 명령형 환청은 어떠한 특정 행동을 하도록 하는 명령이 들리는 경우이다. 이 명령은 내담자 자신이나 혹은 타인에게 해를 가하도록 부추긴다. 명령형 환청이 들리는 경우에 상담자는 내담자를 입원시켜야 한다.

명령형 환청을 사정하는 경우에는 이 환청으로 인해 내담자에게 가해진 정서적 충격, 빈도, 기간, 내용, 적개심의 정도, 그 명령을 따르고자 하는 내담자의 느낌 등이 포함된다. 이러한 요인들 때문에 명령형 환청은 내담자에게 아무 충격도 가하지 않는 정도에서부터 폭력을 자극하는 목소리에 이르기까지 다양하다. 일부 만성 정신질환내담자는 명령형 환청에 너무나 익숙한 나머지 환청에 거의 주의를 기울이지 않을 수도 있으나 어떤 사람에게는 명령형 환청에 의해 심한 괴롭힘을 당하고 그 소리가 점점 커지며 집요해질 수 있다. 따라서 상담자는 항상 내담자가 어느 정도 감정을 조절할 수 있는지 질문해야 한다.

셋째로 중요한 관점은 내담자가 과도하게 종교에 몰두해 있을 때이다. 내담자는 신에 대한 사랑을 증명하기 위해 신이 원하는 재물로 자신을 바쳐야 한다고 생각할 수 있다. 그들은 성경에 나오는 아브라함과 같이 자신의 믿음이 시험당한다고 느낄 수 있으며 아들을 희생재물로 바친 아브라함과 그들 자신을 비교할 수도 있다. 이러한 아브라함 증후군은 치명적일 수 있다. 또한 내담자는 폭력적인 행동이 나타나 있는 성경구절에 몰두할 수 있는데 예를 들어 "만약 너의 오른 눈이 너로 하여금 죄악을 범하게 한다면 그 눈을 뽑아 버려라…." 와 같은 구절에 몰두한 결과 자신의 혀를 잘라낸다거나 자신의 성기를 거세하는 등의 기괴한 방법으로 자해를 할 수 있다. 이러한 종교적 몰두를 보이는 내담자에게는 "성경의 어떤 구절이 특히 중요하게 와 닿나요?" 라고 질문할 수 있다.

정신분열병 내담자들은 자주 자살을 시도한다. 정신질환의 과정과 급성 정신증으로 인한 우울 등으로 인해 자신의 내적 조절력을 상실하고 이로 인해 고통스러워하며 인생의 의미를 상실할 수 있는데 이러한 요인들은 내담자가 더욱 황폐해지도록 한다. 내담자들은 자신들이 상처받은 존재이고 좋아질 가망이 없다고 여기기 때문에 삶에 대한 의미를 점점 상실해간다.

다음 특징들은 자살 위험을 높인다 : 젊은 사람, 질병의 만성적 재발, 고학력, 높은 기대치, 질병을 고통스럽게 여김, 정신 질환이 심해지는 것에 대한 두려움, 자살 생각과 자살 위협, 절망감 등이다. 송OO님의 경우 치명적 자살 위험을 제시하는 것은 심한 물질 남용이다. 만성적인 알코올 중독, 물질 중독은 충동성을 높이고 자기 조절력을 감소시킴으로써 자살을 하도록 하는 요인이 된다. 중독은 두 가지 측면에서 문제점을 가지게 되는데 첫째는 충동을 조절할 수 없도록 하고 둘째는 인지장애를 유발하여 자신이 초저녁에 많은 약물을 섭취한 것조차 잊어버리고 '조금만 더' 라고 하며 많은 약물을 섭취하여 무심히 자살을 시도하게 된다. 중독은 또한 감각중추의 기질적 손상을 초래할 수도 있으며 그 결과 의식 수준의 장애나 집중력 장애 등이 초래될 수도 있다.

내담자 송OO는 친구가 살해 당한 후에 자제력을 잃고 평상시보다 더욱 혼란스러워 보였으며 한 달 전에 여자친구와 헤어진 후로는 더욱 많은 양의 '각성제' 를 사용했다고 친구가 말하였다. 본 내담자는 3주 전에 정신병원에서 퇴원한 이후에 방 한 칸을 얻어 혼자서 겨우 생활을 해 나가고 있었으며 이전에 자살을 시도한 경험은 없다고 하였다. 이처럼 친구들이나 가족들과 상담을 통하여서 중요한 정보를 얻을 수 있다. 내담자의 자살 가능성을 파악하기 위하여 친구나 가족들에게 다음과 같은 질문이 유용할 수 있다.

- "차라리 죽는게 더 낫겠다"라는 말을 한 적이 있습니까?
- 자살에 대한 농담을 한 적이 있습니까?
- "곧 모든 것이 좋아질 거다"라는 말을 한 적이 있습니까?
- 칼과 같은 무기를 가지고 다니는 것을 보았습니까?
- 약물을 과다 복용해서 자살을 시도한 적이 있습니까?
- 우울하거나 슬퍼 보인 적이 있습니까?
- 평소보다 혼자 있는 시간이 많아졌습니까?

이러한 질문으로 치명적인 자살을 시도할 수 있는지의 여부와 무의식적으로 자살을 시도할 수 있는지를 파악할 수 있는 정보를 수집할 수 있다.

다음 부가적으로 하는 상담에서는 스트레스의 원인과 사회적 지지 체계를 알아보아야 한다. 실직, 가족의 해체, 위기 상황, 상실 등에 대해 탐색해야 하고 사회적 지지 체계인 가족이나 친구, 종교 조직과 같은 지지 체계의 부족은 흔히 자살의 위험 요소가 된다. 지지 체계의 부족에서 볼 때 자살과 관련된 두드러진 요인 중 하나는 배우자의 죽음이다. 기혼자의 자살률은 10만 명당 11명이고 미혼은 12명, 이혼 여성은 18명, 과부는 24명이다. 반면 이혼한 남성의 경우에는 10만 명당 69명의 높은 자살률을 나타내고 있다. 자살을 시도한 내담자가 응급실에 입원한 경우 내담자가 혼자 있지 않도록 즉각적으로 지지를 제공할 수 있는 지지 체계를 이용하는 일은 중요하다. 또한 상담자가 가족들이 마음을 열고 내담자의 자살에 대한 자신들의 감정과 걱정 등을 표현할 수 있도록 하는 일은 가치 있는 일이다.

송OO와 같이 정신병원에서 퇴원한 경우는 자살 위험이 증가하는데 일반적으로 퇴원 후 첫 달이 가장 위험하다. 여기에서 상담자는 송OO의 정신장애와 긴급한 자살 위험성을 좀더 끈기 있게 탐색해야 하며 이러한 내담자는 상담의 우선 순위가 되어야 한다.

내담자 : 저는 거기서 할 수 있는 일이 아무것도 없었어요. 필요한 것은 평화예요. 인류 평화… 하지만 이는 불가사의해요. 저는 그들을 말리려고 노력하고 있어요.

상담자 : 누구를 말린다는 말씀인가요?

내담자 : 나쁜 사람들… 나를 부추겨서 일을 시키고 그것을 즐기는 나쁜 사람들이죠.

상담자 : OO님은 누군가 당신을 지배하고 있다고 느낍니까?

내담자 : 예… 그들이 저를 지배하려고 해요. 하지만 저는 그들을 그냥 두지 않을 거예요.

상담자 : 무슨 말씀을 하는 거죠?

내담자 : 제 안의 무엇인가가 제 심장과 근육을 할퀴어요.

상담자 : 아주 무시무시한 말이군요.

내담자 : 그래요. 무서운 일이지요. 하지만 전 그것을 하지 않을 거예요.

상담자 : 그들은 OO님이 무엇을 하길 원하는 거지요?

내담자 : 굵혀진 제 심장을 베어 내는 일. 인류에게 평화를 가져오는 일. 고통을 없애는 거지요. 하지만 지시가 없는 한 저는 그렇게 하지는 않을 거예요. 구름이 달에게 키스를 할 거예요. 선생님도 알 거예요.

상담자 : 그들은 OO님을 베는 데 무엇을 사용하죠?

내담자 : 제 칼이죠

상담자 : 칼을 손에 잡아 본 적이 있습니까?

내담자 : 예. 어느날 밤… 아마 지난 밤이었죠. 그들이 제 손에 칼을 주었어요. 저는 싫다고 말했지만 그들은 칼 끝으로 제 가슴을 누르고 칼을 들고 있으라고 했어요.

상담자 : 그들은 OO님이 또 어떻게 하길 원했죠?

내담자 : 제 심장을 파헤치고 그곳에 제 신이 들어가게 한 다음 신에 대한 강한 믿음을 갖게 하는 거지요.

위의 대화 사례에서 상담자는 내담자의 내면 세계에 접근하는 데 성공했다. 내면 세계에 접근함으로써 송OO의 정신증이 확실히 나타났다. 이를 통해 다음 사항들이 더욱 분명해진다.

- 자살을 시도하는 사람들은 대부분 정신병리가 있다.
- 정신병리는 치명적인 자살 가능성을 야기할 수 있다.
- 정신병리에서 특히 위험한 요소는 명령형 환청과 자신의 감정을 외부로 표현하지 않는 것 그리고 종교에 몰두하는 것이다.
- 정신분열병에서는 정신증으로 인해서가 아닌 우울증으로 인해 자살이 많이 발생함이 증명되고 있다.
- 연령, 성별, 사회적 지위와 같은 인구학적 요인들이 자살 위험요인의 기준이 될 수 있다.
- 상실감, 사회적 지지의 결여 또한 자살의 위험 요인이 될 수 있다.
- 알코올과 약물 사용, 중추신경 손상은 자살과 타살의 가능성을 증가시킬 수 있다.
- 외래에서 내담자의 지지 체계를 급하게 사정해야 하는 경우에는 병원에서 적절한 지지를 제공할 수 있는지 고려해야 한다.

이제 두 번째 사례를 살펴보자. 이 사례는 자살 가능성에 대한 새로운 영역을 제시하고 있다.

▶ 사례 2 : 이OO

이OO는 50세 된 세 아이의 엄마이며 큰딸과 함께 외래를 방문하였다. 그녀는 약간 허약해 보이고 지쳐 보였으며 류머티즘 관절염으로 인해 손이 기형적으로 변해 있었다. 그녀는 우울한 감정을 호소하였고 눈물을 흘리며 한숨을 크게 내쉬면서 말하였다. "7년 전에 관절염을 앓기 시작하면서 제가 변하였어요. 옛날에는 좀더 빨리 움직일 수 있었는데 지금은 그럴 수가 없어요. 저는 지쳤어요. 우울증이 시작된 지 6개월은 되는 거 같아요. 남편은 제가 죽는 게 낫다고 말하곤 해요" 라고 얼굴을 찡그리며 말하였다. 자살에 대해서 질문하였을 때 이OO는 자살 생각을 한 적은 있었으나 자살을 시도한 적은 없었다고 하였으며 현재 자살 계획도 가지고 있지 않다고 하였다. 인지기능 검사 결과 비정상적 소인은 없었으며 정신 상태 검사 결과 정신병리의 증상도 보이지 않았다.

내담자와 같이 내원한 큰딸은 내담자가 예전에는 아주 활동적이었으며 "댄스의 여왕" 으로 불렸다고 하였다. 그러나 관절염이 시작되면서 사람들을 잘 만나지 않았고 엄마가 항상 활동적이기를 원하던 아버지와 말다툼이 잦아졌다고 하였다. 큰딸은 엄마에게 자살의 기미는 없었지만 엄마가 몸져 눕게 되면 자살을 할 수도 있다고 하였으며 그러한 일이 있을까봐 두려워하고 있었다.

이OO의 사례는 송OO의 사례와는 다른 점이 있다. 무엇보다도 이OO은 아주 심하게 우울해 보였다. 신체적 통증을 유발하는 다양한 신체형 장애들은 우울증을 동반할 수 있으며 우울증은 자살 가능성을 수반한다. 그러나 상담자는 내담자가 보이는 신체적 통증에만 주의를 기울인 나머지 자살 요인에는 주의를 기울이지 못할 수가 있다. 위의 이OO의 사례는 신체적 질병이 자살 위험성을 증가시킨다는 사실을 보여준다. 따라서 신체적 질병이 있는 내담자와 상담을 할 때에는 그들에게 나타나는 활동력 감소와 신체 기형이나 통증을 초래하는 질병에 관심을 기울여야 한다.

헌팅톤 무도병이나 다발성 경화증, 심한 당뇨병, 만성 폐쇄성 폐질환 등은 보이는 것보다도 더 고통스러울 수 있다. 이러한 질병으로 인해 내담자의 인격이 변화할 수 있으므로 이 측면에도 주의를 기울여야 한다.

레오나르도는 스트레스를 받았을 때 자살하기 쉬운 세 가지 인격 유형에 대하여 제시하였다. 첫째는 내담자가 환경을 교묘하게 바꾸면서 자신의 인격을 통제하는 방법이다. 이러한 사람들은 힘과 권위를 가지고자 노력하고 자기 분야의 최고가 되길 원한다. 장애를 유발하는 질병으로 인하여 자신과 환경에 대한 통제력을 상실하게 되면 죽음을 통해서 탈출을 시도할 수 있다. 이OO는 과거에 아주 활동적인 사람이었기 때문에 이러한 역동적인 과정을 겪을 수 있으며 따라서 엄마가 몸져 눕게 된 경우 자살을 할 수 있다는 큰딸의 생각은 충분히 이유가 있는 것이다. 둘째는 경계선 인격장애의 보편적 요소인 의존적이고 불만족스러운 생활을 하는 사람들에게 나타나는 행동유형이다. 타인으로부터 최후의 도움을 받지 못하는 경우 이들은 자살을 선택하게 될 수 있다. 세 번째는 자신의 삶에 중요한 사람들과 공생적인 관계를 형성해 온 사람들의 경우이다. 공생관계에 있는 사람이 자신을 지속적으로 지지하지 않는다거나 자신을 거부하게 되는 경우 자살의 위험이 매우 크다.

이러한 예들은 자살의 중요한 특징들을 말해준다. 자살은 인간 상호작용의 한 현상이다. 그러므로 잠재적인 자살 가능성을 평가하기 위해서는 내담자뿐만 아니라 그 내담자를 둘러싸고 있는 환경 체계에 대한 평가도 해야 한다. 내담자와의 첫 번째 상담에서 이러한 정보를 모두 알기란 어려운 일이므로 내담자와 의미있는 타자들과의 부가적인 상담을 통해서 이러한 정보를 얻을 수 있다. 실질적인 접근을 통해서 상담자는 내담자가 지지적인 환경으로 돌아가고 있는지 아니면 적대적인 환경으로 돌아가고 있는지에 대한 결정을 해야 한다. 내담자의 가족과 친구들이 치료적인 환경을 제공한다면 이는 내담자의 경과에 좋은 전조가 될 수 있다. 그러나 이러한 상황 속에서도 내담자가 자신을 '모두에게 짐이 되는 존재' 라고 여기며 죄책감이 깊어진다면 또 다른 문제가 유발될 수 있다. 이러한 맥락에서 다음 두 가지 질문을 내담자에게 할 수 있다.

○ 당신이 자살을 한다면 당신 가족들에게 어떠한 영향을 줄 거라고 생각하나요?
○ 당신이 자살을 한다면 당신 배우자는 어떨 거라고 생각하나요?

평가를 하면서 상담자는 내담자의 지지 체계들은 실제로 내담자가 죽기를 바란다는 것을 알게 될 수도 있다. 내담자가 죽기를 바라는 것은 의식적일 수도 있고 무의식적일 수도 있으며 악의가 있을 수도 있고 없을 수도 있다. 내담자의 죽음에 대한 가족들의 무의식적인 바람은 내담자의 자살을 예방하기 위해 적극적인 태도를 취하지 않고 느슨한 태도를 보이는 모습으로 나타난다. 상담자는 상담 중에 악의를 가지고 내담자의 죽음을 진짜로 원하는 가족들을 만날 수 있다. 오랜 기간 동안 이혼을 거절당해온 배우자, 폭력에 저항하지 못하는 구타당하는 아내 등은 내담자가 죽기를 바랄 수 있다.

가족들이 내담자에게 적대감을 가지고 있는 사례를 보자. 남편이 그의 아내에게 "내가 이 약들을 당신 입에 넣을 거야. 날 믿어. 당신을 죽이지는 않을 거야" 라고 소리쳤다. 이러한 상호작용은 치료자가 알아야 할 하나의 경고증상이다. 내담자의 가족이 지지적이라고 여기고 내담자의 퇴원을 결정한 치료자가 이 사실을 알게 되면 내담자의 퇴원을 보류하여야 한다. 또 다른 측면은 내담자가 가족들에게 분노를 느끼는 상황이다. 자신이 자살을 한 경우 가족들이 상처받기를 바라면서 일부러 자살을 하는 내담자들도 있다. 또 다른 경우에는 "제가 가족을 도울 수 있는 유일한 길이에요" 라고 말하는 경우이며 이는 나쁜 징조가 된다.

자살 위험을 사정하는데 몇 가지 고려해야 할 점들이 있다. 첫째, 절망감의 여부이다. 절망감은 자살의 불길한 징조이며 심한 우울증보다 더 치명적일 수 있다. 논리적 측면에서 볼 때 자살은 보통 다른 선택의 여지가 없을 때 취해지는 최후의 선택이다. 무력감은 흔히 이러한 절망감과 연관이 되어있다. 내담자들은 일반적으로 자신이 피할 수 없는 고통으로부터 탈출하기 위해 자살을 한다. 둘째, 내담자의 종교나 자녀문제 등과 같이 내담자의 자살을 막는 삶의 기본 틀이 있는지 사정해야 한다. 천주교 신자들은 자살이 도덕적인 죄악이라고 믿고 있다. 즉, 종교는 자살을 막는 중요한 틀이 될 수 있다. 어떤 내담자들은 아이들을 돌보아야 한다든가 또는 중요한 일을 해야만 한다든가 하는 기본 틀을 가지고 있다. 어떤 내담자들은 부모가 자살을 하면 그 자녀들이 더욱 나빠질 것이라고 단정을 짓는다. 예를 들어 배우자가 알코올 중독자이거나 아동 학대자인 경우 내담자는 자녀들과 같이 죽어야 할지에 대해서 깊이 생각할 수도 있다. 이러한 민감한 부분에서 눈에 띄지 않으면서 자연스럽게 대화를 이어갈 수 있다.

내담자 : 전 실패한 사람이고 불행한 사람이에요. 이젠 죽음만이 유일한 선택이에요. 전 자살할 거예요.

상담자 : OO님도 아는 바와 같이 사람들은 자기 자신에게 정말로 화가 났을 때 그 분노를 다른 사람에게 돌리는 것을 알 수 있지요. OO님은 다른 사람에게 상처를 주고 싶은 적이 있었나요?

내담자 : (잠시 후) 네. 그래요. 아마 그게 나을 거예요.

상담자 : 무슨 말씀이시지요?

내담자 : 남편을 죽이는 일에 대해서 생각해 본 적이 있어요.

상담자 : 아이들이나 다른 사람도요?

다른 경우에는 다음 접근이 유용할 수 있다.

내담자 : 제 남편은 결코 바뀌지 않을 거예요. 그는 우리를 너무나 괴롭혀요. 우리는 이젠 더 이상 희망이 없어요. 자살만이 유일한 선택이에요.

상담자 : 방금 '우리' 라고 말씀 하셨는데 당신이 자살하고 난 뒤 아이들은 어떻게 될 거라고 생각합니까?

내담자 : (한참 후) 잘 모르겠어요.

상담자 : 가끔 부모들은 아이들과 함께 죽는 것을 생각합니다. 그러한 생각을 해본 적이 있나요?

내담자 : 네. 그랬어요. 끔찍한 일이지만 그랬어요.

상담자 : 무엇을 할 생각이었죠?

내담자 : ….

셋째, 최근 나타난 급격한 변화가 있는지 여부를 사정해야 한다. 심한 불면이나 흥분은 내담자가 견딜 수 없는 정도의 고통이 있음을 의미한다. 또 다른 한편으로는 기대 이상으로 빨리 호전되는 것은 좋지 않은 결과를 초래할 수도 있다. 내담자가 평온해하는 것은 자살을 결심했다는 것을 의미할 수 있다. 자살은 우울의 깊은 골짜기에 있는 동안은 오히려 적게 일어나다가 우울이 호전되면서 자살을 시도하는 경향이 있다. 이는 내담자가 호전됨에 따라 어떠한 행동을 하고자 하는 에너지가 회복되기 때문이다.

이상의 내용을 요약하면 다음과 같다.

- 신체적 질병은 자살의 위험을 증가시킬 수 있다. 특히 신체적인 활동을 제한하거나 기형 또는 심한 통증을 초래하는 경우에 그러하다.
- 내담자에게 절망감이나 무력감이 있는지 탐색해 본다.
- 환경 내에서 지지 체계가 적대적인 경우에는 자살 위험이 증가한다.
- 종교적 신념은 자살위험을 감소시키므로 상담자는 이를 알아내야 한다.
- 임상 증상이 갑작스럽게 호전되거나 악화되는 경우에는 자살 위험이 증가할 수 있다.
- 내담자에게 자살의 가족력이 있는지 사정해야 한다.

II. 자살의 위험 : 급성 대 만성

자살 의도를 부정하고 자살할 계획이 없다는 점은 자살 위험이 낮음을 의미한다. 이는 만성적으로 잠재되어 있는 자살 위험과 급성의 자살을 구분하는 데 유용하다. 내담자가 일정 기간동안 다양한 위험 요소를 나타낸다면 이는 만성적인 자살 위험이 있는 것이다. 예를 들면 노화, 질병의 악화, 깊어 가는 절망감, 부부관계의 긴장감과 같은 위험 요소들은 적대적인 환경을 만들 수 있고 자살에 대한 합당한 구실을 천천히 분출시킬 수 있다.

그러나 여러 위험 요소가 나타난다고 해서 자살을 즉시 수행할 위험이 있다는 것은 아니다. 반대로 대부분의 자살 위험 요소들이 사라졌다고 해서 자살 위험이 감소했다는 것을 의미하지는 않는다. 상담자는 내담자가 현재 자살 위험에 있다고 판단할 수 있는 절박한 근거가 무엇인지를 결정해야 한다. 자살 가능성을 결정할 때 '최근에 자살을 시도한 경험' 이 있는지의 여부는 자살을 다시 시도할 수 있다는 위험 신호이다. 또한 상담자는 내담자가 정말로 죽기를 원하는지 아닌지를 결정해야 한다. 즉 내담자가 자살을 시도하되 살아남을 여지를 남겨두고 있는지의 여부를 살펴보아야 한다. 예를 들면 다른 사람 눈에 쉽게 띌 수 있는 장소를 자살 장소로 선택하였는지, 유서를 다른 사람이 쉽게 발견할 수 있는 장소에 두었는지, 자살에 대해 다른 사람에게 연락을 하였는지, 또는 자살에 대해 어떤 힌트를 남겼는지 등이다. 이러한 요인들이 없는 경우의 자살은 상당히 심각할 수 있다.

다시 앞의 두 사례에 대해서 이야기한다면 내담자 이OO는 송OO에 비해 자살 가능성이 낮다고 할 수 있다. 이OO의 경우 최근에 자살을 시도한 과거력이 없고 정신병리의 증상도 없으며 상담과정에서도 그녀가 자살을 생각하고 있다는 느낌을 주지 않는다. 반면에 송OO는 자살을 시도한 과거력과 정신 병리가 있었으며 상담의 과정에서도 자살 가능성이 제기되었다. 잠재적인 자살 가능성을 결정하는 데 있어서 사용할 수 있는 정해진 공식은 없다. 다만 상담자는 자살을 유발할 수 있는 다양한 위험 요인과 내담자의 과거력, 상담을 통해 수집한 정보들을 주의깊게 고찰해야만 한다.

1. 임상적 위험 요인과 통계적 위험 요인

이러한 기초적인 자료들을 염두에 두고 내담자에게 자살에 대한 사정을 하는 것은 내담자의 자살 가능성을 좀더 면밀하게 사정할 수 있도록 한다. 자살 위험 요인들에 대해 상담자가 완전한 사정을 하였다 할지라도 내담자가 곧 자살할 거라는 것에 대한 상담자의 느낌은 중재에 있어서 가장 중요한 요인이 될 수 있다. 슬픔 척도와 희망없음 척도는 자살 잠재성을 측정하기 위해 손쉽게 사용할 수 있는 도구이다.

슬픔척도	희망없음 척도
○ 성별	○ 적대적인 대인관계
○ 연령	○ 최근 병원에서 퇴원함
○ 우울증	○ 인격적 문제
○ 이전의 자살 시도	○ 죽음에 대한 이유가 있고 이를 확신함
○ 알코올 남용	
○ 합리적 사고능력 상실	
○ 사회적 지지 체계 결여	
○ 조직적인 자살 계획	
○ 배우자가 없음	
○ 질병	

2. 자살 생각 끌어내기

상담자는 한 번쯤은 자살을 결심한 내담자를 상담하게 된다. 이미 내담자는 자살 계획을 다 끝냈을 수도 있다. 문제는 내담자가 자신의 결정을 상담자와 같이 나눌 것인가 하는 점이다. 따라서 상담자는 이러한 내담자를 다룰 때 아주 민감해야 한다. 상담자는 아주 미미한 자살 의도라도 파악해내야만 한다. 일반적으로 다음과 같은 단계를 따라 내담자의 자살에 대한 생각을 파악해 나갈 수 있다. 1) 적절한 무대를 설치하기 2) "당신은 자살할 생각이 있나요?" 와 같은 특정 질문을 하기 3) 자살 생각의 범위를 탐색하기

1) 1단계 : 적절한 무대 설치하기

이 단계에서 상담자는 내담자가 최대한 자살 생각을 공유하고 싶은 분위기를 만

들기 위해 노력해야 한다. 가장 효과적인 분위기는 아마도 내담자에게 색다르게 느껴지는 분위기인 듯하다. 내담자는 스스로를 자살로 몰고 가는 고통스러운 감정으로 강하게 빠져드는 동안 상담자와 함께 있으면서 최대한 안정감을 느껴야 한다. 강한 정서적 결합은 내담자의 의식적 방어를 낮추게 할 수 있고 결과적으로 내담자로 하여금 자살 생각을 말하도록 할 것이다. 앞의 송OO의 사례에서 내담자는 자살에 대한 생각을 부정하고 있는데 이는 자신의 생각을 상담자와 공유할 수 있는 무대가 적절히 갖추어지지 않았기 때문이다. 그러나 두 번째 상담 과정에서는 상담자는 내담자의 걱정을 말하게 함으로써 조용히 내담자의 내면세계로 들어가고 있다. 그녀의 내면의 고통 세계로 상담자가 들어갔을 때 상호간에 정서적인 강한 결합이 일어났다. 또한 상담자의 경청은 그녀의 고통의 짐을 나눠어 짐으로써 고통을 덜도록 하고 있다. 이러한 과정은 내담자가 초기에 가진 상담자에 대한 불신을 감소시키게 되고 결국은 자신의 비밀을 공유할 만큼 상담자를 신뢰할 수 있는 동맹자로 인식하게 한다.

적절한 무대를 설치한다는 것은 내담자가 자신의 자살에 대해 말할 때까지 기다려 주는 것이기도 하다. 내담자가 자신의 우울한 기분에 대해서 말할 때에 우선은 자신의 감정을 충분히 말하도록 하고 자살에 대해 성급하게 질문을 하지 않는 것이다. 무대를 설치한다는 것은 상담자가 내담자와 결합하기 위해 필요한 시간을 우선 제공하고 후에 자살 의도를 유도해내는 것이다.

때때로 내담자는 상담 초기에 자살 생각을 넌지시 비추기도 하는데 이러한 암시는 무대가 이미 설치되어져서 내담자가 자신의 생각을 공유할 준비가 되었음을 나타내는 것이다. 내담자가 자연스럽게 자신의 생각을 암시한다면 상담자는 이를 다음 예처럼 재치있게 추적해나가야 한다.

내담자 : 제 인생이 바뀌었어요. 지난 몇 년 동안 제 인생은 텅 빈 것 같아요.

상담자 : 무슨 말씀이지요?

내담자 : 전 남편과 이혼한 후에 모든 것들이 가라앉은 것 같아요. 모든 것들이 텅 빈 것 같고 계속 살아야 할 의미가 없는 것 같아요.

상담자 : 살아야 할 의미가 없다고 여겨졌을 때 혹시 자살 생각을 하였나요?

내담자 : 음… 예… 지금도 그런 생각을 해요.

상담자 : 어떻게 자살하려고 하나요?

내담자 : 약을 먹을려고 해요. 옛날에도 그랬던 적이 있어요.

위 대화에서 만일 상담자가 자살에 대해 언급할 수 있는 가장 적절한 기회를 놓친다면 대화는 전혀 다른 방향으로 나아갈 수도 있다. 때로는 상담 초기에 약간 모호한 질문을 함으로써 내담자의 자살 생각을 터놓게 하는데 이러한 질문들은 자살에 대해 좀더 편안하게 말할 수 있는 길을 열어주게 된다.

내담자 : 모든 것이 잘못된 것만 같아요.

상담자 : 무슨 말씀이지요?

내담자 : 잠을 잘 수가 없어요. 잘 먹지도 못하고 계속 제가 나빠지는 것 같아요. 제가 우울하다고 말할 때는 그냥 하는 소리가 아니에요.

상담자 : 고통을 끝내기 위한 방법을 생각해 본 적이 있나요?

내담자 : 예. 예… 그래요. (신경질적으로 웃으며) 제 머리를 없애버릴 생각을 해왔어요.

상담자 : 무시무시하게 들리는군요.

내담자 : 그렇지요?

상담자 : 집에 권총이 있나요?

내담자 : 예… 제 침대 옆에요.

이 대화에서 만일 내담자가 상담자의 질문에 대답하지 않는다면 다음 두 번째 단계로 나아가야만 한다.

2) 2단계 : 특정 질문하기

내담자에게 자살에 대해 생각해 본 적이 있는지 질문하는 것은 보기에는 아주 간단해보이나 사실은 그렇게 간단한 일이 아니다. 이러한 질문은 내담자의 상담자에 대한 저항이나 신뢰도에 여러 가지 문제를 야기할 수 있다.

일반적으로 '자신을 죽이다' 또는 '자살하다' 와 같은 말을 사용하여 내담자의 자살 가능성을 묻는 질문은 내담자로 하여금 상담자가 무엇을 말하고 있는지 정확하게 이해하도록 한다. 상담자의 침착하고 솔직한 모습은 진솔한 의사소통의 강력한 수단이 된다. 이러한 상담자의 모습은 '당신의 자살에 대해서 나와 함께 이야기해도 괜찮아요' 라고 말하는 것이다. 이러한 암시는 곧 내담자에게 영향을 미치고 자신의 생각을 털어놓음으로써 생명을 구할 수 있게 된다. 또한 후에라도 내담자가 다시 자살 생각을 하게 되었을 때 자신이 '끔찍한 비밀' 을 털어놓을 수 있었던 곳이 있음을 기억할 수도 있다.

한 수련생이 어느 소녀 내담자에게 "혹시 너를 다치게 할 생각을 한 적이 있니?" 라고 하자 이 소녀는 아니라고 대답했다. 소녀를 계속 사정한 결과 여러 가지 자살 위험 요인들이 제시되어서 소녀에게 다시 "자살 생각이 있니?" 라고 질문을 했다. 그러자 소녀는 "예" 라고 대답하며 자살하기 위해서 많은 약을 모아 놓았다고 말했다. 수련생이 왜 전에는 자살에 대해서 부정했는지 질문하자 소녀는 "선생님은 제게 자살에 대해서 묻지 않고 저를 다치게 할 거냐고 물으셨잖아요" 라고 답했다.

내담자가 자신의 자살 생각을 이야기 하는데 저항을 느끼는 이유는 다음과 같다.

- 자살을 이야기하는 것이 자신이 약하다는 것을 인정하는 것이므로 이에 대해 부끄러움을 느끼는 경우
- 자살이 비도덕적이고 죄악이라고 느끼는 경우
- 자살에 대해 이야기하는 것이 금기라고 느끼는 경우
- 상담자가 자신을 미쳤다고 생각할까봐 두려움을 느끼는 경우
- 자살에 관한 생각을 들키면 감금당할 것이라고 믿는 경우
- 실제로 죽음을 원하고 아무에게도 알려지기를 원하지 않는 경우

이러한 저항은 내담자와 효율적인 관계를 형성하고 적절한 무대를 설치하는 것이 얼마나 중요한가를 강조하는 것이다. 상담자는 내담자의 잠재적인 저항을 뚫고 어떻게 내담자에게 접근해야 하는지를 생각해야 한다. 다음과 같은 단순한 말이 유용

할 수 있다. "사람들은 때로 매우 화가 나면 자살에 대해서 생각하는데 당신도 그런가요?"라는 질문은 내담자로 하여금 자신의 자살 생각이 이상하게 보이지 않는다는 안심을 전달한다. 만일 자살 문제를 언급할 때 상담자가 불편하고 불안해 한다면 내담자들은 이를 자신에 대한 도덕적 비난으로 받아들일 수 있다. 그러므로 상담자는 자신의 역전이 반응에 대해서 아주 잘 알고 있어야만 한다. 상담자는 다음 질문들을 스스로에게 제기함으로써 자신에 대해 점검할 수 있다.

- 나는 자살에 대해 어떻게 생각하고 있는가?
- 나는 자살이 죄악이라고 여기는가?
- 나는 자살하는 사람이 약한 존재들이라고 여기는가?
- 나의 가족이나 친구들 중에 자살한 사람이 있는가? 이는 내담자 상담에 어떠한 영향을 미치는가?

내담자의 저항감을 다루기 위한 또 다른 방법은 내담자가 처음 말한 "아니오"를 받아들이지 말라는 점이다. 자살 생각을 하는 많은 사람들은 처음 질문을 받았을 때는 대부분 단호하게 부정한다. 일반적으로 자살에 대한 내담자의 부끄러움을 줄이기 위해 다음과 같이 접근할 수 있다.

내담자 : 저는 청산가리를 사지는 않았어요. 그것을 살 생각조차 하지 않았고요.

상담자 : 다른 어떤 방법으로 자살하려고 했죠?

내담자 : 저는 결코 목을 메달거나 권총으로 자살하지는 않을 거예요. 그건 어리석은 짓이고 저는 절대 그렇게 하지 않을 거예요.

상담자 : 음… 스스로 목을 메는 것을 잠깐이라도 생각한 적이 있나요?

내담자 : 예. 생각해 본 적은 있어요.

상담자 : 실제로 벨트나 밧줄로 목을 메어본 적이 있나요?

내담자 : 밧줄로 한번 메어봤어요.

상담자 : 목에 밧줄을 둘렀나요?

내담자 : 예.

상담자 : 그리고 어떻게 했나요?

내담자 : 저는 제가 과연 목을 메달 수 있을지, 또 기분이 어떨지를 알고 싶었어요.

상담자 : 그리고는요?

내담자 : 제가 발판을 걷어찼을 때 너무 고통스러웠어요. 그래서 멈췄어요.

위의 대화에서 내담자는 자신이 목을 메달겠다는 생각을 하고 실제 그렇게 했음에도 불구하고 처음에는 이를 부정하고 있다. 위의 대화에서 "잠깐이라도 생각한 적이 있나요?" 와 같은 말을 함으로써 내담자의 수치심을 감소시켜 주었을 것이다. 위의 대화에서 또한 주의할 점은 내담자가 특정 자살 방법에 대하여 말한다면 이는 자살을 생각해본 적이 있음을 의미할 수 있으므로 이에 대해 좀더 깊이 있게 사정을 해야 할 필요가 있다.

"자살할 생각이 있습니까?" 라는 폐쇄형 질문에 대부분의 내담자들은 "아니오" 라고 간단하게 답할 수 있으므로 다음과 같이 부드러운 가정을 하면서 질문을 하는 경우에는 내담자의 개방적인 대답을 증가시킬 수 있다.

내담자 : 정말 기분이 좋지가 않아요. 저는 어떻게 해야 좋을지를 모르겠고 제 남편은 걱정을 많이 하고 있어요.

상담자 : 정말로 힘들어 보이는군요

내담자 : 예. 계속 그래요. 정말 힘들어요… 하지만 저는 미친 짓은 하지 않을 거예요. 그러면서도 가끔은 제가 잠에서 깨어나지 않길 바래요.

상담자 : 혹시라도 자살에 대해 한번이라도 생각해 본 적이 있으신가요?

내담자 : (잠시 멈춤) 예. 그래요. 하지만 무엇을 어떻게 해야 하는지는 잘 몰라요.

상담자 : 실제로 어떤 방법들을 생각해보셨나요?

내담자 : 글쎄요… 아스피린을 몽땅 먹는 걸 생각해본 적이 있어요.

상담자 : 다른 방법도 생각해 보셨나요?

내담자 : 지난 주에는 손목을 긋고 아무도 나를 찾을 수 없는 곳으로 도망 가 버릴 생각을 했어요.

내담자의 자살 가능성을 알아보기 위한 몇 가지 질문들은 다음과 같이 요약될 수 있다.

- 자살을 부정하는데 약간이라도 주저하는 내담자는 자살 생각을 한 적이 있음을 의미하는 것이다.
- "아니요. 정말 아니에요"와 같이 대답하는 내담자들은 구체적인 자살 생각을 한 적이 있었음을 나타낸다. 상담자는 걱정하는 목소리로 "어떤 생각들을 해보았나요?"라고 질문함으로써 내담자의 저항감을 깨뜨릴 수 있다.
- 상담자는 내담자가 거짓말을 하거나 불안감을 느끼는 모든 단서에 주의를 기울여야 한다.
- 내담자에게서 시선을 돌리거나 내담자의 감정이 상담자에게 전이된 것과 같은 불안감을 보이지 말아야한다.

자살에 대한 잘못된 견해를 살펴보자. 내담자를 사정하는 과정에서 자살에 대해 언급한다면 오히려 내담자들에게 자살 생각을 유발할 수도 있다고 여기는 생각은 잘못된 생각이다. 상담자가 자살에 대해 언급했다고 해서 실제로 자살을 했다고 보고된 사람은 거의 없으며 또한 단 한 사람이 자살에 대해 언급했다고 해서 자살과 같이 내리기 어려운 결정을 하는 경우는 거의 없다. 오히려 상담자와의 솔직한 대화는 침묵했을 때보다 훨씬 더 내담자의 짐을 가볍게 할 수 있다. 자살 생각은 감추어야 할 죄악이 아니라 드러내놓고 해결해야 할 문제인 것이다.

3) 3단계: 자살 생각의 범위에 대한 탐색

자살 생각을 사정하는 경우 자살 가능성이 어느 정도나 되는지를 탐색해야 하며 이 정도에 따라 위험의 정도도 달라진다. 상담자가 관심을 두어야 할 네 가지 문제는 (1) 빈도: 얼마나 자주 자살을 생각하는가? (2) 기간: 얼마나 오랜 기간동안 자살을 생각해왔는가? (3) 구체성: 얼마나 세부적으로 자살 방법을 계획하고 있는가? (4) 행동범위: 자살 계획을 실행하고자 어떤 행동을 취하고 있는가이다. 사정을 얼마나 철저하게 하는가는 상담자에게 달려있으며 상담자는 이러한 사항들에 대해서 철저하게 상담을 하기 위해서는 꾸준한 인내심을 가져야 한다. 내담자의 자살 생각을 사정하기 위해서는 일반적으로 질문하기보다는 구체적으로 질문해야 한다. 구체적인 질문을 받았을 때 내담자들은 부정을 덜 사용하고 상담자를 덜 속이게 된다.

III. 타살에 대한 사정

타살에 대해 사정하는 것은 자살에 대한 사정보다 더 어려운 일이다. 타살은 타살의 위험 요인을 정확하게 예측할 수 있는 위험 요인들에 대한 정확한 연구가 거의 없어서 위험요인을 명확하게 구분하기가 더 어렵기 때문이다. 타살을 유발할 수 있는 요인으로는 다만 폭력, 충동조절 능력 저하, 타살 시도 과거력 등이다. 이러한 요소들이 있는 경우에는 타살 생각을 쉽게 알 수 있지만 그렇지 않은 경우에는 상담자의 상담 기술에 의존해야 한다. 일반적으로 자살에 대해 사정하는 원리들이 타살에 대한 사정에도 적용될 수가 있다.

치명적인 타살 생각을 사정할 수 있는 세 가지 요인은 1) 최근의 폭력 행동과 타살 미수의 과거력 2) 충동 조절력의 상실이다.

1. 폭력의 과거력

내담자가 폭력에 대한 과거력이 있다면 상담자는 구체적 질문을 통해서 이를 좀 더 자세하게 탐색해야 한다. "당신이 폭력을 휘둘러서 상대방이 병원에 입원한 적이 있습니까?" 혹은 "당신은 다른 사람이 치료를 받아야 할 정도로 폭력을 사용한 적이 있습니까?" 혹은 "당신은 누군가를 죽이고자 했던 적이 있습니까?"와 같은 질문들은 타살에 대한 생각을 잘 드러나게 하는 것이다. 상담자는 이러한 질문을 하는 것을 두려워해서는 안 되며 특히 조용한 환경에서 질문을 하면 사실적인 답을 얻을 수가 있게 된다. 타살에 대한 생각을 숨기고 있는 내담자가 충동을 조절하지 못하는 내담자와 함께 어울리게 되는 경우에 폭력 가능성은 더욱 증가하게 된다. 또한 알코올이나 마약을 남용하는 경우에 폭력의 위험성이 증가한다. 상담자는 이러한 요인들을 모두 찾아내야 한다.

2. 충동조절력의 상실

내담자가 명령어조로 말하는 경우와 종교에 몰입되어 있는 경우에 내담자는 충동적일 수 있으므로 상담자는 이러한 측면에 특별한 주의를 기울여야 한다.

내담자 : 세상은 인간 쓰레기로 꽉 차 있어요. 사회의 낙오자들과 부랑자들… 전 그들 모두를 증오해요. 그들이 이 세상에서 없어졌으면 좋겠어요.

상담자 : 무슨 말씀이지요?

내담자 : 신은 그 방법들을 알고 있어요.

상담자 : 신이 그들을 없애는 방법을 당신에게 알려 주었습니까?

내담자 : 예. 그래요. 신은 내가 그들의 눈을 베어 버리길 원해요. 전 그렇게 할 수 있어요.

상담자 : 특별하게 정해 놓은 사람이라도 있나요?

내담자 : 예. 전 그 사람에 대해서 생각해본 적이 있어요.

상담자 : 그 사람한테 무엇을 할 것인지 생각해 보았나요?

내담자가 보이는 편집증은 내담자의 망상에 대하여 알 수 있는 좋은 기회이다. 아래 대화에서 나타나듯이 상담자는 내담자의 생각을 추적해가면서 망상의 증거를 찾을 수 있다.

내담자 : 제 이웃은 모든 일들을 알아요. 저는 그들이 절 계속 감시하고 있다는 것을 알아요.

상담자 : 이웃들이 무엇을 계획하는지를 아세요?

내담자 : 그들은 제 발을 잘라버리려고 해요. 저는 그들을 가만 두지 않을 거예요.

상담자 : 그들에게 무엇을 할 건데요?

내담자 : 그들을 잘라버릴 거예요.

상담자 : 무슨 말씀이시죠?

내담자 : 등을 칼로 찌를 거예요.

상담자 : 집에서 칼이나 가위 등을 몸에 지니고 다닌 적이 있나요?

내담자 : 예. 지난 밤 칼을 들고 동네를 순찰했어요.

망상으로 인해 이러한 강한 믿음을 가지고 있다면 입원 치료를 해야만 한다. 상담자는 내담자에게 편집증적 망상이 있다는 자체를 알아내는 것보다는 이 망상으로 인해 무엇을 할 작정인지를 알아내는 것이 더욱 중요하다. 살인 단서로서는 (1) 정신질환 (2) 인간관계의 문제 (3) 돈에 대한 욕구 (4) 복수심 (5) 정치적 관심 (6) 조직적인 범죄 (7) 병적인 살인 등이다. 폭력이나 타살에 대한 생각들을 탐색하기 위해서 중요한 요소는 역시 상담자 자신의 기술과 끈기 그리고 감성이다.

C H A P T E R · 9

제 9 장 상담자의 통찰

제 9 장 상담자의 통찰

상담자들은 훈련 초기에는 초보 정원사들이 보잘 것 없는 정원을 가꾸는 것처럼 내담자를 이해하기 위해 다양한 견해를 제시하려고 한다. 반면 성숙한 상담자는 자신의 견해와 이론적 견해 사이의 차이점을 이해하기 시작하며 자신의 개인적인 믿음에 지나치게 의존하지 않는다.

상담자는 내담자를 이해하기 위해 1) 내담자의 눈을 통해서 세상을 보며 내담자의 말을 들으려고 노력하고, 2) 내담자를 유기체로 바라보려고 하며, 3) 내담자에게 반영되는 자신의 모습을 바라보려고 노력하고, 4) 상담자 자신의 반응을 통해 자신을 보아야 한다. 또한 내담자가 역동적 정신치료에 적합한지 평가하거나 내담자의 기본적인 성격구조를 해석하는 것, 의료인의 직관력과 자발성을 활용하는 것 등으로 상담자의 통찰력을 증진시킬 수 있다.

I. 의미의 활용

1. 내담자들을 직접 바라보며

우리는 내담자들을 바라보면서, 가장 명백하고 단순한 통찰을 시험할 수 있다. 민감한 상담자들은 종종 내담자를 간병인의 입을 통해 보려고 한다. 본래 이 감정이입적 전망은 아주 가치 있고, 성공에 있어 결정적이다. 하지만 만약 상담자가 이를 과용한다면, 하나의 덫이 될 수 있다. 상담자가 내담자의 연상 장애와 다른 정신병의 증상들을 인지하지 못한 채 정신증적 내담자에게 감정이입 하는 것 등이 그런 예이다. 상담자는 측은하게 여기는 자신의 감정을 객관적으로 관찰할 수 있는 충분한 거리를 확보하지 못한다. 상담자는 내담자의 세계관에 끌려들어가, 내담자가 적절한 치료를 받지 못하게 만들 수도 있다.

두 가지 약간 다른 접근은 내담자를 감각적인 눈과 정신적 상태로 관찰하려 할 때 유용하다. 능숙한 상담자는 의상, 청결, 움직임, 기분과 얼굴 표정, 예의, 그리고 행동을 포함한 내담자의 모든 면을 예리하게 관찰한다. 상담자의 행동이 내담자에게 부정적으로 영향을 미칠지의 여부를 자신에게 묻는 동시에 내담자의 즉각적인 감정을 정기적으로 알아차리는 것은 중요하다. 만약 그런 부정적인 상호작용이 초기에 인지된다면, 현저한 이탈이 발생하기 전에 스트레스를 완화시키기 위한 행동을 취할 수도 있다. 어떤 때에는 내담자와 함께 감정의 변화를 제치고 근거를 연구하는 것을 선택할 수 있을 것이다.

상담자는 역시 내담자의 말씨, 행동, 동작 등에 나타난 특징에 의해 드러나는 현저한 무의식적 재료 혹은 행동을 밝힐 것이다. 약 일년 반 정도 정신치료를 받은 한 젊은 여자가 있었다. 그녀는 상담 중 그녀의 졸업생 프로그램에서 있을 관리자와의 상담을 묘사했다. 그녀가 '내 생각에, 나가서, 내 미래에 뭐가 될지 찾는 것이 좋겠어요' 라고 의견을 진술하면서, 의욕이 없는 목소리로 아이처럼 싱긋 웃었다. 분명히 그 시기에, 그녀의 관리자를 만나는 것을 생각하는 것은 아이같이 복종적 태도를 만들어 냈다. 나는 그녀에게 앞으로의 슈퍼비전에 대해 논하는 동안 무엇을 느꼈는지 물었으며, 그 때 그녀의 겉모습을 관찰한 것에 대해 말했다. 이것은 심각하게 얘기하지 않는 그녀의 습관에 대한 깊은 탐구로 이끌어졌다. 그녀가 자신의 얼굴 표정에 대해 더 알수록, 그녀는 역시 성인의 감정과 태도를 연출하면서 슈퍼바이저와의 만남에서 자신의 역할을 성공적으로 수행할 수 있게 했다.

1) 정신상태 사정

정신상태 사정은 상담 과정 그 자체 동안 내담자의 행동, 사고, 감정, 그리고 인지를 객관적으로 묘사하는 데서 나타난다. 일반적인 논제는 다음과 같이 분류된 정신상태에 의해 다뤄졌다: 외모와 행동, 언어 및 사고의 특성, 사고 내용, 인지, 감정과 정동, 지각, 인지능력, 통찰력. 혼란되고 혼동스럽게 쓰여진 사정 결과 대개 상담자 자신이 혼동스러웠음을 의미한다.

사정시 상담자의 의견과 다른 개념적 관점은 정신상태에 속하지 않는다. 정신상태사정은 객관적으로 실재 임상적 상담을 묘사하려는 진지한 시도를 나타내야 한다. 정신상태 사정의 기록은 특정 시점에서 동료에 의해 기록된 내용을 보더라도 독자가 내담자에 대해 알 수 있도록 기록하여야 한다. 상담자는 내담자의 현재 상태를 과거와 비교하여 진전 또는 악화의 증상을 결정할 수 있다.

(1) 현병력

현병력의 사정은 내담자의 행동과 관련된 병력들을 묘사하는 것으로 내담자, 내담자의 가족, 이전의 상담자, 문서 기록, 그리고 다른 정보에 대한 보고의 편집이라고 할 수 있다.

(2) 사고 내용

정확한 관찰자가 되기 위해서 상담자는 자신의 신념과 이론적 사정 결과를 배제하고 내담자를 보아야 한다. 전문용어를 사용하는 경우 관찰내용이 잘못 전달될 가능성이 있다.

공산주의자의 침략과 관련된 광범위한 망상의 병력을 가진 내담자가 있었다. 상담에서 그는 직장에 공산당이 우글우글하다고 믿고 있었으며, 정신과 간호사를 그가 전에 만났던 공산당원이라고 믿었다. 그에게 자신이 술수에 걸렸는지 아닌지 물었을 때, 그는 "나는 믿지 않았어요. 나는 침략이 시작되었다는 사실에 대해 알아요. 나를 도와주시겠어요?" 라고 말했다. 그는 병력기록에 기록된 외계인 침략에 대한 믿음을 부정했다.

상담자는 내담자에 대한 기록에서 세부적인 망상체계의 특성에 대해 언급하지 않았다. 또한 '이 내담자는 망상이 많고, 정신증적인 것이 분명하다' 라는 진술과 함께 내담자의 망상에 대한 믿음의 정도에 대한 사정은 논의하지 않았다. 그 대신 망상세계에 대한 내담자의 단호한 믿음을 보여주는 기록을 하였다. 초점은 일단 상담 그 자체 동안에는 정신상태, 실재 행동, 내담자의 사고에 중점을 둔다는 것이다.

(3) 외모와 행동

상담자는 내담자의 겉으로 보이는 행동과 표현을 정확히 묘사하도록 하여 내담자의 의복과 위생상태의 묘사로부터 시작한다. 내담자의 의복과 위생상태를 묘사할 때는 해석을 피하고 정확한 데이터를 기록하는 것이 최선이다. 상담자는 '멋스러운' 과 같은 주관적인 용어를 사용하는 것을 피해야 한다. 왜냐하면, 모든 사람이 '멋스러운' 이라는 단어에 동일한 의미를 주지 않을 수 있기 때문이다. 생물학적 나이보다 더 젊거나 늙어 보이는 특징, 상처나 불구와 같은 주의를 끄는 특징은 명시되어야 하며, 눈맞춤 등에 대해 언급된다.

경련이나 환각에 대한 내담자의 외향적 반응 같은 독특한 버릇 등이 언급되어야 하는데, 예를 들면 '원치 않는 목소리는 들으려 하지 않으려는 듯 눈을 움직이거나 머리를 흔드는' 등의 언급이다. 상담자는 내담자의 움직임을 기록해야 하며, 일반적인 묘사적 용어는 안절부절 못하는, 초조한, 억제된, 떨리는, 진전의, 경직된, 왔다갔다하는, 위축된 등을 포함한다. 이전에 비하여 변화된 행동, 상담에 대한 내담자의 태도 등이 언급되어야 한다.

다음 두 묘사를 보자

상담자 A의 기록

내담자는 흐트러져서 나타났다. 그녀의 행동은 기괴하고 그녀의 눈맞춤은 적당하게 보이지 않았다. 그녀는 불안정해 보이고, 옷은 부적절한 것 같다.

상담자 B의 기록

내담자는 완전히 더러운 낡은 옷을 입고 있었다. 그녀의 손톱은 때가 껴 있고, 오물이 묻은 머리카락이 등 뒤로 늘어져 있었다. 그녀는 왼팔에 두 개의 손목시계를 차고 있고, 오른손으로는 또 하나의 시계를 꽉 쥐고는 악수도 하지 않으려

한다. 그녀의 팔과 무릎은 상담 내내 불안하게 움직였고 2~3번 일어나 걸었다. 그녀는 환각에 대한 활성기 반응을 보이지 않았다. 그녀에게는 고약한 냄새가 나나, 술냄새는 나지 않았다. 때때로 조금 협조하지 않는 듯했다.

상담자 B의 기록은 그녀의 행동에 대해 더 생생한 장면을 명백히 표현한다. 독자는 그녀의 이상한 행동이 어떤 것인지 알게 된다. 이것은 잘 정리된 정신상태 사정의 결과이다.

(4) 언어 및 사고의 특징

상담자는 말의 속도, 크기, 목소리 톤을 포함한 언어의 다양한 면을 관찰할 수 있다. 동시에 내담자의 말의 형태를 반영함으로써 사고과정을 묘사한다. '사고형태 및 과정장애' 는 말의 형태와 사고 구성에 비정상적인 것이 있음을 제안하는 용어이고, '사고내용장애' 는 망상이 있음을 언급한다. 일반적으로 '사고 장애' 는 두 가지 개념을 다 포함한다. 다음 예에서 강조점은 말의 내용이 아니라, 사고과정에 있다.

① 사고과정의 장애

- 압박언어pressured speech: 말의 빈도가 증가된 것을 말한다. 때론 단지 약하게 나타나기도 하지만, 심한 경우 내담자의 말이 끝없는 냇물처럼 앞으로 밀어 닥쳐온다. 조증, 정신증적 흥분 상태, 또는 극도로 불안하거나 화가 난 동안에서 일반적으로 볼 수 있는 것이다.
- 탈선tangential thought: 사고가 원래 진술의 목적을 벗어나서 전진하듯이 방황하는 경향이 있다. 전진하는 사고와 그 이후에 나타나는 진술 사이에는 약간 연결되는 경향이 있다. 예를 들면 '나는 최근에 기분이 아주 좋지 않다. 나의 기분은 아주 엉망이다. 마치 서울에 억눌려 있는 것과 같다. 오, 서울에서 억눌린 나쁜 날들이여. 나는 군대에 막 들어갔고, 정말 향수병에 걸렸다. 만약 내가 의미하는 것을 안다면, 아무것도 집을 찾을 수 없었다. 나는 생생하게 우리 엄마의 뜨거운 김치찌개를 기억한다. 소년이여, 그들은 좋은 사람들이었다. 집에서 만든

음식은 찾을 수 없었다.' 우원증circumstantiality과 성질은 같으나 내담자가 본래의 주제로 돌아오지 않는다.

- 연상이완loosening of associations: 사고가 연결되지 않는 것이다. 물론, 내담자 자신에게는 분명한 연결이 있으나, 듣는 사람에게는 심각한 불안이나 정신분열적 특징의 증상으로 보여진다. 중등도 연상이완의 예로 '나는 최근 기분이 좋지 않아요. 나의 기분은 엉망이고, 검은 폭포같이 유체 같고, 기분이 훨씬 더 좋을 때는 집에 돌아가요. 김치찌개와 엄마의 뜨거운 숨결은 당신을 가게 하고 인생의 고속도로를 따라 굴러가요.' 만약 연상의 이완이 극도로 심각해지면 말비빔증같이 들린다.
- 사고의 비약flight of idea: 이는 근본적으로 위의 모든 용어들의 혼합을 나타내기 때문에 종종 구분하기 혼동스럽다. 사고의 비약이 일어나면 내담자는 현저한 압박언어와 함께 연합되어 사고 이탈이나 연상 이완이 나타난다. 흔히 보이는 사고비약의 특성은 내담자의 말이 괴로운 자극체에 의해 유발되거나 말로 표현되는 경향이 있다. 사고의 비약은 일반적으로 조증에서 보여지나, 심각한 초조나 정신병적 상태에서 나타날 수 있다.
- 사고의 차단thought blocking: 문장의 중간에서 멈추고 결코 원래의 생각으로 돌아가지 못한다. 이러한 내담자들은 대개 환각이나 혼동된 사고가 쇄도하고 있음을 나타낸다. 사고의 차단은 매우 빈번한 정신질환의 증상으로 이는 대답을 위해 멈추는 것과는 다르다. 어떤 이론에서는 억압된 충동이 의식화되어 위협하는 신경증적 상태에서 보여질 수 있다고 주장한다.
- 비논리적 사고illogical thought: 비논리적 결론을 말하는 것으로 망상과는 다르다. 잘못된 믿음을 나타내나, 일반적으로 그 뒤에는 논리적 이유가 있다. 경한 비논리적 사고의 예는 '형이 소득세 정산으로 많은 시간을 보내는 것을 보면 그는 큰 부자임에 틀림없어요. 그리고 모든 사람들이 이 사실을 알아요. 왜냐하면 내가 그에게 복종하는 많은 사람들을 알기 때문이죠.' 더 심각한 비논리적 양상의 예는 다음과 같다. '나는 일요일마다 교회에 갔다. 그래서 나의 상관은 나를 승진시켜야 한다. 그 건달은 나의 종교적인 범행에 대해 모르고 있다.'

다음 두 가지 진술을 살펴보기로 하자.

상담자 A

연상 이완과 사고이탈을 나타내는 내담자. 다시 말해서 정상범주에서 심각하게 벗어남.

이 기록에는 사고형식 장애의 심각도에 대한 언급이 없다. 특히, 이 내담자는 경한 연상 이완이 있는지, 말비빔에 가까운지? 더욱이, 상담자는 비정상적인 말 속도와 크기, 특징에 대한 언급이 없다.

상담자 B

내담자는 가끔 큰 소리로 쏟아져 나오는 것과 함께 중등도의 압박언어를 나타낸다. 그녀의 평상적인 말에서도 목소리는 대체로 큰 편이다. 그녀의 말은 경한 연상 이완의 드문 예와 함께 중등도로 목적을 벗어난다. 사고의 차단이나 비논리적 사고는 없다.

이 기록에서는 내담자의 정신병리학적 정도를 더 분명하게 그려내기 시작한다. 조증 같은 외향과 정신질환의 과정 둘 다 고려할 수 있는 더 많은 증거가 있다. 그녀의 현저하게 흐트러진 외모와 연결시켜, 상담자는 내담자가 자신을 조절하는 데 괴로움을 겪고 있다는 것을 점점 더 의심해 갈 것이다.

② 사고 내용의 장애

이 부분에서는 기본적으로 네 가지의 큰 주제, 즉 반추, 강박, 망상, 그리고 자살 또는 타살에 대한 생각을 다루고자 한다. 반추는 주로 불안이나 우울이 있는 내담자에게 있다. 주로 우울한 내담자는 걱정과 죄에 대한 생각으로 사로잡혀 있는 경향이 있다. 그리고 마음속으로 계속 생각을 바꾼다. 이들은 이러한 사고를 멈추려고 노력하지도 않고 문제에 대해서보다는 그 과정에 사로잡혀 있다.

강박은 어떠한 질문에 대한 해답을 찾고자 하는 듯, 내담자에 의해 반복되는 특정한 생각이다. 내담자는 종종 질문과 대답에 대해 강박적이다. 답이 나오자마자, 내담자는 사고과정에서 어떤 생각이 남아있는 듯, 이 답에 대해 다시 질문을 할 필요를 느끼게 된다. 내담자는 자신이 '그래, 맞아' 할 때까지 수백 번이라도 이러한 과정을 반복한다. 만일 내담자가 사고의 과정을 하고 있는 동안에 누가 끼어든다면 내담자는 사고의 전체 과정을 다시 시작할 필요를 느끼게 된다. 반추와는 다르게 내담자는 이러한 사고 과정이 괴이하고 고통스럽다는 것을 안다. 그들은 종종 이런 사고 과정을 멈출 수 있는 다양한 기술을 찾으려 노력한다. 주로 강박의 주제는 폭행, 동성애에 대한 공포, 옳고 그름에 대한 문제, 더러움과 부도덕에 대한 두려움이다. 강박은 계속되는 사고와 생각, 환상, 이미지, 충동으로 구성되어 있다.

망상은 반대되는 증거가 있음에도 내담자가 강하게 믿고 있는 신념을 말한다.

끝으로 모든 내담자들에게 치명적인 쟁점인 자해나 타해에 대한 사고이다. 상담자는 자살을 원하는 마음, 계획 그리고 즉각적인 감정에서 계획으로 이행되는 경향의 정도와 관련되는 진술을 해야 한다. 만약 내담자가 자살계획을 언급한다면, 상담자는 그 계획을 행동으로 시도하려는 정도에 대해 진술해야 한다. 타해에 대한 생각에 대해서도 자살에 대한 생각에 대한 언급과 같은 형태로 진술해야 한다.

사고 내용과 관련된 두 가지 예를 살펴보자.

상담자 A

내담자는 정신증적이고 자신 스스로를 돌볼할 수 없다. 망상이 역시 있다.

이 진술에서 망상에 대한 묘사는 구체적으로 드러나 있지 않다. 상담자는 역시 자해 및 타해 사고에 대한 기록을 빠뜨렸다. 상담자가 이 정보를 질문했으나 기록하는 것을 잊어버렸다고 하더라도, 만약 이 내담자가 자살하게 된다면 상담자는 곤경에 빠질 것이다. 반면 다음의 진술이 내담자를 이해하는 데 더욱 명확하다.

상담자 B

내담자는 그녀의 오른손에 있던 시계가 없어지면, 세상이 끝날 것이라고 확신하고 있다. 그녀는 3주 동안 씻지 못한 것에 관하여 계속해서 말을 했다. 그녀는 역시 생쥐 군단이 자신을 따라다니고, '자신의 활력' 을 없애기 위해 생쥐 군단이 그녀의 장롱으로 들어오려 한다고 느낀다. 그녀는 현재 자살 생각이나 계획을 부정하고 그녀는 타해에 대한 생각도 부정한다. 반추나 강박증은 없다.

(5) 지각

환각이나 착각의 여부에 대한 사정이다. 때때로 망상과 환각은 매우 밀접한 관계가 있다. 결과적으로 망상적 사고의 발전을 유발하는데 환각은 중요한 역할을 한다. 내담자는 '너는 귀신에 홀렸어. 너는 가치 없는 악마야' 라고 비명 치는 소리에 의해 부추겨진다고 생각하자. 만약 내담자가 목소리를 진실이라고 믿지 않는다면, 목소리를 들었다고 말할 수는 있으나 망상은 아니다. 반면에 내담자가 결과적으로 그 목소리가 진실이라고 믿고 그 악마가 그녀의 죽음을 계획한다고 생각한다면, 그 내담자는 환청을 경험할 뿐만 아니라 망상도 있다.

상담자 A
비정상적인 지각 없음.

'매우 정상적 범주에 듦' 또는 '비정상적임' 과 같은 문장보다는 일반적으로 더 명확하고 특정한 묘사가 필요하다. 그러나 때때로 임상적 상황은 융통성을 요구한다. 예를 들어, 만약 상담자가 극도로 시간적 압박에 쫓기면서 일을 한다면, 전체적인 진술을 하는 것이 적절함에도 불구하고 전체를 특수하게 진술하는 것이 선호될 수도 있다. 중요한 것은 만약 주의 깊은 조사를 했다면, 그것을 보는 사람이 이 사실을 알게 하는 것이 최선일 것이다. 상담자 A가 사용한 문장의 또 다른 문제는 내담자가 환각이 있으나 상담자에게 환각의 존재를 털어놓지 않는 데는 다수의 이유들이 있을 수 있으므로 내담자에게 환각이 없다는 것을 요목조목 설명하기보다는 환각을 부정한다는 것을 좀더 정확하게 서술해야 한다.

상담자 B
내담자는 환각과 착각 두 가지 모두와 기타 다른 지각적 비정상을 부정했다.

(6) 기분과 정서

기분은 내담자가 최근에 일반적으로 어떻게 느꼈는지와 그와 관련하여 계속되는 경향이 어떤지에 대해 내담자가 보고한 증상이다. 정서는 내담자의 현재의 감정과 관련하여 상담자에 의해 진술되는 신체적 지표로 내담자의 얼굴표정과 비언어적 단서들에 의해 나타난다.

기분은 자기가 보고한 증상인데 반해 정서는 표현된 기분이다. 만약 내담자가 대화를 거절한다면 상담자는 내담자가 기분에 대해 말하는 것을 거부한 사실을 제외하고는 기분에 대해 아무 것도 말할 수 없다. 반면 내담자의 정서에 대해서는 상담자가 관찰한 내용을 말할 수 있다.

내담자가 상담 내내 슬퍼 보이지만 자신의 우울을 부정하는 상황은 다음과 같이 보고될 수 있다. "내담자는 상담 내내 몇 번의 눈물이 맺히는 모습과 함께 우울한 정서를 나타내었다. 그러나 기분에 대해 질문을 받았을 때는, 그녀는 '나는 그냥 기분 좋아요. 정말요' 라고 보고한다."

담화사정에서, 상담자는 부정과 억압의 기전이 존재함을 제시하면서, 내담자가 표현한 기분은 병력과 정신상태에 일치하지 않는다고 기록할 수 있다. 어떤 상담자들은 내담자의 우울한 정신상태와 관련 있다고 주장하면서, 내담자가 진술한 것을 무시하는 경향이 있는데 이는 내담자가 부정을 사용하고 있다는 것을 빠뜨린 기록이다.

상담자 A
내담자의 기분은 좋고 그녀의 정서는 적절하나 때때로 화가 있다.

이 진술은 다소 혼동스럽다. 어떤 정서가 그녀에게 적절한 것인가? 쥐군단이 자신의 장롱에 침입한다고 믿는 사람처럼 적절하게 두려운 것인가, 아니면 망상이 없는 사람에게 적당하다는 것을 의미하는 것인가? 상담자는 항상 내담자의 정서가 무엇인지 먼저 진술해야하고, 그 후에 그것의 적절성에 대해 진술해야 한다. 정서를 묘사하는 전형적인 용어는 정서표현의 정도를 표현하는 정상적, 제한된(얼굴표정의 약간의 감소), 둔마(얼굴표정의 매우 급격한 감소), 편평(자발적인 얼굴표정이 없음) 등이 있고, 그외 화려한, 화난, 의심이 많은, 두려워하는, 치근덕거리는, 어리석은, 위협적인, 불안정한, 적대적인 등이 포함한다. 다음의 묘사는 내담자가 드러내는 감정에 대해 더 선명한 느낌을 준다.

상담자 B

그녀의 기분에 대해 물었을 때, 내담자는 화를 내며 반박했다. "내 기분은 단지 좋아요. 고마워요!" 상담 내내 그녀는 경계하고 약간 적대적인 정서를 나타내며, 자주 그녀의 대답을 무뚝뚝하게 잘랐다. 대기실에 있는 간호사에 대해 얘기할 때, 그녀는 두드러지게 의심스러워하고 진정으로 두려워하는 것 같았다. 슬프거나 불안정한 정서는 없다.

(7) 감각, 인지 기능, 통찰력

상담자는 의식, 지적 기능, 통찰력, 그리고 동기의 수준에 관련하여 내담자의 감각의 기본적 기능 수준을 알리려 한다. '그 내담자는 의식이 안정된 수준으로 유지된다' 또는 '내담자의 의식은 졸림에서 흥분까지 빠르게 변동 된다' 와 같은 문장을 사용하여, 내담자 의식상태의 정상 여부를 알리는 것은 항상 중요하다.

상담자 A의 약간의 실수가 있는 보고서를 검사하자.

상담자 A

내담자는 의식이 있는 것 같다. 그녀는 지남력이 있다. 기억력은 좋고 인지적 기능은 대개 정상 범주에 들었다.

일단 이 상담자의 보고서는 모호하다. 가장 중요한 실수는 정확하게 인지 검사가 얼마나 많이 수행되었는지 읽는 사람이 알 수 없다는 것이다. 내담자의 통찰력이나 동기에 관해서도 역시 언급되지 않았다. 다음의 기록은 더 명확한 장면을 제시한다.

상담자 B

내담자는 상담 동안에 안정된 의식 수준이었다. 때때로 그녀는 과민하고 주변 환경을 지나치게 인식하는 것 같았다. 그녀는 사람, 장소, 시간을 인식하였다. 그녀는 앞으로 6개, 뒤로 4개의 아라비아 숫자를 반복할 수 있었다. 그녀는 정확하게 5분 후에 앞서 말했던 3개의 물건이름을 기억했다. 그녀의 통찰력은 그녀의 판단력만큼 매우 나빴다. 그녀는 도움을 원하지 않았고 단호하게 약물의 사용을 거절했다.

위로 가서 상담자 A의 기록을 연속해서 읽어라. 여자에 대한 오히려 불분명하고 불투명한 장면만 남아있다. 상담자 B의 기록에서는 더욱 생생하게 여자의 모습이 나타난다. 그녀는 비로소 더욱 인간적으로 보이고, 독자는 그녀에게 조심스럽게 접근하여 그녀를 그릴 수 있다. 정신상태 사정의 목적은 동료 상담자에게 내담자의 실재 상태에 대해 믿을 수 있는 이미지를 제공하기 위한 것이다.

정신상태 사정은 간결하게 기록할 필요가 있다. 하지만 지금까지 설명된 원칙은 중요하다. 또한 정신상태 사정은 예리한 상담자 안에서 창조된다는 것이 중요하다. 관찰기술들은 시간에 따라 더욱 예리해져 상담자는 더욱 성공적으로 내담자를 바라볼 수 있는 위치에 자리잡게 된다. 최소한의 미소는 내담자의 세계를 열게 만든다. 이러한 관찰기술이 없다면, 상담자는 그것을 배우기는커녕 내담자의 세계에 의해 삼켜지는 듯한 위험을 겪을 것이다.

2. 내담자와 함께 바라보며

내담자와 함께 바라보는 상담자의 위치는 자연스럽게 보여진다. 그것은 동정적으로 들어주는 시각으로 그 중요성은 과장될 수 없다. 관련된 개념들은 참여과정, 융합, 무조건적 긍정적인 인정, 공감적 진술, 공감과정, 현상학적 인지, 추적, 그리고 내담자에게 공감을 표현하는 데 사용되는 다양한 비언어적 기술을 포함한다. 이러한 개념들은 신체적, 언어적 공감기술과 역투사 기술을 포함한다.

1) 신체적 공감

내담자의 신체 자세는 자신의 방어와 감정, 환경을 경험하는 방식을 반영한다. 예를 들어, 턱을 계속해서 갈면서 앉아 있는 인색한 남자는 세상을 이를 악물고 살아야 하는 것으로 경험할 것이다. 이들은 스트레스에 대응하는 듯한 신체자세를 보일 것이다.

가장 효과적인 신체적 공감은 상담자가 내담자의 자세를 취해봄으로써 생긴다. 내담자 자세의 버릇은 당시 환경에서 경험된 것에 대한 실재 감정을 나타내는 것이다. 상담자는 무의식적인 백일몽으로부터 근육의 긴장도까지 모든 것을 적어두고, 그 자세를 취한 후 자유롭게 상상력이 돌아다니도록 허락해 볼 수 있다. 사실상 많은 내담자들에게 나타나는 강직과 긴장의 이상한 감각을 때때로 경험하는 것은 매우 놀랍다.

마치 손목관절이 느슨한 것처럼, 몸짓이 요동친다고 말한 한 여자가 있다. 첫 상담에서 그녀는 의자의 팔걸이에 팔을 늘어뜨리곤 했다. 이 자세로 그녀는 의자 팔걸이에 부딪치면서, 어떤 남자에 대해 말하곤 했다. 나중에 이러한 움직임을 흉내내 보았던 상담자는 그런 자세가 만들어내는 조정할 수 없는 불안정한 감정에 놀랐다고 한다. 이러한 움직임은 상담자가 당시의 내담자를 이해하도록 도울 것이다.

2) 내부 구조와 표면적 구조

비언어적 행동뿐 아니라 언어 자체에 의해 내담자의 세계를 이해하는 방법도 유용하다. 상담자가 효과적으로 내담자의 세계로 들어가도록 도울 수 있는 기술들이 있다

언어는 상호이해를 위한 코드로 인간 유기체의 경험으로부터 나온 결과이다. 그

러나 코드 그 자체는 궁극적으로 인간을 둘러싼 환경을 경험한 것으로 인간의 태도를 결정하기 시작할 것이다. 이로써 인간은 언어로 코드화될 수 있는 것에 대한 경험을 해석하는 데 제한이 발생한다.

예를 들면 만약 사람들에게 눈을 표현하는 단어가 두 개만 존재한다면, 사람들은 눈의 다채로운 변화에 거의 주의를 주지 않을 것이다. 반면 만약 눈을 표현하는 데 열 개의 단어가 존재했다면, 인간은 언어 그 자체의 특성에 의해 경험을 정확하게 전달하기 위해서 어떤 종류의 눈이 있는지 더욱 주의를 줄 것이다. 열 개의 단어들을 가지고 있는 사람이 두 개의 단어로 한정되어 있는 사람보다 훨씬 더 강력하게 눈의 뉘앙스를 경험할 것이다. 즉 경험은 언어에 의해 결정될 수 있다는 것이다. 이런 점에서, 상담자가 내담자에 의해 사용된 언어를 듣는 것은 중대하다. 왜냐하면, 내담자의 언어는 실재 환경을 제한하거나 왜곡하므로 언어가 자신에게 해로운 형태를 만들 가능성이 있기 때문이다.

매일의 대화에서 많은 양의 실재적 메시지는 말해지지 않고 메시지를 받는 자에게 잊혀질 것이다. 그랜더와 밴들러는 이 두 가지 수준을 내부 구조와 표면적 구조로서 기술한다. 내담자의 눈을 통해 세계를 더 명백하게 바라보는 매우 단순하고 효과적인 방법은 내담자와 상담자 둘 다 숨겨진 깊은 구조를 발견할 때까지 내담자의 표면적 진술을 완만하게 규명하는 것으로 이루어진다. 내담자가 다음의 진술을 한다고 추측해 보자.

"사람들은 나에게 계속해서 상처를 준다."

내담자의 말에는 아래의 도식과 같이 내부 구조가 있다.

표면적 구조 : 사람들이 계속해서 나에게 상처를 준다.

↗ ↖

내부 구조 : 어떤 특정한 사람들이? 그들이 당신에게 어떻게 상처를 주는가?
그 상처는 어떻게 느껴지는가?
왜 그들이 당신에게 상처를 주는가?

내부 구조는 많은 중요한 비밀들을 가지고 있다. 내담자가 모든 사람들, 직장 사람들, 그의 부모, 형제들에 대해서 언급하는가? 그 고통은 거부, 부끄러움, 열등, 단념의 '상처' 인가? 그랜더와 밴들러는 상담자가 그런 질문에 대한 해답을 찾는 과정에 의해 점진적으로 중요한 자료를 전개할 것이고 내담자는 내부 구조의 중재에 놀랄 것이라고 주장한다. 예를 들어, 내담자는 형제간의 경쟁의 고통이나 거부의 감정을 몰랐을 것이다. 그런 발견들은 결과적으로 내담자의 경험 자체에 대한 인지를 변화시킬 것이다. 어떤 경우에 상담자는 내담자에게 보여지는 세계에 대한 더 나은 견해를 얻는다. 실재로 기술을 보자.

내담자 : 사람들이 계속해서 나에게 상처를 줘요.

상담자 : 정확하게 어떤 사람들에 대해 얘기하는 겁니까?

내담자 : 오, 나의 아내와 아들이죠. 나는 아들이 너무 싫어요.

상담자 : 다른 사람들이 당신에게 무엇에 대해 얘기하던가요?

내담자 : 글쎄요… 보자, 처재 역시 매우 불쾌해요.

상담자 : 당신의 가족은 어때요?

내담자 : 글쎄, 나의 형은 함께 살기가 어렵지만 부모님은 아주 지지적이죠. (잠시 쉼) 당신이 아시다시피, 생각해보면 부모님들은 최근에 정말 나한테 잘해줬어요.

상담자 : 당신을 예전과 다르게 대한다는 것처럼 들리는군요.

내담자: (내담자는 킬킬 웃으며) 솔직히 말하면, 몇 년 전에 당신에게 내가 부모님을 얼마나 싫어 하는지 얘기했었지만, 그들은 정말 그리고 나서 변한 것 같았어요.

내담자는 의식적 또는 무의식적으로 '그리고 나서' 란 단어에 의해 특정 시간이나 사건을 말한다. 그래서 상담자는 내부 구조를 엄밀히 조사한다.

상담자 : 당신은 그 변화를 언제 알아챘죠?

내담자 : 아내와 내가 부모님 집에서 이사 나왔을 때로 돌아가죠. 모르겠어요. 아마 그들과 함께 살 때는 우리 모두를 억압했어요. 정말 너무 복잡했고, 어, 속박된 느낌이었어요. 붐비는 버스 정류장 같은 거죠?

상담자 : 부모님들은 그들의 변한 태도에 당신이 감사해 한다는 것을 알고 있다고 생각해요?

내담자 : 음, 나는 정말 의심스러워요. 아마 애가 가끔 그들에게 전화를 해야 해요. 아마.

상담자 : 내가 반듯하다고 확신해 봅시다. 당신은 당신의 부인같이 당신의 인생에서 어떤 특별한 사람들과 문제가 생기고 있어요. 다시 말해서 당신의 부모님과의 관계는 성숙되었고 실제로 강화된 건가요?

내담자 : 네, 간단히 말하면 그래요.

내부 구조를 전개함으로써 내담자는 위안이 되는 징조를 생각해 내었다. '사람들이 계속해서 나에게 상처를 줘요' 라는 진술은 일반화에 의한 왜곡이었다. 내담자가 이 일반화를 믿었기 때문에 상황은 실재보다 더 나쁜 것으로 느껴졌던 것이다. 내담자의 내부 구조를 규명함으로써 상담자는 내담자가 세계에 대한 정확한 인지를 얻을 수 있도록 도왔고, 결과적으로 조금 더 긍정적으로 상황을 바라보게 되었기 때문에 치료적 과정은 시작될 수 있었다. 이러한 기술들은 치료적 과정으로의 다리 역할을 한다. 왜냐하면, 내담자는 현실을 현실적이고 덜 위협적인 것으로 인지하기 때문이다. 이 기술은 인지치료나 합리적 정서치료 같은 치료적 기술의 원칙과 비슷하다.

또한 상담자는 내담자가 사용하는 동사나 부사를 이용하여 내부 구조의 탐색 방법을 쉽게 선택할 수 있었다. 사실 내담자가 '계속적으로' 라는 단어의 의미를 탐색하게 함으로써, 내담자는 그의 아내가 항상 그에게 그런 것은 아니라는 것을 발견할 것이다. 일반적으로 내부 구조와 표면적 구조 사이에는 삭제와 일반화가 있고 이에 주목할 수 있는 것은 상담자의 능력이다.

3) 역투사 진술

이는 상담자가 내담자와 함께 세상을 바라보려 할 때, 융합 과정을 향상시키는 또 다른 방법이다. 역투사 과정은 초기 상담뿐만 아니라 정신치료에도 사용되는 것으로 특히 편집증적인 내담자가 상담자에게 적대적인 충동을 투사하기 시작할 때 유용하다. 그러한 순간에 내담자에게는 상담자가 적대적인 '타인' 으로 맞춰져 있기 때문에, 내담자의 눈을 통해 세상을 바라보는 것은 매우 어렵다.

첫 상담의 특정상황에서 역투사 진술의 목표는 상담자의 초점과는 떨어진 새로운 주제로 주의를 돌리는 방법으로 내담자의 의심을 빗겨가는 방법이다. 이는 상담자가 개입과정을 진행시킬 충분한 시간을 제공할 것이다.

상담자 : 권혁재씨, 당신을 특히 기분 나쁘게 하는 문제들은 무엇입니까?

내담자 : 나의 꽤 특별한 일들과 모든 것을 알고 있는 아내가 나에게 꼬치꼬치 캐묻는 행동이죠.

상담자 : 특별한 것은 뭐죠?

내담자 : 그건 말하기 곤란한데요. 당신이 내가 의미하는 것을 안다면, 그녀는 자신의 문제에 빠졌어요.

상담자 : 당신에게 가장 불편한 것들은 무엇이죠? 오늘 여기 오는 것은 어땠어요?

내담자 : 나는 정말 왜 세세한 것들이 당신에게 중요한지 모르겠어요. 나는 사람들이 너무 많이 질문하는걸 좋아하지 않아요. 만약 당신이 나의 방황을 본다면.

상담자 : 나 역시 얘기하고 싶지 않은 것에 대해 얘기하도록 강요당할 때가 싫어요. 잠깐 뒤로 물러나죠. 당신의 아내에게 최근 강요당하고 꼬치꼬치 캐물음을 당했다는 것을 알아요. 그거 고쳐요?

내담자 : 네, 그녀는 만약 어떤 것이 그녀에게 좋다는 것을 안다면, 그녀가 해야 하는 것보다 훨씬 더 잘해요.

상담자 : 그녀는 항상 당신을 걱정해요?

내담자 : 절대적으로, 나는 그것이 너무 피곤해요.

상담자 : 이것이 전반적으로 그녀의 새로운 행동인가요, 아니면 오랜 기간에 걸쳐 더 악화된 특성인가요?

내담자 : 훨씬 더 나빠졌어요. 하지만 나는 그녀가 항상 참견 잘하는 사람이었다고 생각해요.

상담자 : 그녀의 가족 역시 이런 경향이 있나요?

내담자 : 그렇게 믿는 게 나을 거예요. 특히 그녀의 엄마는 정말 참견 잘하는 사람이었죠.

대화의 시작에서, 아내에 대한 내담자의 분노는 상담자에게 투사되기 시작한다. 그 상황은 '나는 정말 왜 세세한 것들이 당신에게 중요한지 모르겠어요.' 라는 말에 의해 개인화된다. 두 사람이 합동으로 세상을 '밖에서' 바라보는 것과 대조적으로, 내담자와 상담자가 반대로 서로 서로를 바라보는 두 가지 분리된 세계가 되고 있다. 아내에 대한 내담자의 적개심이 빠르게 상담자에게 투사되어 굳어지기 시작한 편집증적 태도로 꾸며지고 있다.

이제 역투사를 사용할 시간이다. 이 임무를 완성하기 위해, 상담자는 '나 역시 얘기하고 싶지 않은 것에 대해 얘기하도록 강요당할 때가 싫어요.' 라고 반응한다. 상담자는 내담자가 표현한 것에 바로 내담자와 비슷한 감정을 느낀다고 보고한다. 갑자기, 상담자와 내담자는 같은 부분이 되고, 그들은 '너무 나쁜' 모든 사람들을 경계한다.

상담자는 '당신의 아내에게 최근 강요당하고 꼬치꼬치 캐물음을 당했다는 것을 안다' 라는 말로 내담자의 흥미를 끄는 내담자의 아내로 주의를 줌으로써 상담자로부터 분노는 사라진다. 아내에 대한 질문으로 주의를 지속적으로 유지함으로써 이제는 상담자로부터 분리된 대상으로서 아내에 대한 내담자의 주의를 더욱 결연시키는 역투사 기술을 사용할 수 있다. 투사는 성공적으로 없어졌고 상담은 계속 진행된다. 상담자가 아내를 용서하는 것이 아니라 단지 그 전의 내담자 자신에 의해 표현된 의견으로 돌아가는 것이다. 상담자는 편집증에 연합해서는 안되고 오히려 그것들로부터 피해 가도록 주의해야만 한다.

역투사 기술이 효율적으로 기능하도록 세 가지 요소들이 있어야 한다.

첫째, 새로운 관심을 위해 선택된 대상으로 관심의 초점이 옮겨질 것이다.

둘째, 특정한 대상이나 개념은 내담자의 주의가 정확하게 초점에 맞도록 언급되어야 한다.

셋째, 상담자는 비록 똑같지는 않더라도, 내담자가 느끼는 감정과 비슷한 감정을 느낄 필요가 있다. 상담자와 내담자는 그들을 당황하게 하는 불쾌한 대상들에 경계하면서 같은 세계관으로 떨어진다. 역투사적 진술은 일반적으로 '그는 항상 자기 자신에게만 관심이 있는 것 같다' , 또는 '그들은 결코 너를 이해할 수 없어' 처럼 제 3자를 부른다. 제 3자의 태도는 상담으로부터 내담자의 투사가 향하는 것의 개념을 강조하여 내담자와 상담자가 논의하고 관찰하기 위한 '그곳의 밖에 서' 있다.

편집증이 심한 여자가 '이 사무실에 도청장치가 되어있죠?' 라고 비난어린 말투로 상담을 방해할 때, 능력있는 상담자는 '만약 나의 사무실에 도청장치가 되어 있다면 매우 기분이 나쁠 거예요. 도청되어 있지 않아요.' 라고 대답할 것이며, 상담은 풍성해 질 것이다.

3. 자기 자신을 바라보며

상담자는 객관적으로 자신을 보려는 시도를 함으로써 상담자가 어떻게 내담자에게 보이는지에 대한 정확한 인식을 스스로 발달시킬 필요가 있다. 물론 이 방법으로 내담자의 편집증에 영향을 받은 상담자 자신에 대해서는 잘 알 수 없다. 그러나 상담자는 적어도 자신의 전형적인 외형이나 행동에 대하여 기본적으로 이해를 하고 있어야 한다. 상담자가 자신에 대하여 잘 알고 있어야 심각한 문제가 일어나기 전에 편집적 사고의 측면을 피할 수 있다. 예를 들면 다정하고 외향적인 자신의 성격을 아는 상담자는 편집적인 내담자와 마주하기 전에 의도적으로 자신을 누그러뜨리려고 할 것이다. 왜냐하면 편집적인 내담자는 '나는 당신을 믿는 척하려고 한다' 는 나쁜 생각을 하는 경향이 있기 때문이다.

상담자 자신은 '이 순간 내가 내담자에게 어떻게 보일까' 라고 스스로 물을 때 자신을 이용할 수 있다. 상담자가 단지 상담 동안 자신이 어떤 모습일지 상상하는 동안에도 내담자에게 영향을 줄 수 있다.

상담자는 자신을 나타내는 방법을 배우는 것도 필요하다. 이는 기초적인 기술에 의해서가 아니라 감독자들의 피드백에 의해서 가능한 것이다. 이러한 관점에서 감독자는 중요하다. 감독자는 상담자가 내담자에게 다가갈 수 있는 방법에 대해 알게 해준다. 감독의 유형은 비디오녹화 감독, 직접관찰 감독, 관찰한 동료들로부터 피드백을 얻는 감독 등이 있다. 비디오녹화 감독에 의한 수많은 이점이 있으나 나머지 두 타입의 감독자는 거의 비슷한 가치가 있다. 직접적인 감독은 상담자가 상담을 하는 동안 직접적으로 관찰을 하는 것으로 상담자의 문제나 저항을 직접적으로 지적해 줄 수 있다. 동료들로부터 피드백을 얻도록 하는 방법은 다른 여러 가지 스타일을 통하여 풍부한 정보를 얻을 수 있도록 한다.

다른 사람을 감독하는 것도 유용한 방법이다. 다른 사람의 상담 과정을 직접적으로 관찰함으로써 다른 사람이 개발한 유용한 방법을 배울 수 있는 좋은 기회가 된다. 만일 다른 사람의 상담의 방법을 먼저 배우지 못한다면 그 사람은 자기 자신 스스로 효과적으로 잘 배울 수 없다. 이러한 관점에서 교대로 감독하는 동료를 찾는 것이 유용하다. 어떠한 경우에서도 상담자는 자기 자신을 이해하는 방법을 알고 있어야 한다. 상담자는 궁극적으로 다음의 과정을 포함한 연속선에서의 자신만의 스타일을 묘사할 수 있어야 한다.

〈그림 9-1〉 상담자의 스타일

반응	↔	무반응
연속	↔	불연속
생기	↔	생기 없음
솔직함	↔	솔직하지 못함

이 네 개의 축은 다른 인터뷰 스타일의 네 가지 측면에 초점을 두고 있다. 이 반응의 축은 상담자들이 내담자들의 행동이나 말에 반응하는 효과적인 방법을 보여준다. 첫째 축에서 반응적인 상담자는 내담자가 농담을 하면 웃거나 가볍게 치는 반면 무반응적인 상담자는 아무런 반응이 없다. 두 번째 축에서는 상담자가 연속적인 반응이나 의견이 있는 정도를 나타내는 것이고 세 번째 축의 생기는 상담자의 기본적인 영향과 신체 행동을 묘사한다. 많은 수의 상담자들이 행동을 많이 사용한 반면 다른 한편으로는 아예 움직이지 않을 수도 있다. 이따금씩 상담자는 돌과 같이 보이기도 한다. 네 번째의 축은 상담자가 내담자의 감정이나 개인적인 생각을 의도적으로 나타내는 정도이다. 그 외 상담자의 특성을 다음과 같이 열거할 수 있다.

- 따뜻함과 동정을 표현하는 정도
- 행동의 전환
- 자신을 터치하는 행동 : 뺨에 손을 대는 것 같은 행동
- 유머의 사용
- 민감한 영역에 있을 때의 신체언어
- 저항이나 요구에 직면했을 때 신체언어
- 근본적으로 폭력적인 내담자와 있을 때의 신체언어
- 내담자와 전형적으로 앉는 거리
- 메모를 하는 빈도와 내용
- 말을 하는 속도와 목소리의 톤과 말의 크기
- 손짓과 머리를 끄덕이는 행동
- 외모: 자유분방하게, 멋있게, 능력있게, 엉성하게, 부유하게, 섹시하게, 피곤하게

궁극적인 목표는 상담자들이 융통적인 스타일로 내담자들에게 편안함을 느끼게 하는 데 있다. 일단 상담자가 자신의 스타일을 알고 있다면 융통성을 얻을 수 있을 것이다. 예를 들어 자신의 스타일이 연속적인 신체행동의 사용과 더불어 생기가 있고 위트가 있으며 머리를 끄덕이는 스타일을 가질 수도 있다. 편집증 내담자를 만날 때 이런 모든 요소를 내담자가 조금 더 편안하게 느낄 수 있도록 의도적으로 줄이려는 시도를 할 수 있다.

4. 자기 안에서 바라보며

내담자의 반대편으로서 상담자를 보게 되면 상담자는 단지 자신의 감정과 환상을 탐색하려 시도할 뿐이다. 사실은 많은 상담자들이 내담자의 눈을 통해서 보다 자신의 눈을 통해 보이는 세상을 이해하는 것이 더욱 어렵다고 한다. 자신의 감정적 반응을 피하려는 많은 방어 때문이다.

자신의 눈으로 세상을 보는 방법을 치료에 효율적으로 이용하기 위한 첫 단계는 '내가 지금 어떤 기분인가?' 란 질문에 정확하게 대답하는 상담자의 능력에 있다. 상담자는 자신의 슬픔, 분노, 당황, 매력, 흥분, 지루함, 시간적 제약, 수행불안, 그리고 공포 등의 실재 감정을 찾는 것이 중요하다.

1) 즉각적 반응

즉각적 반응은 상호작용 하는 상대에게서 쉽게 의식적으로 일어난 반응들과 감정, 상담자에게 생기는 인지를 말한다. 즉각적 반응은 자연스럽게 나타나고 내담자의 반응에 무의식적으로 관련되어져서 나타난다. 때때로 이러한 직감 반응은 상담자에게 매우 자연스러운 것이다. 예를 들어, 매우 무례한 내담자에게 상담자는 화를 터뜨릴 것이다. 그런 반응들은 내담자의 정신병리와 감정을 나타낼 수 있기 때문에 중요한 정보이다. 만약 상담자가 분노를 느낀다면 상담자에게 그런 반응을 만들어 낸 내담자의 행동이 무엇인지에 대해 궁금해해야 한다. 이러한 점에서 상담자에게 무의식적으로 발생하는 감정적 반응들은 편견으로 바라보게 된 중요한 정보에 대한 경고이다.

이해를 위해 상담자에게 있는 공포의 감정이 발전하는 것에 대해 보자. 그런 감정들이 만약 인식되어졌다면, 상담자의 즉각적인 기술은 자신이 전체적으로 이해하지 못한 잠재적으로 위험에 빠진 상황을 인식해야 할 것이다.

언뜻 보기에는 상담자는 별 어려움 없이 오랜 시간동안 내담자와 함께 일을 해왔다. 만남이 진행됨에 따라 상담자에게는 모호하게 내담자에 대한 불안하고 당황스러운 강력한 감정이 생기기 시작했다. 그는 역전이 문제들로 고생을 했다는 것은 확신하면서 몇몇 상담가들을 찾았다. 어느 날, 놀랍게도, 내담자가 "당신 오늘은 행운의 날이군요. 선생님"이라고 말하면서 상담을 시작했다. 쓴웃음을 지으며 무슨 뜻이냐고 물었을 때, 말하길, "오늘 나는 당신을 죽이지 않기로 결심했어요."라는 것이다. 심각한 것은 지난 몇 주 넘게 내담자는 순간순간 치료자의 행동들에 대한 기록들을 하고 있었고 주의깊게 치료자를 따라했다는 것이다. 상담자가 공포를 경험하는 것은 내담자가 조절력을 잃는 등 내부에서 일어나는 다른 과정들을 반영하는 것이다. 즉 '부적절한 정동' 과 같은 잘 표면화되지 않는 정신증적인 과정들은 내담자의 폭력의 가능성에 대해 상담자가 경계하지 않도록 할 것이다.

만약 상담자들이 계속적으로 반복되는 질문을 해야 하는 데에서 좌절을 경험한다면 이 좌절은 내담자의 사고이탈 또는 우원증과 관련될 것이다. 상담자의 약한 혼동감은 내담자에게 연상 이완이나 비논리적인 사고의 약한 형태가 존재함을 말한다. 상담자가 지루함을 느낀다면 내담자의 감정둔마나 단조로운 목소리 때문이거나 상담자의 분노 또는 성적 느낌에 대한 방어적 표현일 수도 있다.

2) 연상적 반응

때때로, 상담자에게 지루함이나 분노가 일어나는 것은 대부분 즉각적 반응에 대해서 언급한 내담자의 행동들에 대한 일반적인 감정을 나타내는 것이다. 때로 상담자는 대부분의 사람들은 그렇게까지는 강하게 느낄 수 없는 감정을 특정 내담자에게 느끼는 경우가 있다. 그러한 기이한 느낌은 연상적 인식이라 불린다. 상담자는 내담자를 보면서 과거나 현재 생활의 어떤 다른 사람을 떠올린다. 내담자의 복장에서 품행까지의 여러 가지 양상은 상담자의 인생에서 중요한 사람과 연관되어 생각될 수가 있다. 연상적 반응은 상담자가 올바른 판단을 내리는 데 상당한 영향을 주거나 여러 현상들을 뒤죽박죽으로 만들어 버릴 수가 있기 때문에 빨리 인식하는 것이 중요하다.

만약 자신의 연상적 반응과 가능한 부정적인 결과를 인식하고 있다면, 이러한 느낌들은 상담자의 의식적 행동으로서 조정될 수 있다. 만약 상담자가 매우 엄격한 부모 밑에서 자랐다면 부모 같은 사람과의 관계에서 긴장을 느낄 수가 있다. 만약 상담자가 내담자와 관련된 긴장을 느끼기 시작한다면, 그것은 내담자가 억압적인 특질이 있거나 그러한 특성이 느껴지는 지표가 있다는 의미가 될 수 있다. 만약 이러한 감정을 느낀다면, 상담자는 조심스럽게 내담자의 지배적인 성격을 탐구할 수 있을 것이다. 실제로, 이런 상담자는 그러한 성격에 대해서 더욱 민감해질 수 있고, 스스로의 긴장감을 통해 알아낼 수 있기 때문에 더 빨리 인식할 수 있을 것이다.

3) 전이적 반응

상담자가 내담자로부터 감정적 반응이 발생하는 것을 인식하지 못하거나 잘 대처하지 못하는 경우 자주 문제가 초래된다. 인식을 하지 못하는 경우 위험은 역전이로부터 일어나는 반응을 야기한다. 역전이는 내담자로 인해 상담자에게 일어나는 감정이나 연상, 방어 등을 말한다. 이러한 병인은 무의식이나 의식으로 전환시키기가 힘들다. 역전이가 일어날 때 상담자는 과거 관계경험을 현재의 내담자와의 관계로 옮긴다. 예를 들면, 상담자가 지배적인 내담자를 만나면서 무의식적인 상황에서 부모에서 비롯된 불안감에 처하게 되어 내담자에게 냉소적인 모습을 보이는 경향을 보일 수가 있다. 즉 상담자가 지배적인 내담자를 만나면서 자신의 부모가 보였던 불필요하게 딱딱하거나 냉소적으로 내담자를 대하게 될 수 있다.

자신을 탐색하는 것과 자신의 내면을 바라보는 관점에 대한 관심과 감독, 심리치료는 모두 상담자에게 주어진 심리적 기제가 되며, 이는 역전이 반응과 그 잠재적 충격을 인식하게 한다. 일반적으로 역전이가 이루어지기 위해서는 시간이 걸리고 실제로, 초기의 상담에서 일반적인 감응은 연상적 반응과 자연적인 직관적 반응이 된다.

어떤 상담자들은 상담자에게 일어나는 모든 반응에 대해 역전이라는 용어를 막연히 사용하는 경향이 있다. 이러한 막연한 해석은 잘못 인도할 수가 있다. 실제로 자연스럽고 직관적이며, 연상적이며 전이적인 반응들은 경험이 많은 상담자들에게 가장 중요한 도구가 될 수 있다. 경험이 쌓이면서 상담자들은 어떤 내담자들의 양상으로 인해 그들에게서 일어나는 반응들의 특정한 종류에 주목할 수 있게 된다.

4) 환상

상담자에게서 일어나는 감정적인 반응에 대한 지금까지의 논의와 달리 또 다른 부분은 상담자의 환상에 대한 것이다. 환상은 연상적 반응이나 전이적 반응과 엮어질 수가 있고, 혹은 그냥 간단히 상담자의 직관을 대표할 수가 있다. 어떤 경우이든지 흥미 있는 통찰이 얻어질 수가 있다. 다음의 예에서는 상담자의 무의식이 어떻게 실제로 생산적인 효과를 내는지를 보여준다.

어떤 여자가 있었다. 그 여자는 주부로서의 자신의 활동을 설명했다. 그녀는 20대 중반으로 그녀의 혼외정사로 인해 결혼생활이 위험에 빠지게 될 즈음에 상담을 받고 있었다. 그녀가 자신의 일에 대해 설명하고, 작은 딸과 시간을 보내는 것에 대해 말할 때, 상담자는 그전에 자신과 함께 일했던 사람의 기억을 떠올렸다. 이 시점에서 상담자는 자신이 옛날에 같이 일했던 사람을 생각하는 것이 이상하게 느껴졌다. 그래서 환상을 가지고 약간의 실험을 하기로 마음먹었다. 상담자는 그 동료를 싫어했던 것을 기억한다. 그녀는 자기중심적이었으며, 자신의 일에 대해서 지속적으로 푸념을 하면서 직장에 대한 분노에 화가 치밀어 있었으며 다른 직위로 옮기기를 원했었다.

상담자는 자신이 무의식적으로 내담자로 하여금 불만과 노여움을 이끌었는지에 대해서 궁금했다. 상담자는 내담자에게 물었다. "당신이 집에서 하는 일에 대해 설명하는 데 열의를 보이지만, 혹시 집에만 붙잡혀 있는 것에 대해 화가 나지는 않는지 궁금하군요." 그녀는 그때부터 경계를 풀더니 그녀의 긴 푸념을 늘어놓았다. 그녀가 다시 비서 직업을 가지고 싶다는 것과 그녀의 인생을 어떻게 풀어나갈지 모르겠다는 것이었다. 눈물이 그녀의 눈에 고였다.

상담자가 내담자와 어느 정도까지 감정과 기억들을 나누어야 하는가를 조절하는 것은 어렵다. 그리고 상담자는 어느 정도까지 자신을 드러내거나 숨겨야 하는가? 상담자들에 따라 그 답이 다 다르겠지만 일반적으로 완전히 치료자를 숨기는 기법은 특히 편집증이나 경계선 인격 장애를 가진 내담자에게는 파괴적인 왜곡이나 두려움이 나타날 가능성을 초래하며, 전이의 발전을 저해할 수 있다.

상담자들은 치료 진행 중에 자기노출을 사용할 수 있다. 내담자와 상담자 간에 일어나는 감정을 서로 탐구하는 동안에 강력한 치료의 변화가 일어날 수 있으며, 내담자는 그러한 깨달음을 바탕으로 다른 사람과의 관계에도 변화를 줄 수 있다. 그러나 자기노출은 매우 복잡한 쟁점으로 신중히 이루어져야 한다.

초기 상담에서 자기노출이 매우 유용한 상황은 한계점을 준다던가, 공격적인 내담자를 누그러뜨려야 할 때이다. 예를 들면 점점 흥분되는 내담자에게 다음과 같은 언급이 도움이 된다. '천광수씨, 당신이 점점 저에게 노여움을 보이는 것 같군요. 그리고 솔직히 얘기하자면 약간은 무섭습니다. 그러나 당신이 의도적으로 저를 겁나게 하려는 것은 아니라는 것을 압니다. 앉아서 저의 무엇이 당신을 그리 화나게 하는지에 대해서 이야기를 해보는 것이 어떨까요. 그리고 그것에 대해서 대처를 해보도록 합시다.' 이러한 기법은 꽤 효과적이지만 상담자는 많은 경험을 통해서 어떤 내담자에게 이러한 기법이 효율적인지 미리 알아야 할 것이다.

II. 개념의 활용

1. 심리치료의 적합성 사정

첫 상담에서 가장 힘든 것은 심리치료의 가능성에 대해 내담자가 믿고 있는 정도를 알아내는 것이다. 먼저 상담자는 기본적인 심리치료에 대해 이해해야 한다. 기본적인 심리치료는 상담치료, 행동치료, 위험중재치료, 인식치료, 단기 역동적치료, 장기 역동적치료, 정신분석치료, 부부치료, 가족치료, 집단치료가 있다.

상담자가 모든 치료에 대해서 완벽할 필요는 없다. 대신에, 각각의 치료가 어떤 장점을 가지고 있다는 것을 이해하면 된다. 그래서 내담자가 어떤 것을 필요로 하고 있다는 것을 알고, 내담자가 변하기 위해서는 무엇이 필요한지를 알며, 그것이 시행될 수 있는지의 여부를 결정할 수 있으면 된다. 이 장에서는 내담자가 자아 발전과 안정적 자아 형성을 하며 성숙하는 과정에 대해 초점을 두겠다.

1) 심리치료 결정을 위한 고려사항

내담자에게 적합한 정신치료의 유형을 결정하기 위하여 고려되어야 하는 요인들이 있다.

(1) 내담자의 성숙도

내담자의 성숙도는 그들의 실생활 구석구석에서 나타날 것이다. 성숙도의 수준에 따른 내담자의 모습을 보면 다음과 같다.

- 가장 낮은 성숙도: 현실과 타협하며 심리적으로 매우 많이 퇴행한 상태이다.
- 중간정도 성숙도: 여러 다양한 심리를 가진 상태로 심리적으로 문제가 있는 사람에 비해서 현실에 대한 대처를 잘 하지만 사람들과의 관계에서는 매우 미숙한 모습을 보여준다. 주로 어린애 같은 요구와 그 요구가 이루어지지 않을 때에 감정의 폭발을 하게 된다.
- 가장 높은 성숙도: 성격과 신경과적 문제가 거의 없으며 건강한 사람들이다. 하지만 스트레스를 받으면 낮은 성숙도로 후퇴하며 일시적으로 정신 건강에 이상을 나타낼 수가 있다.

초기 상담에서 내담자의 성숙도를 평가할 수 있는 기법은 첫째 DSM-IV 진단법이다. 정신분열병이나 경계성 인격장애, 적응장애의 진단은 각각의 내담자가 어느 정도의 성숙도를 가지고 있는가를 말해 줄 수 있다. 두 번째는 여러 가지 내담자의 자아기능과 방어의 정도를 평가하는 것이다. 상담자는 내담자의 자아기능의 강점과 약점을 파악해야 한다. 자아기능은 현실성 검증, 온건한 판단, 충격 조절, 관계성, 심리방어 능력의 힘, 원하지 않는 자극이나 생각의 배제능력 등이 포함된다.

(2) 치료 촉진 요소

내담자의 성숙도를 평가한 다음 단계로는 내담자의 '치료 촉진' 성격을 결정한다. '치료 촉진' 성격이란 치료를 성공적으로 이끌 수 있는 내담자의 성격요소들을 말하는 것으로 ① 하고자 하는 의지, ② 인지능력, ③ 심리적 준비상태 등이 포함된다.

① 하고자 하는 의지

'자신을 돕고자 하는 자가 제일 잘한다.' 라는 말로 요약될 수 있을 것이다. 이러한 의지는 내담자가 겪고 있는 고통이 클수록, 도움을 받는 것이 이롭다는 믿음이 클수록 강해진다. 이 두 가지 요소를 결정하는 질문은 다음과 같다.

- 왜 몇 주 전에 오지 않고 지금 오셨습니까?
- 어떤 것이 당신으로 하여금 여기 오게 했습니까? 정확히 말하자면, 당신은 저에 대해 어떤 말을 들으셨는지요?
- 당신은 이 치료가 당신에게 도움을 줄 것이라고 생각합니까? 혹은 그렇지 않습니까?

고통의 정도로 치료에 대한 내담자의 준비를 항상 평가할 수 있는 것은 아니다. 편집증 내담자가 친구와 가족에게 멀어지게 되어 처절한 인생을 살고 있을 지라도 내담자 자체는 그것이 자신의 성격문제로 인한 고통이라고 여기질 않는다. 내담자가 자발적으로 도움을 청하려면 고통이 어디에서 나오는가를 통찰해야 하기 때문에 결국 통찰의 문제이다. 내담자는 자신의 정신적인 고통이 자신의 태도나 행동에 의해 유발된다는 것을 어렴풋이나마 알고 있어야 한다.

② 인지 능력

집중, 기억, 추상화 능력, 창조력 등 인지수준이 높은 내담자에게는 인지 재구성이나 역동치료 등의 지적능력을 필요로 하는 치료가 적용될 확률이 높다.

지적능력을 평가하기 위해 상담자는 의도적으로 해석을 필요로 하는 질문을 물어보거나 내담자가 질문을 받아들이는 방식을 관찰할 수가 있다. 이를 통하여 치료유형을 결정하고 동시에 내담자의 의지와 통찰력을 조심스럽게 관찰할 수 있다. 해석을 필요로 하는 질문에 대한 이상적인 대답은 새롭고 즉흥적인 요소가 내담자에게 나오면서 자기반영을 짚어내는 것이다. 이러한 요소는 새롭게 상기된 기억, 현재 생활 속의 연상, 심리치료사와의 관계에서의 연상, 또는 꿈 같은데서 비롯된 무의식적인 요소로 이루어져 있다. 만약 이러한 양상에서 벗어난다면, 그것은 내담자가 해석을 받을 준비가 되어있지 않거나 자기반영의 연결을 만들지 못하거나 혹은 상담자의 질문이 부적당했을 것이다. 하지만 이상적인 대답은 대개 첫 상담에서 잘 일어나

질 않는다. 왜냐하면 해석적 질문에 이상적으로 대답하기 위해서는 많은 치료경험으로 말미암은 이해가 필요하기 때문이다.

③ 심리적 준비상태

치료가 행복을 가져올 수 있다는 내담자의 믿음과 자신이나 주위사람들에게 행복을 줄 수 있는 자신의 행동을 객관적으로 볼 수 있는 능력을 포함한다.

그러나 내담자가 촉진적 성격 중 하나를 가지지 못했다는 것이 치료를 받을 수 없다는 것을 의미하는 것은 아니다. 그것은 단지 어떤 치료에 대해서 내담자가 잘 수행하지 못할 수도 있음을 의미할 뿐이다.

(3) 스트레스 관리 능력

일반적으로 내담자의 성숙도가 낮을수록 스트레스를 잘 처리하지 못하며 대인관계의 어려움이 있다. 심리치료의 유형에 따라 감정적, 혹은 인지적 스트레스의 정도가 각각 다르기 때문에 내담자의 스트레스 관리 능력에 적합한 치료유형을 결정하는 것이 필요하다. 치료는 조절된 상호작용을 통해 내담자에게 안정적인 현실접촉의 기회를 줄 수 있는 반면 정신증상이 심각한 시점에서 대면과 해석으로 가득한 장기간의 역동적 접근을 한다면 내담자는 정신적으로 더 손상될 수 있다. 따라서 유능한 상담자라면 내담자의 성숙도에 따른 스트레스 관리 능력에 맞는 치료유형을 선택하여 내담자의 스트레스를 조절할 수 있어야 한다.

2) 치료유형의 결정

치료유형은 스트레스가 가장 적은 순서대로 자아안정, 자아발전, 자아도전의 세 가지 범주로 구분할 수 있다.

(1) 자아안정 기법

극심한 증상을 경험하는 내담자에게 안전한 환경과 건전한 현실성의 개념을 심어주고자 하는 데에 목적이 있으며, 그 과정은 매우 짧다. 치료의 궁극적인 목표는 내담자에게 현재 치료 상황에 대한 가벼운 이해를 통해, 자아통합의 느낌을 회복하게 해 주는 것이다. 정신증적인 증상이 심하거나 분석적 치료를 받을만한 지적능력이 부족한 경우, 시간적 · 경제적으로 부족한 경우 등의 내담자에게 적합하다. 치료는 자신의 문제가 일상생활에 미치는 심각성을 깨닫게 하는 방향으로 진행된다.

(2) 자아발전 기법

내담자를 서서히 깊은 이해로 유도하는 것이다. 이 경우 상담자에게 내담자가 원시적인 노여움이나 두려움을 터뜨릴 수 있다는 것을 마음에 두고 내담자의 성격 구조를 파악하고 있어야 한다. 자아발전 기법의 예들 중 하나는 재양육 기법이다. 자아안정 기법과는 달리 통찰력을 늘리고, 더 나아가, 자아를 성숙하게 하고 진정한 자신감을 가질 수 있도록 돕는다.

(3) 자아도전 기법

상담자를 대면하고 자신의 생각과 행동을 통찰할 수 있는 방법으로 가장 효과적이다. 물론 자아안정 기법, 자아발전 기법을 병행할 수 있다. 구체적인 기법들은 정신역동치료, 심리분석, 복잡한 행동 치료, 인지 치료 등이 있고 상담자는 이런 기법이 그들의 능력을 벗어나지 않도록 신중해야 한다.

그러나 실제로는 내담자에게 적합한 심리치료의 유형을 선택하는데는 상담자의 임상적 판단이 무엇보다 중요하다. 어떤 경우는 내담자의 심리적 성숙도에 치료유형을 맞추어야 하는 경우도 있다. 예를 들면 지능이 정상이하 수준인 사춘기의 아이에게 자기감시와 같은 자아도전 기법은 적절하지 않을 것이다. 자기감시 기법은 의지와 자신의 행동을 관찰할 수 있는 능력이 필요하기 때문이다. 반면 긍정적 강화를 이용한 자아 안정 기법은 훨씬 더 좋은 결과를 낳게 될 것이다. 기민한 상담자는 심리 치료에서 내담자의 잠재능력 평가를 통해 치료유형 결정의 변수들을 고려할 것이다.

3) 치료유형 결정의 과정

첫 상담에서 흔하면서도 바람직한 내담자의 반응은 부족한 내적 통찰을 가지고 있지만 질문에 충실히 대답하려고 하는 모습이다. 적어도 이런 유형의 내담자는 심리치료에 의한 변화를 받아들일 자세가 되어있음을 의미한다. 반면, 내담자가 매우 방어적이거나 적대적이거나, 혹은 매우 긴장을 하고 있다면, 내담자에게 자아안정이나 자아발전 같은 덜 공격적인 접근을 해야 할 것이다. 상담자는 내담자에게 해석적인 질문을 하여서 내담자의 심리적 성숙도와 내담자의 의지, 인식 기능, 심리적 준비상태를 판단할 수 있게 된다.

내담자는 깔끔한 30대 남자였다. 그는 심리치료가 가능한지를 알아보러 온 것이다. 처음 그를 보았을 때, 그는 매우 긴장하고 있었으며 고민을 하고 있는 듯했다. 그리고 그럴 수밖에 없었다. 왜냐하면 그는 위기상태였기 때문이었다. 그는 결혼을 했으며, 사랑하는 네 자녀를 두었지만 어떻게 해서 동성애를 하게 되었고, 그의 동성 파트너는 그가 이혼하지 않으면 그를 떠나겠노라고 위협하고 있었다. 말하는 동안 그는 또렷한 모습이었고 보통 이상의 지적 수준을 가지고 있는 것처럼 보였다. 인터뷰의 뒷부분에서 그는 그가 분개했던 그의 파트너와의 상황을 설명하기 시작했다. 대화 내용은 다음과 같다.

내담자 : 잘 모르겠어요. 그는 이따금씩 문제를 일으켜요. 하지만 제 생각엔 다른 좋은 관계도 역시 그러하리라고 생각이 드는군요. 어쨌건 말다툼하는 것은 싫다구요.

상담자 : 말다툼을 했던 것에 대해서 예를 들어주실 수 있겠습니까?

내담자 : 네. 아주 완벽한 예가 지난번에 있었어요. 우리는 교외로 차를 달리고 있었어요. 그리고 저는 전원의 조용함을 즐기고 있었죠. 그런데 갑자기 그가 테이프를 카세트에 넣었고, 갑자기 차에서 무지막지하게 큰소리가 나는 거였어요. 정말이에요. 진짜라니까요. 그래서 저는 그 테이프를 잡아 빼버렸죠. 그는 한 시간이 넘도록 삐져있었죠.

내담자는 파트너의 행동이 매우 부적절했음을 다시 한번 느끼면서 자신이 옳았음을 확인하고 있었다. 그와는 달리, 상담자는 그 내담자의 조절하는 능력에 대해서 놀랬다. 그리고 그가 그의 파트너와 잘 공감하지 못하는 능력에 대해서도 놀라고 있었다. 이제 문제는 그가 객관적으로 그의 행동을 다시 되짚어 볼 수 있는가에 있었다. 상담자는 해석적 질문을 던질 좋은 기회가 왔음을 느꼈다.

상담자 : 당신이 자신을 잘 조절할 수 있는 사람이라고 생각하십니까?

내담자 : (내담자는 다른 곳을 보다가 얼굴을 찡그린다) 조절요? 그렇지 않은 것 같은데요… 음… 무슨 뜻이죠?

상담자 : 저는 단지 당신이 테이프를 잡아 뽑은 그 행동에 대해서 조절을 한 상태였었는지 궁 금한 겁니다.

내담자 : (눈썹을 치켜 올리며) 잘 모르겠군요. 음. 제 뜻은, 저는 어느 정도는 조절한다고 생각합니다. 언제나 그런 건 아닙니다. 하지만, 이따금씩… (오래 멈춘다) 흠, 테이프를 뽑은 것은 조절이 있었던 상태라고 생각합니다. 그가 만약 제게 음악을 들을 것인가를 물어보았다면 좋았을 텐데요. (약간 웃는다) 어쩌면, 제가 그땐 약간 괴팍했나 봅니다. 우리가 무엇을 할지 제가 자주 결정하곤 하죠. 예를 들자면, 어느 레스토랑으로 갈지는 제가 결정합니다. 그래요. 대부분 제가 다 결정하죠.

내담자의 반응으로 보아 자아도전 기법이 알맞다. 우리는 그가 맨 처음에 자연스럽게 잠시 망설이는 것을 볼 수 있지만, 곧 그가 자아능력을 가지고 더 멀리 탐구하는 것을 볼 수가 있었다. 그는 상담자가 말하지 않은 부분도 생각하는 것 같았다. 그리고 그가 그런 회상을 한 후에 또 다른 새로운 요소를 시작하는 것을 볼 수가 있다. 이 내담자는 역동치료에서 조절에 대한 문제가 탐색된다면 이득을 볼 것이다.

상담자의 해석적 질문에 내담자가 멈추고 생각하는 것은 좋은 징조를 의미한다. 사람들은 자신의 행동에 대해 새로운 인식에 도달하게 되면, 멈추고 생각할 것이다. 말을 듣자마자 머리를 끄덕이는 내담자는 아마도 자아도전의 치료를 쓰기에는 문제가 있을 것이다. 보통 그런 사람은 동의를 하면서 이런 말까지 할 것이다. '지금까지는 생각을 못했는데, 이제 생각해보니 정말 사실이네요.' 이러한 내담자는 상담자를 즐겁게 하기 위해서 이러한 시도를 할 수가 있으며, 상담자를 매우 짜증나게 할 수도 있다. 치료가 진행되면서 내담자들은 상담자를 즐겁게 하려는 경향이 있다. 그래서, 갑자기 웃으면서 이런 말을 할 수 있다. '오, 세상에. 그렇네요. 그걸 생각 못했어요. 당신이 맞아요.' 이런 말을 듣고 자신의 치료로 다시 돌아오기는 쉽지가 않다.

요컨대 심리치료에서 평가를 내릴 때, 상담자는 내담자를 외부와 격리된 상태인 양 잘못 이해할 수 있다. 상담자는 내담자의 실생활을 고려해야 한다. 때때로, 내담자의 경제적 능력이나 주어진 시간과 정신적 능력의 자원을 고려해야 한다. 예를 들면, 상담자들이 너무 많은 내담자들을 보아야 한다면 적절한 치료유형을 결정해 주지 못하는 상황이 초래될 수 있다. 적절한 분류는 내담자가 적절한 치료를 받을 수 있도록 돕는다. 같은 맥락에서, 상담자는 가능한 치료유형에 대해 알아야 하고, 또한 어떤 상담자가 어떤 내담자와 적합한지에 대해 잘 알아야 할 것이다.

2. 컨버그Kemberg의 구조적 상담 : 내담자의 기본적인 성격구조를 해석

컨버그는 내담자의 자아 능력과 진단을 하고 내담자의 기본적인 성격구조를 해석하기 위한 상담기법을 개발하였다. 컨버그는 인간의 성숙도는 연속선상에 있는 것으로 보았다. 연속선상의 어느 위치에 있는가에 따라 스트레스를 관리하는 능력이 다르다. 이러한 개념에서, 상담자는 일련의 질문들을 통해 내담자의 성격 구조를 묘사하고자 노력하는데 그것이 '구조적 상담' 인 것이다.

1) 주요개념

DSM의 접근은 내담자의 과거 내용을 보고 그 내용을 풀어나가는 모양새를 관찰하는 것으로 그 결과 어떠한 특정한 기준을 만족하는가를 본다. 반면 구조적 인터뷰는 내담자가 뭘 말하는가 보다는 어떻게 표현하는가에 중점을 둔다. 반응의 과정은 내용과는 별도로 진단을 결정하게 한다. 즉 상담자는 어떤 질문을 던졌을 때, 내담자가 어느 정도로 긴장을 가지는지, 그가 적대감을 가지는지, 아니면 협조적인 모습을 보이는지를 본다. 따라서 이 경우 만약 내담자의 대답이 진실이 아닐 수도 있다는 가정이 생길 경우 특별히 중요하다. 내담자가 경계를 하고 있거나 심지어는 인위적으로 속이려고 할 수도 있기 때문이다. 내담자가 거짓말을 하는 경우는 DSM의 기준들은 사용할 수가 없다.

구조적 상담의 기법은 신경증적 장애, 성격 혼란, 기능적 정신질환, 그리고 기질적 뇌증후군 등 여러 유형의 정신질환을 탐구할 수 있게 한다. 이러한 과정들 속에서, DSM의 기법과 정신상태사정 기법이 필요로 된다. 하지만 상담자는 내담자가 질문을 받아들이는 방식에 초점을 둔다.

구조적 상담에서 상담자와 내담자는 세 가지 상호작용—해명, 온화한 대면, 해석—을 하게 된다. 컨버그는 상담자의 해석적 질문에 대한 내담자의 반응수준은 물론 질병의 성립과정에 대한 내담자의 해명 등 내담자의 다양한 역동의 부분을 볼 수 있게 한다.

구조적 상담은 상담자가 내담자와의 상호작용이 자연스럽게 진행하면서 간헐적으로 적용할 수도 있다. 예를 들면, 상담자는 의식적으로 해명과 대면, 그리고 해석기법을 내담자의 역동적 영역의 확장과정에서도 쓸 수 있다. 상담자의 사소하지만 예리한 관찰은 내담자의 방어 과정과 그 밑의 성격 구조에 대해서 많은 정보를 줄 수 있다.

컨버그가 제시한 모델을 구체적으로 살펴보면 크게 세 가지 범주의 발달이 묘사되었다. 그는 가장 불안정한 자아에서 가장 안정된 자아로 설명한다. 이러한 세 가지 범주는 정신증적 구조, 경계선 구조, 신경증적 구조이다. 이 세 가지 범주는 세 가지의 구조적 구성 요소로 정체성 통합 정도, 방어 행동의 수준, 그리고 현실검증력으로 인해 변화한다.

- 신경증적 구조:
  높은 수준의 방어 — 합리화, 지적화, 반동 형성
- 경계선 구조:
  낮은 수준의 방어 — 부정, 신체화, 마술적 사고, 부적절한 이상화 등
- 정신증적 구조:
  정신증적 적응과 강렬한 방어 — 현혹이나 환상

상담자는 해명, 대면, 그리고 해석 같은 과정들을 사용하여 여러 종류의 긴장을 유발하면서 내담자가 어떤 종류의 방어로 긴장을 완화하는지를 관찰함으로써 그 내담자의 성격구조를 파헤쳐 가는 것이다.

온화한 대면의 기법에서 상담자는 상담동안 내담자의 자기모순의 부분을 찾는 것이다. 그리고 내담자는 모순과 대면하게 된다. 내담자의 모순에 대해서는 힐난하는 분위기가 아니라 상담자는 다음과 같이 말할 수 있다. '나는 당신이 했던 말들이 서로 모순되는 것 같아 약간 혼란스럽습니다.' 이렇게 약간 스트레스를 주는 상황을 연출한 뒤에 상담자는 다시 관찰자로 돌아와서 내담자가 어떤 방어 과정을 통해서 자신의 스트레스를 다루는지를 관찰해야 할 것이다. 방어가 나타나는 순서를 통해서 상담자는 내담자의 핵심적인 성격 구조를 이해할 수가 있게 된다.

2) 구조적 상담을 통한 통찰의 실제

다음 세 가지의 예에서 온화한 대면을 명백하게 볼 수 있을 것이다. 각각의 내담자들이 비슷한 내용을 이야기하고 있었다고 가정하자. 하지만 각각 내담자들의 구조적 발달 수준은 다르다고 가정한다. 각각의 경우에서, 내담자는 모두 30대 중반의 남성이며 그의 개인적인 관계들에서 불만족하고 있다고 하자. 그리고 그들이 인터뷰 초기에 다음과 같은 말을 했다고 하자. '한 가지 사실을 말해주죠. 저는 확실히 제 동생 같은 남성 우월주의자가 아닙니다. 제 동생과 남녀의 역할에 대해 논하다 보면 저와 동생은 그냥 눈을 피해 버립니다.' 다음의 세 가지 상황에서 내담자는 이 같은 말을 해놓고서 그것에 반대되는 말을 하는 모순을 보이고 상담자가 그러한 모순을 내담자에게 지적하게 된다. 그리고 내담자의 반응이 일어나면, 그것을 토대로 내담자의 밑바탕이 되는 성격구조를 분석하는 상담자의 상담기술을 보여준다.

(1) 상황 1

내담자 : 집에서는 모든 일이 그렇게 순조롭지가 않아요. 저는 저의 작은 여자와 문제가 있습 니다. 그녀는 제가 아이들과 충분한 시간을 보내지 않는다고 생각해요. 그러니까, 제가 일이 끝나면 친구들과 술 한잔 하러 가는 것도 그만둬야 한대잖아요. 뭐,

그런 거에요.

상담자 : 저는 당신의 이야기에 충격을 받았습니다. 당신은 부인을 '작은 여자' 라고 불렀습니다. 그런데 당신은 처음에 당신이 남성 우월주의와는 거리가 멀다고 하셨던 것 같은데요. 그리고 제가 생각하기에는 '작은 여자' 라는 말은 대부분의 사람들에게 남성 우월주의로 비추어질 것 같은데요, 그렇지 않습니까?

내담자 : 음… 음… 제가 생각해도 대부분의 사람들에게 그렇게 들리겠군요. 저는… 그게 남성 우월주의를 말하려던 것은 아니었습니다. 보시면 알겠지만, 아내와 저는 장난을 많이 칩니다. 그리고 이따금씩 저는 그녀를 귀여운 이름으로 부르죠. 그리고 그녀도 저한테 역시 그래요. 저는 그런 귀여운 이름을 뜻한 것이었습니다. 그게 남성 우월주의로 받아들여지기를 바랬던 것이 아니었고, 또한 적어도 제 생각에는 제가 그걸 말하려고 하지도 않았다고 생각합니다.

상담자 : 당신의 부인을 실제로 어떻게 생각하십니까?

내담자 : 저는 언제나 우리가 꽤 좋은 관계라고 생각합니다. 절 잘못 받아들이지 마세요. 전 진짜로 그렇게 생각합니다. 우리가 말다툼 할 때도 있지만, 결국은 해결되어요.

누구라도 그러하듯이 첫 상담에서 대단한 인식이 나오기를 기대하는 것은 무리이다. 하지만 그의 대답은 그가 긴장을 꽤 합리적으로 다룰 수 있다는 것을 암시한다. 그는 모순과 대면하게 되었다. 보통 사람이나 신경증적 성향을 가진 사람처럼, 맨 처음에 그러한 모순에 대해 불안한 상태를 보여주었다. 그리고 그는 그러한 모순을 마지못해서 인정한다. 신경증적 성향을 가진 사람이나 보통 성향을 가진 사람이나 이러한 모순을 고쳐보려고 노력하며, 역시 내담자도 그러했다. 왜냐하면 내담자는 그 전에는 의식적으로 인식하지 못했던 불일치에 의해 불안하기 때문이다. 더 나아가, 내담자는 비논리적인 위선자로 여겨지고 싶지 않을 것이다.

이 내담자는 그의 긴장을 완화시키는 데 합리화의 방어를 사용하였다. 그는 '작은 여자' 에 대한 말을 귀엽게 쓰는 이름이라고 합리화를 시켰다. 게다가 그의 부인도 자신에게 그러한 말을 쓴다고 했다. 합리화를 사용한 이후에야 그는 편안해졌고 대화를 계속할 수 있었다. 그리고 상담자가 했던 질문에 꽤 정당하게 답을 했다는 것을 볼 수가 있다. 이제 다른 성격구조의 내담자가 어떻게 대답을 할지 보도록 하자.

(2) 상황 2

내담자 : 집에서는 모든 일이 그렇게 순조롭지가 않아요. 저는 제 작은 여자와 문제가 있습니다. 그녀는 제가 아이들과 충분한 시간을 보내지 않는다고 생각해요. 그러니까, 제가 일이 끝나면 친구들과 술 한잔 하러 가는 것도 그만둬야 한대잖아요. 뭐, 그런 거에요.

상담자 : 저는 당신의 이야기에 충격을 받았습니다. 당신은 부인을 '작은 여자' 라고 불렀습니다. 그런데 당신은 처음에 당신이 남성 우월주의와는 거리가 멀다고 하셨던 것 같은데요. 그리고 제가 생각하기에는 '작은 여자' 라는 말은 대부분의 사람들에게 남성 우월주의로 비추어질 것 같은데요, 그렇지 않습니까?

내담자 : 그러면 좀 어떻습니까? 저는 제가 그녀를 부르고 싶은 대로 부를 수 있어요.

상담자 : 물론 저는 당신이 당신의 부인을 어떤 방식으로든 부를 수 있는 권한을 해하고자 하는 것이 아닙니다. 단지, 앞에서 당신이 언급했던 말과 당신이 말했던 부분의 태도가 서로 모순되지 않는지 궁금할 뿐이죠.

내담자 : 이거 보세요. 나는 여기에 말장난을 하러 온 게 아닙니다. 그리고 저는 당신의 태도가 마음에 안 들어요. 당신은 마치 그냥 좋은 사람인양 말하고, 절대 자신은 모순에 빠지지 않을 것처럼 이야기하는군요. 그리고 당신이 제가 나쁜 남편일 거라고 암시적으로 결정 내리는 것이 마음에 안 듭니다.

이 내담자는 상황 1의 내담자와 완전히 다른 반응을 보였다. 그는 아예 상담자를 짧고 투박한 말투로 공격했으며, 상담자가 제공한 긴장에 낮은 수준의 방어로 대처하였다. 내담자는 재빨리 상담자에게 자신의 권리를 말하며 포환을 던진다. '저는 제가 그녀를 부르고 싶은 대로 부를 수가 있어요.' 라는 말과 함께 말이다. 내담자는 그가 나쁜 남편이라고 오해를 받았다고 잘못 이해하고는 그 노여움을 상담자에게 표출하는 듯싶다. 이러한 표출은 상담자에 대한 평가절하와 상담자가 전반적으로 좋지 않다는 견해를 동반한다. 이는 원시적인 방어기능인 분리의 최초 씨앗이 된다.

이 예에서, 내담자는 여러 가지의 방어기능을 보여주었다. 그가 사용한 방어는 그가 경계선 구조임을 암시하고 있었으며 그를 경계선 인격이나 불완전하게 통합된 자기애성 인격이라고 보아도 좋을 것 같았다. 조용히 내담자의 모순을 짚어내는 것이 오히려 원시적인 방어의 과정으로 드러났다. 원시적인 성격이라고 해서 모두 노여움을 드러내는 것은 아니다. 어떤 경우에서는, 심리적으로 완전히 위축이 되어서 강한 자포자기나 거절의 느낌 속에 빠져버리는 경우도 있는데, 이런 경우 내담자는 상담자를 좋지 않은 사람이라고 생각하거나 불충분하다고 여길 수가 있다. 또 다른 경우에서는, 분리의 방어가 너무 강해서 그러한 모순이 문제라고 인식조차도 못할 수가 있다. 이런 경우 내담자는 약간의 긴장만 느끼거나 혹은 긴장을 아예 느끼지 않을 수도 있다. 위의 예에서, 내담자의 방어는 상담 도중에 원시적인 성격 구조를 드러내게 하였다.

요컨대 신경증적 내담자는 그의 모순에 의해서 매우 불안해졌다. 반면 경계선 성격구조를 가진 내담자는 그러한 모순을 합리화나 지적화 같은 방어기능으로 고치려고 노력하지도 않았다. 여기서 우리는 내담자의 반응양상이 기저의 역동구조를 설명할 수 있음을 알게 되었다. 그러나 어떤 유형의 내담자도 다양한 방어기능을 나타낼 수 있음을 기억해야 한다. 따라서 상담자가 주목해야 할 것은 주류를 이루는 방어기능이 무엇인가와 원시적인 표출이 많은가이다. 다음의 실례에서는 더 원시적인 기능을 보여주는 내담자를 만나게 된다.

(3) 상황 3

내담자 : 집에서는 모든 일이 그렇게 순조롭지가 않아요. 저는 제 작은 여자와 문제가 있습니다. 그녀는 제가 아이들과 충분한 시간을 보내지 않는다고 생각해요. 그러니까, 제가 일이 끝나면 친구들과 술 한잔 하러 가는 것도 그만둬야 한대잖아요. 뭐, 그런 거에요.

상담자 : 저는 당신의 이야기에 충격을 받았습니다. 당신은 부인을 '작은 여자' 라고 불렀습니다. 그런데 당신은 처음에 당신이 남성 우월주의와는 거리가 멀다고 하셨던 것 같은데요. 그리고 제가 생각하기에는 '작은 여자' 라는 말은 대부분의 사람들에게

남성 우월주의로 비추어질 것 같은데요, 그렇지 않습니까?

내담자 : 엥… 저는… 저는 잘 모르겠어요. 어디선가 어떤 사람이 그렇게 이야기하겠죠. (내담자는 다른 곳을 보더니 얼굴이 빨개지면서 긴장한다.) 그걸로 인해서 저에게 화를 낼 수가 있겠네요. 진짜로 화낼 수도 있겠어요. 하지만 남성 우월주의자가 그렇게 나쁜 것만은 아니에요. 내 동생은 남성 우월주의자이지만 온전해요. 우리는 눈과 눈을 마주보지는 않지만, 그는 온전해요.

상담자 : 보편적으로 여자를 어떻게 보십니까?

내담자 : (오랫동안 머문다. 그가 그의 생각을 정리하는 데 시간이 걸리는 듯하다.) 제가 그들을 봅니다. 생각 좀 해보죠. 저는 여자를 좋아해요. 정말 그래요. 하지만 때때로 그들은 정말 힘들죠. 맨날 그런 건 아니죠, 저의 어머니와 저의 여동생은 매우 착하고 똑똑해요. 제가 생각하기에는 사람에게 지적능력이 매우 중요하다고 생각해요. 저는 그것을 매우 좋아합니다. 우리집안에서 강하게 표출되는 특징 중에 하나가 지적 능력이랍니다. 우리는 언제나 시간을 따라잡거나 앞서가면서 발전하는 자신들을 자랑스럽게 생각한답니다.

이 상황에서, 상담자는 자신이 혼란스럽다는 것을 발견할 수 있을 것이다. 왜냐하면, 내담자의 대답이 명확하지 않기 때문이다. 많은 말들을 하지만 내용이 없는 대답은 퇴행적인 분열에서 비롯된 것이다. 사고 과정에서 그는 지엽적인 생각에 방해를 받는 것을 볼 수 있고 그가 여자를 어렵다고 생각하면서 좋은 어머니라고 말한 것에서 양가 감정이 공존하고 있음을 알 수가 있다. 간단히 말해서, 그 내담자가 스트레스에 대해서 반응한 내용은 그가 약간의 정신증적 과정에 있음을 드러낸다. 그는 확고한 자아를 가지고 있는 사람처럼 이야기 하다가 자아가 불안정한 사람처럼 왔다갔다 이동을 하면서 이야기를 한다. 대화가 끝나면서 그는 다시 그의 평정을 되찾게 된다.

이러한 패턴은 정신증적 과정을 거치고 있는 사람들에게서 자주 볼 수 있는 경향이다. 만약 정신증이 표면에 드러나기 시작한다면, 내담자는 긴장에 눌리면서 더욱 더 많은 해괴한 분열의 방어를 보이게 될 것이다.

III. 직관의 활용

상담자의 주의나 개념적인 짜임새에 의해서가 아닌 그냥 생기는 통찰이 있다. 정확히 설명하기 어려운 '직관'은 치료 인터뷰에서 매우 중요하며, 활력을 불러일으키는 요소가 된다. 모든 상담자는 '그냥 느꼈다'는 상황을 경험할 수 있다. 예를 들면 '이 내담자는 자살을 생각하고 있어'나 '내가 생각하기엔 이 아이는 학대당하고 있어' 같은 것이다. 육감이나 추측, 느낌은 직관이 생기기 위한 요소에 해당된다. 여기에서 타고난 상담자가 나오는 것이다.

하지만 문제는 '직관'이라는 것이 무엇이며, 교육될 수 있는가이다. 우선, 직관은 정의할 수 없다. 또한 직관은 교육을 통해서 가르쳐질 수 있는 성질의 것이 못된다. 그렇다면 타고난 상담자가 아니라면 그냥 절망해서 두 손 놓고 쉬어야 하는가? 그렇지 않다. 직관은 정말 타고나야만 하는 것이 아니다. 그것은 오히려 교육의 과정에서 얻을 수 있는 정리하는 습관에서 비롯된 장점에 가깝다. 직관을 효율적으로 사용하는 상담자는 보통 세 가지 요소—매력, 열린 마음, 장난끼—를 가진다. 이런 요소들이 적절한 시기에 발현이 되는가 안되는가는 상담자의 능력에 달려있다. 상담자의 '신비의 물질'은 인간 자체로서 타고난 복잡함이다. 이러한 생각과 경이에 빠지는 것은 상담자로 하여금 세 가지의 요건을 갖추게 하여 직관을 가질 수 있게 한다.

상담의 원칙에 대한 실용적인 지식은 직관을 만들어내는 기반이 된다. 왜냐하면, 직관은 잊고 있었던 과거 지식의 자연스러운 표출이기 때문이다. 경험으로서 얻은 교훈은 매우 뿌리가 깊어서 의식적으로 사용될 뿐만 아니라 무의식 속에서 의식으로서 발현이 되기도 하지만 어떤 경우는 자신이 배웠던 것이라는 인식조차도 못할 수가 있다. 예를 들면, 상담자는 상담동안 내담자가 매우 슬픈 상태에 놓여있다고 느끼게 되지만 왜 그러한 감정이입이 일어났는지 전혀 모를 수가 있다. 사실은 상담자로서 성장하면서 여러 가지 얼굴 표정이나 목소리나 단어의 선택을 볼 수 있었고 이로서 내담자가 슬프다는 것을 알았을 것이다. 이와 같이 잠재적인 수준의 지식과 이의 자발적인 응용이 직관을 낳게 된다. 따라서 직관은 마법과 같은 것이 아니라 우리가 적용을 할 수 있는 것이다.

즉 상담자의 직관능력은 양성될 수 있다. 또한 상담자가 다른 상담자들과 의욕적으로 자신의 의견과 관찰을 나눈다면 그는 의식적으로나 무의식적으로 자료를 다루게 된다. 그러나 느낌이나 직관에 대한 지나친 의존, 또는 '나는 어떻게 상담을 해야 할지 다 알아. 나는 정말 사람들을 잘 이해하는 능력을 가졌어.' 라는 거만한 태도는 무지로 이어지게 된다. 상담 도중에 너무 많은 생각을 하거나 이론적인 지식에 강박적으로 의존하는 완벽주의적 성향 또한 직관적 능력을 파괴시킬 수 있다. 상담자는 그의 지식과 성격에 기반하여 내담자에게 효과적으로 접근하는 스타일을 개발하여야 할 것이다.

좋은 상담은 우선 재미있어야 한다. 상담자가 자신감을 가지면 직관하는 상황이 많아지고 이는 아마도 열린 마음과 장난끼에서 비롯되었다고 설명할 수 있다. 마음을 열고 탄력적으로 대처하고자 하는 상담자는 어떠한 상황이 닥쳐와도 다 대처할 수 있다는 느낌을 가지게 된다.

또한 상담에서 경험을 하고자 하는 의지는 직관적인 눈을 발전시키는 구동점이 된다. 예를 들면 카메라를 가지고 또는 카메라 없이 주변을 보는 것의 차이이다. 만약 카메라를 들고 걷는다면 사진을 찍을 거리를 생각하면서 이동하고 미터기에 기록되는 빛의 양을 생각하면서 걷게 될 것이다. 대신 카메라가 없을 때엔, 자신의 눈을 열고 눈에 찍히는 빛을 보면서 걷게 되는 것이다. 상담자는 그의 마지막 상담에서도조차 창조적인 순수함을 계속 가지고 있게 될 것이다. 배우는 것은 목적이 아니고 방법이다.

언제나 힘든 것은 시작하는 사람의 마음가짐을 유지하는 것이다. 어떤 사물에 대한 깊은 이해를 가지고 있는 것이 중요하다. 그러나 아무리 쌓인 지식이 많아도 그 지식을 대할 때는 항상 새로운 마음이어야 한다. 언제나 시작하는 자세로 계속 연습하라. 그리고 이것이 훌륭한 상담을 할 수 있는 비밀이기도 하다.

CHAPTER · 10

제 10 장 저 항

제 10 장 저 항

저항은 병식을 추구하여 변화를 모색하려는 상담자의 노력에 반대하여 현 상태를 유지하고자 하는 내담자의 소망으로 치료의 어느 단계에서든 동반될 수 있으며, 이는 회복을 향한 갈망과 그에 반대하는 것 사이의 타협일 수 있다. 저항을 다루는 불변의 규칙들은 '절대 직설적으로 대답하지 말 것', '항상 경과를 말할 것' 등이다.

저항에 대한 이해는 상담자로 하여금 문제 상황을 정확히 인식하게 하여 또다시 같은 문제가 발생하는 것을 효과적으로 방지하게 한다. 노련한 상담자는 저항을 시위의 움직임이 아닌 다소 특이한 동맹적 행위로 간주한다. 또한 저항을 통해 병식에 대한 이해도 가능하게 된다. 진지하게 받아들여진다면 저항이야말로 이해를 위한 지름길이 된다.

저항의 출현은 내담자의 방어나 불안이 외부로 드러나기 직전의 상황이다. 저항에 의해 심화된 대인관계의 긴장 속에서 흥미로운 상황이 자주 발생한다. 때때로 상담자 자신의 방어적 태도와 불안정 상태가 발생하기도 한다. 이러한 맥락에서 상담 도중 발생하는 저항에 대한 상담자의 자연스러운 반응을 지켜봄으로써 상담자 스스로 자신에 대한 이해의 폭을 넓히게 된다. 설리반이 언급한 것처럼 치료자의 자아체계는 내담자가 부정적으로 행동할 때 치료자 자신을 철두철미하게 방어하며 상담이 계속적으로 진행되게 한다.

I. 저항의 인식

저항을 알아차리는 좋은 방법 중 하나는 대화의 몇몇 단편에 초점을 맞추는 것이다. 예를 들면 이웃에 귀신과 마귀로 우글대고 사악한 무리가 집에 침입하여 가구마다 악의 씨를 뿌려놓았다고 하는 여자가 있다. 면담에서 이 여자가 악마들과의 경험에 대해 스스로 말할 것이라는 기대는 하지 않는 것이 좋다. 다음의 대화에서 내담자가 치료과정에서 이탈되고 다시 참여하게 되기까지 과정을 다시 한 번 살펴보도록 하자.

내담자 : 뻔뻔하고 혐오스러운 저 사람들을 어찌해야 좋을지 모르겠어요. 내 거실에 있을 권리도 없는 저 악마들이 내 가구를 모두 망치게 할 수는 없어요.

상담자 : 부인, 당신이 '악마에게 맞았다' 는 것이 무엇인지 제가 이해할 수 있도록 자세히 설명해 주시겠습니까? 나는 한번도 그런 경험이 없었기 때문에 그것이 당신에게 어떤 느낌이었는지 궁금하군요.

내담자 : 악마에게 맞아본 적이 전혀 없었다구요? (그녀가 기가 막히다는 듯이 놀라며)

상담자 : 네. 당신과 똑같은 경험이 없었다는 말이지요.

내담자 : 그렇다면 나에게 이런 말을 뭣 하러 하는 거예요? (그녀는 벌떡 일어서서 단호한 태도로 손을 흔들었다.) 당신은 이 모든 일들을 알고 있어야 해요. 당신은 악마에게 맞아 본 적도 없으면서 그런 말을 나에게 하고 있어요. 도대체 당신은 누구죠? 당신과는 더이상 말하지 않겠어요. (화가 나서 중얼거렸다.)

상담자 : 부인, 악마에게 맞는 것에 대해 제가 잘 이해하지 못하는 것을 걱정하시는 것처럼 보이는군요. 당신을 화나게 하는 것이 구체적으로 무엇입니까?

내담자 : 이제는 당신이 상담자가 아닌 것으로 여겨지는군요.

상담자 : 어떤 이유로 내가 상담자가 아니라고 느껴집니까?

내담자 : 왜냐하면 상담자라면 항상 악마와 거래를 하니까요. 바보라도 그것을 아는데… 대체 무슨 일인지 모르겠어요. 나는 단지 악마들을 구제하고 싶어요. 그런데 그들이 나를 얼간이에게 보냈어요.

상담자 : 당신에게 솔직한 것이 굉장히 중요하다고 생각하기 때문에 당신에게 일어나는 중요 한 모든 일을 내가 잘 모르고 있다는 것을 인정해야만 하겠네요. 그러나 당신을 좀더 잘 이해하려고 하고 있고, 당신은 그런 저를 도와주어야 합니다. 당신을 화나게 하려던 것은 아닙니다. 그 밖에 당신을 또 화나게 한 것이 있다면 알려주세요. 그 악마가 당신을 해치려 하거나 당신 딸에게 들어가려 했나요?

내담자 : 예, 맞아요. 하지만 나는 그런 일이 결코 일어나지 않게 할 거예요.

상담자 : 딸을 보호하기 위해 어떤 일을 하셨나요?

내담자 : 딸 방문에 보조자물쇠를 달았지요.

상담자 : 딸이 어디에 사는데요?

내담자 : 일산에 살아요.

상담자 : 당신 집에서 얼마나 멀지요?

내담자 : 꽤 멀지요.

— 중략 —

내담자 : 딸은 별로 똑똑하진 않아요. 그 애는 자기가 모든 것을 안다고 생각해요. 근데 그 애는 더 배워야 하고, 더 노력해야 해요. 걔는 단지 자라고 있을 뿐 더 나아지지는 않고 있어요.

상담자 : 딸을 가르치려고 어떤 시도를 해보았나요?

내담자 : 딸이 남자를 더 조심해야 한다는 것을 배워야 해요. 그 애는 무슨 일이 어떻게 되어가는지를 몰라요. 그 애들은 악마와 같이 있어요. 딸이 맞고 있는 것을 난 알아요.

상담자 : 그녀가 맞았을 때 어떻게 행동을 취하던가요?

내담자 : 홀린 것처럼 보였고, 정말로 재미있다고 말해요. 악마는 그 애가 할 수 있는 것을 말합니다. 그리고 딸애 안에는 악마가 있어요.

상담자 : 악마들을 쫓아낼 무슨 방도를 생각해 보셨나요?

내담자 : 내가 아는 것은 주님께 기도하는 것이에요.

상담자 : 딸 안에 있는 악마가 당신에게 딸을 아프게 하거나 죽이라고 유혹하지 않았습니까?

내담자 : 그렇게 하라고 요구해요. 악마들은 딸의 눈꺼풀을 잡아뜯어 내라고 말했어요. 하지만 난 그게 악마가 말하는 거라는 걸 알아요. 그리고 딸의 눈에 악마가 있는 걸 봤죠. 근데 결국 그 악마를 나오게 했어요.

이 대화에서 여전히 희박하긴 해도 내담자가 '당신과 더 이상 말하지 않겠어요' 라고 중얼거릴 때보다는 확실히 더 나아 보인다. 상담자가 편집증 내담자와 개인적인 경험을 공유하는 것은 실수이다. 이런 내담자들에게는 치료자 자신을 드러내지 않는 것이 최선이다. 상담자의 서투른 대처는 저항 발생의 원인이 될 수 있다.

1. 관찰 가능한 저항들을 인식하기

저항을 다루거나 그 양상을 분석하기 위해서 상담자는 저항이 나타나는 상황을 우선 파악해야 한다. 저항은 관찰 가능한 모습으로 혹은 비언어적으로 혹은 혼합된 모습으로 나타날 수 있고 혼합의 형태가 가장 빈번하게 일어난다. 앞의 예에서 내담자는 상담자의 정체성에 도전함으로써 언어적으로 저항하였다. '당신과는 더이상 말하지 않겠어요' 라고 언급함으로써 저항은 최고조에 달했다. 한마디로 말해, 상담자는 거부당한 것이었다. 내담자는 또한 초조한 음성으로 말하거나 손을 가로젓는 등 비언어적으로 저항할 수 있다. 이런 비언어적인 저항은 언어적 저항을 뒷받침한다.

문제는 언어적, 비언어적 저항을 항상 정확하게 규정하기가 쉽지만은 않다는 것이다. 특히 내담자가 미묘한 비언어적 신호를 통해서만 저항을 나타낸다면 문제가 될 수 있다. 상담자들은 무심코 나타나는 이런 내용을 쉽게 놓칠 수 있다. 이런 신호를 놓치지 않으려면 상담 과정에서 항상 숙고하는 습관을 기르도록 해야 한다. 상담과정 중에 저항이 다루어지지 않으면 내담자는 다시 돌아오지 않을지도 모른다. 상담자는 내담자가 언어적, 비언어적으로 항상 저항을 표현할 수 있다는 생각을 가지고 있는 것이 바람직하며, 상담동안의 작은 변화가 가끔은 상담과정에 의외의 강력한 효과를 낼 수 있다는 것을 명심해야 한다. 예를 들면 편집증이나 혹은 감시받고 있다고 생각하는 내담자와의 상담에서 상담자는 상담내용을 기록하지 않는 방법을 선택할 수 있다.

2. 저항의 씨앗을 인식하기

관찰 가능한 저항이 인식된다면 저항의 근원으로 간주되는 비언어적 저항의 출현 가능성을 고려해 볼 필요가 있다. 대부분 관찰 가능한 저항은 불편감이나 불편함을 초래하는 특정 상황에 대응하는 내담자의 방어적 움직임이 저항의 근원이라고 할 수 있다. 만약 상담도중 저항이 반복하여 일어난다면 내재된 저항의 근원이 작동하고 있다는 가능성을 생각해야 한다.

저항의 근원은 고통과 관련된 것으로 그 핵심은 육체적 고통에 대한 두려움 혹은 의미 있는 것의 상실, 외부적인 조절로 인한 갑작스런 상실의 두려움, 내적 조절의 상실에 대한 절박한 두려움, 알 수 없는 두려움, 자신을 기피하는 것, 고립에 의한 혹독한 고통의 과정 등이다. 이러한 고통들의 출현을 적절하게 감지하고 이해하는 능력은 저항을 정복하기 위한 기본 바탕이 된다. 반면 상담자가 저항의 근원을 무시해 버리는 경우에는 새로운 저항이 등장할 수도 있다.

저항의 근원을 보다 잘 이해하기 위하여 다음의 한 예가 유용할 것이다. 내담자는 20대 초반의 여성으로 주변 사람들에게 요란스럽게 손가락질을 해가며 심한 불안 반응을 보이고 있다. 그녀는 정장 스타일의 스커트를 깔끔하게 차려입고 있다. 상담 도중 그녀는 심하게 주의가 산만하고 갑자기 재떨이를 가져올 것을 요구하기도 하였다. 그녀의 음색은 다소 짜증스러웠고 잠깐 동안에도 창가 쪽으로 몸을 움직이거나 안절부절 못하는 모습을 보이며 대화를 중단한다. 그녀가 일어선 후에 상담자가 예의를 갖추어 말한다. "상담이 진행되는 동안 조금 더 편안하시려면 앉아 있는 것이 좋은 방법인 것 같습니다." 그녀는 어수선하고 근심스러움을 계속 나타낸다. 다소 퉁명스러운 반응을 보인 후 대화가 다음과 같이 이어진다.

상담자 : 최근에 걱정하고 있는 문제는 무엇입니까?

내담자 : 나는 정말 휴식이 필요해요. 로비에 가서 앉고 싶어요. 당신이 이 상담을 계속하기 원한다면 그곳에서 하는 것이 좋아요.

상담자 : 나가시기 전에, 저와 잠깐만 솔직하게 이야기해 보시지 않겠어요? 당신과 나는 이것이 다소 짜증스럽고 불안한 상황이라고 생각해요. 타인인 상담자와 개인적으로

중요한 사안을 나눈다는 것은 어려운 일입니다. 당신이 오늘 어떤 생각을 했었는지 궁금합니다.

내담자 : 잘 모르겠어요. 나는 당신이 내 머리를 움찔하게 할 거라고 생각돼요.

상담자 : 당신이 무엇을 생각하는지에 달렸다고 생각합니다. 진지하게 당신은 실제로 오늘 무엇을 기대했나요?

내담자 : (긴장감은 줄고 격앙되어) 모르겠어요. 정말 모르겠어요. 나는 소파 위에 누워서 분석을 받을 거라고 생각했어요, 또한 학생 몇 명이 미치광이를 보기 위해 들어와 있을 거라고 생각했죠.

상담자 : 당신이 그렇게 불안감을 느꼈다는 것에 난 놀라지 않아요. 어떠한 일이 있다 할지라도 당신이 좀더 나은 기분이 들도록 도와드리겠습니다. 한번 해 보시겠어요?

내담자 : 괜찮을 거 같군요.

상담자 : 당신이 더 나은 기분이 들 거라고 확신할 수는 없지만 도움이 될 겁니다.

내담자 : 좋아요.

상담자 : 그런 우선, 당신이 말한 소파나 학생은 없을 겁니다. 미리 말씀 드렸다시피 우리는 40분 남짓 이야기를 나눌 겁니다. 지금부터 우리는 당신이 중요하다고 생각하는 것에 대해서 이야기 할 것입니다. 만약 어떤 것이 너무 어려워 말할 수 없다면 그렇다고 내게 말해 주기 바랍니다. 너무 고통스러운 문제에 대해서는 굳이 말하지 않아도 됩니다. 그것은 당신의 선택에 맡기겠습니다. 당신의 방식대로 진행될 필요가 있어요. 괜찮으시겠어요?

내담자 : 네, 좋습니다.

상담자 : 그런데 당신이 말한 것 중 한 가지가 걱정됩니다. 미치광이를 보기 위해 학생들이 들어와 있을 거라고 말씀하셨는데요. 내가 당신을 불안정하거나 당신이 말한 대로 미치광이로 볼 거라고 걱정이 되십니까?

내담자 : 내 마음이 너무 혼란스러워요.

상담자 : 정확히 무엇을 걱정하십니까?

내담자 : 내 남자친구는 내가 미쳤다고 생각해요. 그는 그것을 확신하고 있고, 나 역시 내가 그럴지도 모른다는 생각이 들어요.

여기서부터 이 상담은 좀더 부드럽고 조화롭게 진행될 수 있었다. 관찰 가능한 저항은 내담자의 반복되는 요구로 드러나며 상담을 끝내고 방을 나가겠다는 주장에서 최고조에 이른다. 그녀의 저항의 근원은 알 수 없는 두려움 그리고 외적인 조절의 상실에 대한 두려움과 투쟁하는 듯 보였다. 이러한 두려움을 다스리기 위해서 그녀는 상담자에게 요구 사항을 표현하는 것으로 상담에 참여하기 시작하였다. 그녀의 요구는 단순히 그녀의 근원적 고통이나 두려움의 표현이었다. 만일 상담자가 이러한 근원을 무시하였다면 아마도 내담자는 일어나 나갔을 것이고 새로운 저항들이 등장했을 것이다.

내담자가 방밖으로 나가겠다는 요구를 한 순간에, 상담자는 내담자가 나갈 것인지 아닌지의 문제를 언급하지 않았다. 대신에 전체적 상황에 대해 내담자가 무엇을 느끼는지를 물었다. 이런 방법을 통해 상담자는 근원적 저항을 탐구할 수 있었다. 단순히 상담자가 이러한 근원적 저항을 탐구한 것뿐 아니라 상담자는 그것들을 경감시켰다. 그 예로, 내담자의 감정상태에 초점을 맞춘 채 상담자는 어떤 것이 너무나 어려워서 말 할 수 없다면 '당신이 내게 말해주기 바랍니다.' 라는 표현을 사용하여 그녀에게 문자 그대로 통제 능력을 주었다. 이런 식으로 적대감으로 인하여 허사가 될 수 있었던 상담이 긍정적인 결과를 이끌어내게 된다.

위의 예는 근원적 저항의 내용을 묘사한다. 상담자는 관찰 가능한 혹은 근원적 저항을 선택할 수 있다. 저마다 다른 상황들은 그에 알맞은 기술이 요구된다. 일반적으로 저항이 심화되거나 거듭 반복되는 경우 저항의 근원이 적절히 언급되지 않았을 가능성을 재고해야 한다. 예를 들면 이 여인은 그녀의 언급 중 미치광이가 되어가는 것 같다고 말한 것처럼 내적 조절의 상실에 대한 두려움과 맞서고 있었다. 상담자는 이러한 문제를 탐구하기 위해 현명한 접근을 시도하였고, 만약 적절하게 그것을 통제하지 않았다면 새로운 저항이 일어났을 것이다.

II. 저항 다루기

1. 저항에 대한 반응의 지침

제시된 예는 저항에 관련된 또 하나의 일반적인 언어의 반응들을 보여준다. 어떤 저항을 다룸에 있어 어떤 이는 상담자가 저항에 순응하였다고 혹은 대응하였다고 말할지 모른다. 물론 대부분의 경우, 상담자는 이러한 두 지점 사이 어느 곳으로든 가게 된다. 위의 예에서 상담자가 만일 '그래요. 우리 둘 다 이 상담을 끝내기 위해 밖으로 나가도 됩니다.' 라고 말했다면 상담자는 전적으로 저항에 순응한 결과가 되었을 것이다. 또는 상담자가 '미안합니다만 밖으로 나가는 것은 불가능합니다. 나는 공개적인 장소에서는 상담을 하지 않아요. 우리는 여기 있어야만 해요.' 라고 말했다면 저항에 대해 직접적으로 반대하는 것이다. 이런 두 가지 반응은 근본원인을 말하지 않은 채 관찰 가능한 저항을 말하려는 시도들을 나타낸다. 위의 예에서, 상담자는 어느 방향이든 그 자신을 극단적인 방향으로 치우치지 않게 하려고 했다. 상담자는 내담자의 우려에 대해 어느 정도 발을 맞추어 의미 있는 대화를 지속가능하게 하였고 전체적인 내담자의 관점을 강하게 부인하지 않으면서 성실한 태도로 경청하고자 하는 의지를 보이면서 기민하게 저항을 변화시켰다.

어떤 이는 내담자의 저항에 대하여 순응할 것인가, 역행할 것인가에 대한 가장 좋은 답이 무엇인지 물을 것이다. 그러나 이것은 확실한 대답이 존재하지 않는다. 상황에 따른 융통성을 발휘하는 것이 상담의 성공에 필수적이다. 어떤 경우 상담자는 특정한 저항은 적극적으로 반대해야만 한다. 예를 들면 경계성 인격 장애자들에게는 지속적인 적절한 제한이 상당한 치료효과를 나타낸다.

그러나 일반적으로 상담자가 내담자와 더불어 움직이기 위한 의지를 보이면 보일수록 저항은 더 많이 해결될 것이고, 내담자의 요구를 강력하게 제한하면 할수록 내담자는 더욱 더 자신을 파묻어 버릴 것이다. 강하게 저항에 반대하는 것은 내담자에게 싸움을 거는 것과 같고 특히 상담자가 내담자의 필요를 권위적으로 부정한다면 더욱 그렇다. 만약 상담자가 규칙에 따라 내담자의 요구를 계속적으로 반대하는 자신의 모습을 발견한다면 상담자 자신의 정신역동을 탐구해 볼 필요가 있다. 근본적 고통이 항상 내담자에게만 있는 것은 아니기 때문이다.

〈그림 10-1〉 저항의 형태들

2. 저항을 다루기 위한 접근법

저항을 다루기 위하여 세 가지 기본적 접근들이 가장 빈번하게 사용된다(그림 10-2). 상담자는 내담자의 표현에 반응할 수 있고, 내담자와의 상호작용 과정이나 저항의 상황에서 내담자를 멀리 이탈시키기도 한다.

각각의 방식은 나름의 장단점이 있다.

〈그림 10-2〉 저항을 다루는 방법들

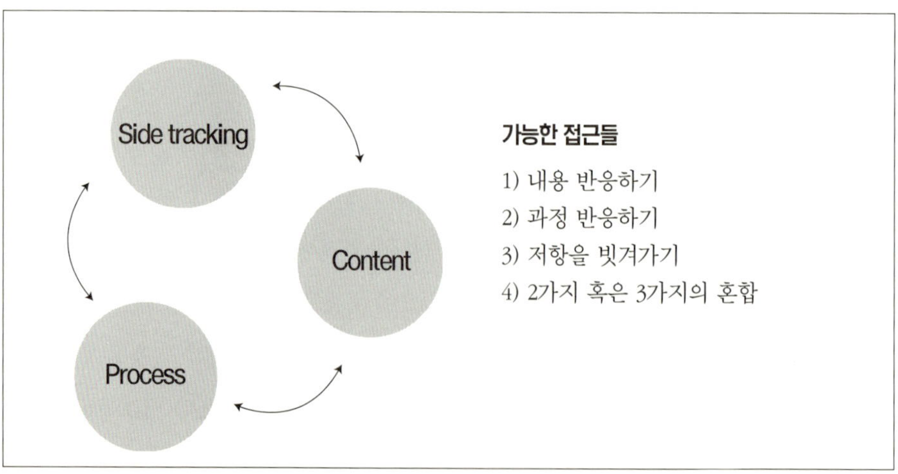

1) 내용 반응하기

가장 흔한 접근 방식 중 하나로 상담자가 질문에 적절하게 대답하는 것이다. 이는 일반적으로 사람들 사이의 기본적인 예의로 간주되기 때문에 흔히 사용될 수 있다. 만일 어떤 부인이 '내가 잘 차려입은 것 같다고 왜 말해주지 않나요?' 라고 배우자에게 물었을 때 배우자는 일반적으로 그 질문의 내용에 직접적으로 반응한다. 그 배우자는 '미안, 깜박 잊었어.' 라고 말할 것이다. 상담자는 내담자의 현실적인 질문에 특정한 대답을 할 때마다 저항의 표현에 반응하고 있는 것이다. 어떤 이가 내용에 반응한다면 그 사람은 자연스럽게 내담자의 관심에 반하거나 동조하거나 둘 중 하나를 하고 있는 것이며 내담자는 이런 상담자의 태도를 좋아하거나 또는 싫어할지도 모른다.

이것을 좀더 구체화하기 위해서, 내담자 자신과 같은 경험을 하지 않았다는 이유로 상담자가 아니라고 말했던 편집증 여인의 경우에서 대화의 또 다른 면을 살펴보기로 하자. 이 예에서, 내담자의 비난에 단순히 반응하였더라면 어떤 일이 일어났을지 생각해 볼 것이다.

상담자 : 부인, 내가 좀더 이해할 수 있게 당신이 도와주어야 할 한 가지는 '악마에게 맞았다' 가 어떤 것이냐는 겁니다. 나는 이런 일을 경험해 보지 않았고 그것이 무엇인지 궁금해요.

내담자 : 악마에 의해 맞아 본 적이 없다구요? (그녀가 분노하며 놀라 말했다)

상담자 : 똑같은 경험이 없었단 말이지요.

내담자 : 그렇다면 왜 나에게 이런 말을 하는 거예요? (그녀는 벌떡 일어서서 퉁명스럽고 단호한 태도로 손을 흔들었다.) 당신은 이 모든 일들을 알고 있어야 해요. 당신은 악마에게 맞아본 적이 없으면서 그런 말을 나에게 하고 있어요. 도대체 당신은 누구죠? 당신과 더 이상 말하지 않겠어요. (화가 나서 중얼거렸다.)

상담자 : 분명히 말씀드리지만 저는 상담자입니다. 모든 상담자들이 악마에 대해 잘 알지는 못합니다. 당신의 믿음이 무엇인지에 달려 있지요. 좋은 상담자가 되기 위해 악마를 믿어야 할 필요는 없어요. 가장 중요한 것은 상담자가 치료한다라는 것이지요.

내담자 : 당신은 악마를 믿지 않는다고 말하고 있군요.

상담자 : 어느 정도는 그렇습니다. 내가 말하고 싶은 것은…

내담자 : (상담자의 말을 가로채며) 당신이 내게 말하려는 것은 당신이 신실한 기독교인이 아니라는 것이군요. 당신은 악마와 함께 있어요. 안 그래요?

상담자 : 아니오. 나는 악마랑 같이 있지 않아요.

여기에서 우리는 내담자의 저항의 내용에 반응하는 위험상황의 하나를 구체적으로 그려볼 수 있었다. 상담자는 끝없는 논쟁에 쉽게 빠져들 수 있다. 딱딱한 논쟁으로 상담자는 내담자의 태도가 점점 더 적대적으로 변하고 있음을 파악할 수 있다. 내용에 반응하는 방법의 문제 중 다른 하나는 이런 즉각적인 반응이 내담자의 방어행동을 파악할 수 있는 기회를 놓치게 하는 소지가 있다는 사실이다. 즉 내담자가 질문한 이유가 무엇인지 이해하기 힘들다는 것이다.

내용에 직접적으로 반응하는 것은 때때로 깊은 골칫거리로부터 상담자 자신을 숨겨버린다. 어떤 내담자들에게 이러한 과정은 매우 실망스럽고 그저 고통스러울 뿐이다. 만일 상담자가 '내가 악마와 친숙하지 않는 것이 당신을 화나게 하는 것 같군요. 왜 그렇게 당신이 감정적이 되는지 궁금합니다.' 라는 말을 했다면 정신질환을 가진 여인의 반응을 우리는 쉽게 상상할 수 있다. 만일 상담자에게 운이 따른다면 내담자는 그가 이렇게 무심코 한 말을 제대로 이해하지 못할 것이다. 만일 운이 따르지 않는다면 내담자는 그 즉시로 집으로 향할 것이고 상담자는 그를 붙잡기 위해 필사의 노력을 기울여야 한다. 상담자의 통제에 대한 능력부족 혹은 수습기간 중 실수로 인한 즉각적 반응의 결여는 문제의 해결에 도움이 안 된다.

2) 과정 반응하기

저항을 다루는 두 번째로 중요한 방법인 과정에 대한 반응은 일상생활 속에서 흔히 일어나는 방식은 아니므로 배움으로써 얻어지는 것이 아니다. 이는 상담자가 내담자의 특정한 질문에 직접적으로 답하려 하지 않고 내담자의 반응을 유도했던 생각 혹은 상담 중 발생한 감정들간의 실제적 상호작용 속에서 내담자의 관심사에 집중하고자 하는 것이다. 이때 진행을 위한 방법의 다양성이 상담자에게 요구된다. 과정에 초점을 맞추는 기본적인 방법들은 다음과 같다.

(1) 내담자 자신의 행동을 지적

상담자는 내담자의 행동변화에 세세하게 관심을 가져야 한다. 예를 들어, 상담자는 활기차게 상담을 시작한 내담자가 얼마 지나지 않아 소극적으로 변화되는 상황을 경험할 수 있다. 이 때 상담자는 '마지막 몇 분 동안 당신은 상당히 조용해졌음을 알겠군요. 지금 당신이 어떤 기분이지 궁금합니다.' 라고 내담자에게 말할 수 있다. 또는 상담자는 '처음에 당신은 많은 질문을 했어요. 그런데 당신은 이전에는 이렇게 많은 것을 묻지는 않았습니다. 이제는 나에게서 어떤 답을 원하는 것처럼 보이는데 무엇이 당신을 그렇게 변하게 했는지 궁금합니다.' 라고 말할 수 있다.

(2) 상담자 반응에 대한 내담자 행동 집중

예를 들면, 어떤 상담자는 '당신의 많은 질문에 내가 직접적으로 대답하지 않는다는 것을 당신이 알아차렸다고 생각되네요.' 라거나 '나는 직접적으로 답하는 것을 선호하지 않는 나에 대해 당신이 어떻게 느끼는가에 흥미를 느끼고 있습니다.' 라고 말할 수 있다. 이 질문에 대한 내담자의 반응을 통해 내담자가 자기주장적인지, 그렇지 않은지를 알 수 있을 것이다. 예를 들면 의존적인 특성을 지닌 내담자는 '오! 그런 걱정하지 마세요. 어차피 당신하기 나름이니까요.' 라고 말하면서 상담자에게 상당한 불만을 느끼게 된다. 반면에 자기도취적 성향의 사람은 '위축감으로 인한 두려움은 다른 사람의 문제를 다루는데 상당한 장애가 되죠. 그렇지 않나요?' 라는 식의 빈정거림을 나타낼 것이다.

어떤 경우, 과정에 대한 질문은 탐구를 위한 의미 있는 자료를 제공하기도 한다. 다른 예를 들면, 상담자는 내담자의 행동에 반대되는 말을 하게 될 때도 있는데 이 때 내담자는 슬픔을 나타낼지도 모른다. 상담자는 '지금 슬퍼 보이네요. 왜죠?' 라고 말함으로써 그 영향을 직접적으로 지적할 수 있다. 혹은 '방금 전 당신이 당신 아버지에 대해 얘기했을 때 무엇을 느꼈는지 궁금합니다.' 와 같은 좀더 일반적인 질문을 할 수 있다.

유사한 상황으로, 만일 내담자로부터 적대감이 일어나고 있다고 상담자가 느낀다면, 상담자는 그 자체를 기록하려 할 것이다. '김 OO씨, 약간 화가 나신 거처럼 보이네요. 무슨 일이죠?' 어떤 경우 상담자는 진행과정 속에서 일어날 수 있는 문제들을 직접적으로 지적해 낼 수 있다. 어떤 화가 난 내담자는 '이거 보세요. 내가 잘못된 것은 하나도 없어요. 시간이 지나도 해결되지 않을 뿐.' 이라고 말한다면, 상담자는 이렇게 반응할 수 있다. '유감이군요. 그렇게 분노를 느끼셨다면, 자, 무슨 일인지 알아봅시다. 내 질문이 다소 당신을 자극했나 보군요. 예상치 않은 것을 제가 묻고 있나요?' 라고 반응할 수 있다. 이 시점에서 상호과정의 특성 중 하나가 명백히 드러난다. 특히, 과정을 살펴볼 때 어떤 감정이 일어나는지에 관계없이 상담자는 저항을 탐구하는 데 두려움을 느껴서는 안 된다. 그 대신 내담자에 의해 실제 경험되는 것이 무엇인지 이해하려고 주의깊게 애쓰는 동시에 '폭풍의 눈' 으로 과감히 들어가야 한다. 대부분 내담자들은 감추어진 근원적 문제에 대해 이러한 상담자의 진지한 시도에 감사하게 된다.

분노를 언어로 나타내지 못할 뿐 내담자가 다소 거리감을 느끼는 상담에서는 '정 OO씨한테 화가 나십니까?' 라는 말을 함으로써 상호작용을 하게 되고 그 결과 내적인 분노가 분출, 해소되기도 한다. 내담자가 자신의 분노에 대해 호소함으로써 분노는 어느 정도 사라지게 된다. 내담자가 쉽게 자신의 감정을 표현하는 사람에게 화를 내는 것은 어려운 일이다. 그러므로 상담자는 공격적인 태도를 배제해야 하며, 이 때 비로소 내담자는 상담자에게 인간미를 느끼게 될 것이다.

(3) 있는 그대로의 노출

일반적으로 순조로운 저항의 분출을 위해 제일 좋은 방법 중 하나는 탁자에 카드를 펴놓는 것처럼 단순하게 그것을 드러내는 것이다. 예를 들면 내담자가 '하나님을 믿나요?' 이렇게 물으면, '그거 곤란한 질문이군요. 내가 '예' 혹은 '아니오' 라고 말하는 것이 당신에게 어떤 차이를 만드나요?' 라고 대답하는 것이다. 반면 이런 상황에서 상담자가 질문의 내용에 반응하기 위하여 어떤 차이가 있다고 대답하게 된다면 본래의 질문으로 되돌아가는 것은 불가능하게 된다.

과정반응은 그 자체로 상담자 스스로를 고찰하고 재조명할 시간을 상담자에게 제공한다. 이것은 내담자가 내던진 공을 맞받아침으로써 다시 내담자에게 공을 돌려주는 과정으로 볼 수 있다. 내담자가 반응하는 동안에 상담자는 저항에 효과적으로 반응하는 방법 중 더 나은 것을 생각할 수 있다.

행위면에서, 과정적 언급은 교묘한 질문으로 단순히 상담자를 괴롭히려고 애쓰는 내담자에게 벌을 주는 강화의 요인으로 작용하게 된다. 매번 이러한 내담자들은 귀찮은 질문을 하는데, 과정에 대한 고찰을 통해 저항의 초점을 흐려지게 한다. 곧 그들은 관심이 집중된 것에 싫증을 내게 된다. 어떤 이들은 이런 내담자에게 '당신은 내가 이 문제에 관심을 가지길 바라는 것처럼 보이는군요. 당신은 왜 이 문제를 중요시하나요?' 라고 말할 것이다. 만약 내담자가 계속 문제를 만든다면 상담자는 지속적인 고찰을 보일 수 있다. '이런 질문을 할 때 어떤 기분을 느끼지요?' 라는 조용하고 적개심이 없는 상담자의 반응들은 내담자가 그 자신을 볼 수 있게끔 하는 목적으로 사용되고 내담자의 가시 돋힌 질문의 빈도는 자연스레 낮추어 진다.

(4) 자기고백의 활용

계속적인 저항의 출현에 부딪힐 때 '난 지금 좀 혼란스러워요. 우리 둘 사이에 일어나고 있는 일을 어떻게 생각하시나요?' 라고 내담자에게 말할 수 있다. 이 반응을 좀더 서술적으로 한다면 '당신은 우리가 여기서 논쟁하는 이유를 아시겠어요? 당신은 당신의 상사나 혹은 부인과도 이런 유형의 논쟁을 하십니까?' 가 될 수 있을 것이다.

(5) 질문에 대한 반응

가장 일반적인 과정접근 기술 중 하나는 '그건 왜 물으시죠?' 라고 간단히 내담자의 질문에 반응하는 것이다. 이는 실제로 초기 상담에서 아직 과정을 완전히 이해하지 못하고 있는 내담자에게 매우 유용하다. 상담자의 질문을 듣고서야 그들은 '무슨 의미일까? 왜 내가 질문하지?' 하고 생각한다. 때때로 상담자의 음색이 방어적인 경우 질문은 유용하지 않다.

과정 언급의 장점은 잠재적인 저항을 발견할 수 있다는 것과 상담과정 중에 상담을 재구성 할 수 있는 시간을 제공한다는 것이다. 또한 내담자가 치료를 자발적으로 지속시켜 자기 탐구를 시작할 수 있도록 유도한다. 더구나, 내담자의 반응을 탐색함으로써 상담자가 내담자의 방어, 생각, 대인관계를 이해할 수 있는 기회를 가지게 된다.

그러나 때때로 이 방법은 상당히 위험하기 때문에 내용에 반응하는 것보다 일반적으로 더 낫다고 단정할 수는 없다. 따라서 상황에 맞는 대응이 가능하도록 상담자가 두 가지 방법에 모두 익숙해야 한다. 또한 두 방법을 결합하는 것이 유용한 경우가 흔하다. 실제로 임상에서 몇몇 진행방법을 보기로 하자.

초기 상담시 특정한 대화가 없었다 하더라도, 그것이 저항의 특징을 나타낼 때, 과정의 접근이 상당한 효과를 발휘한다. 다음의 예는 내담자가 내용 중심의 질문을 하는 경우에도 과정에 대한 반응을 함으로써 정신 역동의 질적 성숙을 유도하는 것을 보여주고 있다. 내담자는 스포츠 스타로 한때 많은 사회적 관심과 보상을 받았으나 결국은 공허만 남고 사랑받지 못한 채로 남겨져 외적 성공에 대해 강박적인 사고를 하였다. 그는 항우울제를 한동안 복용하였고 정신과 치료를 통한 도움을 받기 위해 내원하였다. 그의 정신치료의 후반부에는 아래와 같은 변화가 일어났다.

상담자 : 저번 만남 때는 어땠어요?

내담자 : 꽤 화가 났었어요. 나는 돌아가신 내 부모님에 대해 생각하기 싫어요. 내 스스로 화가 치미는 것에 대해 나는 조금 놀랐어요. 치료를 끝낼까도 생각해 보았어요. 이젠 준비가 되었습니다. 그러나 조금 두렵군요. 당신은 우리 아버지가 돌아가신 것에 대해서 물었었고 나는 작별인사를 하긴 싫어요. 정말 모르겠어요. 죽음보다 더한 어떤 것이 있어야만 해요. 어떻게 생각하세요? 사후 세계가 있다고 생각하십니까?

상담자 : 그 질문을 내게 할 때 당신은 어떤 대답을 기대하시죠?

내담자 : 정말 모르겠어요. 나는 당신이 그렇다라고 대답해 주길 기대하죠. 왜냐하면 나 역시 그렇게 생각하니까.

상담자 : 나의 답변이 꼭 필요할 것 같진 않습니다. 그런데 이것은 본심은 아니지만 내가 만

일 '아니오' 라고 말한다면 어떨까요?

내담자 : 음… 화가 날 거예요.

상담자 : 어떤 식으로?

내담자 : 왜냐하면 그것은 나에게 동조하지 않는다는 의미일 것이고 나는 그것이 싫어요. 나를 괴롭게 할 거예요. 나를 많이 괴롭힐 거예요.

상담자 : 왜죠?

내담자 : 모르겠어요. 나는… 나는 당신이 나를 어떻게 생각하는지가 중요하다고 생각해요.

상담자 : 그럼, 다시 당신의 질문으로 돌아가 봅시다. 왜냐하면 내가 당신에게 동의할 거라고 바라는 그 사실이 중요한 것 같군요. 당신 기분이 좋아지기 위해 내 동의를 구한다면, 무엇이 당신을 그렇게 만드나요?

내담자 : (약간 미소 지으며) 당신이 나를 칭찬해 주기를 바랐을 때 처음 치료받던 모습이 생각나는군요. 당신이 내 경기에 대한 기사를 읽지 않았기 때문에 내가 당신에게 화를 냈던 것처럼요. 그것은 나를 화나게 해요. 내게 당신의 동조가 필요했던 것과 같아요. 그리고 나는 나의 아버지에 대해 느꼈어요. 그는 내가 경기를 하는 이유였어요. 나는 내가 운동을 하지 않으면 그가 나를 사랑하지 않을 거라고 느꼈어요. 나는 그것을 극복했다고 생각했어요.

상담자 : 쉽게 이해가 안 되는군요. 당신은 다시 한번 내게 그렇게 했어요. 당신의 대답에 대해 내 동의를 원했어요. 그러나 당신은 나의 대답이 필요 없다는 것이 문제입니다. 당신은 내 동의가 필요치 않아요. 당신은 무너지지 않을 거예요. 우리의 관계는 내가 당신이 믿는 것 중 한 가지를 인정하지 않거나 동감하지 않는다는 이유로 쉽게 끝나지는 않을 거예요.

내담자 : 나도 알아요. 그러나 가끔씩 힘들 때가 있어요. 나는 그런 기분을 다 극복했다고 생각했어요. 그러나 아직 너무나 강하게 동의를 구하는 어떤 부분이 내게 있어요. (잠시 사이를 두고) 며칠 전 내 여동생이 내게 한 말에 화가 났었어요. 그녀는 내가 치료를 더 받아야 한다고, 2년은 충분치 않다고 했어요. 정말 괴로웠어요. 그러나 그녀의 생각은 정작 문제가 안된다는 것을 겨우 깨달았어요. 나는 경과가 좋아지고 있다는 것을 알아요. 완벽하진 않지만 그리 나쁘지는 않아요. 그리고 그녀는 진정 나를 몰라요. 나는 나의 장래에 대해 조심스럽게 낙관합니다. 나는 치료를 끝낼 준

비가 되었다고 생각해요. 쉽지는 않겠지만 치료가 필요하다고는 생각 안 해요.

위의 예에서 내담자가 왜 그런 질문을 했는지에 대해 초점이 맞추어졌다. 내용에 있어 그의 직접적 질문에 구체적인 대답을 하려는 노력은 없었다. 과정을 통한 접근이 종결의 문제와 관계되었기 때문에 치료의 주된 주제로 내담자를 인도했다. 내담자는 극적으로 자존감이 향상됨에 따라 점차 요구가 낮아지고 상담자의 대답이 꼭 필요한 것인지에 대해 깊은 이해를 할 수 있게 되었다.

과정에 반응하는 것이 효과적으로 행해질 때, 내담자와 상담자는 때때로 내부로 향해진다. 위의 보기는 치료의 말기 동안의 변화된 모습이기는 하나 과정 중심의 접근방식의 강점과 기본원칙을 잘 묘사하고 있다. 과정 중심의 접근 반응이 내담자에게 병식을 제공할 수 있지만 상담자의 즉각적인 목표가 저항을 다루는 것일 경우에는 반드시 병식이 필요한 것은 아니기 때문에 항상 과정 접근이 선택되는 것은 아니다.

특정한 저항과 맞섰을 때, 상담자는 다음 3가지 중 어느 것을 선택해야 한다. ① 대화의 진행을 위해 저항 그 자체를 감소시키기 ②이러한 방어행동들을 유발시키는 불안을 통해 내담자의 저항을 이해하기 ③내담자 자신의 힘을 탐구하기 위한 방법을 배우도록 내담자를 돕기이다. 각각의 목표는 중요하다. 그러나 강조점은 상담자가 치료의 단계에서 다양하게 선택함으로써 각각의 목표를 실행하는 것이다. 다시 말하면, 상담 그 자체로서 치료적 작용의 각 과정과 함께 목표와 과제가 변한다.

주목표는 내담자 통찰력을 얻도록 돕거나 방어에 대한 원인을 파악하는 것이 아니다. 대신 가장 중요한 과제는 내담자에게 가능한 최선의 치료를 선택하기 위해 가장 믿을 만한 정보를 수집함으로써 깊은 결속을 맺는 것이다. 내담자들은 진행과정 동안 치료적 통찰력을 얻게 될 것이고 보다 높은 문제에 초점이 맞추어지기 위해 장기간의 치료가 이루어질 것이다.

3) 저항을 빗겨가기

저항을 다루는 또 다른 방법은 초기 상담동안에 흔히 사용되고 저항으로 인한 단절을 효과적으로 제한하는 데 유용한 '저항에서 이탈하기' 이다. 언뜻 이는 무모한 방법으로 간주된다. 그러나 쉽게 단정 짓기 전에 실제 상황을 살펴보자. 진찰을 받기 위해 강제로 외래에 오게 된 30세 가량의 화가 난 한 남자가 있다. 그의 가족은 조증 초기 증상으로 보이는 내용을 호소하였고 그 사고의 비약과 억압된 언어를 나타냈다. 상담의 시작단계를 보자.

상담자 : 전 OO씨, 일찍이 당신 자신을 해칠 생각이 있다고 말하셨는데요.

내담자 : (상담자 말을 가로채며) 당신은 사람들이 항상 자신을 죽일 생각을 하고 있다고 말하는군요. 그가 원한다면 그 자신을 죽일 수 없습니까? 무엇을 겁내는 거죠? 스스로 그 자신이 운명을 좌우하지 못합니까?

상담자 : 당신의 삶을 누가 조정해 왔습니까?

내담자 : 한 사람이 아니에요. 당신은 그들이라고 해야 되요. 대통령, 교황, 하늘에 있는 모든 성자들. 내 부인도 그것을 알아요. 그녀가 대장이죠. 그녀가 모든 것을 알게 해요. 그러나 그녀는 그것을 몰라요. 날 믿어요.

상담자 : 이런 사람들에게 화가 나는 것 외에 슬픔을 느낍니까?

내담자 : 가끔 실제로 슬퍼지는 것이 가장 이상한 일이죠.

이 예는 '저항을 빗겨가기' 의 효과적 사용을 묘사한다. 상담자에 대한 내담자의 분노가 가라앉았고 이 상담은 자료수집 단계로 이어진다.

'저항을 빗겨가기' 는 주제의 비약이 있는 조증 내담자나 경조증 내담자에게 자주 사용된다. 빗겨가기를 사용하는 경우 상담자는 내담자의 반응을 주의깊게 살펴야 한다. 만일 내담자가 자신의 근본 문제로 돌아간다면 빗겨가기는 제대로 작용하지 않은 것이고, 내용 혹은 과정에 대한 접근 반응이 필요할 것이다.

내담자가 상담자를 향해 분노를 표현하는 경우에 '저항을 빗겨가기' 가 또한 유용하다.

3. 저항에 대한 지침

지금까지 관찰 가능한 저항, 근원적 저항, 그리고 상담자의 반응과 관련지어 상담

중 저항의 다양한 표현으로 여겨지는 양상을 연구하였다. 앞에서 언급했던 30세 여자 내담자와의 대화를 다시 한번 살펴보기로 한다.

상담자 : 부인, 당신이 내가 좀더 이해할 수 있게 도와주셔야 할 한 가지는 '악마에게 맞는 것' 이 무엇인지 말해 주는 것입니다. 나는 한번도 그런 경험이 없었기 때문에 그것이 당신에게 어떻게 느껴지는지 궁금합니다.

내담자 : 악마에게 맞아본 적이 한번도 없었다구요? (그녀가 분통해하며 말했다.)

상담자 : 똑같은 경험이 없었다는 말이지요.

내담자 : 그렇다면 왜 나에게 이런 말을 하는 거예요? (그녀는 벌떡 일어서서 퉁명스럽고 단호한 태도로 손을 흔들었다.) 당신은 이 모든 일들을 알고 있어야 해요. 당신은 악마에게 맞아본 적이 없으면서 그런 말을 나에게 하고 있어요. 도대체 당신은 누구죠? 당신과 더 이상 말하지 않겠어요. (화가 나서 중얼거렸다.)

여기에서 관찰 가능한 저항을 지적해내는 것은 쉽다. 그것은 '악마에게 맞아본 적이 한 번도 없었다구요?' 라는 비난조의 말로 시작된다. 이것은 '더 이상 말하지 않겠다' 는 말로 절정에 이른다. 이때 그녀의 목소리는 신랄하고 화가 난 모습이었을 것이고 손가락을 적대적으로 흔들며 노려볼 것이다. 언어적, 비언어적 저항이 모두 나타났다.

이 여인에게 어떤 근원적 고통이 작용하고 있었는가? 그녀의 저항의 근원은 명백한 듯하다. 첫째, 외적인 조절의 상실에 대한 두려움과 불안으로 경찰에 의해 비자발적으로 오게 된 상황 그것이다. 상담 초기에 그녀는 모든 사람이 자기의 종교적 믿음에 따라야 한다고 말했다. 그녀의 맹렬함의 기저에는 열등감이 있을 수 있으며, 이는 낮은 자존감이 또 다른 저항의 근원임을 보여준다. 이 두 가지 외에도 알 수 없는 두려움 혹은 내적 조절의 상실에 대한 두려움이 작용하고 있었을 것이다.

드러나든 드러나지 않든 실제적 저항은 대화가 진행됨에 따라 구분되어 진다

다음 질문은 이 상담이 종국에 다다랐기 때문에 저항을 해결하려는 실제적 시도의 하나가 된다. 처음에 '부인, 당신은 악마에게 맞는 것에 대해 내가 잘 이해하지

못하는 것을 걱정하시는 것처럼 보이는군요.' 라고 저항에 대한 즉각적인 대답이 있었다. 이 말은 과정에 대한 접근을 나타낸다. 이것은 '당신을 화나게 하는 것이 구체적으로 무엇입니까?' 라는 다음 물음으로 계속 이어진다. 다시 한번 무엇이 이 부인을 괴롭히는지에 초점이 맞추어진다. 상담자가 무엇이 그녀를 화나게 하는지 이해하기 위해 노력하며 그녀가 화를 낼 수도 있음을 인정한다. 분명하고 내담자에게 확신을 주기 위해 '나는 나의 무엇이 당신을 화나게 하고 있는지 알고 싶군요. 그리고 그것을 바꿀 수도 있을 겁니다.' 라고 말할 수 있다.

내담자의 저항에 반응하기 위해 언어적, 비언어적 표현에 유의해야 한다. 방어적인 것은 저항의 한 표현이기 때문에 언어적, 비언어적 둘 다 방어적이지 않아야 한다. '여기서 지금 화낼 이유는 없는데요.' 라고 말했다면 내담자의 분노를 막을 수 없었을 것이다. 이 말은 내담자를 더 화가 나게 할 뿐이다. 실제로 이러한 기술은 내담자의 저항을 완화하기 위해 효과적으로 사용된다.

내담자 : 이제는 당신이 상담자가 아닌 것으로 여겨지는군요.

상담자 : 어떤 이유로 내가 상담자가 아니라고 느껴지십니까?

내담자 : 왜냐하면 상담자라면 항상 악마와 거래를 하니까요. 바보라도 그것을 아는데… 대체 무슨 일인지 모르겠어요. 나는 단지 악마들을 구제하고 싶어요. 그런데 그들이 나를 얼간이에게 보냈어요.

분명히 내담자에게 적대감이 남아있다. 일반적으로 상담자가 내담자의 분노를 인식하기만 하면 분노가 상승하지 않도록 하는 것은 자연스럽다. 다음 대화에서 '당신에게 솔직한 것이 굉장히 중요하다고 생각하기 때문에 당신에게 일어나는 중요한 모든 일을 내가 잘 모르고 있다는 것을 인정해야만 하겠어요.' 라고 약간 다른 접근을 시도하였다. 이것은 자신이 무엇을 하고 있는지 근본적으로 모른다는 내담자의 말을 스스로 인정하는 내용반응을 나타낸다. 다음의 두 언급 '당신을 화나게 하려던 것은 아닙니다. 그밖에 당신을 또 화나게 한 것이 있다면 알려주세요.' 는 전에 논의했던 다른 저항의 근원을 말한다. 더 구체적으로, 이 말은 내담자에게 통제능력을 주

고 존중받는 느낌을 갖게 하며 그녀의 외적인 조절 상실에 대한 두려움을 낮춘다

내담자의 고통을 감소시키려는 이러한 노력 위에 이탈하기 기술이 도입되었다. 내담자는 '악마가 당신의 딸에게 들어가려 했나요?' 라는 질문을 받았다. 앞서 언급한대로 효과적인 이탈하기는 깊은 관심 속으로 내담자를 옮기는 경향이 있다. 이 경우에서 내담자의 딸에게 포함된 범위가 상담의 현재 상황과 먼 대화로 옮겨간다. 다행스럽게도 내담자는 '빗겨가기' 를 받아들였고, 상담자에 대한 그녀의 분노는 해결되었다. 빗겨가기 기술은 재빨리 토의의 주제를 옮기고 그 결과 내담자의 불안이감소되므로 유용하다.

여기에서 폐쇄질문은 대화의 다른 장으로 내담자를 옮기는 역할을 하였다. 내담자가 주제의 범위를 혼합하려 했기 때문에 대화의 초점으로 딸을 사용하는 상황이 발생했다. 극단적으로 정신학의 범위의 더 넓은 확장과 치명적 범위는 이러한 대화의 새로운 초점을 사용해왔고 이리하여 상담은 더 부드러워졌고 저항은 낮아졌다.

이런 특정한 저항을 자세히 조사함으로써 저항이라 불리우는 복잡한 현상을 탐구하기 위한 언어를 연구해 왔다는 것은 분명한 일이다. 이 다음 절에서 이 언어들이 초기 상담동안 흔히 직면하는 구체적인 저항을 우리가 이해하기 쉽게 해 줄 것이다.

III. 흔한 저항 다루기

1. 전문성에 관한 불신

가장 흔한 저항의 형태 중 하나는 '무슨 훈련을 받았지요?' 혹은 '당신은 학생이에요?' 라는 질문으로 나타난다. 내담자는 상담자의 직업적 연관, 나이, 성별, 인종 같은 다양한 문제에 대해 관심을 보일 것이다. 문제는 상담자가 이러한 질문에 어느 정도 직접적으로 반응할 것인가 하는 데 있다. 명확한 정답은 없지만 어떤 원칙은 있다.

우선 이러한 질문은 흔히 알 수 없는 두려움, 단순한 저항의 근원으로부터 기인한

다. 이 경우에 있어 구체적인 두려움은 '이 상담자가 과연 날 도울 수 있을까?' 와 관련된다. 이런 생각과 함께 내담자의 불안을 감소시키기 위해 심리적인 영역에서 문제가 발생됨을 내담자가 알 수 있게 돕고, 질문을 받았을 때 질문의 본질을 이해하는 것이 목표가 된다.

이러한 질문이 실제로 항상 저항을 나타내는 것은 아님을 주의한다. 많은 내담자들이 사전정보 없이 정신건강센터에 오거나 단순히 전화번호부에서 번호를 알아내어 치료를 받는 경우가 대부분이므로 이런 질문을 하는 것은 지적능력의 표현일 수 있다. 이런 요청들을 저항의 형태로 보는 사람들의 주장은 상담자의 반응이 적절할 때 일반적으로 태도가 좋아짐을 이유로 든다. 반면 저항이 아니라고 생각하는 사람들의 주장은 이것을 원활한 상담의 진행을 위한 계약의 필수적인 확인사항이며 신뢰하기 위한 기본바탕이라고 표현한다.

누구든지 외과의가 숙련된 사람인지 아닌지도 모른 채 수술을 받으려고 하지는 않는 것과 같은 이치다. 개인적인 경험을 동반하여 상담자가 믿을 만하고 유능한지에 대해 알려고 할 것이다. 이 상황에서 가장 현명한 방법은 과정과 내용에 반응하는 것을 활용하는 것이다. 예를 들면 상담자는 다음과 같이 반응할 수 있다. '나는 내가 수련받는 것에 대한 당신의 의문이 참 좋은 것이라고 생각해요. 당신의 기본적인 질문에 대답해 드리지요. 그러나 먼저 당신이 무엇을 염려하고 있는지 알고 싶군요. 예를 들면 당신은 어떤 상담자가 여기에 있었으면 하고 원했나요?' 내담자가 구체적인 이야기를 시작함에 따라 다음의 다양한 질문들을 뒤이어 할 수 있을 것이다.

- 오늘 여기 오니까 어떠세요?
- 오늘의 상담 약속에 대해 어떤 걱정을 갖고 있었는지요?
- 상담자와 이야기를 나누는 것이 어떨 것이라고 생각했나요?
- 나의 경력이나 배경에 대해 특별한 두려움을 갖고 있나요?
- 상담자를 만나러 오는 것에 대해 어떤 상상을 했었나요?
- 다른 정신건강 상담자들에 대해 어떤 얘기를 들었나요?
- 당신은 상담자가 어떤 사람이라고 생각합니까?

위의 모든 질문은 자연스럽게 계속되고 상담자가 근본적인 문제 뒤에 있는 역동적인 문제들을 탐구하는 것을 원활하게 한다. 또한 질문에서 내담자가 제공하는 정보를 바탕으로 상담자는 더 나은 방법으로 반응할 수 있게 된다. 예를 들면, 만일 내담자가 일반적이든 구체적이든 치료에 대해 왜곡된 생각을 하고 있다면 상담자는 내담자의 불안의 원인을 파악할 수 있으며 적절한 교육을 통해 잘못된 지식으로 인한 불안 정도를 낮추고자 노력할 것이다.

상담자는 '치료에 대하여 당신이 걱정하는 것을 이해할 수 있습니다. 나는 당신이 우리의 대화를 통해서 당신이 이전에 들었던 치료와 다르다는 것을 알게 되리라 생각합니다.' 라고 말할 수 있을 것이다. 또 다른 방법은 간단히 '당신의 염려를 말해주시니 감사합니다. 내 경력에 대해 잠깐 말씀드리겠습니다.' 라고 말할 수 있다. 적절한 정보를 제공하는 것 이외에 이것은 '이 상담자는 약속을 지키는 사람이다.' 라는 것과 내담자의 필요를 존중한다는 것을 나타내준다. 초기 상담에서 치료의 내용에 반응할 때 중요시 되는 것은 내담자에게 통찰력을 제공하는 것이 아니고 내담자를 참여시키는 것이다.

성별, 나이, 인종 등의 문제와 관련되어 비슷한 접근이 이루어질 수 있다. 이런 기술은 방어적인 것이 아니다. 상담자는 내담자와 관심사를 토의할 수 있는 편안한 환경을 제공하려고 시도한다. 상담자는 '당신이 내가 어리다고 말씀하신 것을 압니다. 내가 젊은 것에 대해 당신의 걱정이 무엇인지 궁금하군요.' 라고 물을 수 있다. 이런 방어적이지 않은 반응은 벽에 걸린 수료증보다 훨씬 더 상담자적인 태도를 전달할 수 있게 한다. 내담자의 관심사를 들은 후, 상담자는 다음 진행에 대해서, 그리고 내담자의 질문에 직접적으로 대답할지 말지에 대해 더 나은 생각을 하게 된다. 이 과정에서는 역시 내용/과정 접근 방법이 가치 있다. 다음 예에서, 상담자는 내용접근 기술과 함께 과정접근 방법을 사용하고 있다.

상담자 : 오늘 하고자 하는 것은 당신의 주요문제들이 무엇인지를 40분에 걸쳐 알고자 하는 것입니다. 아마 당신이 여기에 무슨 문제로 오게 되었는지부터 시작할 수 있겠지요.

내담자 : 시작하기 전에 말할 것이 있는데요.

상담자 : 하세요. 무슨 말입니까?

내담자 : 어떻게 시작해야 할지 모르겠네요. 음… 나는 여자 분과 이야기 하는 것을 더 좋아한다고 말해야 할 것 같군요. 사실 남자와 이야기 하는 것이 좀 불편합니다. 실제로 나는 여자 상담자를 원했었거든요.

상담자 : 좀 놀랍군요. (점잖게 웃으며)

내담자 : 정말로요? 당신은 좋은 분 같아요. 그래도 난 정말로 여자 상담자와 말하는 것이 더 좋아요.

상담자 : 이건 가끔 중요한 문제가 됩니다. 우리가 본격적인 대화를 시작하기 전에 남자와 말하는 것에 대해 어떤 걱정이 있는지 좀 말해 주겠어요? 지금은 나와 얘기하는 것에 대한 것이 되겠군요.

내담자 : 내가 그동안 지내온 것을 남자가 알 리 없지요. 대부분 내 문제는 남자와 관련된 것이고 성적인 문제도 좀 있어요. 내가 만난 모든 남자들이 내게 어떤 것을 원하는 것 같고 나는 그것이 분해요. 그래서 나는 나를 잘 이해할 수 있는 여자 상담자가 필요해요. 왜냐하면 그녀도 역시 내가 겪은 것과 같은 것을 경험했을 거니까요.

상담자 : 음… 무슨 의미인지 알겠어요. 먼저 내가 당신이 느끼는 것을 정확하게 알 수 없다는 것에 동의합니다. 여자만이 같은 여자가 느끼는 바를 정확하게 알 수 있겠지요. 더구나 내가 여자였다고 해도 당신의 기분을 정확히 알 수 없을 겁니다. 왜냐하면 사람의 감정은 유일한 것이니까요. 하지만 치료의 목적은 내가 당신의 생각이 무엇인지 정확히 아는 것이 아닙니다. 진정 내가 하고자 하는 것은 당신 스스로 자신의 생각과 감정을 탐구하도록 당신을 돕는 것입니다. 그리고 나는 성적으로 억압당하거나 학대받은 경험이 있는 남자나 여자 모두를 많이 경험했습니다. 그들을 치료하는 과정에서 나는 많은 것을 배웠고, 그리고 그것이 당신을 이해하는 데 큰 도움이 될 것입니다.

내담자 : 당신의 말을 이해합니다. 사실 맞는 말이기도 하구요. 그렇다 해도 나는 여자 상담자가 더 편안할 거라고 생각됩니다.

상담자 : 또 다른 중요한 요소가 있습니다.

내담자 : 그게 뭐죠?

상담자 : 당신이 남자 상담자를 기피한다면 아마도 기회를 잃게 될 겁니다.

내담자 : 어떤 면에서요?

상담자 : 당신이 배우기 원하는 것은 어떻게 남자들과 잘 어울리고 행동하는가 하는 바로 그것이 아닙니까? 남자 상담자는 당신의 반응, 두려움, 기대가 무엇인지 잘 알 수 있는 기회를 갖게 해 줄 겁니다.

내담자 : 그렇군요. 그런 생각은 못 했었거든요.

상담자 : 같이 이야기를 해 보도록 합시다. 만약 문제가 있으면 곧바로 말씀해 주세요.

내담자 : 좋아요.

이 예에서 상담자는 사실상 내담자가 호소한 특정 저항의 내용을 언급하고 있다. 여기서 저항은 세부내용 수준에서 다루어졌다. 내담자는 남자 상담자는 별 소용이 없을 거라는 확신에 차 있었다. 상담자는 그녀가 어떤 기분일지 확실히는 알 수 없다고 말하면서 내담자의 저항에 동조하는 태도를 보였다. 저항에 대립하는 자세, 즉 '비록 내가 남자라도 당신이 어떻게 느끼는지 알 수 있을 것이다.' 라고 말한다면 내담자는 아마도 순순히 상담에 응하지 않을 것이다. 이런 반응은 내담자로 하여금 그녀의 관점을 더욱 고수하게 하는 결과를 초래할 것이다.

상담자가 '좀 놀랍군요.' 라고 말한 것은 긴장을 없애기 위해 충분히 효과적으로 잘 사용되었다. 시기 적절한 유머는 이런 면에서 매우 효과적이다. 상담자는 또한 '같이 이야기를 해 보도록 합시다. 만약 문제가 있으면 곧바로 말씀해 주세요.' 라는 말을 함으로써 또 다른 언어적 기술을 사용하였다. 이것으로 그 즉시 결정을 하도록 내담자를 밀어붙이지 않으면서 상황을 잘 끌고 나갔다.

때때로 경험이 부족해 보이는 정신건강 상담자에게 내담자들은 '당신 학생입니까?' 라는 불안이 가득 담긴 질문을 하기도 한다. 대부분의 학생들은 자신들의 경험 부족에 민감하지만 경험의 부족이 무능력을 의미하지는 않는다. 오히려 만약 경험이 다소 부족한 상담자가 주의깊게 내담자의 이야기를 듣는다면 내담자를 돕기 위한 유용한 자료를 알아냄과 동시에 상담은 원활히 진행될 것이다. 경험이 부족한 상담자라는 질문에 지나치게 방어적이 될 필요는 없다. 이런 도전에 차분하게 반응하는 것이 다음 예에서 보여지는 것처럼 불안해하는 내담자에게 종종 확신과 편안함을 제공해준다.

내담자 : 당신을 보니까 좀 걱정이 되는군요. 내 말은 당신이 학생이 아니냐는 거예요.

상담자 : 맞아요. 나는 학생이고 대학원 과정을 2년째 공부하고 있습니다. 뭔가 걱정됩니까?

내담자 : 내 말은 저… 좀더 경험 많은 사람이 지금의 상황을 더 잘 이해할 수 있을 거라고 생각되어서요. 이것이 꽤 복잡한 문제이니까요.

상담자 : 확실히 매우 복잡한 것처럼 보이네요. 내가 당신이라도 내 나이에 대해 걱정이 되었을 겁니다. 그러나 상담자에게 가장 중요한 것은 다른 사람의 말을 잘 들을 수 있는 민감한 귀를 갖는 것이라고 말씀드리고 싶습니다. 제가 준비가 되어 있다는 말이기도 합니다. 사실 이 분야에서 제가 일하게 된 주된 이유 중 하나이지요. 그리고 나는 당신을 돕고 싶습니다. 우리가 상담하는 동안 어떤 문제가 생긴다면 저에게 알려 주세요. 그럼, 바로 우리가 상담을 계속해야 할지 말아야 할지를 결정하도록 하겠습니다. 자, 당신의 부인이 왜 당신을 이곳으로 보냈는지부터 시작해 볼까요? 그녀가 가지고 있는 생각에 동의하시나요?

내담자 : 아뇨, 그녀는 나를 잘못 보고 있어요. 나는 우울하지 않아요. 나는 단지 화가 난 거예요. 그녀가 그것을 알아야만 해요.

상담자 : 그녀가 무엇 때문에 그것을 알아야 할까요?

내담자 : 왜냐하면 모든 갈등을 일으키는 장본인은 그녀예요. 내 사업에 그녀는 바보 같은 간섭이나 하고. 그녀는 좀 제대로 알아야 해요. 나는 내가 무엇을 하고 있는지 잘 알아요. 내 사무실 주변을 킁킁 냄새나 맡으며 돌아다니기나 하는 그녀는 전혀 필요 없어요. 차라리 멀리 떨어져 있는 편이 낫죠.

이 예에서 상담자는 과정/내용 기술 둘 다 사용하였다. 방어적인 태도를 나타내지 않고 현실적인 면에서 자기의 확신하는 바를 내세워 내담자를 안심시킨다. 또한 '빗겨가기' 기술도 대화내용을 전환하는 데 사용하였다. 이렇듯 상담자는 내담자로 하여금 믿음을 갖게 하는 표현에 있어 확신에 찬 태도가 요구되며, 이런 모습이 실제로 내담자를 조용히 가라앉게 한다. 예를 들면, 상담자는 '당신의 관심도 당연한 것입니다. 이제 우리는 대화하는 동안 매우 유능한 감독관인 송 박사와 배운 것을 함께 나누게 될 것입니다. 우리는 이제 한 팀입니다. 그러니 함께 노력해 봅시다. 당신이 아들을 양육하는 방법에 대해 당신의 남편이 싫어하는 것이 무엇입니까? 이렇듯 주의 깊게 들으려는 열의와 자발적으로 동참하려는 노력이 젊은 상담자의 경험부족을 보완해 준다.

상담자의 능력에 도전하는 문제 상황에 또 다른 요점이 중요하게 발견된다. 위에 언급된 여자의 경우와 달리 어떤 내담자들은 그들의 불편한 마음을 쉽사리 드러내지 않는다. 상담에 대해 내담자가 불편함을 느끼면서도 상담자에게 표현하지 않는 경우 상담자 스스로 상담자와 상담하는 것에 대해 내담자가 어떻게 느끼는지에 대해 문제를 제기할 수 있다.

2. 상담자의 개인적 정보 요구

이런 상황은 앞서 논의한 것보다 보다 더 침입적인 양상으로 나타난다. 상담자의 배경에 대해 적절한 정보를 얻으려는 대신, 내담자는 상담자에 대해 특종이나 내막을 알아내려고 한다. 이런 상황은 실제로 대단히 위협적일 수 있다. 이런 위험 때문에 상담자는 자주 '그건 지금 여기서 중요한 문제가 아닙니다. 우리는 당신에 대해 이야기 하려고 여기에 있는 겁니다. 내가 아니고.' 같은 말을 불쑥 함으로써 저항에 대해 자주 과민반응을 보이기도 한다. 이런 조심스럽지 않은 접근은 다음 상황과 같은 문제를 야기시킬 수 있다.

내담자 : 당신의 연애사건을 들은 이후로 기분이 언짢군요. 당신은 그게 무엇인지 잘 알겁니다. 당신에게 확실히 사건이 있어요. 그죠?

상담자 : 정 OO씨, 지금 그것이 어떤 상관이 있는지 모르겠군요. 당신문제로 되돌아 갑시다.

내담자 : 그렇지만 중요한 일이지요. 만약 당신에게 그런 일이 없다면 내가 이야기하는 것에 대해 어떻게 알 수 있지요?

상담자 : 상담자들은 자신의 사생활에 대해 내담자와 얘기하지 않아요. 당신이 그것을 잘 이해할 거라고 생각해요.

내담자 : 그런 식으로 상황을 정리하려 하는군요.

상담자 : 그렇지요.

이런 적대적인 관계로는 이 상담의 남은 기간동안 좋은 결말을 얻지는 못할 것이다. 일차적 시도로 과정에 대한 접근을 시도한다면 아래와 같이 더 만족스러운 결과를 얻을 것이다.

내담자 : 연애사건이 있던데요. 그렇지 않나요?

상담자 : 마치 내가 한번도 연애해 본 적이 없다고 하면 이상한 사람이라고 여길 것 같군요.

내담자 : 좀 이상할 거라는 생각이 들어요. 모든 남자들이 그런 종류의 아니면 다른 연애사건을 겪는다고 생각했어요.

상담자 : 당신은 당신 주위의 사람들에 대해 많은 추측을 하는 편인가요? 예를 들면, 당신의 부인의 기분에 대해 생각해 봅시다.

내담자 : 말하기 어렵군요. 그다지 많이 생각해 보지 않은 문제이군요.

상담자 : 내가 한번도 연애를 해 본적이 없다고 말하는 것을 잠시 상상해 보세요. 당신은 어떤 차이를 느끼나요?

내담자 : 음… 우리는 서로 다른 사람이라는 그런 생각을 하게 하는군요.

상담자 : 어떤 사람이 당신과 다르다는 것에 불편함을 느끼나요?

내담자 : 어느 정도는 그렇다고 생각해요.

상담자 : 어떤 면에서 그렇지요?

이 예에서 상담자는 저항에 조리 있게 대처하였고 과정에 대한 질문은 내담자로 하여금 자기 반영의 시간을 갖도록 하였다. 하지만 만약 내담자가 더 완강해진다면 어떻게 할 것인가?

내담자 : 연애사건이 있던데요, 그렇죠?

상담자 : 왜 그것을 물어봅니까?

내담자 : 내가 무언가를 알고 있다고 생각되지 않나요? (웃으며) 당신은 상담자예요. 확실히 사건이 있는 거죠?

상담자 : 내가 대답할 때까지 계속 질문을 할 것처럼 보이는군요.

내담자 : 맞아요.

상담자 : 솔직히 말하지요. 과거에 내가 내 사생활을 내담자와 나누었을 때 치료가 엉망이 된 적이 있었습니다. 만일 당신이 원한다면 이런 정보가 치료에 어떤 해를 주는지 후에 자세히 탐색할 수 있어요. 앞으로 나는 이런 종류의 질문에 대답을 하지 않을 겁니다. 설사, 굉장히 흥미로운 일이 생겼다고 합시다. 무슨 일인지 꼭 당신이 알아야 하는 건가요?

내담자 : 그렇지는 않군요.

상담자 : 나는 당신이 나를 궁지에 몰아넣는 듯한 느낌을 받았습니다. 당신은 질문 내내 웃고 있었지요. 무척 재미있어 하는 것 같습니다. 당신이 의도적으로 어떤 사람을 궁지로 몰고 간 다른 예가 또 있습니까?

내담자 : 무슨 얘기인지 알았어요. 때때로 그랬다고 생각되네요. 맞아요. 그것은 당신을 성가시게 하려던 것이었어요. 당신이 잘 알고 있을 거라고 생각해요. (웃음)

이 예는 때때로 상담자가 한계를 설정해야 할 필요가 있음을 시사한다. 그러나 제한의 설정이 이 상담자의 즉각적인 반응도 아니고 그만이 보이는 반응도 아니다. 또한 제한에 대한 이유 역시 흥미롭다. 상담자는 단순히 내담자에게 권위적인 선전포고를 한 것은 아니다. 내담자들은 결혼, 데이트 방법, 성생활, 아이들, 재정적 문제, 종교적인 문제와 그 외에 여러 가지에 대해 물을 수 있다. 상담자는 어떤 종류의 정보가 제공되어도 무방한지에 대해 신중하게 결정해야 한다. 상담자들은 이런 문제에 다양한 태도를 보인다. 대부분 상담자들은 초기 상담에서 사생활이 드러날 수도 있는 언급을 하기도 하지만, 반면 많은 상담자들은 치료 후기에 가서도 자신의 사적인 이야기를 거의 드러내지 않는다. 그러나 결국 자기개방은 상담자에게 개인적 공격 대상이 되는 기회가 됨은 물론 내담자로부터 존경 또한 받지 못하게 하는 결과를 초래한다.

또 다른 요점은 개인적인 질문에 대해 상담자의 반응이 치료에 영향을 준다는 것이다. 근원적 저항이 이런 유형의 질문에 의해 2가지 다른 태도로 나타난다. 그 중 하나는 이런 개인적 요구가 상담자가 자신을 이해할 수 없을 거라는 일종의 두려움에서 비롯되어 나타난다. 예를 들면 내담자는 상담자가 자녀가 있는지 없는지에 대해 물을 수 있다. 이런 질문은 아이를 길러보지 못한 상담자는 자신을 이해할 수 없을 거라는 내담자의 두려움으로부터 생겨난 것이다. 이런 경우에는 앞서 보았듯이 상담자가 이런 두려움이 공론화될 수 있도록 내담자를 도울 수 있다.

그러나 위에 나온 연애사건을 들먹이며 상담자를 몰아대던 내담자는 다른 태도를 나타낸다. 이렇게 몰아대는 것은 공작이 그 깃털을 펼쳐 보이는 것과 같은 일종의 성격표출 방법이라고 할 수 있다. 금방 소개되었던 경우에서 내담자는 상담자가 난처해하는 것을 보며 호기심 섞인 즐거움을 나타냈다. 아마도 그의 경한 가학증은 열등감과 같은 근원적 고통에 대한 반동형성으로 나타난 것이다. 상담자는 내담자의 이러한 공격적 욕구를 낮추기 위해 한계를 제한하면서 동시에 화제의 전환 역시 도모할 수 있다. 이런 기질의 내담자들은 스스로 제한설정이 필요한 이유를 알도록 도움 받게 된다. 이런 유형에 대한 반응은 비판적인 성질의 것이어서는 안 되고 분노를 띈 역전이 반응이어서도 안 된다. 요컨대 접근 기술은 내담자와 상담자의 필요에 따라 융통성 있게 선택되어 질 수 있다.

3. 요구사항의 제시

초기 상담에서 내담자가 상담자에게 요구사항을 제시하는 경우는 흔하지 않다. 요구의 범위는 한 잔의 물을 원하는 순수한 것에서부터 데이트를 청하는 다소 엉뚱한 요구까지 다양할 수 있다. 치료자는 그러한 요구를 하게 된 이유가 무엇인지를 파악해야 한다. 물을 요구하는 것이 단순히 목이 마른 내담자가 입을 적시려는 의도인가, 아니면 상담을 조정하려는 내담자의 필요라고 할 수 있는가와 같은 쟁점이다.

한 잔의 물을 요구하는 또는 화장실에 가기 등의 간단한 문제라면 상담자는 가끔 수용할 수 있을 것이다. 그러나 유감스럽게도 이러한 요청이 계속 반복된다면 치료시간을 제한할 수밖에 없다. 실제로, 이런 상황에서 간단한 설명이 때때로 내담자를 만족시킬 수 있다. 예를 들면 "박OO씨, 그다지 시간이 많지 않습니다. 방해받지 않고 이 상담이 계속 되도록 노력합시다. 왜냐하면 당신은 내가 들어야 할 중요한 정보를 많이 가져왔으니까요. 또 물이 마시고 싶으면 그 때 다시 말해 주십시오."라고 말할 수 있을 것이다. 어떤 행위나 목적을 달성하기 위한 빈번한 요구는 상담자의 의견을 얻어내려는 시도이다.

내담자 : 가장 근본적인 문제는 내가 고되게 일하는 홀엄마라는 사실이에요. 정말이지 그것은 쉬운 일이 아니에요. 게다가 여동생은 병든 아버지를 내가 돌보아야 한다고 생각해요. 당신은 상담자로서 어떻게 생각하세요?

상담자 : 당신이 많이 화가 날 거라고 생각이 드는군요. 여동생이 그 얘기를 할 때 당신은 대개 뭐라고 말합니까?

내담자 : 말도 안 되는 소리라고 하지요. 가끔씩은, 정말로 가끔씩은 그녀를 갈겨주고 싶어요.

상담자 : 화는 어떻게 푸십니까?

내담자 : 화를 내지요. 밖으로 화를 낼 권리가 있죠. 그녀는 운이 좋다고 봐야 해요. 내가 그 집을 태워 버리지 않으니까.

이 예는 상담자가 내담자에게 필요한 내용에 대한 의견을 제시함으로써 저항을 변화시킨다. 이것은 '빗겨가기' 의 변화된 형태이다. 그러나 때때로 내담자는 더 저항적이 될 수도 있다.

내담자 : 우리 어머니는 동전 두 개를 넣었죠. 새로울 게 없어요. 믿거나 말거나 그녀는 내 전화를 두드렸어요. 솔직히 말해 보세요. 그녀가 정신없는 거죠, 그렇죠?

상담자 : 당신을 매우 화나게 했군요.

내담자 : 정말이에요. 그녀가 너무한다고 생각하지 않아요?

상담자 : 내가 어떻게 말하면 좋겠어요?

내담자 : 모르겠어요. 내 말에 동의한다고 하길 바라죠.

상담자 : 내가 찬성해서 얼마나 도움이 될까요? 당신 가족이나 친구들이 도움을 많이 주었나요?

내담자 : 아무에게도 도움 받지 못해요. 모든 사람들이 나를 실패자로 보고 있어요.

여기에서 상담자는 전에 언급되었던 '빗겨가기' 를 시도했으나 내담자는 이때 자기주장을 밀고 나갔다. 그래서 상담자는 새로운 반응과 시간을 얻기 위해서 과정질문을 사용했다. 내담자는 성공적으로 저항상황에서 벗어나게 되었다.

4. 정신증 내담자의 기이함

정신질환자와 상담하는 동안 흔하지 않은 상황들이 다양하게 일어날 수 있다. 특히 두 가지 문제가 자주 일어나는데 이는 결국 내담자가 상담자의 의견을 요구하는 문제이다. 그 첫 번째는 망상증인 내담자가 자기의 망상을 상담자가 믿는지 여부를 묻는 것이고 두 번째 곤란한 문제는 정신질환자가 자기가 미쳤는지 아닌지를 묻는 것이다. 이렇게 직접적인 질문들은 자주 상담자를 당황하게 한다. 첫 번째 상황을 살펴보자.

망상이 있는 내담자가 상담자에게 내담자 자신의 이야기를 믿는지 아닌지를 질문하는 것은 흔히 있는 일이다. 이것은 망상의 현실성을 알고 싶은 내담자의 정상적인 시도를 나타낸다. 만일 상담자가 동의하는 경우 내담자는 잘못된 망상에 대해서 정당성을 확보하게 된다. 반면에, 상담자가 내담자의 말에 무덤덤하게 반응한다면 내담자는 두 가지 결론 중 하나에 다다를 수 있다. 첫 번째, 내담자는 상담자가 내담자 자신이 거짓말을 하고 있다고 믿는다고 느낄 수 있다. 두 번째, 내담자는 상담자가 내담자 자신이 제정신이 아니라고 믿고 있다고 느낀다. 말할 필요도 없이, 내담자의 이런 인지는 대부분의 경우 원만한 치료의 진행에 전혀 도움이 되지 않는다.

일반적으로 상담자가 내담자의 망상 체계에 동의하는 것은 대부분의 경우 적절치 않다. 예외가 있을 수 있는데 아래에서 논의될 것이다. 망상의 내용에 동의하는 것은 위험한 일이다. 만일 상담자가 편집증 내담자의 망상에 동의한다면 상담자는 망상체계 속에 있는 박해자의 하나가 될 것이다. 이때 내담자에 의해 비난을 받게 되는 상담자는 아까 한 말이 농담이었다며 갑자기 말을 바꿀 수는 없는 것이다. 더 나아가 만일 내담자가 "다른 상담자는 날 믿었는데 당신은 왜 그러지 않아요?" 라고 계속해서 말함으로써 치료 팀을 매우 곤란하게 할 수 있다. 이런 상황을 처리하는 제일 좋은 방법은 아래에 묘사된 것처럼 판단을 잠시 미루고 솔직하게 접근하는 것이다.

내담자 : 이런 모든 상황이 나를 겁나게 해요. 나는 내 남편이 외계인과 접촉하고 있다고 확신해요.

상담자 : 어떻게 그걸 알 수 있죠?

내담자 : 나는 몇 달 동안 그에게서 눈을 떼지 않고 있어요. 매일 밤 그가 집에 올 때마다 괴상한 냄새가 나요. 바로 외계인의 냄새죠. 그리고 밤에 몰래몰래 방을 빠져나가요. 나는 그가 우리 아들을 외계인에게 주려고 계획하고 있다고 믿어요. 오! 제발 내 말을 믿어주세요. 날 믿으시고 날 도와주세요.

상담자 : 부인, 나는 당신이 염려하는 것에 그다지 놀라지 않아요. 내가 당신의 말에 확신이 생기면 그때 솔직히 말씀드리겠어요. 당신이 말하는 것은 믿기 어려운 좀 흔하지 않은 일이네요. 그러나 좀더 알아야 하겠어요. 그가 언제 외계인과 접촉했다고 생각하십니까?

내담자 : 확실치는 않아요. 그러나 적어도 한달 전쯤이에요. 그가 나를 쫓아내려 할 거예요.

상담자 : 그에게 맞서 당신이나 당신의 아들을 보호하기 위해 무슨 조치를 하셨지요?

내담자 : 예… 총을 가지고 있어요. 그리고 일을 위해 새 총을 샀지요. 오! 정말 믿을 수 없는 일이에요.

상담자는 그 이야기의 신빙성에 대해 의심스러움을 보여주면서도 더 듣겠다는 적극적 관심을 보이며 긍정적인 면을 전달하고 있다. 자기 이야기를 주의하여 들으려는 사람이 별로 없는 내담자에게 상담자의 이런 관심은 긍정적인 접근 방식이 된다. 상담자는 특정한 질문으로 '빗겨가기'를 재빨리 함으로써 변화를 준다.

초기 상담시의 목표는 상담자에게 중요한 정보까지 내놓을 수 있는 강한 신뢰의 형성이다. 이 여인에게 망상에 대해 그것은 말도 안 된다던가 '당신은 그 얘기를 정말 믿으십니까?'와 같이 말을 하는 것은 망상의 특성을 더 악화시키는 위험이 따른다. 상담의 초기에는 내담자의 이야기를 믿지 않는다는 식의 말은 할 필요가 없다. 이 때는 내담자의 잠재적으로 위험스러운 면을 생각하며 상담이 진행되어야 한다.

이 여인은 적대적인 행위를 이미 드러내고 있었다. 만일 여인이 그녀 남편이 아이를 해칠 거라고 정말 느끼게 된다면 말할 것도 없이 총을 쏘게 될 것이다. 만일 여인이 상담자에게 신뢰감을 느끼지 못했다면 이 깊은 속이야기를 절대 말하지 않았을 것이다.

이 상담의 종결부에서 상담자는 '부인, 매우 놀라운 이야기입니다. 다시 한번 말씀드리지만 나는 당신에게 마음을 다 열고 있어요. 그러나 아직 다 믿기지는 않군요. 그러나 당신의 생각이 퍽 현실적이라고 느껴집니다. 가끔씩 사람은 약간 왜곡된 시각으로 현실을 인식하지요. 예를 들면, 사람이 사막에서 주변에 물이 없는데도 불구하고 분명하게 샘을 보는 것 같은 것이지요. 당신의 경우가 이런 경우와 같다고 생각지 않으십니까?' 라고 지나치지 않은 직면하는 태도로 자기의 감정을 더 적절하게 표현할 수 있다. 만약 망상이 확고하다면 내담자는 '아니에요. 내가 잘못 본 것이 아니에요.' 와 같은 말을 하게 될 것이다. 망상이 덜 고정된 내담자라면 그 가능성에 대해 다소 마음을 열게 될 것이다. 그러나 어떤 경우에는 내담자가 현실감을 느낄 때까지 더 많은 정보를 끄집어내야 하는 절차가 필요할 것이다.

흔하지 않지만 일시적으로 내담자의 망상에 동의하는 것이 적절할 때도 있다. 30세의 젊고 잔뜩 흥분한 여인이 동성애자들이 자신의 주위에 우글거린다며 몸서리치면서 "그들이 날 죽이려고 해요. 그들이 나를 죽이려고 해요!" 라고 외친다. 그녀는 폐쇄 병동 입원이 결정되었고 그녀의 전 남자친구가 병실로 찾아왔는데, 남자는 폭발 직전이어서 면회는 허용되지 않았다. 여자는 도망쳐야 한다고 생각하고 남자친구가 밖에서 기다리고 있는 곳으로 가려고 문 쪽을 향하여 달려갔다. 이 때 상담자는 그녀에게 "내가 당신이라면 문 밖으로 달려 나가지는 않겠다." 라고 말했다. 이 말에 그녀는 잠시 생각했고 이내 다시 안전한 상담실로 돌아왔다.

'빗겨가기' 의 기술이 사용되는 사례를 정리해 보자.

내담자 : 어떻게 해야 할지 모르겠어요. 솔직히 정신이 점점 없어지는 것 같아요. 내가 미친 건가요?

상담자 : 문OO씨, 미쳤다는 말을 어떤 의미로 사람들이 사용하는지 잘 모르겠습니다. 그

리고 이것이 우리에게 심각한 문제라고 생각하지 않습니다. 얼마나 오랫동안 우울했습니까?

내담자 : 3~4개월 정도 되었어요. 처음 문제가 시작된 건 아들과 가족들을 방문했던 4개월 전이었다고 생각해요.

5. 비자발적인 내담자

처음에 자발적이지 않은 경우는 세 가지로 분류될 수 있다. 1) 몹시 아프다고 느낄 때에만 스스로 찾아오는 경우 2) 다른 사람이 강권할 때에만 오는 경우 3) 강제로 입원하게 되는 경우. 각각의 유형은 근원적 저항의 측면에서 매우 다를 수 있다.

첫 번째 보기로 상담자가 보잘 것 없다고 느끼는 내담자는 근원적 저항이 다양할 수 있다. 내담자는 자존감이 낮고 상담자나 혹은 자신이 약한 사람으로 밝혀지는 것에 두려움을 가진다. 알 수 없는 두려움이 있고 상담자가 하는 모든 것에 대해 불쾌감을 가진다. 빈번하게 그들은 무엇을 말할지에 대해 염려하고 또 다른 고통을 드러내며 내적 조절에 대한 두려움을 가진다. 그것은 재차 반복될 수 있고, 또한 중요한 사실은 내담자의 침묵 뒤에 숨은 이유가 있다는 것이다.

만일 내담자가 이미 언급한 많은 기술을 동원하여도 입을 다물고 있다면 상담자는 잠재적 저항을 드러내도록 시도할 것이다, 점잖은 음색으로, 상담자는 '부인, 먼저 말하기가 어렵다는 것을 압니다. 오늘 무슨 문제로 여기에 왔는지 궁금하군요.' 라고 간단하게 대화를 시작할 수 있다. 또한 '부인, 사적인 문제를 말하기는 어려울 수 있습니다. 저도 확실히 그렇거든요. 내가 어떻게 해야 문제를 더 쉽게 할 수 있을까요?' 같은 말을 하면서 긴장을 없애기 위한 도움을 줄 수 있다.

만일 상담자가 근원적 저항이 무엇인지에 대해 더 좋은 생각을 얻게 되면 더 직접적으로 표현할 수 있다. 예를 들어, 상담자는 내담자가 스스로 유죄라고 생각하는 어떤 것에 대해 말하기를 두려워하는 것이 라는 생각이 들면, '낯선 사람과 대화를 시작하기란 어려운 일이죠. 당신이 나를 신뢰하기까지 시간이 걸릴지도 모릅니다. 그것은 자연스러운 일이에요. 당신이 준비가 될 때까지 불편하시다면 굳이 말하지 않아도 됩니다.' 라고 말할 수 있다. 이는 역설적인 기술로 다시 말하면 내담자가 말하지 않아도 된다고 하면서 상담을 계속하려는 바람이 있는 것이다. 이 기술은 확실히 효과가 있다. 자살을 시도하였다가 군에 입대하게 된 어느 젊은이의 예를 들어보자. 그는 충동적인 행동과 난폭한 성향을 가진 젊은이였다. 그가 저항하기 시작했을 때, 부드러운 역설적 기술이 긴장을 해소하였다.

내담자 : 과거에는 내 기질에 문제가 있었어요. 또 그런 것일까봐 겁이 나요.

상담자 : 정확히 무엇이 겁이 납니까?

내담자 : 꽤나 끔찍한 싸움을 했어요. 그것이 나를 괴롭히고 있어요.

상담자 : 그 싸움 중에 다친 적이 있습니까?

내담자 : 별로요. 여기 저기 조금 꿰매기는 했죠. 자랑할 건 못되지만….

상담자 : 그들 중 심하게 다치게 했던 사람에 대해 어떤 생각이 듭니까?

내담자 : 별로 감정이 안 좋죠. 나는 칼을 가지고 있었고 그것이 문제를 일으켰지요.

상담자 : 정말로 그를 찔렀나요?

내담자 : (자리에서 몸을 이리저리 움직이더니 이윽고 고개를 숙이며) 그… 그것에 대해서는 말하고 싶지 않아요. 지금 당장 그것에 대해 생각하기도 싫어요.

상담자 : 좋습니다. 지금 당장 말할 필요는 없어요. 나중에 이야기 하는 것이 더 좋겠습니다. 그것이 당신 기분을 더 낫게 할 거예요.

내담자 : 예, 알아요. 재미있는 것은 나는 그를 정말로 해칠 생각은 없었다는 거예요. 그가 나한테 왔을 때 나는 그에게 칼을 들이댔어요. 나는 또 똑같은 일을 저지를 것 같아요. 그것은 정말로 음… 방어하기 위한 행동이었어요. 아시겠어요? 우리는 무엇을 할까 찾고 있었고 나는 조금 취해 있었어요.

이 예에서 내담자는 죄책감 때문에 말을 하지 않으려 했지만 오히려 스스로 상세하게 이야기를 하게 되었다. 흔히 위의 예에 언급된 기술들은 문제를 해결하는 데 도움이 된다. 저항에 대해 대화를 유도하는 것이 자주 내담자가 긴 대화를 할 수 있게 하고 대화가 잘 진행되게 한다.

두 번째는 다른 사람들의 권유로 치료 상황에 들어오는 경우로 이들은 원하지 않는 경우 상담에 응하지 않을 수 있다. 내담자들은 그들의 상사나 친구 혹은 가족에 의해 기분 나쁜 곳(상담실)에 와 있는 자신을 발견하는 것이다. 이것은 내담자나 상담자 둘 다에게 부정적인 상황이다. 이러한 상황에 대한 몇 가지 지침이 있다.

첫째, 이런 내담자들은 매우 화가 나 있다. 그들은 상담의 본론으로 들어가기 전에 그들의 좌절을 환기시키기 위한 기회가 필요하다. 그들은 상담자를 자신과 같은 상황 속에 있다고 생각하게 된다. 결과적으로 상담자와 내담자를 억압하는 사람 사이에 의미 있는 차이가 생겨나고 이것이 치료에 도움이 되는 결과를 이끈다. 상황에 대한 진솔한 인식이 의견의 차이를 깨뜨릴 수 있다. "강 OO씨, 우리 서로 긴장하고 있는 것 같군요. 당신이 여기에 있고 싶지 않다는 것을 압니다. 그리고 그것을 존중합니다. 우리 둘 다 어색한 상황에 있군요. 당신이 이 상담에서 얻을 수 있는 것이 있는지 생각해 봅시다. 그리고 당신 부인의 요구는 잠시 잊기로 합시다. 부인과의 관계가 처음에 어땠는지 조금 더 말해주세요."

여기서 상담자는 내담자가 외적 조절의 상실을 경험하고 있기 때문에 근원적 저항을 실제로 언급하고 있다. '당신 부인의 요구는 잠시 잊기로 합시다.' 라는 말을 함으로써 상담자는 효과적으로 그가 매여 있는 것을 늦추고 있다. 내담자는 그 자신만의 의견을 말할 수 있는 기회를 가진다. 대화의 말미에 의사는 효과적으로 주제를 바꿈으로써 내담자를 일탈하게 하고 있다.

물론, 어떤 내담자들은 실제로 수갑이 채워진 채 나타나는 데 주로 세 번째 범주에 속하는 강제적으로 입원하게 된 내담자이다. 이런 상황은 상담하기에 이상적일 수 없다. 이런 내담자와의 성공적인 상담을 위한 열쇠의 하나는 상담자와 내담자 둘 다 불편한 상황을 인식하는 것이다. 가장 흔한 불편은 상황 그 자체이다. 만일 내담자가 대화를 거부한다면 주된 방해요인을 알아내야 한다. 아래에 묘사된 상황을 통해 명백히 이해할 수 있다.

내담자 : 벌써 10분 동안이나 이야기를 하고 있군요. 더 이상 얘기하고 싶지 않아요. 알아들었어요?

상담자 : 손OO씨, 내가 당신 처지였다면 화가 났을 겁니다. 사실 나도 이런 상황에서 이렇

게 시작하는 것이 쉽지 않아요. 우리 둘 다 어색해요. 그러나 여기에 중요한 것이 있는데 나는 당신이 여기서 나가고 싶어 한다는 것을 압니다. 규칙에 의해서 나는 당신이 여기 더 있어야 할지 아닌지를 결정지을 겁니다. 나는 조금 더 당신과 이야기를 함으로써 유용한 정보를 얻게 될 것이고, 그것을 통해 어떤 결정을 내리도록 하겠습니다. 왜냐하면 나는 당신이 자신을 해치게 놔 둘 수는 없기 때문입니다. 당신이 여기에 있을지 또는 떠나도 되는지 내가 결정할 수 있는 유일한 길은 당신과 대화하는 것입니다. 아무런 강요도 여기에 없습니다. 당신이 아무것도 말하지 않는다면 당신은 여기에 계속 머물러 있어야 할 겁니다.

내담자 : 그럼 무엇에 대해 말하기를 원합니까?

상담자 : 당신에 대한 이야기로 시작합시다. 어젯밤 무슨 일이 있었습니까?

내담자 : 무엇이 일어났느냐 하면 순수한 줄로만 알았던 여자친구가 사실은 그다지 순수하지 않다는 것을 발견했다는 거죠. 그 여자는 결코 순결하지 않아요. 그녀는 거칠게 굴었어요. 나는 그녀를 사랑했고 그녀는 내 얼굴을 찼어요.

상담자 : 왜 그녀가 그랬는지 알겠어요?

내담자 : 그게 바로 이해가 안 된다는 거죠. 정말 이해가 안 돼요.

상담자 : 당신이 그걸 발견한 후 무슨 일이 있었죠?

위의 상황에서 상담자는 일어난 사건에 대해 내담자의 의견을 묻고 있다. 대부분 강제로 입원한 내담자들은 아무도 자기편이 아니라고 느낀다. 그들에게 이야기를 해보라고 하면 그들은 종종 그 기회를 기꺼이 받아들인다. 물론 저항을 해결하기 위해 이미 설명된 모든 것이 이들에게도 동일하게 적용될 수 있다. '당신은 나와 대화해야 해요. 그리고 그게 우리가 해야 할 전부죠.' 라고 말함과 동시에 내담자와 논쟁을 피하는 것이 관건이다. 핵심 저항을 가진 내담자들은 자주 외적 조절감의 상실에 대한 두려움을 가진다. 내담자를 통제하려는 상담자의 시도가 강하게 나타나면 날수록 저항이 더욱 더 고착될 것이다.

초기 상담동안 분노는 여러 다양한 원인에서 비롯된다. 위에서 논의된 내담자는 분노의 이유가 일차적인 성격상의 문제였다. 때로 분노는 경계성 인격 장애 초기 단계나 자기애성 인격 장애에서 보이는 성격병리에서 발생한다.

내담자의 분노를 대하는 한 가지 방법은 분노를 고통의 반사로 보는 것이다. 자기도취적 분노는 가끔 열등감의 강렬한 감정인 것이다. 이것과 비슷하게 경계성 인격 장애자의 분노도 소외되거나 버려지는 것에 대한 두려움에 뿌리를 둔다. 이것을 명심하면서 격분한 내담자를 다루기 위한 효과적인 방법을 연구하는 것은 실로 의미 있는 일이다.

첫 단계로, 성난 내담자에게 화를 낼 수 있는 안전한 환경을 제공하기 위한 시도가 가능한데 이러한 안정감은 상담자가 결코 반격하지 않을 것이라는 사실에서 획득될 수 있다. 상담자는 내담자와 대립하지 않으면서 내담자의 화내는 방법을 바꿀 수 있다. 내담자는 저항에 반대를 받지 않으면 더 이상 저항하지 못한다.

상담자는 정확히 내담자를 화나게 하는 것이 무엇인지 신중하게 생각해야 한다. 내담자는 상담자의 해결하려는 진지한 노력에 고마움을 느낄 것이다. 더 중요한 것은 만일 상담자가 근원적 저항이 분노를 유도한다는 것을 판별할 수 있다면 이러한 핵심적 고통은 더 직접적으로 경감될 수 있다. 점점 더 화를 내게 되는 내담자는 그들의 요구가 무시되고 있다고 느끼는 것이다. 이런 상승되는 분노는 자주 적극적인 경청으로써 예방이 된다.

아래의 이야기에서 신경성 식욕부진증 소녀의 아버지가 응급실 대기실에서 분노를 표현하고 있다. 그의 가족들은 상담자와의 상담을 위해 1시간 가량이나 기다리고 있었다. 그 아버지는 임상책임자가 정신과 간호사라는 것을 알고 의사가 역시 그녀 딸을 진찰할 것이라는 말을 들었음에도 불구하고 낯빛이 하얗게 변했다.

아버지 : 대체 어떻게 된 겁니까? 내 딸은 간호사와 이야기하러 온 것이 아니에요. 우리는 간호사를 보러 100킬로미터를 달려온 것이 아니란 말이요.

간호사 : 장OO씨, 당신이 그렇게 화가 났다니 유감입니다. 제가 당신 딸을 보는 것이 왜 그렇게 당신을 화나게 하는지 알고 싶습니다. 어쨌든 당신이 꽤 기다리셨다는 것을 이해해요. 당신이 오래 기다려 주신 것에 감사드립니다. 당신도 보다시피 오늘 이 안은 매우 바쁩니다. 늦어진 것에 대해 당신과 당신 가족께도 사과드립니다. 먼저, 제가 당신의 딸을 보는 것에 대해 어떤 점을 걱정하는 겁니까?

아버지 : 간호사가 우리 딸을 진찰할 자격이 충분히 있다고 생각하지 않습니다. 이건 상당히 복잡한 문제이기 때문이죠. 개인적인 감정은 없지만 우리는 간호사를 원하는 게 아닙니다.

간호사 : 압니다. 조금만 제게 설명해 주시지요. 당신 딸이 가지고 있는 주요 문제는 무엇입니까?

아버지 : 신경성 식욕부진이라는 거지요. 이게 우리 모두를 미치게 합니다. 바로 전 정신과 의사는 그녀에게 아무 것도 해주지 않았어요. 그리고 우리는 이 곳 김 박사가 상담자라는 것을 알고 예약을 했지요.

간호사 : 알겠어요. 확실히 복잡한 문제인 것 같군요. 왜 당신이 저를 보았을 때 화가 나셨는지 이해가 됩니다. 당신은 의사가 오기를 기대했어요. 그리고 저 역시 따님에게 의사의 진찰이 필요하다는 것을 알겠어요. 잠시 시간을 주신다면 이 문제를 확실히 하고 의사가 빨리 따님을 볼 수 있도록 움직이겠어요. 김 박사는 우선 제가 새 내담자를 만나기를 원합니다. 그는 항상 팀으로 내담자의 문제를 다룹니다. 특별히 식이 문제가 있는 내담자는 여러 명의 상담자들이 생각하는 바를 얻는 것이 중요합니다. 제가 김 박사와 대화한 후에 그가 당신에게 더 자세한 설명을 하도록 하겠습니다. 또 다른 질문이 있습니까?

아버지 : 확실히 제 딸이 김 박사를 만나게 되는 겁니까?

간호사 : 확실합니다. 예외는 없을 테니까요. 그리고 제가 따님과 이야기를 빨리 하면 할수록 그녀가 더 빨리 의사를 만나게 될 겁니다.

아버지 : 그럼 그렇게 하시죠.

간호사 : 그런데 제가 따님과 이야기 하는 동안 의사에게 묻고 싶은 것들을 잘 정리해 두십시오. 그는 모든 것을 듣고 싶어할 것입니다. 우리가 여러분들에게 일어난 일을 듣는 것이 매우 중요합니다.

아버지 : 좋습니다. 내 어린 딸을 위한 것이라면.

큰 소란이 될 뻔 했던 일이 다행히도 해결되었다. 이 간호사는 그녀의 목적하는 바를 얻었다. 그녀가 핵심적인 고통을 신속하게 언급하였고, 만족할 만한 반응을 확인할 수 있었다. 만일 그녀가 '장OO씨, 이것을 아셔야 할 겁니다. 저는 최고로 훈련된 사람이고 당신 딸을 볼 충분한 자격이 있어요.' 혹은 '들어보세요. 당신은 여기 있는 다른 사람들과 똑같이 기다리고 있는 겁니다. 저는 당신이 얼마나 먼 곳에서 왔는지는 관심 없어요.' 라고 반응했다면 얼마나 다른 광경이 벌어졌겠는가? 화난 사람에게 화를 내는 것은 생산적인 일이 못된다.

이 간호사는 또 다른 미묘한 효과적인 기술을 사용하였다. 그녀는 '장OO씨, 당신이 그렇게 화가 났다니 유감입니다. 제가 당신 딸을 보는 것이 왜 그렇게 당신을 화나게 하는지 알고 싶습니다.' 라는 말로 상담을 시작하였다. 약간 치우치긴 했지만 '제가' 라는 말이 사용된 이런 언급은 대화를 개인화하고 있다. 장OO씨의 '개인적인 감정은 아닙니다.' 라는 그 다음 말은 바람직한 결과반응이 유도되었음을 보여준다. 이 단계에서, 저항은 이미 완화되기 시작했다. 간호사는 그 내담자의 아버지가 김 박사에 대해 강한 집착을 가지고 있음을 깨달았다. 그녀는 의사와 그녀 자신을 '우리' 라는 말을 사용하여 팀 접근임을 강조함으로써 관련성을 확보하게 되었다. 더 나아가, 그녀는 '김 박사는 우선 제가 새 내담자를 만나기를 원합니다…' 하면서 내담자 아버지를 자극하는 상황에 대한 정당성을 확보하였다. 더 의미 있는 것은 간호사는 내담자 아버지가 중요한 것을 느끼게 했고 그의 의식적이고 무의식적인 요구를 주의 깊게 듣고 있었다. 기본적으로 간호사는 내담자의 분노가 반사되는 것을 원치 않고 흡수되기를 원한다. 이와 같은 진행은 때때로 특히 수련기간 동안 어렵지만 그 보상은 실로 막대한 것이다.

분노한 내담자들에게 접근하는 법을 논의하며 이 장을 종결하는 것이 적당할 듯 싶다. 저항에 관련된 모든 원칙들은 이런 상황에 앞서 이해되어야 한다. 저항 접근의 진정한 목표는 저항에 반대하는 것이 아니라 그것을, 그것의 의도를 이해하는 것이다.

Reference

| 참고문헌 |

American Psychiatric Association. (1994). *Diagnostic and Statistical Manual of Mental Disorders.*

Keltner, N. L. & Folks, D. G. (2001). *Psychotropic Drugs*(3rd ed). St. Louis:Mosby.

Roberts, J. K. A. (1984). *Differential diagnosis in neuropsychiatry.* New York: John Wiley and Sons.

Shea, S. C. (1988). Psychiatric interviewing. Philadelphia: W.B. Saunders Co.

Stuart, G. W., & Laraia, M. T. (2005). *Principles and practice of psychiatric nursing. (8th. ed).* St. Louis: Mosby.

원호택 · 박현순 · 이민규 · 김은정 · 조용래 · 권석만 · 신현균 · 이훈진 · 이영호 · 송종용 · 신민섭 공저(2000). **심리장애의 인지행동적 접근**. 서울: 교육과학사.

이광자 외(2006). **정신간호총론(제5판)**. 서울: 수문사.

이정태 · 채영래 역(1996). Glen O. **Garbbard의 역동정신의학**. 서울: 하나의학사.

장우성 옮김(2003). **알기쉬운 인격장애**. 서울: 하나의학사.

최해림 · 장성숙 공역(1993). **집단정신치료의 이론과 실제**. 서울: 하나의학사.

Index

| 찾아보기 |

공저자 소개

김소야자

(현) 연세대학교 간호대학 교수(정신간호학담당)

약력: 서울가정법원이혼전문 상담위원 겸 가사조정위원
한국가족치료학회 이사 및 가족치료슈퍼바이저
고양시정신보건센터 자문위원장

저서: 정신간호총론(수문사, 2006)
청소년의 성장 발달과 간호(수문사, 2004)
가족과간호: 면담기법(현문사, 1997)
정신질환자 가족에 대한 새로운 이해와 접근(현문사, 1999)
지역사회정신간호학(현문사, 2002)

서 미 아

Hunter College of City Univ. of New York 석사
연세대학교 대학원 간호학 박사

(현) 서울사이버대학교 상담심리학과 전임강사

약력: Manhattan Psychiatric Center, Staff Nurse
서울가정법원 이혼전문 상담위원역임
서울가정문제상담소 자문위원

역서: 노인복지-문화, 건강, 그리고 사회변화(교문사, 2006)

남 경 아

연세대학교 대학원 간호학 박사
University of North Carolina at Chapel Hill (박사후 연수)

(현) 한중대학교 간호대학 전임강사(정신간호학 담당)

약력: 정신보건전문간호사

저서: 최신정신건강간호학(정담, 2006)

전문적 정신상담기술

초판 인쇄 2007년 2월 1일
초판 발행 2007년 2월 5일

지 은 이 | 김소야자 · 서미아 · 남경아
펴 낸 이 | 김기섭
책임편집 | 임영훈
펴 낸 곳 | 창지사 www.changjisa.com
121-809 서울특별시 마포구 대흥동 161
전화 (02) 719 - 2211~3
팩스 (02) 701 - 9386
등록 1977년 4월 28일 · 제1 - 421호

ISBN 978-89-426-3207-7 (93180)
값 16,000원